신세계
질서와
한국

신세계
질서와
한국

21세기북스
www.book21.com

## 개정판을 내면서

　행복한 '새 천년'에 대한 환상을 품고 21세기를 맞이한 인류에게 2001년 발생한 9·11은 환상에서 깨어나게 한 자명종 소리였다. 그 이후 21세기 세계질서는 20세기 국제질서와 확연히 다른 모습으로 우리에게 다가오고 있다. 게다가 한반도 주변의 국제정세는 100년 전 열강의 쟁패가 재연되는 듯한 양상을 보이며, 동북아 지역에서 정세불안의 파고가 높아만 가고 있다. 이처럼 우리를 둘러싼 국제체제 및 안보정세의 근본구도가 바뀌는 지각변동이 벌어지고 있는 이때, 대국적인 안목을 가지고 급변하는 정세변화의 핵심을 꿰뚫어보지 못하면 1세기 전 우리 선조들이 국권을 상실한 것과 같은 실수를 다시 범할 수도 있다.

　특히 지금도 우리는 민족 내부 문제에 더욱 많은 자원과 국력을 소모해야 하는 남·북한간의 분단 상황에 처해 있다는 점을 감안할 때 조선왕조 말기 내부투쟁으로 국력이 쇠진했던 1세기 전과 비교해 대외정세 변화에 대한 우리의 대응능력이 크게 나아졌다고 볼 수도 없다. 그리고 1993년 북한 핵문제가 발생한 이후 근 14년간을 우리 외교의 중추신경이 오로지 북핵 문제 해결에 집중되어 있어서 우리 민족의 장래 진로 개척에 정작 긴요하다 할 수 있는 국제정세의 지각변동 문제에 대해서는 제대로 신경 쓸 여력이 없는 것이 실로 안타까울 뿐이다.

　이러한 상황에서 21세기 새로운 국제질서에 대응해 우리가 나아갈 방향에 대한 국내 기존 연구서들이 소수 발간되기는 했으나, 대다수가 논문을 종합한 형태의 기획출판물이어서 일관된 시각으로 세계정세 변화 전반과 우리의 나아갈 길에 대한 전반적인 설명을 제공하는 데는 부족한 점이 있었다. 또한 미래의 국제정세를 전망하기 위해서는 상상력까지 동원해야 할 정도로 급속히 변화하는 상황을 동태적으로 파악하지 못하고 이론 분석이나 설명에 치중하는 경향을 보이는 점과 우리의 진로에 대한 대안제시가 미흡하다는 점에서 기존 저작들은 아쉬움을 남긴다. 게다가 변하는 세계질서의 근본원인에 대한 구조적 성찰보다는 표면적 현상에 대한 설명이 지배적인 현상도 아쉬운 점이다. 즉 동북아 지역내 민족주의가 팽배해지면서 우리 내부에서도 세계정세를 구조적으로 분석하고 객관적으로 대응하려는 자세 보다는 현상적으로 파악하고 주관적으로 대응하려는 자세가 자주 나타나고 있다.

이러한 제반 상황에 대한 문제의식을 가지게 된 이후, 스스로 능력과 시간적 여유가 많이 부족하다는 점을 알면서도 필자는 지난 20여 년간 외교분야에 몸을 담은 직업 외교관이자 국제정치학도로서 21세기 국제정세를 보다 객관적이고 동태적 시각으로 설명해 보자는 다소 만용에 가까운 결심을 하게 되었다. 앞으로 우리 민족은 통일과 민족번영을 이루어 나가기 위해 주변 4강과 북한이라는 변수를 동시에 고려해야 하는 고난도 5차방정식을 풀어나가야 한다. 이를 위해서는 뜨거운 가슴보다는 냉철한 이성을 가지고 과거의 역사에서 교훈을 얻어야 하며, 현재의 정확한 정보를 바탕으로 미래 정세변화를 제대로 읽어내야 한다. 또한 21세기는 20세기와 근본적으로 그 구조와 성격이 다른 시대가 도래했다는 인식과 함께 당분간 주도적인 패권을 행사할 미국의 의도가 국제정세에서 결정적인 변수로 작용한다는 점을 간과해서는 안 된다. 그러므로 변화하는 환경과 각 주요 행위자들의 의도, 새로이 대두하는 현상에 대한 정확한 인식 없이는 우리의 진로에 대한 대안을 모색할 수가 없다. 이러한 의미에서 이 책은 변화하는 국제환경, 미국 등 주요 행위자의 의도, 그리고 새로운 안보위협 현상들을 차례로 살펴보고 마지막으로 우리의 미래 국가이익이 무엇인지 짚어본 뒤 이를 토대로 우리가 나아갈 진로에 대한 몇 가지 제안을 하는 방식으로 구성했다.

길지 않은 집필 기간에다 능력이 부족해 처음 구상한 것보다 훨씬 미흡한 결과물이 산출되었다. 그러나 정세가 하루가 다르게 변하고 있으므로 시간이 경과할수록 발간의 의미가 퇴색될 것 같아 팔삭둥이를 내보내는 심정으로 초고를 마무리했다.

직업 외교관의 신분이기에 이 책의 내용이나 서술방식에 고려해야 할 요인들이 없지 않아 있었다. 그럼에도 불구하고 이 책이 변화하는 국제정세와 이에 대한 우리의 대응방안에 관심이 있는 일반 독자층, 특히 대학생들이 읽기에 부담이 없고 그들의 이해를 넓히는 데 도움이 되었으면 하는 바람이다. 이 책의 내용은 직무중에 취득한 지식과는 직접적인 연관이 없으며, 구체적인 내용과 방향 역시 필자 개인의 소견일 뿐 외교통상부의 공식 입장과는 아무런 관련이 없음을 밝혀둔다.

# 01

21세기 외교환경, 무엇이 달라졌는가

# 1. 변화하는 세계환경

## 가. 국제정치체제의 변화

### 21세기에 대한 기대의 무산

2000년 첫해가 시작되는 날, 새로운 천년에 대한 희망과 기대에 차서 세계는 들떠 있었다. 뉴욕의 타임스퀘어, 런던의 빅벤, 파리의 에펠탑, 모스크바의 붉은 광장, 북경의 천안문 할 것 없이 세계 곳곳을 꽉 메운 인파들은 비록 인종과 정치체제가 달라도 적어도 지난 세기보다 훨씬 평화롭고 풍요한 시대가 되리라는 벅찬 희망에 감격스러워했다.

인류 역사상 가장 많은 발전을 이룩한 기간이면서 가장 잔혹한 사건으로 점철된 세기로 기억될 20세기를 보내고, 21세기를 맞으면서 많은 사람들은 막연하게나마 21세기가 20세기보다 훨씬 나을 것이라는 기대를 안고 있었다.

이미 인류는 20세기 전반 동안 세계대전을 두 차례나 경험했으며, 제2차 세계대전에서는 어떤 무기보다 가공할 파괴력을 가진 원자폭탄을 사용하여 아직도 끔찍한 후유증에 시달리며 고통스런 기억을 지우지 못하고 있다. 그 이후에도 냉전 이데올로기 갈등은 계속되었고, 특히 양대 진영의 맹주인 미국과 소련이 보유한 1만기를 상회하는 엄청난 양의 핵무기 위협은 말 그대로 '공포의 균형' 시대를 온몸으로 느끼며 살도록 강요하고 있었다.

그나마 다행인지 불행인지 미·소간에 전면전이 발생하지 않아 핵전쟁은 피할 수 있었지만, 한국전쟁과 베트남전쟁으로 대표되는 지역차원의 이념 전쟁은 세계 곳곳에서 끊임없이 발생해 20세기는 인류 역사상 가장 분쟁 발생 빈도수가 많은 시대이기도 했다.

이러한 20세기의 마지막 10년 동안에 냉전체제가 갑자기 와해되면서 모두들 평화스런 시대가 도래할 것으로 믿었다. 그래서 냉전기간 동안 군비경쟁에 쓰였던 돈을 '평화잉여금(peace dividend)'으로 돌려 어떻게 사용할 것인가에 대하여 성급한 토론을 전개하기도 했다. 그러나 이것도 잠시일 뿐 인종 분규 등 소규모 분쟁이 오히려 더욱 빈번하게 발발하면서 장밋빛 기대는 완전히 산산조각나고 말았다. 즉 냉전시대 동안 냉전구조에 억압되어 왔던 인종·종교·민족간 갈등이 표면화되면서 분쟁의 양상이 국가가 서로 부딪히는 전쟁보다 훨씬 더 참혹한 양상을 보였다. 게다가 통신기술이 발달함에 따라 이러한 분쟁의 참혹상이 실시간으로 각 가정의 안방으로 전달되어 전 세계 인류에게 보여진 것이다.

그럼에도 불구하고 전 세계 인류는 새로운 천년에 대한 커다란 희망과 기대를 안고 21세기를 맞이했으며, 인류의 이러한 염원은 전 세계 정상이 최초로 뉴욕 유엔본부에 모여 천년정상회의를 성대하게 개최하는 것으로 나타났다. 천년정상회의에서 채택한 '천년선언문(Millenium Declaration)'[1]에는 21세기에는 이성과 양심이 인류를 지배하는 새로운 세기가 전개될 것이

---

1. 2000년 9월 18일 유엔은 세계 역사상 가장 많은 165명의 국가 원수들이 모여 '천년선언문'을 채택했다. 이 선언문에는 유엔이 21세기 국제질서의 중심이 되고 2015년까지 세계 극빈층을 반으로 줄인다는 야심찬 계획이 포함되어 있다.
2. 프랑스 평론가 도미니크 모이시 언급. Richard Haas, The Opportunity(Public Affairs, New York 2005) p. 145 재인용

라는 기대에 걸맞은 국제사회의 청사진이 담겨 있었다.

　그러나 새로운 국제질서에 대한 기대와 염원은 불과 1년 만에 유엔본부에
서 멀리 떨어지지 않은 세계무역빌딩에서 발생한 9·11 테러사건으로 산산
조각나고 말았다. 2001년 9월 11일은 56차 유엔총회가 다시 개회되는 날이
었다. 무너진 쌍둥이 빌딩에서 피어오르는 시커먼 화염이 눈부시도록 맑은
뉴욕의 가을하늘을 뒤덮은 장면은 21세기의 불길한 앞날에 대한 전주곡처럼
보였다.

　그 이후 미국의 주도 아래 진행되는 테러와의 전쟁은 다시 국제정세를 불
안정 속으로 치닫게 하고, 미국은 새로운 형태의 안보위협인 테러에 효과적
으로 대처하기 위해 자국의 군사, 안보전략을 전면적으로 재검토한다. 그
결과 미국은 세계 유일의 초강대국이라는 국력을 배경으로 일방주의적인
외교정책을 구사하게 되면서 불과 1년 전 유엔을 중심으로 한 다자협력체제
가 새로운 국제질서로 자리잡을 수 있으리라는 낙관적 전망은 완전히 꼬리
를 감추고 말았다.

　한편 미국의 이러한 일방주의에 아랍권 국가들은 물론이거니와 유럽연합
을 위시한 주요 국가들이 반발하는 경향을 보이면서 21세기 국제체제는 어
떠한 형태의 질서가 자리를 잡을지 불투명한 가운데 체제내 불확실성이 증
대되고 있는 상황이다. 그러나 한 가지 확실한 것은 유일 초강대국으로서
미국이 힘이 막강하더라도 21세기의 국제질서는 분명 20세기와는 달라지리
라는 것이다. 적어도 21세기는 20세기와는 국제체제의 기본구조부터가 달
라지고 있는 것이 분명하다. 20세기 후반에는 하나의 서방세계와 두 개의
유럽, 즉 동구와 서구가 존재했다. 그러나 냉전체제가 붕괴되고 난 이후에
는 거꾸로 하나의 유럽이 존재하고 서방세계는 유럽과 미국으로 분열된 셈
이 되었다.[2] 그리고 중국과 인도, 브라질 등 신흥공업국이 성장하는 경제력

과 광대한 국가 규모를 배경으로 국제사회 주요 행위자로 영향력을 행사할 것으로 보인다.

만일 이러한 국제환경에서 미국이 지도력을 잘 행사해 국제협조체제를 만들어내면 21세기는 20세기 후반에 이은 평화와 번영의 시기가 될 것이고, 그렇지 못하면 주요국간의 갈등이 표출돼 테러와 대량파괴무기의 확산 등으로 새로운 '암흑시대'로 들어갈지도 모른다는 우울한 전망도 가능하다. 그리고 미국과 중국간의 관계 설정 여하에 따라서 앞으로 21세기 중반까지 당분간의 기간은 '냉전간 기간(inter-Cold War period)'으로 기록될 수도 있거나, 아니면 미·중간의 본격적인 패권 각축이 현실화될 수도 있다.[3]

## 20세기 후반의 특이성

우리는 앞으로 다가올 국제체제에 대한 전망과 그에 따른 대응책을 논하기에 앞서 20세기 후반 국제체제에 나타난 특이성에 대해 고찰해 볼 필요가 있다. 제2차 세계대전 종료 후 50년간 유지되어 왔던 국제질서는 상당히 독특한 질서를 유지했다. 20세기 후반 국제체제는 우리가 익히 지내왔던 터여서 당연히 주어진 조건으로 생각하기 쉽지만, 사실 역사적 관점에서 고찰해 볼 때 다른 어떤 시기와도 비교되지 않는 특이성을 가지고 있다.

먼저 20세기 후반은 19세기 이래로 축적되어 오던 자본주의 열강간의 경쟁과 모순이 집약적으로 폭발한 제2차 세계대전의 결과로 초래된 과도기의 국제질서로, 전후 자유 진영의 복구 및 공산 진영과의 대결을 염두에 두고 미국의 전략가들의 주도에 의해 설계된 다분히 미국에 의한, 미국을 위한

---

3. Richard Haas, 같은 책, p. 5

인위적인 국제질서였다고 해도 과언이 아니다.

또한 20세기 후반을 여느 시대와 구별할 수 있는 요소는 동·서양 진영간의 이념 대립이었다. 인류 역사상 주요국간의 패권경쟁은 그 이전에도 존재해 왔지만, 20세기 후반처럼 그 경쟁이 자기 진영이 믿는 이념의 승리를 목적으로 치열하게 전개된 적은 없었다. 이러한 이념경쟁으로 인해 20세기 후반의 국제질서는 상호 타협이 불가능한 상태에서 팽팽한 긴장을 유지할 수밖에 없었고, 어느 국가도 미국과 소련 중 어느 한 국가와 동맹 또는 친선관계를 맺지 않고 순수하게 중립적인 위치에 머무르기가 힘들었다. 즉 국제질서가 엄격하게 이분화된 것도 20세기 후반 국제질서의 특징이다. 20세기 후반 국제질서는 이념경쟁에 더하여 핵무기의 등장으로 인해 더욱더 특이한 형태를 유지할 수밖에 없게 된다. 핵무기는 과거 그 어느 시대에 인류가 가졌던 무기와는 근본적으로 차원이 다른 치명적인 파괴력을 가짐으로써 그 자체만으로도 국제질서를 규정짓는 변수가 된 것이다.

그 외에도 핵무기 보유 자체가 국제사회에서 강대국을 가늠하는 잣대가 되었으며, 핵무기 개발과 배치, 감축 등을 통제하기 위한 국제협상이 진행되어 다자적으로는 '핵무기 비확산(NPT)체제'가, 양자적으로는 미·소간의 '전략무기제한협정(SALT)' 등이 구축되어 무기가 군사정책의 수단이 아니라 국제질서의 일부분으로 간주되었다.

20세기 후반의 특성은 핵무기 때문에 패권국간에 직접적인 무력 충돌을 극구 피하되, 그 외의 모든 수단을 동원해 패권쟁탈을 추구하는 특이한 형태의 관계가 지속되었다. 역사상 강대국간 대결을 할 때 통상 양국간의 무력을 총동원한 전쟁을 통해 종식짓는 것이 통례였다. 그래서 그 전쟁에서 도전국가가 승리하면 새로운 패권국가가 되고, 실패하면 현존하는 패권국가의 지위가 더 지속되었다.

그런데 20세기 후반 냉전시대에는 미국과 소련이라는 양 패권국가간의 경쟁이 치열하게 물밑으로, 또는 위성국가들간의 대리전쟁으로 나타나기는 했을망정 직접 무력으로 부딪히지는 않았다. 양국간의 이데올로기 대립으로 인해 양국 국민간의 적대감은 과거 어느 때보다 심각했음에도 불구하고 핵무기의 가공할 파괴력을 양국이 익히 인식하고 있던 터라 무력충돌이 발생하지 않았던 것이다. 그 이전까지는 무기란 외교·군사정책을 실행하는데 필요한 도구일 뿐이며, 성능이 뛰어난 무기일수록 실전에 사용되기 위해 개발되었다. 그래서 실제로 새로 개발된 무기를 사용하기 위해 전쟁이 벌어지는 경우도 빈번했다. 그러나 핵무기는 제2차 세계대전 중 일본에 두 개가 투하된 이래 그 가공할 파괴력으로 '공포의 균형' 상태만 유지해 오고 있었다. 이처럼 무력충돌 없는 냉전이라는 특이한 경쟁을 지속하는 가운데 소련체제 내부의 모순이 축적되어 경쟁력이 약화되자 이를 타개하기 위해 '페레스트로이카' 라는 자체 변신을 시도했다. 그러던 중에 결국 소련이 스스로 붕괴되어 버림으로써 무력충돌 없이 패권경쟁이 막을 내리는 역사상 특이한 선례를 남긴 것이다.

## 20세기, 미국의 세기

20세기는 미국의 세기, 팍스 아메리카나(Pax Americana)의 세기였다고 해도 과언이 아니다. 20세기 초반에 영국의 지배력이 건재했던 것은 19세기화려했던 영국 제국주의의 후광이 남아 있었기 때문이고, 국력이나 경제력 측면에서 보면 실질적인 패권국가는 당시 막 부상하는 미국이었다. 따라서 영국이 19세기의 패권국가로서 여전히 실력을 유지했다면 미국과 패권경쟁이 불가피했을지도 모른다. 그러나 영국의 패권이 빠르게 쇠락해 가면서 이

미 독일에게 도전을 받는 형국이 되었다. 제1차 세계대전은 영국과 독일의 패권경쟁이라고 해도 과언이 아니다. 이 패권경쟁에서 영국은 독자적으로 독일을 물리치기는커녕 국가 존망까지 위태롭게 되었고, 결국 미국에 도움을 요청했다.

미국은 제1차 세계대전 이전까지만 해도 먼로 대통령 이래 전통적인 고립주의 외교정책을 펼쳤고, 그래서 구대륙의 세력 쟁탈전에 관심을 두지 않았으며 오히려 내부 영토확장 및 국가건설에 매진해 왔다. 그러던 미국이 세계대전에 참전하면서 본격적으로 국제무대에 주역으로 등장하게 되었다.

미국이 식민지 경영이나 해외로 세력 확장에 관심을 가지기 시작은 것은 20세기로 진입하면서였다. 그때까지는 본격적으로 패권국가로 등장할 준비가 되어 있지 않은 상태였다. 그러나 제1차 세계대전을 계기로 급속한 군비확장을 하게 되고, 국제사회에서 자국의 실력을 확인하게 되면서 사실상 패권국가로 등장을 예고했다. 제1차 세계대전은 표면적으로는 영국이 독일을 이김으로써 패권을 유지한 것처럼 보이지만, 미국의 도움 없이 승리가 불가능했다는 점에서는 달리 봐야 한다.

제1차 세계대전은 영국과 독일, 미국간의 패권경쟁이 복합적으로 작용한 전쟁으로 볼 수 있다. 그리고 그 결과 명확한 패권 이전이 순차적으로 이루어지지 않고 봉합됨으로써 제2차 세계대전 발발의 씨앗을 배태했다고 볼 수 있다. 패권경쟁은 패권국가와 패권도전국이 각각 한 번의 전쟁을 통해 패권의 향방이 결정되어 왔다. 제1차 세계대전에서 미국이 개입하지 않았다면, 적어도 유럽패권—당시 유럽이 세계의 중심이었으므로 외형적으로는 세계 패권—은 영국에서 독일로 이전되었을 것이다. 그러면 독일이 패권을 당분간 향유하다가 미국과 독일 사이에 진정한 패권을 가리는 전쟁이 다시 발발했을 것이다. 그러나 미국의 개입으로 영국은 패권유지 능력이 없는데도 승전국의 지위를 유지하게 되었고, 독일은 패전국이 되어 다시 권토중래의 기회를 노릴 수밖에 없었다. 다시 말해 미국은 사실상 패권국인데도 패권 지위를 추구하지 않음으로써 국제질서는 패권의 향방이 결정되지 않은 채 모호하고 불확실한 형국을 띠게 되었다.

제1차 세계대전과 제2차 세계대전 사이의 '전쟁 중 기간(inter warperiod)'은 이러한 패권국가의 부재로 인해 국제질서를 통제하는 체제가 작동하지 않았고, 결국 제2차 세계대전을 초래할 수밖에 없는 구조적 결함을 가지고 있었다. 그래서 제2차 세계대전을 통해 진정으로 어느 국가가 패권국가인지를 명확히 할 수밖에 없었다.

좀더 부연하자면 제1차 세계대전을 통해 영국의 패권은 잠재적 패권국인 미국에게 실질적으로 이양되었다고 볼 수 있으며, 아울러 제1차 세계대전을 통해 패배했다 해도 새로운 강대국으로 부상한 또 다른 패권도전국인 독일은 제2차 세계대전을 통해 미국에 정식도전을 하게 된 셈이다. 제1차 세계대전과 제2차 세계대전은 각기 성격이 다른 패권전쟁이 되어야 했는데도 미국의 독특한 고립주의 정책으로 인해 결국 내재적 관련성을 가진 전쟁—즉 제1차 세계대전이 예고편, 제2차 세계대전은 속편—이 되었다. 그리고 이 두대전을 통해 영국의 현재적 패권과 독일의 잠재적 패권은 모두 종식되고 결국 미국이 진정한 패권국가로 등장하게 된 것이다.

제1차 세계대전이 끝난 후 미국은 윌슨 대통령의 이상주의적 구상에 따라 전쟁의 참화를 다시는 겪지 않는 국제사회를 건설하자는 목적에서 국제연맹(League of Nation)을 창설하는 데 주도적인 역할을 하게 된다. 그러나 미국 행정부의 이 같은 의도에도 불구하고 미국 의회는 베르사유 조약의 비준

---

4. 1918년 중간선거 결과 공화당이 승리해 의회 다수석을 점하게 되면서 민주당 소속 윌슨 대통령이 제안한 '베르사유 조약 비준안'을 7표 차로 부결시켜 버린다.

을 부결해 버렸다.[4]

결국 국제연맹은 실질적인 20세기 패권국가인 미국의 참여없이 출범하는 바람에 처음부터 실효적인 운영이 불가능한 태생적 한계를 지닐 수밖에 없었다. 그래서 국제연맹은 다시 부상하는 독일의 야망과 이태리, 일본 등 여타 추축국의 세력팽창정책을 효과적으로 저지하지 못했고, 그 결과 결국 제2차 세계대전이라는 엄청난 재앙을 인류가 다시 겪을 수밖에 없게 된다.

제2차 세계대전이 발발한 뒤에도 초기에 미국은 참전 결정을 망설이다가 독일의 U-boat 잠수함 공격으로 악화되는 여론과 해상수송로의 안전에 대한 우려 때문에 참전한 것으로 알려져 있다. 사실 제1차 세계대전 후 미국이 패권국가로서 지도력을 발휘하지 않은 결과 제2차 세계대전이 발발했다는 인식을 미국 지도층이 갖고 있었기 때문에 미국의 제2차 세계대전 개입은 시간 문제였다. 어쨌든 미국은 제2차 세계대전 승리를 통해 세계사의 방향을 바꾸는 진정한 패권국으로서 면모를 보이게 된다. 지금도 미국이 국제정치적으로는 세계 유일의 초강대국 지위를 누리고 있지만, 이미 미국의 능력은 제2차 세계대전을 전후해 군사력, 경제생산력, 국제적 지도력 등에서 최고조에 달했던 것이다.[5]

당시 도전국이었던 독일과 일본의 경제생산력도 괄목할 만한 것이었지만 미국의 능력에 비교할 바는 못 되었다. 미국은 제2차 세계대전 중 전시총동원체제를 가동하지 않고도 또한 독일이나 일본처럼 여타 피침략국의 물자와 인력을 동원하지 않은 채 자체 생산력만으로도 연합국이 필요한 모든 군수물자를 공급할 수 있었다. 당시 미국은 하루에 전차 2,000대, 비행기

---

5. 패권이론에서는 이 세 가지 요소를 국력의 지표로 일반적으로 받아들이고 있다. 국력측정지표에 대한 보다 상세한 내용은 George Modelski and William Thompson, "Seapower in Global Politics"(Uni. of Washington Press)1988. 참조

3,000여 대를 생산해[6] 영국을 비롯한 연합국뿐만 아니라 소련에게도 공급해 독일을 패퇴시키는 데 결정적인 역할을 했으며, 한편으로는 동아시아에서 패권 장악을 시도하는 일본도 태평양전쟁에서 단번에 패퇴시켰다.

다시 말하면 당시 미국은 새로이 부상하는 양대 패권도전국가인 독일과 일본을 유럽과 태평양 지역 전장에서 각기 상대해 두 국가를 모두 패퇴시키는 초강대국으로서의 실력을 유감없이 보여준 것이다. 그러므로 제2차 세계대전을 전후해 미국의 패권은 명실상부하게 그 정점에 도달했다고 볼 수 있다. 미국이 얼마 전까지 군사전략의 기본으로 여기던 '윈-윈 전략', 즉 두 개의 전쟁을 동시에 수행해 두 곳에서 모두 승리를 거둔다는 압도적 군사력을 유지하는 전략을 진정한 의미에서 실현한 것은 제2차 세계대전이었다고 말할 수 있다.

이후 미국이 이 같은 전략을 개념적으로 유지해 왔으나, 그 현실성을 실제로 검증받은 바 없어 오히려 의문시되어 왔다. 21세기에 들어와서 군사전략의 기본개념을 'Win & Hold', 즉 한 곳의 주전장에서 승리하는 동안 여타 전장이 전개되면 그곳에서는 현상을 유지할 수 있는 전력을 유지하는 전략으로 변경한 것을 보면 제2차 세계대전 당시 미국 국력이 패권의 절정에 있었다는 것을 알 수 있다.

제2차 세계대전 후 미국은 본격적인 패권국가로서 역할과 영향력을 행사한다. 이는 전쟁 중 국제체제의 불확실성이 제2차 세계대전으로 이어졌다는 점에 대한 자성론과 제2차 세계대전을 통해 뜻밖에도 패권도전국의 지위를 획득하게 된 소련에 대한 경계 및 견제심리, 그리고 국력에 대한 자신감이 복합적으로 작용해 전통적인 고립주의적 외교정책을 포기했기 때문이다.

---

6. 미국은 개전 초기 한 해 2만여 대의 항공기를 생산하다가 개전 말기에는 생산능력을 3배나 확대시켜 1944년 한 해 동안에 전투기 38,873대, 폭격기 35,003대를 생산하게 된다.

일단 국제사회의 패권국 역할을 수행하기로 작정한 미국은 막강한 물적토대와 지적 토대를 바탕으로 20세기 후반을 진정한 의미의 팍스 아메리카나(Pax-Americana)로 만들기 위한 거대한 프로젝트들을 가동하기 시작했다. 그리고 이러한 프로젝트들이 대부분 성공적으로 가동되어 지난 60여 년 간 미국 위주의 국제질서체제를 구축해 자국의 국익에 부합되는 방향으로 세계사를 주도해 왔다. 그리고 이러한 미국의 대담한 세계경영전략은 전 세계를 위해서도 적잖은 기여를 하였다. 우선 미국과 소련으로 대변되는 양대 이념진영간의 대결이 무력사용 없이 종식된 점과 핵무기 등 대량살상무기가 사용, 확산되지 않도록 통제된 점을 성과로 들 수 있다. 또한 독일, 일본의 경제부흥에 힘입어 세계경제가 지속적인 성장을 구가하여 심각한 경기후퇴나 공황 없이 60년을 지내오게 된 점도 팍스아메리카 제도의 우월성을 반론해 주었다. 이런 의미에서 20세기는 미국의 세기라 불러도 과언이 아니다.


## 팍스 아메리카나의 구조

제2차 세계대전 후의 국제질서는 미국의 전략가들에 의해 설계되고 행정가에 의해 입안되었으며 외교관들에 의해 국제협상을 거쳐 그 모습을 드러내게 되었다. 제2차 세계대전 후의 미국은 패권국가로서 군사력으로 세계를 지배한다는 점에서는 그 이전의 여타 패권국과 다를 바 없었지만, 국가이익에 따라 정치, 경제, 문화 등 각 분야의 국제체제를 건설하고 이 체제를 통해 지배를 더욱 공고히 했다는 점에서는 훨씬 정교하고 효율적인 패권경영을 했다고 볼 수 있다.

미국은 정치 분야에서는 유엔을 창설했고, 경제 분야에서는 세계은행(IBRD)과 국제통화기금(IMF)을 주축으로 하는 브레튼 우즈(Bretton Woods) 체제를 발족시켰으며, 교역 분야에서는 관세 및 무역협정기구(GATT)를 운영하게 되었다. 그 밖에 유럽을 부흥시키기 위해 마셜 플랜(Marshall Plan)이라는 획기적인 전후부흥정책을 펼치고, 소련의 도전에 대응하기 위해 서유럽을 군사적으로 하나로 묶는 북대서양조약기구(NATO)를 가동하게 된다. 미국은 종전 후 5년 만에 이러한 방대하고 복잡한 국제체제의 구축을 완료했으며, 이러한 체제는 적어도 80년대 초반까지는 의도한 대로 성공적으로 작동했다. 이제 이러한 팍스 아메리카나 체제를 떠받치는 중요한 전략적 구조물 또는 정책들을 분야별로 분석해 보면서 20세기 후반의 국제체제의 특성을 재조명해 보기로 한다.

## 마셜 플랜

제2차 세계대전 후 미국 전략가들이 선택한 정책 결정 중 가장 현명하고 성공적인 것이 마셜 플랜이다. 마셜 플랜이란 미국이 전후 피폐해질 대로 피폐해진 유럽의 경제가 회복되지 않고는 세계경제의 순환이 제대로 이루어질 수 없다는 판단 아래 미국의 유럽경제 재건을 위해 3,000억불 이상의 자금을 지원한 대대적인 경제부흥계획을 말한다.

사실 회고하는 관점에서 보면 마셜 플랜의 발상이 대단해 보이지 않을지라도 종전 직후의 관점에서 보면 참으로 획기적인 발상이 아닐 수 없다. 불과 얼마 전까지만 해도 철천지원수로 여기고 국가 명운을 건 전쟁을 치르던 적국에 대해서 경제개발을 지원하자는 대담한 발상을 하고, 이에 대해 국내 정치적으로 컨센서스를 이루어내기가 참으로 지난했을 것이다. 종전 직후 미국에서는 당시 재무장관이었던 모겐소에 의해 제2차 세계대전 패전국들에게 제1차 세계대전 패전국과 마찬가지로 경제회복을 지연시키려는 족쇄를 채우자는 모겐소 플랜이 먼저 입안되었다. 그러나 그 이후 공산진영이 수시로 도발을 하자 미국의 전략적 사고의 시각이 변화하면서 모겐소 플랜이 마셜 플랜으로 변경된 것이다.

당시 미국의 국무장관이었던 조지 마셜은 1947년 3월 하버드 대학에서 "우리의 정책은 특정국가나 정책을 겨냥한 것이 아니라 기아와 빈곤 및 혼돈을 향한 것"이라고 연설해 자신의 구상의 정당성을 강조했으며, 그 연설은 결국 이후 마셜 플랜으로 알려진 '유럽부흥법'의 기반이 되었다. 이 연설에서 마셜은 "전 세계에서 정상적이고 건전한 경제상태로 복귀함이 없이는 정치적 안정과 확정적인 평화도 있을 수 없다"고 설파하면서 정치와 경제와의 연계 효과에 대해 강조했다.7 이 같은 마셜의 철학은 제1차 세계대전 후 독일의 재건을 막중한 전쟁배상금 부과를 통해 막아보려 했던 연합국 측의 시도가 결국 독일내 빈곤으로 인한 사회불만 세력을 배양하는 토양을 제공했고, 그 결과 결국 독일 나치정권의 등장을 촉진했다는 뼈저린 반성에 기반을 두고 있었다.

마셜 플랜은 몇 가지 점에서 미국의 패권을 그 이전의 패권과 구별되게 만들었다. 첫째는 어떤 패권국가도 자신의 경제력에 있어 잠재적 도전국이 될 수 있는 국가에 대해 이처럼 대규모의 경제재건정책을 추진하는 자신감 넘치는 정책을 펼친 적이 없다는 점이다. 두 번째는 이 계획의 지원대상국에는 적국이었던 독일은 물론 잠재적 패권도전국으로 부상하고 있는 소련도 포함되었다는 점이다. 세 번째는 과거 경제력과 군사력에만 의지했던 패권국에 비해서 미국은 국제경제질서와 국제정치질서간 연관 관계를 파악하고 이 둘을 융합시키는 정책을 편 점이다. 물론 이 계획이 결국은 미국 주도의 세계 경제질서를 수립해 자국의 국익에 도움이 되리라는 전략적 판단에 바탕을

---

7. Diane Kunz, Butter and Guns(The Free Press, 1997) pp. 32~33

두고 있었지만, 이 같은 대담한 구상을 기획하고 실천에 옮겼다는 점, 그리고 이 구상이 예상대로 성공해 서유럽이 부흥함으로써 소련으로부터 오는 공산주의 위협을 자체의 실력만으로도 방어할 수 있게 된 점은 이 구상의 위대함과 팍스 아메리카나의 특성을[8] 단적으로 보여준다고 할 수 있다.

### 적국 포용정책

제2차 세계대전 후 미국은 전후 처리 문제를 다루는 과정에서도 이전의 여느 패권국가와는 판이한 방식을 택한다. 보통 전쟁이 종료되고 나면 국제사회는 전후 처리 절차에 들어가게 되며, 이때 전승국은 패전국에 대해 전범 처형과 전쟁배상금을 요구하는 것이 통례였다. 제2차 세계대전이 종료된 후에도 국제사회는 이 같은 방식의 전후 처리가 있을 것으로 예상했다. 그리고 전승국의 하나이며 패권국의 지위를 제1차 세계대전을 통해 상실했던 영국도 이 같은 방식을 선호했다.

그러나 미국은 이 같은 전통적 방식을 반대하고 적대국이었던 독일과 일본에게 전쟁배상금 등을 부과해 이 두 국가가 군사적·경제적으로 재기하는 것을 어렵게 만들기보다는 오히려 이 두 국가의 경제적 재건을 지원하는 방향으로 정책을 시행한다. 두 차례에 걸친 독일의 도전으로 뼈아픈 대가를 치러야 했던 영국은 미국의 이 같은 정책에 우려를 표할 수밖에 없었다. 그러나 영국 자체도 실질적인 패권국으로 등장한 미국의 지원에 의존해야 하는 형편이어서 이를 공개적으로 반대할 수는 없었던 것이다.

물론 미국의 이 같은 포용정책은 단순히 시혜자적인 입장에서 나온 것이라기보다는 제1차 세계대전 후 독일 등에게 부과된 전후 처리방식이 결국

---

8. 마셜 플랜과 같은 팍스 아메리카나 초기의 특징을 '다자주의의 옷을 입은 시혜적인 일방주의'라고 한다. 같은 책, p. 34

성공적이지 못해 제2차 세계대전을 초래했다는 역사적 인식이 근저에 깔려 있는데다 잠재적 패권국으로 등장한 소련과 앞으로 패권 및 이념 경쟁을 펼쳐나가야 하므로 자본주의 국가의 진영을 보강하는 것이 유리하다는 전략적 판단이 작용했기 때문이다. 그럼에도 불구하고 역사상 처음으로 이 같은 전략적 판단을 대담하게 실천에 옮기고, 독일과 일본이 미국의 예상대로 채 20년이 경과하지 않아 세계경제에서 미국에 이어 2위 및 3위의 지위를 차지하게 되어 참으로 자본주의 세계의 막강한 보루가 된 것은 팍스 아메리카나 체제의 특성을 잘 보여주는 사례라 할 수 있다.

### 국제연합

제2차 세계대전이 끝나자 미국과 국제사회는 주요국간의 갈등이 세계대전과 같은 참화로 발전하는 것을 사전에 방지하기 위해서는 국가간의 관계를 집단적으로 규율하는 국제기구가 필요하다는 점에 공감하게 되었다. 그리고 제1차 세계대전 이후 설립된 국제연맹이 강대국의 힘을 현실적으로 반영해주지 못한 이상주의적인 운영체제를 가졌기 때문에 실패했다는 역사적 교훈을 거울삼아 현실주의에 입각한 국제기구를 만들어야 한다는 인식을 공유하게 되었다.

이러한 국제사회의 공통인식을 바탕으로 하되 미국은 나름대로 복안을 가지고 자국의 국익에 부합되는 국제연합을 출범시키려 했다. 그리고 국제연맹에서 경험했듯이 무기력한 국제기구로 전락하는 것을 방지하기 위해 국제연합에는 강대국에게 거부권을 부여하는 방안을 제시했다. 또한 한 강대국의 반대에 의한 의사결정 성립 방해를 회피하기 위해 안전보장이사회에서 거부권은 2개국 이상이 동시에 행사했을 때만 유효하다는 입장을 관철시키려 했다. 이 같은 미국의 입장은 당시 국제사회에서 미국이 도덕적 우위와 자신감을 가지고 있음을 반증하는 것이었으나, 소련을 비롯한 여타 상임이사국의 반대로 관철시키지 못했다. 그러나 유엔 개혁이 논의되는 21세기 초반, 세계 유일한 초강대국인 미국이 안전보장이사회에서 거부권 사용제한과 관련해 60여년 전에 주장했던 입장을 반대하고 있다는 것은 아이러니한 일이 아닐 수 없다. 이는 미국 패권의 성격이 그동안 변질되었다는 것을 의미한다.

그리고 미국은 여타 강대국인 영국, 프랑스가 주장하는 세력권을 인정하지 않았으며 집단안전보장체제에 의해 국제평화가 유지되어야 한다고 주장했다. 어느 한 회원국에 대한 무력침공은 유엔 전체 회원국에 대한 무력 침공으로 간주한다는 이러한 집단안전보장 개념은 국제연맹시대를 거쳐 칸트에게까지 그 뿌리가 닿아 있지만, 국제연합에서 실효성이 명확해졌다.[9] 특히 제2차 세계대전 후 소련의 세력팽창에 대한 우려를 갖고 있던 미국 지도자들은 이 집단안전보장 개념이 소련에 대한 견제장치 역할을 하리라고 믿었으며, 이 같은 집단안전보장 장치가 발동할 경우 미국을 정점으로 많은 자유주의 국가들이 공산주의에 대항해 단결해 싸울 수 있다는 전망을 갖고 있었다. 미국은 유엔 창설 당시 이러한 집단안전보장제도가 자국의 국익에 부합되도록 작동될 것으로 예상하고 있었으며, 실질적으로 한국전쟁에서 불완전하게나마 이 집단안보 개념이 작동한 것으로 간주된다. 그러나 21세기로 들어서면서 미국은 이러한 집단안보 개념에 대해 오히려 거부감을 드러내면서 미국의 기준에 따른 일방적인 판단으로 제한전을 수행할 수 있다는 새로운 일방주의를 추구하고 있다는 사실 역시 미국 패권의 본질이 변화했다는 것을 말해준다.

9. 이병희, 「집단안전보장의 역사적 변천」, 한국정치학회 논총 제37집 5호 p. 167~199 참조

그 밖에도 유엔 내에 경제, 사회 및 문화 분야를 담당하는 각 위원회를 둘 뿐만 아니라 각 전문 분야 업무를 전담하는 산하기구를 별도로 설립 운영함으로써 국제연합이 미국의 경제적·문화적 신념체계를 전파하는 역할을 하도록 했다. 그러나 70년대 이후 신생독립국들이 유엔체제 내에 대거 진출하게 되면서 미국과 다른 신념체계들이 대두하게 되고, 유엔기구들의 정책방향을 결정짓는 표결 등에서 여태껏 산파역을 해온 미국이 오히려 수세에 몰리게 되었다. 이렇게 되자 미국은 세계공업개발기구(UNIDO), 세계교육문화기구(UNESCO)와 같은 자신들이 설립을 주도했던 경제·문화 전문기구에서 탈퇴한다. 이는 미국의 주도로 설계, 창설되어 일정 기간 동안 미국의 이익에 잘 봉사하던 국제연합체제가 미국의 국익과 괴리되고 있음을 보여주는 예이다.

여하튼 제2차 세계대전 후 미국의 전략가들은 단기간 내에 향후 최소 50년 이상의 국제질서를 지탱해 나갈 국제체제를 설계하고 탄생시켰다는 점에서 대단한 능력을 발휘한 셈이며, 미국의 국익 관점에서 보면 그 공로를 높이 살 만하다. 그러나 새로운 유엔체제를 위한 유엔개혁안이 논의되고 있는 21세기 초, 지금 이 시점에서 미국은 유엔 개혁안에 대해 소극적인 제안만 하고 다른 거대한 대안이나 구상(grand design)을 제시하지 못하고 있다는 것은 미국이 패권국으로서 지도력이나 정당성이 고갈되고 있다는 것을 반증하고 있다.

이같이 미국이 소극적 입장을 보이는 것에 대한 분석은 다양하다. 미국이 제2차 세계대전 이후처럼 도덕적·물질적 기반 위에 세계를 이끌어나갈 패권적 역량이 모자라거나, 아니면 전략적 비전이 모자라거나, 그것도 아니면 새로운 고립주의, 일방주의로 회귀하는 경향이 있거나 등 여러 가지 분석이 가능하다. 그것이 무엇이든 간에 미국이 이 같은 입장을 취하는 것은 '전쟁 중 기간'에서 미국이 국력에 상응하는 적극적 책임을 지지 않음으로써 제2

차 세계대전 발발원인을 제공한 것처럼 국제사회에는 하나의 불안요인으로 작동하고 있는 것은 틀림없는 사실이다.

### 브레튼 우즈 체제

제2차 세계대전 종전 후 미국은 향후 국제정치를 담당하는 축으로서 다자 차원에서는 국제연합체제를 수립하고 양자 차원에서는 동맹관계를 수립하게 된다. 이와 동시에 미국은 국제경제를 담당하는 축으로서 세계은행(IBRD)과 국제통화기금(IMF)을 설립한다. 각국 대표들이 모여 협상을 한 뒤 최종적으로 44개국 대표들이 미국 동부의 브레튼 우즈에 모여 새로운 국제통화 질서를 수립하는 협정에 서명함에 따라 이 두 금융기구를 통상 브레튼우즈 체제라고 부른다.

브레튼 우즈 체제는 미국과 영국의 전문가와 관료들이 오랜 기간 준비와 협상을 거쳐 그 청사진을 마련했다. 이 체제는 영국이 패권을 유지할 시대에 주창하던 고전적 자유주의에 입각한 변동환율제와는 본질적으로 다른 비자유주의적인 국제금융질서를 핵심요소로 하고 있다. 즉 기본적으로 금환 본위제이면서도 '조절 가능한 고정환율제'를 특징으로 하고 있는데, 이는 패권국인 미국의 달러를 기축통화로 하여 다른 통화들의 가치를 고정시킴으로써 달러의 가치가 유지되는 한 국제통화질서는 안정을 유지할 수 있도록 한 것이다.

그런데 영국이 변동환율제를 버리고 고정환율제를 채택한 이유는, 자본의 자유로운 이동에서는 국제통화질서의 안정과 이를 기반으로 한 자유무역질서가 위협을 받는다고 믿었기 때문이다. 결국 브레튼 우즈 체제는 국내경제정책의 자율성 확보와 국제통화질서의 안정을 동시에 도모하기 위해 자본의 국가간 이동을 규제한 것이다. 이는 미국이 국내경제와 국제경제를 연

계시켜 사고하는 데에서 나왔으며, 전후 국제경제질서의 성격을 그대로반영하고 있다.[10]

영국이 패권시대에는 중상주의 정책으로 자유주의 무역 및 통화 거래를 통해 국부만 증대시키는 것이 목표였으나, 20세기 민주주의 성장으로 국내 이익집단이 등장하고 국내선거가 권력을 창출하게 되면서 국내경제의 안정이 국제거래의 자유보다 우선시되게 된 것이다. 즉 브레튼 우즈 체제는 국내 자율성과 국제 안정성간 이익충돌의 타협의 산물인 것이다.[11]

브레튼 우즈 체제에서 미국의 지분은 말할 필요도 없이 압도적이었다. 전후 국제경제질서의 주요한 축이 된 이 체제는 미국의 국익과 가치체제를 반영할 수 있는 기능을 아울러 담당했다.[12] 다시 말해 전후 복구지원이 필요한 나라들을 지원할 목적으로 설립된 세계은행(IBRD)은 미국이 선호하는 자본주의, 시장경제체제를 도입하는 국가들에게 우선적으로 지원되도록 개발자금을 집행했다. 다시 말해 세계경제질서를 미국이 선호하는 방향으로 형성되도록 쓰인 것이다. 즉 제2차 세계대전 종전 후 유럽 국가에 대한 지원뿐만 아니라 70년대 이후 신생독립국들이 대거 출현할 때에도 미국이 선호하는 정치적 기준에 따라 차등 지원되었다.

한편 국제통화기금(IMF)은 세계경제체제가 원활히 작동하는 데 가장 중요한 요소인 '외환거래의 유동성'을 보장하기 위해 설립되었다. 국제교역에서 외환거래는 인간의 몸에서 혈액과 같은 역할을 담당한다고 할 수 있다. 혈

---

10. 콜롬비아 대학의 러기 교수는 이를 '연계된 자유주의 (embedded liberalism)' 라고 불렀으며 이는 국내 경제의 필요에 물적 토대를 두고 이에 연계시킨 자유주의적 국제경제 질서를 의미한다. John Ruggie, "International Regimes, Transaction and Change", *International Organization*
11. Robert Gilpin, The Political Economy of *International Relations* (Princeton Uni. Press, 1987 p. 132
12. IMF창설 당시 44개 회원국의 출자금은 88억불이었고 미국의 지분은 40%였으나 지금은 184개 회원국에 미국의 지분은 17.3%로 하향 조정되었다.

액순환에 장애가 생기면 인체가 병을 얻듯이 외환시장이 불안정해지고 유동성이 부족해지면 국제교역이 제대로 이루어질 리가 없다. 특히 '전쟁 중기간' 동안 주요국들이 대공황시기를 겪으면서 각자 생존의 길을 독자적으로 모색하는 과정에서 각국이 환율을 경쟁적으로 인하하는 '근린 궁핍화 정책'을 실시함으로써 대공황을 더욱 심화시켰다는 교훈을 얻게 되었다. 이 같은 교훈에 입각해 국제금융기구는 각국간의 환율의 안정적 관리와 유동성 공급에 주안점을 두고 창설되었다.

그러나 국제교역이 확대되면서 달러 유동성에 대한 수요가 늘어나자 미국은 국제수지적자를 감수하고 유동성을 계속 공급했다. 문제는 미국의 국제수지적자가 지속되자 달러 가치에 대한 신뢰, 즉 미국의 금태환 능력에 대한 신뢰가 점차 흔들리게 되는 현상이 발생해 결국 금태환 제도의 정지를 가져온 것이다. 미국은 처음 금 1온스당 35달러로 교환가치를 고정하고 금태환을 실시했으나, 30년 만에 미국의 금보유고가 3분의 1로 줄어들면서 금태환 제도를 중지하게 된다.[13] 즉 미국이 국제유동성을 공급하려고 노력할수록 국제 환율제도의 안정성이 약화되는 현상이 발생한 것이다. 다시 말해 IMF의 설립목적이었던 국제유동성의 공급과 국제환율제도의 안정성은 동시에 달성할 수 없는 이율배반적인 목표였던 것이다. 이 같은 현상을 처음 설명했던 교수의 이름을 따서 '트리핀 딜레마(Triffin Dilemma)'[14]라고 하는데, 이 딜레마로 인해 브레튼 우즈 체제는 70년대 이후 당초 기능으로부터 상당

---

13. 1971년 닉슨 대통령은 금태환 정지를 선언하게 되고 1973년 미국의 금보유고가 11조 6천억 달러로 되어 제2차 세계대전 후의 3분의 1 수준으로 급감한다. 상세는 Diane Kunz, Buttter and Guns(The Free Press, 1997) p. 114~116 참조.

14. 예일대 경제학 교수인 로버트 트리핀은 『Gold and Dollar Crisis(1960)』라는 저서에서 미국의 달러유동성 공급과 국제환율 안정관리라는 두 가지 목표간에 상충성으로 인해 브레튼 우즈 체제가 처음부터 근본적인 결함을 가지고 있음을 지적했다.

한 변용을 요구받게 된다.

국제통화기금은 각국이 출자한 지분금만큼 의결권을 행사하도록 되어 있으므로, 구조적으로 미국의 발언권이 가장 강할 수밖에 없다. 미국은 20세기 후반 남미의 환율 및 재정위기와 1997년의 동아시아 금융위기, 그리고 러시아의 금융위기가 발생할 때마다 국제통화기금으로 하여금 자신들의 시각에서 바라보는 외환위기 처방책을 제시해 왔다. 일반적으로 국제통화기금은 외환 보유고의 부족으로 환율이 급락하는 외환위기를 당한 나라에게 필요한 외환을 긴급대출금 형식으로 제공함으로써 국가간 환율체제의 안정을 도모하는 것을 주 기능으로 한다.

이때 긴급대출금을 사용하는 나라는 국제통화기금이 제시하는 금융정책을 따라야 하는 의무를 지게 되는데, 이 금융정책은 대부분 미국의 금융자본의 시각에서 처방된 성격을 띤다. 따라서 이 금융정책이 실질적으로 외환위기국의 경제체질을 개선시키는 작용을 하기보다는 국제금융자본의 이익을 보장하는 성격이 강하다고 종종 평가되었으며, 또한 각국의 경제실정에 맞는 처방을 제시하기보다는 모든 나라에 일률적으로 긴축재정 및 금융정책을 취하도록 강요함으로써 어떤 경우에는 해당국의 경제체질을 더욱 악화시키는 우를 범했다는 비판에 직면하기도 했다.

그러나 이러한 비판에도 브레튼 우즈 체제는 국제경제질서에서 미국의 시각을 반영하는 역할을 충실히 수행해 왔으며, 한편으로는 자본주의 시장경제질서를 확대하는 데도 일정한 기여를 해왔다. 특히 시장경제가 세계화되어가는 과정에서 이 금융기구가 촉진자 및 안전장치로서의 역할을 수행해 궁극적으로 냉전경쟁에서 자본주의 진영이 승리하는 데 기여함으로써 미국의 20세기 후반 패권 경영에 중요한 일익을 담당했다고 할 수 있다.

브레튼 우즈 체제는 20세기 말엽에 일명 '워싱턴 컨센서스'[15]라는 것을 도출하게 된다. 각국이 경제기조를 신자유주의에 입각해 운영하는 것이 바람직하다는 견해가 양대 국제금융 기구 내에서 지배적이 되면서 앞으로 이컨센서스의 내용에 입각해 지원정책을 수행하겠다는 의지를 밝힘으로써 이러한 명칭으로 불려지게 되었다. 이러한 합의가 이루어진 곳이 당연히 양대금융기구의 본부가 있는 워싱턴이어서 '워싱턴 컨센서스'로 불리게 되었다. '워싱턴 컨센서스'라는 말에서 알 수 있듯이 여전히 이 양대 기구는 앞으로 국제경제 질서를 계속 주도적으로 만들어나갈 것이며, 거기에는 미국, 특히 워싱턴의 시각이 반영될 것이라는 점을 강력히 시사하고 있다.

### NATO

제2차 세계대전 종전 후 미국을 비롯한 전승국들은 국제사회에서 전쟁의 재발을 방지하기 위해 집단안전보장 개념에 입각한 국제연합을 창설했으나 자본주의, 공산주의 양 진영간의 대립과 갈등이 심화되면서 국제연합의 평화유지를 위한 기능을 제대로 수행할 수 없으리라는 인식을 갖게 된다. 따라서 양 진영은 각기 상대 진영으로부터의 도발에 대비해 집단안전보장 개념을 적용한 별도의 군사블록을 만드는데, 서방 진영은 1949년에 '북대서양 조약기구(NATO)'를 발족시키고, 공산 진영은 1955년에 동구권 8개국이 모여 '바르샤바 조약기구(WTO)'를 결성한다.

NATO는 초기 소련군이 제2차 세계대전 종전 후에도 철군하지 않고 동구권 국가에 잔류하자 이에 불안을 느낀 서유럽 국가들이 자발적으로 군사동맹을 도모하는 형식으로 시작되었다. 그러다가 1949년 미국이 참여하면서

---

15. 워싱턴 컨센서스란 신자유주의에 입각한 경제처방을 말하는 것으로서, 주요 내용은 경제개혁, 시장개방, 금융자유화, 무역자유화 등을 담고 있다. 이 내용은 1989년 IIE 소속 연구원인 존 윌리엄스가 처음 발표한 것을 기초로 했다.

본격적인 집단안전보장체제의 면모를 갖춘다. 그 이후 NATO는 미국의 주도 아래 서유럽에서 소련의 진출 가능성을 효과적으로 봉쇄해 안보 불안을 해소시켜 줌으로써 미국과 서유럽간의 '대서양 동맹(Trans Atlantic Alliance)'을 공고히 하는 데 결정적인 역할을 수행해 왔다.

즉 미국은 서유럽 국가들이 소련의 핵탄도미사일 공격에서 느끼는 위협을 핵우산을 제공해 감소시키고, 자동개입조항을 통해 소련 침공을 원천적으로 봉쇄해주는 대신 서유럽 국가들에게는 정치적 지도력 및 영향력을 행사할 수 있게 되었다. 물론 이러한 미국 영향력에 반기를 든 드골 대통령 당시 프랑스는 NATO의 군사동맹에서 탈퇴하지만 회원국으로는 계속 남는다. NATO는 80년대 말 바르샤바 조약기구가 해체되기까지 공산 진영을 성공적으로 봉쇄해 체제경쟁에서 승리를 거두었다. 뿐만 아니라 서유럽이 유럽연합(EU)을 통해 미국과 대등한 관계 설정을 시도하는 와중에서도 군사적으로는 미국에 의존하도록 함으로써 대서양 동맹의 균열이 조기에 발생하는 것을 억제하는 역할을 했다. 다시 말해 NATO 역시 팍스 아메리카나 체제를 떠받치는 주요 구조물 중 하나였으며, 냉전종식 후에는 과거 바르샤바조약기구 회원국이었던 동구권 국가들까지 가입시킬 정도로 성공적으로 작동되는 것으로 평가된다.

그러나 21세기에 들어서면서 유럽통합이 급속도로 진전됨에 따라 유럽국가들은 독자적인 외교·국방정책을 추구해 유럽통합군을 창설 중에 있다. 유럽통합군이 정식으로 출범하면 여태껏 유럽의 NATO 회원국들은 독자적인 작전권을 행사할 수 있게 되어 유럽 국가에 미치던 미국의 군사적 영향력이 상당히 감퇴될 전망이다.

### 양자 군사동맹

미국은 전후 국제연합이나 NATO와 같은 집단안전보장체제를 국제사회에 도입했음에도 불구하고 집단의사결정을 거쳐야 하는 이러한 다자 안보 체제의 효용성에 대한 회의적인 시각으로 양자 군사동맹 방식을 채택한다. NATO와 같은 집단안전보장체제는 지역적 개념으로 작동하는 반면, 양자동맹은 특정국과 1대 1로 상호안전을 보장해주며, 필요시 병력 등 군사 지원을 신속히 제공할 수 있다는 점에서 지역안전보장체제와는 다른 장점을 가지고 있다.

즉 미국은 동아시아 지역에서는 한국과 일본, 대만과 상호방위조약을 맺어 무력을 지원해주기로 했으며, 남태평양 지역에서는 호주와 뉴질랜드, 북미 지역에서는 캐나다와 이러한 방위조약을 체결했다. 특히 한국과 일본, 호주 등과 맺은 양자동맹은 상당히 견고해 냉전시대 동안에는 태평양 일원에서 공산세력이 팽창하는 것을 효과적으로 억제했을 뿐 아니라 냉전체제가 붕괴된 이후에도 걸프전, 반테러 전쟁 등 주요한 전쟁에 미국과 함께 참전을 하거나 미국을 지원함으로써 미국의 외교·군사 정책 수행에 없어서는 안 될 존재가 되었다.

미국의 양자동맹 체계는 냉전기간 중에는 반공산주의라는 가치를 공유함으로써 상당히 견고했고, 또한 20세기 후반에는 팍스 아메리카나를 구축하는 데 중요한 일익을 담당했다. 그러나 냉전구도가 붕괴되면서 공동의 적이 사라져 동맹의 견고성이 약화되기 시작했다. 이미 뉴질랜드는 미국과 쌍무적인 군사동맹관계를 유지하지 않고 있으며, 한국도 미국과의 동맹관계를 군사동맹관계를 넘어선 보다 포괄적인 동맹관계 차원으로 발전시켜 나가려는 입장을 가지고 있다. 한편 일본은 새로이 부상하는 안보 위협에 대응해 미·일 동맹을 일본 열도 방위의 목적을 넘어 인근 지역 방위로 적용 범위를 넓혀 나가고 있다.

20세기 후반 본격적인 미국의 패권 강성기, 즉 팍스 아메리카나 시대를 지탱해 온 정책 및 구조물은 이처럼 다양했다. 미국은 이전의 여타 패권국처럼 단지 군사력, 경제력에만 의존하지 않고 다양한 정책과 국제기구, 지역기구, 양자동맹 등을 복합적으로 구성·운영하면서 세계를 주도해 왔다.

60여년 전, 제2차 세계대전 종전 후 급박한 환경 속에서도 이 같은 정책및 구조물을 만들어내 여태껏 강건하게 국제질서를 지배해 오고 있는 것을보면, 당시 미국의 전략가 및 정책 결정자들의 전략적 비전과 혜안은 높이평가받을 만하다. 특히 마셜 플랜과 적국 포용정책 등은 이전 국제정치사에서는 전례를 찾아보기 힘든 파격적이고 과감한 발상이었으며, 게다가 기대이상의 성공을 거둠으로써 팍스 아메리카나 체제를 강고히 하는 데 크게 기여를 했다.

미국은 경제적인 측면에서도 달러를 금과 함께 세계의 기축통화로 정해 일정 기간 금과 무제한 태환을 허용함으로써 세계통화질서를 안정시키는데 결정적인 기여를 했다. 물론 이러한 달러기축통화제도는 미국의 이익에 부합되는 측면도 적지 않았지만, 막강한 경제력을 담보로 한 금태환제도가 이를 뒷받침해주었기 때문에 여타 국가들은 환율제도의 요동에 대한 우려 없이 국제교역이 안정적으로 확대되었다는 데는 이의가 없다.

그 밖에 미국은 70년대 초반까지 많은 개발도상국들에게 원조를 제공해 이들 국가들의 경제개발 및 인도적 재난 완화에 적지 않은 기여를 했다. 물론 이러한 원조정책이 팍스 아메리카나의 유지 측면에서 운영한 측면도 있어서 조건부 원조(string attached aid)라거나 종속이론의 관점에서 많은 비판이 제기되기도 했다. 그러나 80년대 이후 미국의 대외원조가 격감하고 난 후 아프리카 등 개도국의 경제 및 인도적 사정은 더욱 악화되고 있음을 볼 때 미국의 원조정책이 긍정적인 효과가 더 많았음을 부인하기는 힘들 것이다.

20세기 후반 반세기 동안 미국의 팍스 아메리카나 경영행태를 분석해 보면, 미국은 자국의 국익을 추구하긴 했지만 국제사회가 필요한 공공재—그 것이 이념 또는 정책이든 국제기구이든, 기축통화 또는 원조이든지를 불문하고—를 공급하는 역할을 일정 부분 담당했다. 이러한 공공재를 도맡아서 제공한다는 것은 개별국가로서는 부담스러운 일이지만 미국은 막강한 경제력을 바탕으로 이를 담당해 왔다. 이는 종전 직후 구질서가 파괴되고 새로운 질서의 창조가 절실한 국제사회를 위해 참으로 바람직한 것이었다. 그러나 앞에서 살펴보았듯이 팍스 아메리카나를 지탱했던 정책과 구조물들이 시간이 경과함에 따라 부분적으로는 미국의 능력과 의지가 서서히 고갈되고 한편으로는 미국 이외 다른 나라가 주요 행위자로 등장했기 때문에 그 기능과 효용이 점차 약화되어가는 것을 알 수 있다. 그리고 일부 기구에 대해서는 그 기구를 창설한 미국이 스스로 탈퇴를 함으로써 팍스 아메리카나의 구조물의 일부를 스스로 허무는 현상도 발생했다.

이처럼 팍스 아메리카나 1기의 질서는 이제 어느 정도 효용성을 다한 것처럼 보이므로 새로운 질서를 위한 새로운 전략적 비전이 필요한 시점에 우리는 서 있다고 할 수 있다. 그런데 21세기의 국제환경은 20세기 후반의 국제환경과 분명히 다른 성격을 띠게 될 것이다. 더욱이 현재의 미국 지도부는 물론 다른 어떤 국제기구나 두뇌집단도 제2차 세계대전 종전 당시 미국 전략가들 및 외교관들이 가졌던 거대 구상을 가지고 있지 못하다.

그럼에도 불구하고 미국이 패권적 지위를 계속 유지할 것으로 전망되기 때문에 21세기 전반을 팍스 아메리카나 2기로 나중에 명명한다고 가정하면 이 시점에서 미국의 전략가와 외교관들은 21세기 새로운 질서를 위한 거대 구상을 만들어내는 데 중요한 역할을 해야 할 역사적 책무가 있다고 할 수 있다. 그러나 미국 내부에서조차도 향후 질서 및 세계관에 대한 시각이 극명히 분열되고 있기 때문에 미국이 이러한 거대 구상을 가지고 세계를 이끌어나가는 지도력을 발휘하리라 기대하기 어려운 실정이다.

우리가 역사에서 배웠듯이 패권적 지위를 보유한 국가가 새로운 국제질서를 만들고 담보하는 데 주동적인 역할을 회피할 경우 국제체제는 불안정해지게 마련이고, 그 결과 국가간의 무력충돌이 일어나 인류가 전쟁의 참화에 빠질 확률이 높아지게 된다. 외교에서 과잉이나 과소는 똑같이 문제가 된다. 미국이라는 패권국가가 오늘날과 같은 국제체제 변혁기에 앞날의 국제체제의 청사진을 그리는 적절한 역할을 하지 않을 경우, 국제사회는 더욱 혼란에 봉착할 가능성이 많다. 게다가 미국이 잘못된 방향으로 외교력을 집중할 경우 문제는 더욱 심각해질 것이다.

더욱이 지난 50년간 국제사회가 엄청나게 성숙해서 새로운 국제질서가 국제사회의 합의를 거쳐 형성될 수 있는 상태에 이르렀다고 말할 수도 없고, 미국을 대신할 다른 대체세력도 없다는 점이 문제이다. 만일 이런 상황이 지속되는 한 21세기 전반기에 국제사회는 불확실성이 높아지고 긴장이 높아질 것으로 전망된다.


## 20세기 국제정치체제의 특성

### 근대국가체제의 발흥과 억제

20세기 국제정치체제의 가장 큰 특성은 근대국가체제의 전성기라는 점이다. 근대국가체제는 17세기부터 유럽에서 시작된 것으로 과거 유럽의 기나긴 중세기간을 지배해 왔던 국제질서인 신성로마제국의 지배권이 약화되면서 각 지역별로 존재해 오던 봉건 영주체제가 붕괴하는 토양 위에서 성립된 정치체제이다. 즉 로마라는 세계의 중심으로부터 오는 지배력이 약화되는 동시에 한편으로는 경제력과 교통수단의 발달로 일정한 지역내에서는 통합력이 강화되면서 탄생한 것이 근대민족국가체제라 말할 수 있다.

다시 말하면 종교에 기반한 국제체제 중심의 인력이 약화되면서 외곽 지역이 원심력에 의해 떨어져나가는 동시에, 외곽 지역에서는 민족에 기반한 구심력이 강화되면서 새로운 독자적인 권력이 수립되는 과정이 근대 국가체제 형성과정이었다.

근대국가체제는 먼저 각기 공유하는 언어, 혈통, 문화를 배경으로 같은 민족이라고 동일성을 느끼는 집단별로 하나의 정치체제를 세운 것으로 근대 상비군제도와 관료제도를 기반으로 하는 중앙집권제의 힘으로 지방의 봉건영주들을 제압하는 실력을 갖춘 왕들이 등장하면서 형성되었다.

이러한 근대국가는 처음 3세기 이상을 유럽내에서만 존재하고 여타 지역에는 전파되지 못했다. 그러던 것이 유럽내 각국들 간에 국제협정 및 외교관계 등이 생겨나면서 근대국가체제를 갖추게 된다. 그 이후 19세기 후반에 달해서야 유럽 각국의 식민지 쟁탈과정을 통해 비유럽 국가들에게도 근대국가의 기본체제가 이식되었고, 제2차 세계대전 종전 후 식민지시대의 종언과 더불어 근대국가체제가 전 세계로 확산된다.

그래서 20세기는 질적으로나 양적으로 근대국가가 가장 융성하던 시기였으며, 전 세계가 하나의 국제체제 안으로 들어오게 되고, 각국들이 주권국가로서 대등한 관계를 맺는 시대가 열린 것이다.

이러한 근대국가들은 과거 왕이나 어떤 지배체제를 위해 국가가 운영되기보다는 국가 존립이 최고의 선이며, 국가 이익 확대가 최고의 목표가 되는 현상이 나타난다. 그리하여 국제적으로는 주권개념이 신성불가침으로 간주되고, 국내적으로는 애국이 하나의 이데올로기화되는 현상을 보이게 된다.

당연히 유럽 각국은 자기 나라 명예와 주권을 지키기 위해 부국강병을 추구하게 되고, 나아가서는 국외로 세력을 팽창해 각축을 벌이게 되어 여타 대륙에서 식민지 확보 및 경영 경쟁을 벌이게 된다. 따라서 근대국가체제에서 각국은 국가간의 관계를 국제협정이나 국제법을 통해 평화적으로 관리하려는 노력을 경주해 오기도 했지만, 국가간 이익이 상충될 때에는 국민의 민족주의와 애국심을 동원해 전쟁에 나서는 것도 마다하지 않았다. 즉 전쟁은 피해야 할 비극이라기보다는 자기 나라의 이익실현을 위한 수단으로 간주되었다. 제2차 세계대전을 발발한 독일의 '생존 영역(lebensraum)' 확보, 일본의 '대동아 공영권' 구축 등은 아주 좋은 예이다. 근대국가 지상주의 이데올로기에 빠져 있던 국민들은 국가를 위해서라면 죽음을 무릅쓰고 전쟁에 기꺼이 참전했다.

19세기 후반부터 고조되어 왔던 유럽내 근대국가간의 경쟁은 20세기 들어 미국과 독일, 일본이라는 새로운 신흥세력의 등장으로 결국 제2차 세계대전으로 치닫게 되었다. 즉 20세기 전반은 근대국가체제의 경쟁이 질적으로 최고조에 달한 시기라 말할 수 있다. 그리고 20세기 후반에 들어서면서 식민주의에서 해방된 지역들이 새로운 신생독립국으로서 근대국가체제에 편입해 들어오게 되자 근대국가체제의 범위가 전 세계로 확장됨으로써 양적으로 근대국가체제가 최전성기를 맞게 되었다.

그러나 20세기 후반은 이러한 양적 확대에도 불구하고 근대국가간의 경쟁이 외부적으로 격화되지 못하고 안으로 타들어갔기 때문에 냉전시대라고 일컫는다. 근대국가간의 경쟁과 갈등이 전화되는 것을 방지해 준 것은 제2차 세계대전에서 경험했던 핵무기에 대한 공포 때문이었다. 제2차 세계대전 후 소위 5대 강대국인 미국·러시아·중국·영국·프랑스가 핵무기를 보유하게 되었으며, 특히 미국과 러시아 간에는 서로가 상대를 충분히 전멸시키고도 남을 핵무기를 보유하고 있었다. 그래서 20세기 전반 이전과 같이 외교정책의 연장으로서 전쟁이라는 명제가 성립할 수 없게 되었고, 결국 근대국가체제의 특성인 국가간 경쟁 및 충돌이 억제되었던 것이다.

그렇지만 20세기 전체를 개관해 보면, 역사상 근대국가가 국제체제의 중심에서 가장 왕성하게 움직였던 시기로 규정할 수 있다. 20세기는 모든 국가간의 관계가 국가라는 단위의 관점에서 결정되고 집행된 시기였다고 해도 과언이 아니다. 그러나 20세기 후반에 접어들면서 이러한 근대국가 지상주의를 잠식하는 여러 현상들이 나타났다. 이러한 현상들은 21세기의 국제관계를 20세기의 국제관계와 차별화시키는 요소가 되며 앞으로 국제관계를 새로이 규정하도록 만든다.

### 시장경제의 세계적 확산

20세기는 시장경제가 전 세계적으로 확장되는 과정의 연속이었다. 거기에 20세기 말 정보통신 및 교통기술의 발달이 결합해 이루어낸 세계화는 국제질서의 구조를 근본적으로 바꿀 정도로 커다란 의미를 지니고 있다. 20세기와 21세기 국제질서를 이해하기 위해서는 20세기 국제질서의 가장 큰 특징인 이 현상에 관해 깊이 이해해야 한다.

시장경제란 경제활동의 주체들이 시장에서 정해진 가격에 따라 재화와 서비스를 공급하고 소비하는 경제를 말한다. 따라서 시장이 외부세력의 간섭을 받지 않은 채 자체 기능에 의해 가격결정이 이루어지는 것을 가리켜 자유시장 경제체제라고 한다. 시장은 자체로서 가격결정 메커니즘을 가지고 역동적으로 움직여 나가며 항상 확대되려는 경향이 있다.

시장경제는 자본주의 경제와 동전의 양면처럼 긴밀한 관계를 유지하고 있다. 자본주의가 생산수단의 소유와 경제활동의 이익배분이 개인에게 귀속되는 소유의 관점에서 바라본 정태적인 설명이라면, 시장경제는 자원이 배분되는 과정 자체를 동태적으로 바라본 설명이라 할 수 있다. 그러나 시장경제는 생산수단의 소유방식에 상관없이 시장을 통해서 경제활동이 이루어지므로 자본주의보다는 광의의 개념이라 할 수 있다. 물론 자본주의체제에서 시장 기능이 가장 활발히 나타날 수 있겠지만, 사회주의체제에서도 시장경제가 불가능한 것은 아니다. 예를 들면 개방 정책 이후 중국과 베트남 등 공산주의 국가를 들 수 있다. 그들 국가는 중요한 산업의 소유권은 국가 또는 집단에게 귀속되어 있지만 서비스와 재화는 시장을 통해서 분배되고 있다.

19세기에도 시장경제가 존재하지 않은 건 아니다. 다만 대부분 유럽 국가 내에서 그것도 주로 한 국가내에서 시장이 형성되어 작동되어 왔고, 전 세계적으로 교역이 이루어지긴 했으나, 가격결정 메커니즘이 존재하지 않아 물물교역 형식으로 진행되었다. 따라서 엄밀한 의미에서 세계적 규모의 시장경제가 존재했다고 말하긴 어렵다. 이와 같이 시장경제체제에 충분히 편입되어 있지 않은 상황에서는 국가간의 관계가 정치·군사적인 측면에서만 국한될 뿐 경제적인 측면에서는 거의 영향을 미치지 않았다.

그러나 시장경제가 확장되면서 각국은 시장을 매개로 한 상호의존성이 점차 증가해 최근에 들어서는 정치·군사적 측면보다는 오히려 경제적 측면에서 부딪히게 되었다. 그리고 한 나라에서 발생한 경제위기가 이웃나라로 쉽게 전파되며 어떤 지역에서 공황이 발생하면 여타 지역으로 쉽게 전이되는 현상이 나타났다. 따라서 각 국가들은 이웃나라에서 발생하는 경제현상에 대해 예의주시하고 민감하게 반응하고 있다.

이 같은 시장경제의 확산으로 나타난 현상은 국가간의 상호의존성의 증대, 경제와 정치문제간의 상호연계, 지역별 통합현상의 증대, 그리고 국가 외에도 기업이나 개인 등이 국제질서의 주요 행위자로 등장한 것 등이다.

이러한 새로운 행위자의 등장은 21세기 국제질서가 20세기와는 다른 양상으로 전개될 것임을 예고한 전령이었다. 근대국가체제 성립 이후 국제관계에서 유일한 행위자로 행세해 왔던 국가의 위상이 예전보다 약화되는 반면, 독립적 행위자로 인정받지 못했던 주체들, 특히 다국적기업과 개인의 위상이 강화되면서 행위자간 서열에 있어서도 역전현상이 일어났다.[16] 그 외에도 정부간 기구인 국제기구가 국제관계에서 중요한 행위자로 활동하고 있고 최근 들어서는 비정부간 기구(NGO)의 영향력이 국제사회에서 무시하지 못할 속도로 증대되고 있는 것도 앞으로 국제질서의 관계를 변화시키는 요인이 될 것이다. 현재 유엔회원국은 191개에 불과하지만 다국적 기업은 6만개, 활발한 국제활동을 펼치고 있는 NGO는 1만여 개, 그리고 정부간 기구만 해도 250여 개나 된다. 이러한 양적인 변화는 결국 질적인 변화를 초래한다는 말처럼 이들 비국가 행위자들의 증대는 국제관계의 성격을 변화시킬 것이다.[17]

## 21세기 국제정치체제 전망

### 근대국가체제로 상대적 복귀

20세기 후반 냉전체제가 지속되는 한편으로 지역통합이 이루어지고 거대 다국적 기업이 등장하자 근대국가체제의 중심 행위자인 개별국가의 영향력이 다소 억제되었다.

특히 유럽과 아프리카, 그리고 동남아 지역에서는 지역통합 노력이 가속화되어 국가간 경계가 약화되면서 근대국가체제가 허물어지기 시작하는 중

---

16. 미국의 석유회사 엑슨 모빌의 2005년 매출액은 3,710억불로서 사우디 아라비아의 GDP를 상회하며 국가 별 순위와 비교해도 20위권 내에 진입한다.
17. 존 베일리스·스티브 스미스 편저, 하영선 역, 『세계정치론』p. 373

대한 시험이 진행되고 있다. 이는 앞으로 이들 지역이 정치적으로는 하나의 단일체로 움직이는 것이 개별국가들에게도 이익이 된다는 인식이 확산되었기 때문이다. 그러나 유럽과 아프리카에서 전개 중인 이러한 현상이 21세기 전반에 전 세계적으로 확산되어서 일반적인 현상이 될 것인가에 대한 여부는 좀더 조심스런 접근을 필요로 한다.

일단 냉전체제의 와해로 인해 냉전기간 동안 각국이 개별국가이익에 따라 독자적으로 행동하던 자유가 많이 억제되었던 현상이 21세기에 들어서면서 일단 완화되고 있다고 볼 수 있다. 그 대표적인 사례 중 하나가 NATO를 중심으로 상당히 굳건한 유대관계를 유지해 왔던 미국과 유럽간의 대서양 동맹(Transatlantic Alliance)이다. 미국은 미국대로 이전의 동맹국에 대해 안보우산을 제공하는 혜택을 베풀지 못하는 상태에서 일방적으로 움직이고 있으며, 유럽은 유럽대로 NATO와는 별개의 유럽통합군을 출범해 군사적으로도 독자적으로 행동하려 하고 있다. 즉 이라크 문제 등 일부 현안과 관련해서는 미국과 대립적인 자세를 취할 정도가 된 것이다.

또한 20세기 전반 식민지시대를 거치면서, 아니면 국내지배체제의 모순 등으로 인해 국제질서에서 주요 행위자로서 충분한 인정받지 못했던 중국, 인도, 브라질, 남아공, 이집트, 한국 등의 국가가 21세기에서는 신장된 국력을 바탕으로 나름대로의 역할을 수행할 것으로 예상된다.

그러면 국제질서는 20세기 후반 소위 안보리 상임이사국인 P-5(미·소·중·영·프)를 중심으로 전개되던 때와는 달리 훨씬 복잡한 형태로 얽히며 전개될 것이다. 이런 의미에서 19세기 후반과 20세기 전반 유럽을 중심으로 전개되었던 근대국가간의 경쟁체제가 전 지구적으로 확산되어 보다 많은 참여자간에 벌어지게 되므로 21세기는 오히려 근대국가체제가 상대적으로 복귀하는 경향을 보인다고 말하는 것이 타당하다. 물론 21세기의 근대 국가체제는 유럽의 근대국가체제와는 엄밀한 의미에서 성격이 다르고 역사적으로는 점차 적실성을 잃어가는 방향으로 나아가고 있다 해도 적어도 국가간의 경쟁이 보다 치열하게 전개된다는 측면에서 보면 근대국가체제가 상대적으로 복귀한다고 보는 것이 옳을 수 있다.

이에 대한 또 다른 요인은 종교에 바탕을 둔 이슬람 민족주의의 발흥이다. 사라센 제국과 오스만투르크 제국을 거치면서 오랜 역사 동안 하나의 정치세력으로 움직여 왔던 아랍 지역은 19세기 후반 이후 제국의 몰락과 더불어 유럽으로부터 분할지배를 당하게 되어 하나의 단일 정치세력으로서 정체성을 상실했다. 그러나 20세기 후반 아랍 각 지역의 부족들이 독립국가를 건설해 산유국으로 등장하면서 축적된 부를 바탕으로 아랍 민족주의를 되살리기 시작했다.

특히 20세기 후반 미국 문화 또는 미국 방식으로 대변되는 세계화가 급속히 진전되면서 아랍 전통종교와 문화가 위협을 받는다는 인식이 확산되고, 또한 미국이 지원하는 이스라엘이 팔레스타인을 탄압함으로써 아랍국가가 크게 상처를 받았다. 게다가 국내 정치지배구조가 비민주적인데 대한 국민들의 반감이 더해져 아랍 민중의 저항이 아랍 민족주의를 거세게 일깨우고 있다.

이러한 요인들이 복합적으로 작용해 아랍 민족주의와 극단적 이슬람 근본주의가 세력을 확장하고 있으며, 그 결과 알 카에다 같은 테러 조직들이 이슬람 지역에서 확산되고 있는 추세다. 더욱이 그로 인해서 이라크뿐만 아니라 미국과 유럽에서 테러가 빈발하고 있다. 따라서 중동 지역에서 아랍 민족주의가 앞으로 더욱 고조될 것이며, 결과적으로 중동 지역의 국제질서도 더욱 민족과 종교를 기반으로 하는 근대국가가 중심행위자가 되어 움직여 나갈 것으로 전망된다. 만일 중동의 범아랍 민족주의가 득세를 하게 되어 현재의 국경이 조정되고 보다 큰 단위의 아랍 국가들이 등장하게 된다면 좀 더 강력한 근대국가체제의 성격을 띨 것으로 보인다.

21세기 전반에 민족주의가 발흥하면서 근대국가 경쟁체제 양상을 띠게 될 또 하나의 지역은 동북아 지역이다. 동북아 3국인 한국과 중국, 일본은 엄밀한 의미에서 보면 20세기 동안에 오히려 민족주의가 좌절되는 경험을 많이 겪었다고 할 수 있다. 한국과 중국은 20세기 전반을 식민통치 아래 억눌려 지내왔고, 20세기 후반에 들어서도 여전히 이념 대립과 공산주의 이념의 지배 등으로 인해 민족주의가 제대로 발현될 기회를 갖지 못했다. 일본의 경우에도 20세기 전반에는 민족주의가 세력을 얻어 국내적으로는 부국강병 정책을 추구하고 국외적으로는 세력권 확장에 몰두했다가 급기야는 태평양전쟁을 일으키게 된다. 제2차 세계대전의 패전국이 된 일본은 맥아더 사령관이 이끄는 미군정 아래 들어간 뒤 50년간을 미국의 안보우산 아래 살면서 민족주의에 입각한 독자적인 소리를 내지 못하고 있다. 그야말로 미국의 군사·안보정책에 무임승차해 지내는 특이한 국가경영을 해온 것이다.

따라서 이들 나라는 20세기에 좌절되거나 손상된 민족주의를 복원시키려는 경향을 21세기에는 갖게 될 것으로 보인다. 이러한 거시적인 흐름 이외에도 한국과 중국은 전 세계가 놀랄 만한 경제성장률을 달성하면서 경제력을 바탕으로 부국강병정책을 추진해 나가려는 욕구가 있는 것처럼 보인다. 일본 역시 보통국가론을 내세우며 다른 국가들과 마찬가지로 군대를 보유하고 교전권을 가져야 하며 역사문제와 영토문제 등도 주변국가들에 대한 고려없이 자신의 주장을 강하게 내세워야 한다는 민족주의 경향이 고조되어가고 있다.

이처럼 21세기가 태평양의 시대 그 중에서도 동북아의 시대가 될 것이라는 예측이 지배적인 상황에서 동북아 3국에서 민족주의가 고조된다면, 국제질서에 적잖은 영향을 줄 것이다. 이러한 동북아 3국간의 관계는 근대국가 간 경쟁체제로 파악하는 것이 현실에 가장 근접한 관측이 될 것이다.

### 새로운 행위자의 영향력 증대

21세기 국제질서가 20세기의 그것과 다르게 보이게 하는 중요한 요소의 하나는 새로운 행위자의 등장이다. 새로운 행위자란 국가 이외의 실체(entity)로서 국제기구, 다국적기업, NGO 심지어는 개인까지도 이에 포함된다. 20세기에는 국가가 압도적인 비율로 국제질서에서 중심 행위자로 등장했고, 여타 행위자들은 특수한 경우에 보조 행위자일 뿐이었다. 그러나 우리가 현재의 관점에서 거의 절대시하는 민족국가도 장기적 관점에서 보면 점차 그 생명력을 잃어가는 과정에 있다는 점을 주목할 필요가 있다.

민족국가는 비교적 역사가 짧은 것으로, 근세초기 유럽에서 발족했던 '새로운 군주국(new monarchy)'이 그 효시이다. 그 당시 새로운 군주국은 공작령(dukedom), 공국(principality)이나 자유도시(free state)와 같은 작은 단위의 정치체에서 출발해 당시 전 유럽을 지배했던 교황청 세력, 한자동맹, 기사단과 같은 광역 정치체에 대항해 가면서 자신의 세력을 키워 근대국가의 틀을 잡게 된다. 이 같은 근대국가가 이제 새로운 환경의 변화에 따라 다시 자신보다 단위가 작은 지방정치체가 아니면 자신보다 단위가 큰 지역 정치체에 권한을 이양하는 현상을 보면 역사는 돌고 돈다는 아이러니를 느낄 수 있다. 유럽에서는 이미 시민들이 갈수록 국가 단위의 정부보다도 더 큰 유럽연합과 같은 초국가적 기구나 국가 단위 이하의 기구(sub-national agency)에 의존해 그들의 목표를 성취하려는 경향을 보이고 있다.[18]

---

18. Paul Kennedy, Preparing for the 21st Century, 국문번역판pp. 164~165

이러한 국가 이외 행위자들의 역할이 강화된 데에는 시장의 확대와 통신 및 교통기술의 발달, 그리고 개별국가가 혼자서 감당하기에는 역부족인 초국가적 문제, 즉 환경·국제범죄·마약 등의 문제가 점차 심각해진 것도 요인으로 작용하고 있다.

이러한 새로운 행위자가 국제질서에 편입하게 됨으로써 여러 가지 복잡한 양상이 전개되었고, 엄밀한 의미에서 국제질서라는 용어 대신 새로운 용어가 필요한 상황이 도래한 것이다.[19] 왜냐하면 국제질서라는 단어 중 '국제(inter-national)'라는 말 자체가 국가간의 관계라는 것을 의미하므로, 국제기구와 다국적기업, 다국적기업과 NGO, 국가와 개인간의 관계 등을 상정하고 있지 않기 때문이다. 이처럼 현재의 국제관계는 국가 이외 행위자들 간의 관계가 많은 부분을 차지하고 있고, 그 범위도 점차 확대되어가고 있는 실정이다.

예를 들자면 국제기구와 다국적기업 간의 관계로서는 국가들간의 연합인 유럽연합(EU)과 유럽에서 활동중인 세계적 다국적 석유화학기업인 셰브런의 관계를 들 수 있다. 유럽에서 환경기준을 엄격히 적용하려고 유럽연합의 회가 새로운 입법을 시도하는 경우 셰브런은 이에 대응하기 위해 공장을 유럽연합의 관할권 이외 지역인 동구국가로 이전할 가능성을 상정해 볼 수 있다. 이 경우, 이 두 행위자의 행동은 여러 국가에 영향을 미칠 수 있다. 즉 국가가 더 이상 국제관계에서 중심적인 행위자가 아니라 어떤 경우에는 다른 행위자의 결정에 의해 영향을 받는 수동적 행위자가 될 수 있음을 보여주는 예이다.

---

19. 이런 의미에서 '국제정치(International Politics)'라는 개념 대신 '세계정치(Global Politics)'라는 개념이 점차 통용되기 시작했으며, 이런 문제의식을 가지고 출판된 저서로는 서울대 하영선 교수가 번역한 『세계정치론』이 있다.

다국적기업과 NGO의 관계도 마찬가지로 국제사회에서 새로운 변수로 작용한다. 환경이나 인권문제 등에서 NGO의 발언권이 점차 강화되면서 NGO들은 다국적기업의 활동을 감시하고 규제하려는 성향이 강해진다. 이에 맞서 다국적기업은 막강한 자금과 로비력을 바탕으로 국제질서가 자신들에게 유리한 방향으로 전개되어 나갈 수 있도록 노력하고 있으며, 이러한 서로 상반된 활동들은 국제기구 등에서 새로운 규정이나 제도를 설립하는 경우에 아주 첨예하게 맞부딪치는 것을 종종 목격할 수 있다.

　때로는 이런 다국적기업과 NGO들의 활동이 국가를 대표하는 정부의 활동보다 더 강력하고 더 전문적일 경우가 종종 발생한다. 그리고 이들이 영향력을 행사해 국제규범이나 제도를 만들 때 아직은 정부 대표를 활용해 정부간 회의에서 이것이 결정되도록 하지만 결국은 국가가 이에 복속해야 하는 역설적인 경우도 빈번히 발생한다. 그리고 앞으로는 다국적기업과 NGO 간의 직접적인 협상이나 양자간의 규범 설정도 가능할 것이므로 이들도 국제질서의 주요 행위자임에는 분명하다.

　마지막으로 국가─개인간의 관계가 국제질서에 등장하는 것은 20세기 중 아주 특수한 사례로서 개인보상 문제 등이 있을 때 국제법적 측면에서 다루어지는 경우가 대부분이었다. 그런데 21세기 들어와서는 9·11 테러에서 볼 수 있듯이 개인들이 국가를 상대로 전쟁과 유사한 행위를 벌일 수 있게 되었다. 즉 국가와 개인 간의 관계가 정치적인 측면을 넘어서서 주권국가가 누릴 수 있는 마지막 수단(last resort)인 전쟁까지에도 확대된 것이다. 현재 진행 중인 이라크에서 테러와의 전쟁도 미국이 사담 후세인 정권을 타도하고 종전 선언을 한 지 3년 반이 훨씬 지나서도 계속되고 있는 것을 보면, 이제 전쟁도 근대국가 체제에서 상정하고 있던 국가 대 국가 간의 무력을 통한 권력 관계 변화를 추구하는 행위가 더 이상 아니게 되었다는 점을 의미한다.

이제는 전쟁도 국가와 개인집단 간에도 발생할 수 있으며, 아니면 새뮤얼 헌팅턴이 자신의 책 『문명의 충돌』에서 예견했듯이 문명집단간의 충돌로도 나타날 수 있다. 그러므로 21세기는 다양한 행위자들이 작용해 국제질서가 복층적인 구조를 가지게 됨으로써 훨씬 복잡한 양상을 띠게 될 것으로 전망된다. 9·11 테러사건이 소수의 개인이 결합해 세계 최강대국을 상대로 전쟁행위를 한 대표적인 예이다. 『세계체제론』을 저술한 임마누엘 월러스타인은 냉전체제 붕괴는 자본주의가 승리한 것이 아니라 오히려 16세기부터 형성되어 왔던 근대국가체제의 붕괴를 알리는 신호탄으로 보았다.[20]

그러나 월러스타인이 말하듯이 근대국가체제의 붕괴의 서막이 오른 것은 사실이지만 21세기 초반은 앞에서 살펴본 바와 같이 20세기 후반에 비교해 근대국가체제로 상대적으로 복귀하는 경향을 보일 것이다. 새로운 행위자가 많이 국제질서로 많이 진입해 중심 행위자로서 국가의 독점적 지위가 약화될 수는 있겠지만, 오히려 새로이 부상하는 국가들의 역동성으로 인해 국가간의 길항작용은 이전보다 더욱 강렬해질 것으로 보인다. 그러므로 20세기 후반 냉전시대는 정형화된 국제질서로 안정성이 있었다고 한다면, 21세기 전반은 부상하는 국가에다 새로운 행위자의 참여 등으로 국제질서는 비정형화 현상과 유동성이 더욱 증대되어 불안정성을 많이 노출할 것으로 전망된다.

세력균형체제로의 복귀─일초다극체제의 등장

21세기에는 기존의 강국들 이외 새로이 급부상하는 인도, 브라질 등과 지역통합체인 EU, AU, 동남아, 아랍 지역 등이 가세해 체제내의 주요 행위자

---

20. Immanuel Wallerstein, *The Modern World System*(New York, Academic Press, 1974)

가 증가함으로써 고전적 의미인 세력균형체제가 작동할 수 있는 여건이 마련된다. 게다가 적어도 20세기 후반 동안에 팍스 아메리카나 체제를 이끌어 나가기 위해 필요한 국제공공재를 공급하면서 지도적 위치를 담당해 왔던 미국이 이제는 그와 같은 국제개입주의 정책에서 서서히 탈피하고 있는 점도 눈여겨볼 일이다. 미국이 이처럼 자국의 이익만을 최우선시하면서 국제문제에 선택적으로 개입하는 전통적인 고립주의 정책으로 선회하는 경향을 보이는 것은 21세기 국제질서가 세력균형체제에 입각해 움직여 나갈 가망성이 많다는 점을 더욱 뒷받침해 준다.

21세기 국제질서를 전망해 보는 유용한 분석의 틀로서 '패권변동이론(hegemony change theory)'을 적용해 볼 수 있다. 이 분야의 대표적 학자인 조지 모델스키에 따르면, 패권은 4단계의 사이클을 거쳐서 변동된다고 한다.[21] 첫 번째 단계가 패권국의 등장, 두 번째 단계가 비정통화의 단계, 세 번째 단계가 탈집중화 단계, 네 번째 단계가 패권투쟁의 단계로, 이 단계를 거치면서 패권은 한 국가에서 다음 국가로 넘어가는 과정을 거친다는 것이다.

첫 번째 단계인 패권국의 등장 단계에서는 권력이 패권국에 집중되면서 패권국이 정통성을 가지고 세계질서를 능동적으로 구축한다. 이 단계에서 패권국은 가장 많은 정치적 재화와 서비스, 즉 국제공공재를 세계에 공급함으로써 국제체제는 안정을 누리게 된다. 특히 패권국은 막강한 군사력을 바탕으로 세계경찰의 역할을 하게 되고, 각종 국제기구를 주도적으로 설립하게 된다. 이 과정에서 다른 나라는 미국의 패권적 지도력에 대해 자발적인 동의와 순응을 하게 되는데, 이는 미국이 제공하는 국제공공재에 대한 수혜자로서 미국지도력의 정통성을 인정하기 때문이다.[22] 우리가 앞서 살펴보았

---

21. George Modelski, Long Cycles in the World Politics(Uni. of Washington Press, 1987)

던 20세기 국제정세도 이에 잘 부합된다 할 수 있다.

두 번째 단계는 비정통화의 단계인데, 패권국이 국제질서를 자국에게 유리하게 만들기 위해 창설했던 국제기구가 부실해지면서 패권국의 지도력과 국제공공재 공급능력이 서서히 고갈되기 시작한다. 그럼에도 불구하고 패권국은 능력 이상의 주도적 역할을 포기하지 않으며, 이로 인해 다른 강대국들과 알력이 생긴다. 따라서 패권국의 정통성이 소멸되기 시작한다. 미국의 권위에 대한 도전이 여러 지역에서 제기되고, 미국이 창설한 유엔과 여타 국제경제기구들의 활동방식에 대한 많은 의문이 제기되기 시작한 현재의 상황을 살펴보면 세계는 비정통화의 단계에 진입했다고 볼 수 있다.

세 번째 단계는 탈집중화의 단계인데, 이 단계에서는 권력이 좀 더 분산된 다극구조로 이행하게 된다. 패권국이 아직도 가장 큰 권력을 가지고 있으나 다른 권력 중심들이 생겨남으로써 예전에 비해 상대적으로 지위가 약화되어 혼자 힘으로 국제질서를 유지해 나갈 수 없게 된다. 지금 국제사회는 이러한 탈집중화의 단계로 이행해 나가고 있다고 볼 수 있다. 초강대국 미국의 지위는 당분간 유지될 것이나, 통합된 EU, 중국, 인도 등의 등장으로 인해 미국의 지배력이 약화되고 권력 중심은 분산되어 세력균형체제의 시대를 향해 나아가고 있다.[23]

20세기 후반 동안에 적어도 미국의 지도력에 대해 유럽 국가나 일본 등이 이견을 제시할 엄두를 내지 못했는데, 이는 기본적으로 미국의 지도력이 이들 국가들의 이익과도 대체적으로 부합되었기 때문에 서방진영 국가간에는

---

22. 안토니오 그람시에 따르면 헤게모니란 강압에 의한 지배가 아니라 합의와 순응에 기초한 협업체계로 본다.
23. 새뮤얼 헌팅턴은 21세기 힘의 배분에 있어서 미국 중심의 단극구조는 존재하지 않으며 오히려 '단-다극 (uni-multipolar)체제'가 국제정치의 현실을 반영해 줄 것이라고 주장한다. "The Lonley Superpower", Foreign Affarirs 1999. Mar/Apr. vol. 78

'기러기 비행방식'의 질서만 존재했지 서로간의 길항작용이 있을 수가 없었다. 그러나 미국의 일방주의 노선 추구가 점차 강해지고 공동의 안보위협이 사라지자 경제와 사회 등 여타 문제에 있어 EU와 일본, 심지어 한국 등 미국과의 이해관계가 합치되는 경우가 적어지게 되었다. 그러므로 이제는 각 개별국가가 새로이 형성되어 나가는 유동적인 국제질서 아래서 스스로 균형감각을 익혀서 사안별로 이해관계를 같이 하는 집단들끼리 연대를 하고 반대편을 견제하는 세력균형 원리에 몸을 맡겨 나가야 한다는 사실을 체득하는 단계이다.

물론 서방진영 내에서 이러한 분화현상 이외에도 중국, 인도, 아랍 국가 등이 과거의 명목적인 강국 지위에서 앞으로는 실질적 국력신장을 바탕으로 명실상부하게 국제정치에서 적극적인 입장을 취해 나가기 시작하면 국제질서는 적어도 10여 개의 강력한 단위체들이 움직이기 때문에 고전적 의미의 세력균형체제가 작동되어야 오히려 균형을 취해 나가기가 수월한 상황이 될 것이다. 사실 이러한 국제역학관계의 변화를 반영해 벌써부터 지금 세계 경제선진국 정상간의 모임인 G-7에 러시아를 포함시켜 G-8이 된 것에서 한 걸음 더 나아가 중국, 인도, 브라질 등을 포함시키고 유럽 국가들을 EU로 대체해 G-10모임을 만들어야 앞으로 국제관계를 효과적으로 관리할 수 있는 다자협의체가 될 수 있다는 주장들이 제기되고 있다.

즉 지금은 국제관계에서 세력의 재분배가 급속히 진행되고 있으며, 이 경향은 비서방국가(the un-West)의 부상과 서방국가간의 분열이라는 두 가지 현상에 기인하고 있다. 그리고 이러한 사태발전은 탈냉전 이후 미국이 누리던 유일 초강대국의 지위를 뒷받침해 주던 3가지 지주인 '경제적 우월성', '미국 외교의 밴드왜건 효과', 그리고 '연성 국력'을 불안정하게 만들어 결국 미국의 유일초강대국 지위가 조기에 종막을 고하게 만들고 있다. 그리하여 미국과 '동급의 경쟁자(peer competitor)'가 등장하기 이전이라도 국제질서는 미국의 압도적 지배권이 약화되고 다극화 시대로 들어갈 것이라는 전망이 가능하다.[24] 비서방국가의 부상이란 중국·인도·브라질, 그리고 아랍권의 부상을 말하는 것이고, 서방국가간의 분열이란 제2차 세계대전 이후60년 이상 지속되어 왔던 '대서양 동맹'과 기타 미국의 동맹국과 관계에 균열이 가고 있다는 것을 말하는 것이다.

19세기와 20세기 전반을 거치면서 세력균형체제가 결국은 평화를 담보해 주지 못하고 제1차 세계대전을 초래했다는 결과론으로 인해 세력균형론은 많은 비판을 받아왔다. 세력균형 개념 자체가 개별국가간에 기회주의적 입장에서 이합집산을 하면서 세력균형을 유지하도록 되어 도덕적 관점에서는 원초적으로 비판을 피할 수는 없었다. 그래서 국제연합이 창설되던 20세기 후반 초입에는 모든 국가가 집단안전보장을 통해 전쟁을 방지한다는 이상론적인 사고에 지배되어 세력균형 개념 자체가 터부시되어 왔다. 그러나 세력균형체제를 거부하고 미국의 윌슨 대통령의 이상주의적 구상에 의해 창설된 국제연맹도 불과 20여 년 이후 다시 제2차 세계대전이라는 엄청난 인류의 재앙이 발생하는 것을 막지는 못했다는 점에서 도덕성의 우위만으로 평화를 보장해 주지 못한다는 것이 입증되었다.

게다가 지난 반세기 동안 국제연합의 집단안전보장도 제대로 작동되지 않은 이상에 불과하다는 것이 증명되었다. 그래서 이제 21세기 초입에 변화하는 국제질서 속에서 국제연합이 엄청난 변신을 시도해 집단안전보장을 통해 세계평화를 담보해 주는 기구가 되지 않는 한―물론 이를 세계유일 초강대국인 미국이 용인할 리도 없겠지만―국제질서는 세력균형체제로 복귀하

---

24. Corall Bell, "The Twilight of the Unipolar World", American Interest 2005 Winter pp. 18~19

는 것이 오히려 자연스러워 보이며 그 외에 다른 대안도 현재로서는 가시화되지도 않고 있다. 이와 같이 세계정부적 성격을 가진 국제기구가 각국의 안전을 보장해 주고 분쟁을 방지하는 물리력을 확보하지 못하는 한, 또는 미국과 같이 유일 초강대국이 팍스 아메리카나와 같은 질서를 유지하지 못하는 한 각국은 각자의 생존전략을 위해 서로간에 이합집산을 하면서 동맹을 맺게 된다. 이러한 과정에서 국제체제내에는 상호간에 견제와 균형이 자연스레 이루어지고 이같이 몇 개의 동맹 또는 연합체제간의 힘의 균형을 통한 안정을 유지하는 것이 바로 세력균형체제인 것이다.

## 세력협조체제의 등장 가능성

20세기가 미국과 소련을 정점으로 하는 자유 – 공산 양 진영간의 양극체제였다고 한다면, 21세기 전반은 미국이 어떤 나라도 넘볼 수 없는 유일 초강국으로서 지위는 계속 누리겠지만 통합유럽과 중국이 미국의 지위를 넘보게 될 정도로 비중이 높아질 것이며, 인도와 일본, 브라질 등도 다극체제의한 축을 담당하게 될 것이다. 이 같은 일초다극체제는 양극체제보다 훨씬더 세력균형체제가 작동하기 유리한 환경을 조성할 것이다. 또한 각국은 이념보다는 각국의 이익을 중심으로 이합집산을 거듭할 것이나 각국의 이익은 고정된 것이 아니라 변화하는 국제정세 속에서 매번 새롭게 정의될 수 있으므로 세력균형체제도 고정적인 것이 아니라 계속 역동적으로 변화하는 체제가 될 것이다. 세력균형이라는 용어 자체에서 알 수 있듯이 이 체제는 자동적으로 세력균형을 이루기 위한 내부적인 조정장치가 작동하는 것을 상정하고 있다. 따라서 대부분의 경우 세력균형체제가 변화하는 환경 속에서 잘 적응해 변환해 나갈 것이나 한 번만이라도 변화하는 환경 속에서 잘못 변환해 나가게 되면 시스템 자체가 붕괴되고 국제사회에 큰 불안감이 조성되게 된다.

그러므로 우리가 21세기 전반에 국제사회가 세력균형체제로 복귀할 가능성이 많다고 전망한다면, 이는 결국 21세기 전반이 20세기 후반에 비해 역동성은 많으나 불안정성은 증대한다고 전망하는 것과 같은 말이다. 이런 의미에서 싱가포르의 전 유엔대사를 역임하고 현재 싱가포르 대학 학장을 지내고 있는 키쇼르 마후바니는 앞으로 우리가 목격할 것은 프랜시스 후쿠야마가 예측했던 '역사의 종언'이 아니라 '역사의 귀환'이며, 20세기의 미국이 특별한 국가였다면 21세기의 미국은 보통국가로 귀환할 가능성이 많다고 내다보면서 오히려 미국이 평화 파수꾼의 역할과 기능을 회복할 때 세계는 더욱 안정적일 것이라는 전망을 내놓고 있는 것이다.[25]

새 천년을 맞이하는 2000년 초만 해도 국제사회는 21세기는 국가간의 갈등과 반목이 종식되고 인류공동 번영을 위해 함께 노력할 수 있는 그러한 세기가 될 수 있으리라는 낙관적 전망을 가졌다. 그리하여 유엔을 중심으로 하는 세계정부의 출현이라는 미래지향적 구상도 심심찮게 유포되곤 했다. 그러나 지금 이를 돌아보면 불과 몇 년 사이 국제정세에 대한 전망이 굉장히 비관적으로 바뀌었음을 실감하게 된다. 지금은 아무도 이러한 세계정부나 평화가 가능하다는 이상적이고 진보적인 생각을 하지 못하고, 오히려 과거 역사 속의 국제체제를 바탕으로 앞으로 도래할 21세기 국제체제를 전망하는 것은 상당히 역설적이기까지 하다.

그러나 앞으로 다가올 2, 30여 년 동안 미국의 절대적인 국력이 다른 나라에 의해 추월당하지는 않겠지만 적어도 20세기와 같이 절대적 우위를 가지고 국제질서를 주도해 오던 일은 더 이상 가능하지 않게 될 것이라고 보아

---

25. Kishor Mahubani, "Beyond of the Age of Innocence"

야 한다. 즉 상대적인 국력의 저하 속에 미국이 일방주의적 노선을 견지할 경우 세계의 여타 국가들은 연합해 반패권 동맹을 결성할 가능성이 많은 것이다. 이러한 반패권 동맹 결성 움직임은 미국의 대응을 불러오고 이러한 상호작용과정에서 세력균형체제가 형성되고 작동하게 될 것이라고 보는 것이다. 그러나 세력균형체제는 그 작동과정이 불안정하기 때문에 미국이 변화하는 국제권력 관계에 대한 좀 더 현실적인 인식을 명확히 하고 기존 자세를 바꾼다면 국제질서는 '세력균형체제'가 아니라 '세력협조(concert of power)체제'로 변환해 나갈 수 있다.

'세력협조체제'는 나폴레옹 전쟁이 끝난 이후 프랑스와 같은 새로운 패권 도전국가의 출현을 방지하기 위해 유럽의 각국들이 다자간 협의체를 통해 국제질서를 관리해 나갔던 19세기 초반부터 20세기 초반까지 시기의 유럽의 국제질서 체제를 일컫는 용어인데, 이 기간 동안 유럽은 비교적 평화를 잘 유지했다.[26] 세력균형체제와 세력협조체제는 별개의 것이라기보다는 국제기본질서가 다극체제이면 세력균형체제가 자연스럽게 작동하게 되는데 일초다극체제 성격이 강하면 '반패권동맹'의 형성이 촉진되고 본격적인 세력균형체제로 들어가지만 세력균형체제에서 외교의 역할이 가미되어 각국 간 협조체제가 잘 유지되면 세력협조체제가 형성되는 것이다. 유럽 외교사에서도 나폴레옹 전쟁 이후 영국, 프랑스, 오스트리아, 프러시아, 러시아 등 5국간의 'Concert of Europe'이라는 세력협조체제가 잘 작동되다가 각국 간 제국주의 경쟁이 본격화되면서 세력균형체제로 쉽게 전환되는 것을 목격할 수 있다.

다극국제체제를 운영하는 방식에 따라 세력균형이냐 세력협조이냐 양분

---

26. 프러시아-프랑스 간 전쟁이 발생한 1870년에 '세력 협조체제'가 붕괴되었다는 이견도 있고 보아전쟁도 그 이후 발생했으나 주요국간 대규모 전쟁이 없었다는 점에서 길게는 1세기 동안 협조체제가 유지되었다고 본다.

되지만 국제체제의 구성방식을 두고 그 변천과정을 다시 한 번 살펴보면 체제 구성방식이 상당히 빠르게 변경되고 있음을 알 수 있다. 제2차 세계대전 후 세계는 동·서 진영간의 양극 냉전체제를 거쳐서 냉전체제가 붕괴된 후에는 일초, 다극체제를 잠시 거친다. 그리고 9·11이 발생하고 나서 미국의 일방적 우위에 여타 국가들이 순종하는 단극체제가 잠시 유지될 전망이다. 그러나 헌팅턴은 다시 단일·다극체제가 앞으로 약 20여년 간 더 지속되다가 국제사회는 진정한 다극체제로 나아갈 것이라고 전망하고 있다.[27] 9·11 이후 미국이 취하는 일방주의적 조치 등으로 인해 현재 국제질서에서 패권국가처럼 보이고는 있으나 미국의 상대적 국력은 이미 냉전시대보다 훨씬 분산되어 있기에 조셉 나이 같은 자들은 "미국이 우세한 국가(preponderant power)이지만 지배국가(dominant power)는 아니다"라고 주장한다.[28] 그리고 이러한 다극체제는 중국의 부상과 함께 점차 새로운 양극체제로 변환되어 갈 가능성이 크다. 이렇게 되면 아주 짧은 기간 내에 국제체제의 구조가 몇 번씩이나 변경시키는 과정을 거치므로 우리로서도 변화하는 국제체제에 대한 정확한 인식을 가지고 우리의 적응태세를 재조정해 나가야 할 것이다.

앞으로 우리 인류에게 전개될 국제질서는 칸트가 '영구평화론'에서 설파한 것과 같은 세계정부의 대두에서부터 홉스가 갈파한 개별국가간의 끊임없는 투쟁의 연속인 '만인의 만인에 대한 투쟁'까지 스펙트럼의 양극단은 물론 그 중간에 있는 여러 옵션까지 다 발생할 수 있다고 보아야 한다. 그 중간에 있는 옵션으로는 과거의 전례에 비추어볼 때, '세력균형'과 '세력협조' 체제가 있으며, 2개 주도국간의 '패권경쟁' 체제도 상정해 볼 수 있다.

---

27. Samuel Huntington, "The Lonely super Power", Foreign Affairs vol. 78 no. 2
28. Joseph Nye, "Redefining National Interes", Foreign Affairs vol. 78 no. 4

물론 그 중에서 개연성의 정도는 차이가 나고 그리고 그 장단점을 비교해 보고 우리가 지향해야 할 체제는 무엇인지 선호도를 보일 수도 있지만 국제 정치의 전개는 인간이 의도한 대로 진행되지 않는 것을 과거 역사가 입증하고 있다.

국제정치사를 돌이켜 보면, 어느 누가 제1차 세계대전의 참화 이후 불과 20여 년 만에 인류가 제2차 세계대전을 다시 겪게 될 줄을 상상이나 했겠으며, 1, 2차 대전을 겪고 나서도 프랑스와 독일이 지금과 같은 맹방이 되리라고 알았겠는가. 또한 서방과 공산진영간의 치열한 냉전경쟁이 총성 한 방 없이 붕괴되리라고 예측이나 했겠느냐 말이다. 지금과 같이 국제질서의 근간이 바뀌는 과도기에서 앞으로 2, 30년 후 국제질서가 어떠한 모습일지 예견하는 것은 쉬운 일이 아니다.

그러나 우리나라와 같이 국제정세의 변화에 민감한 영향을 받으며, 그리고 주변에 미국·러시아·중국·일본이라는 4대 강국의 이익이 교차하는 지정학적 지점에 위치하고 있다는 점을 감안해 국제질서의 변화전망을 예측한 뒤 우리가 대비할 수 있는 방안을 마련해 나가야 할 것이다.


## 나. 국제경제체제의 변화

### 20세기 국제경제체제의 변천

원료 및 자원공급의 세계화 : 세계화 1기

20세기 전반은 표면적으로는 유럽에서 영국과 독일간의 패권경쟁이 벌어진 것처럼 보이지만, 경제력 등 실질적인 측면에서는 미국의 입지를 다지는 기간이었다. 1880년부터는 미국의 경제력은 철강생산력 및 해운수송력 등 면에서 영국을 추월하기 시작했다.

1890년부터는 19세기 동안 해가 지지 않는 대영제국이라는 명성을 가졌던 영국의 총 산업생산력이 미국의 총 산업생산력에 못 미치게 되었다. 세계무역에서도 영국이 차지하는 비율은 1880년 23.2%에서 1913년에는 14.1%로 하락했다. 더 이상 영국은 세계의 공장이 아니라 미국과 독일에 이은 제3위의 공업국으로 전락하고 말았다.[29] 그때부터 국제거래의 결제통화로 쓰이던 영국의 파운드화가 서서히 달러화로 바뀌기 시작했다.

임마누엘 월러스타인이 주창한 "세계체제론"에 따르면, 20세기 전반까지 패권경쟁에서 패권국 여부를 측정하는 주요 지표는 해운수송력과 해군력이었다. 왜냐하면 패권국이 되기 위해서는 식민지 등에서 수입한 원료를 가공해 상품을 만들어 세계시장에 판매해야 했기 때문이다. 그러기 위해서는 해상운송을 담당할 수송능력과 수송로를 보호할 해군력이 필요했던 것이다.

이런 측면에서 미국은 이미 1900년에 해운수송능력이 세계 최고 수준으로 부상했으며, 해군도 지중해 함대, 인도양 함대 등을 새로이 창설해 명실상부하게 5대양 수송로의 안전을 담당할 수 있는 체제를 갖추게 된다. 이때부터 영국은 오래 전부터 지켜왔던 해양패권국으로서 "2, 3위 국가들의 해군력을 합친 것보다 우월한 해군력을 유지한다"는 정책을 견지할 수 없게 되었다. 특히 북남미와 태평양에서 지배적인 지위를 누릴 수 없게 된 것이다.

20세기 초만 해도 각국의 제국주의 경쟁이 치열해 각 열강마다 자국의 세력 및 이익권이 존재해 여타국이 특정국의 세력권이나 이익권역을 넘어서까지 상품판매를 할 수 없을 정도로 장벽이 존재했다. 물론 영국이 무역자

---

29. Pual Kennedy, *The Rise and Fall of Great Powers*(Random House, 1987) p. 318

유화를 위해 많은 노력을 기울였으나, 오히려 국가간의 보호관세 및 비관세 장벽을 높이 쌓아 자국의 기업을 보호하고 타국의 상품 진출을 막는 보호주의정책이 국가이익에 부합하는 경제정책으로 자리를 잡았다.

그러나 원료 및 자원에 관해서는 전 세계적인 운송 및 판매로가 형성되기 시작하여 특정 지역에서 싸고 대량으로 구할 수 있는 원자재가 있을 경우, 이 원자재는 유럽의 특정 식민지 경영국가 또는 이해국가를 경유하더라도 세계시장에 공급되어 유통되었다. 따라서 원자재 공급시장 측면에서는 세계화되었다고 말할 수 있다. 이런 의미에서 20세기 전반의 이러한 원자재 공급의 세계화가 그 전까지 없었다는 점에서 국제경제체제의 세계화 1기로 부를 수 있다.

## 부분적 세계시장 형성기 : 세계화 2기

20세기 전반 동안 경제적인 측면에서 패권적 지위를 구축한 미국은 제2차 세계대전이 끝나자 본격적으로 국제경제체제에서도 주도권을 행사한다. 브레튼 우즈체제라 불리는 금융 측면의 세계은행(IBRD)과 국제통화기금(IMF), 실물 측면의 상품교역을 담당하는 GATT체제, 즉 관세 및 무역에 관한 일반협정을 마련한 것도 이때다. 그 밖에 유엔내의 전문기구로서 UNIDO, UNCTAD 등을 창립해 개발도상국의 경제개발지원 및 원조 등을 담당하는 역할을 수행하도록 했다.

사실 미국 행정부는 전후 세계경제를 움직이는 세 번째 축으로 세계은행과 국제통화기금에 뒤이어 국제무역기구(ITO)를 출범시킨다는 구상 아래 이를 추진했다. 그러나 경제력 격차가 워낙 큰 다른 나라들의 우려와 각 지역구의 산업보호를 위해 보호주의 색채를 띨 수밖에 없는 미 의회의 반대로 인해 실현시키지 못하고 GATT체제를 만들어 임시변통을 하게 된다. 미국은

1947년 자국의 압도적인 경제력을 바탕으로 각국간에 거의 자유무역에 가까울 정도로 관세를 인하하고 향후 계속 자유무역주의를 확산해 나갈 목적으로 ITO 설립을 추진했으나, 당시 국제경제 여건으로 보면 시기상조였다.

헌장까지 채택한 ITO의 설립이 발족 직전에 좌절되었음에도 불구하고 미국이 자국의 압도적인 경제력과 각종 경제기구를 바탕으로 자유무역정책을 적극적으로 추진해 나감으로써 국제경제체제의 세계화는 본격적으로 진행된다. 미국은 자유무역주의를 확산시키기 위해 60년대 초반 각국의 무역장벽과 관세를 대폭 낮추기 위한 다국간 협상을 성공시켰는데, 그 협상과정을 케네디 라운드라고 한다. 그 뒤 이 협상에 참여한 각국은 일괄적으로 관세를 35%씩 인하하기로 합의하는 성과를 거두었다.

이렇게 인하된 관세 덕분에 많은 제조업에서 비교우위를 갖게 되어 미국 상품은 세계시장으로 뻗어나갔고, 다른 나라들 역시 비교우위가 있는 상품을 해외시장에 손쉽게 내다 팔 수 있어 세계시장이 하나로 묶이며 국제경제체제의 세계화에 가속도가 붙게 되었다. 그 이후 1973년에 각국의 통상장관들이 도쿄에 모여서 관세를 더 인하하는 문제를 협의를 시작했으나 성공하지 못했고, 다만 관세율 격차를 줄이고 비관세장벽을 축소하는 협상안을 1979년에 타결했다. 이를 도쿄 라운드라고 부른다.

이처럼 세계시장이 확대되면서 기업들도 어느 특정국가의 시장만 바라보지 않고 전 세계시장을 상대로 상품을 만들고 파는 다국적기업이 등장하게 된다. 다국적기업이 국경을 초월해 원료의 조달, 제품의 생산, 생산된 제품의 판매를 수행함으로써 국제경제 체제의 세계화를 더욱 진전시키게 된다.

이런 과정을 거치면서 소련을 필두로 한 공산권을 제외하고는 전 세계시장에서 큰 장벽 없이 원자재와 상품이 유통될 수 있게 되었는데, 이를 세계화 2기라고 볼 수 있다.

이때 미국의 역할은 국제경제기구의 설립 이외 달러화의 기축통화 역할을 수행하는 것으로도 나타난다. 18세기와 19세기를 거치면서 약 2세기 동안 국제거래에서 기축통화 역할을 해왔던 파운드화는 제1차 세계대전 종전 후에는 그 역할을 사실상 수행하지 못할 지경에 이르렀다. 파운드화가 기축통화 역할을 할 수 있었던 배경은 영국이 패권국 지위를 이용해 전 세계에서 끌어모은 금을 바탕으로 금과 파운드화의 자유로운 교환을 허용하는 금태환제도를 채택하고 있었기 때문이다.

그러나 영국의 경제력이 점차 쇠퇴하는 가운데 제1차 세계대전을 거치면서 많은 전비를 소모해 각국이 파운드화를 금으로 교환해 줄 것을 요구할 때 내어줄 충분한 금을 보유하지 못하게 된다. 따라서 제1차 세계대전 이후에는 붕괴된 금태환제도를 대체할 다른 통화제도를 찾지 못해 임시방편으로 금본위제도를 운용한다. 이는 파운드화에 대해 금을 자유로이 교환해 주지는 않지만, 파운드화의 가치를 금의 가치에 대체적으로 고정시켜 둠으로써 여타 국가는 파운드화를 준비통화로 해 자국통화를 발급할 수 있게 한 것이다. 그리하여 각국 통화가 국가간 거래의 결제수단으로 사용되도록 함으로써 국제거래가 안정적으로 이루어지는 효과를 발휘하기 위한 방안이었다.

그러나 1930년대 세계대공황을 겪으면서 영국의 금준비가 너무 유출이 많이 되자 다른 나라들도 영국의 파운드화를 기축통화로 인정하지 않게 되면서 금본위제도마저 붕괴되고 국제통화제도는 혼란기에 접어든다. 이러한 통화제도의 혼란은 국제경제체제의 세계화에 대한 큰 장애물로 작용하게 됨을 인식한 미국은 제2차 세계대전 후 금태환제도를 다시 확립해 금 1온스에 35달러를 교환해 주기로 하면서 달러화를 기축통화로 하게 된다.

제2차 세계대전 이후 현재까지 기축통화 역할을 하고 있는 달러화는 미국의 경제가 상대적으로 쇠약해진 1970년 이후부터 여러 차례 변형을 거쳐 이제는 엄밀한 의미에서 기축통화 역할을 제대로 수행하지 못하지만, 50~60년대에는 기축통화인 달러화의 위력을 바탕으로 미국이 추진한 자유무역주의로 인해 국제경제체제의 세계화는 훨씬 빠른 속도로 진행되었다. 그리하여 소련을 위시한 동구권에서도 서방국가와 상품교역은 자유스럽지 못했지만, 달러화만은 국제거래의 결제수단으로 상당히 활용되어 금융권의 세계화가 급속도로 진전되었다.

### 전반적 세계시장 완성기 : 세계화 3기

미국을 견인차로 해 진행되어 오던 세계화 2기는 냉전체제 및 미국 경제력의 한계 등으로 인해 진정한 의미에서 세계화가 전 세계적으로 확산되지는 못했다. 그러나 1970년을 넘어서면서 일본과 독일의 경제력이 급격히 부상하면서 국제경제의 견인주체가 다양화되어 세계화가 더욱 탄력을 받게 된다.

그 이전에는 미국이 전 세계시장에서 자본재의 유일한 공급처인 동시에 소비재의 가장 큰 소비처 역할을 일방적으로 수행해 온 데 비하면, 70년대 이후에는 전후 복구에 성공한 독일과 일본 경제가 세계시장에 활발히 참여하게 됨으로써 세계교역이 쌍방향 형태로 진행되는 구조를 비로소 가지게 된다. 그러나 60년대 이후부터 누적되어 오던 미국의 재정적자와 무역수지 적자가 심각해지면서 미국은 더 이상 달러화를 금으로 교환시켜 줄 수 없게 되어 금태환 중지를 1971년 발표한다. 이를 '닉슨 쇼크'[30]라 부른다. 그 이후 독일과 일본을 포함한 주요국 재무장관들이 뉴욕에서 모여 각국의 경제

---

30. 1971년 닉슨 대통령이 달러 약화를 방지하기 위한 달러방위정책으로 발표한 것으로 달러와 금의 교환정지를 주내용으로 하며 당시 미국시장에 수출하던 수출국들에게 큰 충격을 주었다.

력을 반영해 주요국간 환율을 조정하는데, 이를 '플라자 합의'[31]라고 한다.

'플라자 합의' 이후 세계경제는 다극화되고 독일의 마르크화, 일본의 엔화도 국제결제수단으로 널리 활용되기 시작한다. 유럽을 중심으로 마르크화 경제권이, 동남아를 중심으로 엔화 경제권이 형성되는 조짐도 보여 한편으로는 국제경제체제의 세계화가 확산되면서 한편으로는 지역별로 경제통합이 심화되는 현상도 보이게 된다. 즉 70년대 이후 약화되기 시작한 미국의 경제력 우위 현상은 80년대 들어와 더 심화되면서 경제 측면에서는 다극화 현상이 정치체제에서보다 먼저 나타나기 시작했던 것이다. 미국은 50년대에는 전 세계 4%의 인구로 전 세계 총 생산량의 40%를 생산해냈으나 80년대에는 22%로 하락하고, 세계 총 수출액도 50년대 30%에서 80년대에는 13%대로 감소했다. 이처럼 미국은 경제 분야에서 패권적 지위가 팍스 브리태니카(Pax Britanica) 시대 영국보다 훨씬 빨리 잠식되었음을 알 수 있다.[32]

그러나 미국은 경제 분야에서 패권적 지위가 약화되는 것을 정치 분야에서의 패권적 지위를 이용해 막아내는 형국을 보이게 된다. 이런 의미에서 미국은 과거 영국이 경쟁국으로부터 정치적인 지원을 받은 바 없이 계속 경쟁해야 했던 것과는 다른 양상을 보이게 된다. 즉 냉전체제라는 특수한 국제정치 상황 아래서 정치동맹국으로부터 유리한 지원과 협조를 받을 수 있었던 미국은 이런 지위를 그 이후에도 계속 누리면서 자국의 이익을 동맹국의 희생을 기반으로 실현하는 '약탈적 패권국(predatory hegemon)'의 모습을 보이게 된다.[33] 즉 앞서 말한 플라자 합의라는 것도 미국이 냉전체제 아래서

---

31. 1985년 레이건 행정부 시절 감세조치와 재정지출 확대로 미국의 재정적자가 크게 늘어남에도 불구하고 미 고금리 현상으로 달러 강세가 지속되자 주요국 재무장관이 뉴욕 플라자호텔에서 모여 달러 강세를 시정하기 위한 정부개입 정책을 발표해 미국 무역수지 적자 감소에 다소 기여를 하게 된다.

32. Robert Gilpin, 같은 책, p. 344

33. John Conybear가 1984년그의 논문에서 이용어를 처음사용했다. Robert Gilpin, 같은 책, p. 345 재인용

독일과 일본에 대한 압도적인 정치적 영향력을 행사할 수 있었기 때문에 가능했다. 정치적 영향력이 없었다면 독일과 일본이 자국의 화폐가치가 거의 두 배 가까이 상승하는 급격한 환율조정을 쉽게 받아들이기 힘들었을 것이다. 이러한 미국이 누리는 경제의 외부효과 요인이 21세기에는 소멸될 것이므로, 21세기 미국 경제적 패권의 물적 토대는 훨씬 빨리 상대적인 약화 현상을 보일 것이며 결국 정치적 패권에도 영향을 미칠 것으로 보인다.

한편 교역질서와 관련해서는 GATT가 계속 자유무역주의 확산을 추진하는 구동력이 되어 관세 및 비관세 장벽을 계속 인하한다. 그래서 80년 이후에는 일반 공산품의 관세율은 5% 수준으로 대폭 인하되어 전 세계 시장은 표면적으로는 거의 장벽이 없어지고 하나로 통합되는 양상을 보인다.

그러나 GATT가 일반 공산품과 농산품에 대한 국제거래에 대해 규율을 하는 제도였다고 한다면, 금융과 서비스 분야도 국제거래의 대상에 포함되기 시작했다. 여태까지 눈에 보이는 유형의 산업제품만이 국제거래의 대상이 되는 것으로 인식해 왔던 것에 비하면, 무형의 지식제품도 거래의 대상이 될 수 있다는 발상은 국제경제체제의 성격을 변화시킬 만큼 획기적이었다. 물론 금융과 서비스 두 분야를 국제거래 대상에 포함시키려는 배경에는 세계화의 진전과 더불어 이들 분야의 업무 영역이 국경을 초월해 이루어지는 일이 많아지면서 이를 규율해야 할 필요성이 부각되었기 때문이다.

하지만 그 이면에는 미국의 제조업이 점차 공동화되면서 미국이 상품무역수지에서 만성적인 적자를 벗어날 수 없게 됨에 따라 이를 만회하기 위해서는 경쟁력 있는 서비스와 금융 두 분야를 국제교역의 대상으로 포함시켜야 할 필요성을 느꼈기 때문이다. 그리하여 미국의 주도로 새로운 무역질서를 위한 국제협상이 1986년 우루과이에서 시작되었는데, 이를 우루과이 라운드라고 한다. 이 협상은 8년 동안 진행되다 1994년 모로코에서 타결되고,

GATT체제를 대체한 국제무역기구인 WTO를 창설한다. 제2차 세계대전 직후 ITO를 설립하려다 실패한 미국의 꿈이 50년 늦게 실현된 셈이었다.

WTO의 등장과 금융, 서비스 두 분야의 거래자유화, 특히 금융 분야의 거래자유화는 국가간 자본거래의 활성화를 가져와서 세계화의 진전을 더욱 가속화시키는 결과를 초래했다.

### 냉전체제의 붕괴와 자유무역지대의 등장

통화와 교역체제의 변천과 더불어 세계화를 더욱 촉진시킨 물리적 요인은 냉전체제의 붕괴와 자유무역지대의 등장이다. 1990년 이후 동구권 사회주의 경제체제가 붕괴되고 이들 국가들이 중국과 더불어 급속히 자본주의 경제체제로 편입되면서 국제경제체제의 세계화는 물리적 장벽이 없는 전반적인 통합이 달성되게 된다. 냉전기간 동안에는 양 진영 사이에 제한적인 상품거래가 있었을지라도 그 거래마저 전략적으로 민감한 품목들은 여러가지 수출통제체제에 묶여 규제를 받게 되어서 세계화는 동구권을 제외하고 반쪽만 진행된 셈이었다. 냉전체제의 붕괴와 더불어 확대된 시장의 출현은 서방기업의 세계화를 더 부추기게 되었고, 또한 이들 구사회주의 경제권 국가들은 새로운 제조창 및 소비처로서 부상함으로써 세계경제에 활력을 불어넣어 세계화에 상승작용을 일으키게 된다.

또한 유럽이 1992년 마스트리히트 조약을 체결함으로써 단일시장으로 통합되고 뒤를 이어 미국·멕시코·캐나다가 북미자유무역지대(NAFTA)를 만드는 등, 유럽·북미·남미·아프리카 각 지역별로 자유무역지대가 등장하는 것도 세계화를 촉진시키는 변수가 되었다. 이런 지역 국가간 자유무역지대 설립과 더불어 이 지역자유무역지대에 속한 국가가 어떤 역외국가와 쌍무적인 자유무역협정을 개별적으로 맺게 되면 이 역외국의 상품은 일단 자유무역지대에서 자유로이 유통될 수 있기 때문에 자유무역지대의 등장은 국가간 거래의 장벽을 괄목하게 제거하는 효과를 가져왔다.

이렇게 20세기 후반을 걸쳐서 광범위하게 진행된 세계화 덕분으로 국제경제체제의 개방성은 높아져서 국가간의 교역량이 엄청나게 증가하게 되었다. 파이낸셜 타임스(Financial Times)의 조사에 따르면, 1950~1998년간에 세계 교역량은 18배 증가했으나 세계생산량은 실제로 6.5배밖에 증가하지 않은 것으로 나온다.[34] 이 말은 결국 20세기 후반 세계경제성장의 원동력은 생산량의 증가에 있는 것이 아니라 교역량의 증가에 기인한 것임을 입증해 준다.

20세기 국제경제체제의 변천은 세계화의 확산과정과 맞물려 있으며, 세계화의 진전은 20세기 후반에 들어와 과학과 기술의 발전으로 인하여 가속화되었지만 세계화는 20세기 전반에 걸쳐 진행되었다고 볼 수 있다. 그리고 이 세계화의 과정을 촉진시킨 국가는 물론 20세기의 지배적인 경제력을 갖춘 미국이었지만 미국이 세계화 자체를 자국의 정책으로 입안하여 추진해온 것이라고 말하기에는 다소 무리가 있다. 세계화는 과학, 기술의 발달과 자본주의 경제 자체의 운동력에 의해 초래되는 현상이며, 이 현상은 몇몇 국가가 지지한다고 해서 이루어질 수 있는 성질의 것이 아니기 때문이다.

물론 미국이 20세기 패권국가로서 세계화의 진전을 촉진시킬 수 있고 또한 자국에게 가장 유리하게 이용할 수 있는 위치에 있었던 것은 사실이다. 기본적으로 국제정치체제 등은 국가간 알력이나 전쟁의 결과 우연히 형성되는 경우가 있을지라도 이를 규율하는 규범이 필요하므로 그 규범은 오히려 여러 국가간의 복잡한 협상과정을 거쳐서 형성되는 경우가 많다. 따라서

---

34. Financial Times World Trade Survey November 29. 1999 p. 1

미국은 이러한 협상과정에서 우월적 지위를 이용해 자국에게 유리한 규범을 만들어 나가면서 상대적으로 많은 혜택을 누렸다는 것은 부인할 수 없다. 다시 말해 국제경제체제에서 미국은 규범설정자(rule setter)이고 그 밖에 다른 나라들은 규범추수자(rule follower)가 될 수밖에 없는 상황이어서 규범설정자가 경제규범을 자국에게 유리한 방향으로 설정하리라는 것은 쉽게 예견할 수 있는 일이다.

그래서 지금도 세계화에 대한 반대시위가 전 세계 곳곳에서 끊이지 않고 있으며, 세계화 반대시위는 곧잘 반미시위와 함께 벌어지곤 하는데 현상적으로 보면 세계화의 선봉에 미국이 서 있기에 반세계화=반미의 등식이 성립되는 것처럼 보인다. 그러나 20세기 전 과정을 거쳐 세계화의 진전이 이루어졌고 그 본질적인 측면에서 세계화는 거스를 수 없는 세계사의 발전과정으로 보아야 한다. 따라서 21세기 들어 미국의 경제력이 상대적으로 약화되고 있음에도 불구하고 세계화는 더 가속적으로 전개될 것이며, 중국과 인도·러시아·브라질 등 소위 브릭스(BRICs)의 출현으로 세계화는 더욱 심화될 것으로 전망된다.

## 21세기 국제경제체제의 전망

### 국제경제체제의 불안요인 증대

21세기에 접어들면서 국제정치체제는 미국이 유일한 초강대국으로 남아 있음에도 불구하고 미국이 정치지도력을 발휘하기보다는 일방주의에 의존하려는 경향을 가지게 됨으로써 불안정성이 증대할 것으로 전망된다. 미국의 경제력은 앞에서 살펴보았듯이 70년대 이후 독일, 일본 등의 약진으로 상대적으로 쇠퇴하는 양상을 보이면서 기축통화국의 역할을 수행할 수 없는 상황까지 이르게 된다.

또한 세계시장에 중국, 브라질, 러시아, 인도 등 브릭스 국가들의 경제력이 급부상하게 되면, 국제경제체재의 경쟁도 더욱 격화될 것이며 아직까지 기축통화 역할을 일정 부분 수행하고 있는 달러의 비중도 더욱 축소될 것이다. 이러한 신흥강국의 부상은 미국이 팍스 아메리카나 체제의 중요한 축으로 생각하고 있는 브레튼 우즈 체제에 대한 변경을 요구할 것이 자명하다. 이렇게 되면 세계통화 및 금융질서에 대한 개편이 불가피할 것이므로 새로운 패권국이없는 상황에서 각국의 합의를 통한 새로운 국제경제질서, 특히 통화질서가만들어질 때까지 국제경제체제는 불안한 국면을 거칠 수밖에 없다.

특히 현재 기축통화의 역할을 명목적으로 수행하고 있는 달러화는 미국 정부의 엄청난 재정적자와 날이 갈수록 규모가 커지는 무역수지 적자로 인해 가치하락 압력을 계속 받고 있는 실정이다. 이러한 달러화의 가치 건전성이 이전보다 많이 손상되었음에도 불구하고 이를 대체할 기축통화가 없음으로 인해 다른 나라들은 여전히 무역흑자 등으로 인한 달러 보유고를 계속 높여나가고 있으며, 자국의 대외수출경쟁력 강화를 위해 달러 대비 평가절상을 가급적 회피하는 통화·환율정책을 고수하고 있다.

그 결과 환율의 자동조절 메커니즘에 따라 달러화의 가치하락이 일어나고 이에 따른 미국의 무역수지 적자폭이 개선되지 않음으로써 미국의 재정 및 무역 불건전성이 더욱 악화되고 있을 뿐만 아니라 달러를 많이 보유하고 있는 외국으로 이러한 불건전성의 여파가 이전되는 결과를 초래하게 될 것으로 보인다. 그리하여 어느 시점에서 달러화 가치에 대한 시장의 신뢰가 심각하게 동요될 경우 각국이 달러 투매에 나서게 되면 국제통화 및 환율체제는 극심한 혼란에 빠질 가능성이 있다.

### 투기자본의 과잉 공급

원래 국제금융 및 자본이동은 실물거래를 뒷받침하기 위한 차원에서 이루어져야 하는 원칙을 20세기 말이 되기 전까지는 대체로 준수했다. 그러나 20세기 후반부터 금융시장에서 국제교역에 필요한 양보다 40여 배가 많은 금액이 거래되는 실정이다. 여러 가지로 이유로 천문학적으로 불어나기 시작한 국제 투기자본은 더 이상 실물거래를 뒷받침하기 위한 부수적 거래를 하는 게 아니다. 그들은 환율과 금리 등의 변화에 따른 투기적 이익을 거두는 것을 목표로 삼고 전 세계를 24시간 돌아다니면서 천문학적 규모의 거래를 전광석화와 같은 속도로 하고 있다.

또한 국제금융시장의 개방이 더욱 가속화될 전망이어서 국제 투기자본의 규모는 앞으로 계속 불어날 전망이며, 따라서 막대한 자금 동원력을 가진 투기자본이 어느 특정 국가를 지목해 공격을 하면 그 나라는 스스로 환율을 방어할 힘이 없어 심각한 타격을 입을 수밖에 없다. 그야말로 투기자본의 공격 대상이 된 국가는 자국 중앙은행의 외환보유고를 다 소진한다 해도 거대한 투기자본을 막을 수가 없기 때문에 세계경제는 그만큼 어려움을 겪게 될 것이다. 이처럼 천문학적인 규모의 자금력을 가진 투기자본은 어떠한 국제규범의 제약도 받지 않은 채 오로지 이익만을 위해 움직이기 때문에 이들이 파생시키는 국제경제체제의 불안정성은 더욱 심각하다고 할 수 있다.

### 원자재 공급 부족 심화

20세기 후반부터 석유, 고무, 구리, 철강, 목재 등 주요 원자재에 대한 수요가 계속 늘어나는데 비해, 원산지의 과다개발과 환경보호운동 등으로 생산량은 증가되지 않아 원자재 공급 부족현상이 나타나기 시작했다. 더욱이 21세기 초 중국의 공업화가 진전되기 시작하자 세계경제는 본격적으로 원자재 공급선 확보를 위한 경쟁양상을 보이고 있다. 이러한 자원쟁탈전은 중국이 점차 세계자원을 엄청나게 소비하는 블랙홀로 떠오르면서 중국 정부가 앞장서서 세계 각지의 원자재들을 선점하려는 자원외교를 벌이면서 시작되었다. 중국의 이러한 행보에 일본과 미국도 덩달아 움직이기 시작했고, 원자재 보유국들인 러시아와 중앙아시아 국가들은 자국의 원자재를 전략적으로 수출하려는 구상을 현실화시키고 있다.

지금 중국의 초기 수준의 공업화로 인해 원자재가 부족현상을 보인다면 앞으로 인도와 브라질 등 신흥공업국의 공업화가 진전되면 원자재 확보 경쟁이 얼마나 치열해질 것인가는 미루어 짐작할 수 있다. 아마 앞으로 15년 후 원자재 확보를 위한 각국간의 경쟁은 아주 심각해질 것이고, 이로 인해 국제경제체제의 불안정성은 증대될 것으로 예상된다.

특히 그 중에서도 석유에 대한 각국의 쟁탈전은 벌써 치열하게 전개되고 있다. 앞으로 15년내 경제성 있는 석유 대체에너지가 개발되지 않는다고 가정했을 경우, 지속적인 중국의 경제성장률로 미루어보아 소득 1만불까지 가능할 것이며 그에 따른 에너지 소비량은 현재보다 4배나 더 증가할 것이라고 전망한다. 1997년부터 석유수출국에서 석유수입국으로 전환된 중국은 2003년 일본을 제치고 세계 2위의 석유수입국으로 부상해 현재 세계석유생산량의 11%를 소비하고 있다. 석유생산량이 대폭 증가할 가능성이 없는 상황에서 이같이 중국을 비롯한 신흥공업국의 소비 수요가 급증하면 아무리 석유가격이 올라간다 해도 가격의 수요 조절 기능이 상실되어 결국 국가간에 제로섬에 가까운 석유 쟁탈전이 벌어지리라는 것은 쉽게 예견할 수 있다.

이러한 자원 쟁탈전은 20세기 전 기간을 거쳐 현재까지 진행중인 세계화를 붕괴시킬 수 있을 정도로 폭발적인 잠재력을 가지고 있다. 개방과 자유화를 모토로 하는 세계화는 미국 주도로 신자유주의 사고에 입각해 진행되어 왔는데, 세계의 재화와 자원의 흐름에 제약이 없다는 전제 아래서만 성립이 가능하다. 그러나 앞서 본 것처럼 자원 쟁탈전이 전개될 경우 각국은 자원동맹 등을 통해 자원의 자유로운 이동을 막으려 할 것이므로 세계화가 막을 내릴 수도 있다. 따라서 일부 학자들은 앞으로 국제경제상황이 제1차 세계대전 이전의 유럽 제국주의 열강간의 자원 쟁탈전 시기와 비슷한 양상을 보일 것이라고 전망한다.[35]

그러나 어쩌면 앞으로 닥칠 상황은 제1차 세계대전의 경우보다 더 심각할 수도 있다. 그 당시는 유럽 제국주의 열강들이 풍부한 세계 각지의 원자재를 더욱 많이 선점하려는 목적에서 자원 쟁탈전을 전개한 반면, 앞으로는 이미 고갈 상태에 다다른 원자재를 가지고 자국의 산업생산시설을 가동하기 위한 최소한의 물량을 확보하기 위한 경쟁이기 때문이다.

### 다원주의 체제의 등장

미국의 경제적 패권은 70년대부터 퇴조를 보이기 시작하다가 80년대 중반 이후 일본과 중국 등의 도전을 받아 본격적인 쇠락 현상을 보이기 시작했다. 그러나 그 이후에도 아직도 미국이 경제적 패권을 잡고 있는 것처럼 보이는 것은 20세기 동안 정치적 패권이 강고했고, 이들 도전국들이 미국의 동맹국 또는 우호국이었기 때문이다. 그래서 이들이 미국의 경제적 패권의 쇠락을 촉진하기보다는 지연시키기 위해 미국에 정책협조를 제공했기 때문에 가능했다. 물론 90년대 이후 제조업 대신 미국이 비교우위를 가지고 있는정보통신 분야가 주도적인 산업이 되면서 미국의 경제가 일시 회복되는 기미를 보이고 있고, 또한 세계화 및 시장자유화의 물결을 타고 금융자본이

---

35. 하버드대 Nicole Perguson 교수, 월스트리트 저널, 2005. 8. 8 기사

해외에서 초과 투기이윤을 벌어들이고 있기 때문에 외양상은 괜찮아 보인다. 그러나 미국은 여전히 70년대 이후 거시경제의 기본적인 문제들, 즉 엄청난 규모의 무역적자·재정적자·낮은 저축률로 인한 투자자본의 부족, 그리고 제조업의 공동화 현상 등을 안고 있어 경제의 기본체질은 지속적으로 약화되고 있는 실정이다.

이렇게 약화된 기본체질을 가지고는 경제적 패권의 리더십을 발휘할 수가 없다. 21세기에서는 20세기 후반 미국이 누렸던 정치적 패권으로 인한 외부적 효과도 더 이상 누릴 수 없게 됨으로써 경제 분야에서의 다원주의 현상은 정치 분야에서의 다극체제보다 더 빨리 도래할 것으로 예상된다. 사실 미국은 플라자 합의 이후 80년대 중반부터 세계 7개국 재무장관이 모여 주요국의 경제정책을 상호 협의하고 조율하는 체제를 유지하고 있다. 즉 경제 분야에서는 단독이 아니라 7개 선진국이 협의해 이끌어가고 있으며, 어떤경우에는 다른 나라의 도움을 받기도 한다. 이런 면에서 경제 분야에서 다원주의는 상당히 많이 진전되었다고 볼 수 있다. 앞으로 정치 분야에서 패권적 지도력이 약화되고 브릭스와 같은 신흥 경제강국의 등장으로 인해 경제 분야에서 다원주의는 더욱 확산될 것으로 전망된다. 이는 21세기 초반 G-7 회의에 주요 신흥 경제강국 및 주요 개도국 등도 초청받아 G-20회의가 동시에 개최되는 사실에서도 알 수 있다.

그리고 국제정치 분야에서는 오히려 21세기 중에 근대국가체제로 복귀할 경향이라는 전망은 경제 분야에서 다원적 협조체제가 더 필요하다는 것을 말해 준다. 세계화 시대에 한 국가에서 취한 경제정책은 다른 국가에 바로 파급효과를 미치는 경향이 많은데, 이 파급효과가 부정적일 경우 이 효과를 받은 국가는 부정적 효과를 시정해 달라는 요구를 상대 국가에 제시하지 않을 수 없게 될 것이다. 다시 말해 패권국인 미국마저도 국제질서를 희생하면서도 자국의 이익을 도모하려는 마당에 여타 국가들도 경쟁적인 중상주의 정책을 도입할 가능성이 많으며, 이런 상태가 지속되면 국가간 분쟁의 소지가 많아질 수밖에 없다. 그러므로 이러한 상황이 발생하기 이전에 주요국 정부간 사전협의제도를 활성화시켜야 하는 소이가 있다.

### 공급과잉 현상의 일반화

제1차 세계대전 이후 국제경제체제에서 미국의 갑작스런 등장과 독일의 부상은 기존의 수요-공급 메커니즘에 많은 변화를 초래하게 되었다. 미국과 독일, 특히 미국의 막강한 생산력에 기반한 공급 능력은 제한된 세계시장에서 각국간의 시장 쟁탈전을 불가피하게 만들었다. 그러나 새로운 시장은 형성되지 않은 상태에서 기존 시장을 두고 쟁탈전을 벌여야 하는 각국은 자국의 생산품을 조금이라도 해외시장에 많이 수출해내기 위해 경쟁적인 환율인하정책을 취하게 되어 국제통화와 환율 질서가 혼란스러운 상태에 빠지기도 했다. 이와 같은 환율조작을 통한 수출진흥정책을 '근린궁핍화정책(Beggar Thy Neighbor Policy)'이라고 했는데, 이는 어떤 나라가 환율을 인하해 상대적 이익을 누리면 인근국은 상대적 불이익을 받게 되기 때문에 붙여진 이름이다.

이러한 근린궁핍화정책에도 불구하고 세계시장이 확대되지 않는 상태에서 공급 능력이 확대되어 결국 1930년을 전후해 세계 대공황이 닥칠 수밖에 없었다. 즉 미국이 국내개발에 몰두하던 20세기 초엽까지는 공급초과 현상이 발생하지 않았으나, 서부개척이 마무리되면서 국내개발이 포화상태에 이르자 날로 증대하는 산업생산력에 기반한 생산품을 해외시장으로 수출하게 되었고, 세계시장에는 공급과잉 문제가 발생한 것이다. 당시 유럽시장만으로는 미국과 독일의 증대된 생산력을 다 흡수하기에는 그 규모가 충분치 못했던 것이다. 그리하여 대공황 이후 미국은 확대재정정책을 통한 국내수요 진작을 꾀하는데, 이것이 바로 루스벨트 대통령의 '뉴딜정책'이다.

다행히도 미국이 주도하던 20세기 후반에는 세계경제에서 생산과 소비 간, 즉 공급과 수요간 균형이 비교적 잘 균형을 이루어 특별한 공급과잉 현상으로 인한 문제점을 드러낸 적은 없었다. 이는 미국의 제조업 우위 시기에는 여타국들이 전후복구에 여념이 없었고, 독일과 일본 및 신흥공업국들이 세계시장에 진출하는 70년대 이후에는 미국의 제조업이 약화되기 시작해 양측의 사이클이 우연히 잘 맞아떨어졌기 때문으로 볼 수 있다.

그러나 21세기 초의 현 세계경제 상황은 제1차 세계대전 이후와 비슷한 공급과잉 양상을 보일 가능성이 농후하다. 당시에는 미국과 독일이라는 시장에 신규 공급자가 참여한데 비해, 앞으로는 중국·인도·브라질 및 러시아 등이 신규 공급자로 참가하기 때문에 공급과잉의 규모가 훨씬 커질 수가 있다. 물론 중국을 비롯한 브릭스 국가들은 자체 국내시장 규모가 광대하기 때문에 자국의 생산품을 국내시장에서 흡수할 여지가 많아 세계시장에서 공급과잉 현상이 급작스레 닥칠 개연성은 적어 보인다. 그러나 현재의 중국의 경제정책은 균형개발정책에 입각해 국내개발을 충분히 진척시키기보다는 한국과 같은 소규모 경제가 수출지향 개발정책을 취했던 사례를 본받으려고 하는 경향이 있어 문제가 된다. 중국이 19세기 미국이 했던 것처럼 자국의 서부 지역까지 국내개발을 충분히 마치지도 않고 세계시장에 수출품을 내다 팔려고 시도할 경우, 세계시장의 공급과잉 현상은 예상외로 빨리 닥쳐올 수 있다.

그리고 이번에 닥칠 공급과잉 현상은 20세기 전반보다 더 심각해질 수도 있다. 왜냐하면 20세기에는 공급과잉 현상이 대공황을 통해 그리고 제2차 세계대전을 통해 조정이 되고 난 후 세계경제질서가 재편되는 과정을 겪었고, 그 이후 계속되는 기술혁신으로 소비자들의 새로운 수요를 충족시키기 위한 제품개발이 잇달아 가능했기 때문이다.

　그러나 앞으로는 핵공포로 인해 전쟁을 통한 비의도적인 각국간 경제 역할분담의 강제조정은 상상하기 어렵게 되었으며, 기술혁신을 통한 새로운 수요창출도 힘들어 보인다. 왜냐하면 소비자들의 기본수요 및 안락도를 만족시킬 만한 기술과 제품들은 거의 다 개발되었고, 이러한 제품의 개발기술이 보편화되었기 때문에 신흥공업국도 충분히 기존제품에 대한 공급능력은 가지게 되지만 신제품 개발을 통한 새로운 수요는 창출하기가 힘들기 때문이다. 다시 말해 자동차, 휴대전화, 고급 가전제품 등 내구소비재는 20세기에는 모두가 갖고 싶어하던 필수제품이었으므로 각국별로 소위 중산층 이상 소득계층이 등장하면 이 제품들의 수요는 계속 창출되어 왔다. 그리고 기술혁신으로 신제품이 계속 등장하면서 신규 수요를 창출해 왔고, 이 제품들의 공급할 기술을 가진 국가는 몇몇 선진국에 한정되어 있었다. 그러나 앞으로 중국, 인도와 같이 대량생산 규모를 가진 후발 개도국들도 이런 제품을 충분히 선진국 시장에 수출할 수 있는 능력을 갖출 것이다. 문제는 더 이상 소비자들이 신상품의 필요성을 느끼지 못한다는 것이다. 따라서 한정된 시장을두고 선진국과 후진국 제조업체들이 모두 출혈경쟁을 해야 할 것이다.

　물론 21세기의 첨단과학인 생명공학, IT 분야 등에서 계속적인 기술혁신이 이루어지고 수요는 창출될 것이다. 그러나 일상생활에 필요한 보편적 제품은 설령 기술혁신이 이루어진다 해도 더 이상 그에 따른 추가적인 수요 창출은 어려워 보이므로 세계시장은 포화상태에 이를 전망이다. 즉 첨단기술로 생산되는 제품시장은 한정적이기 때문에 전 세계 제조업은 공급과잉 현상을 겪게 될 것이다.

### 중상주의 경쟁체제로 진입

앞서 살펴본 것처럼 각 국가들은 제한적인 세계 시장에서 자국의 점유율을 높이기 위해서는 중상주의적 경제정책을 취할 수밖에 없다. 경제력의 집중이 분산되고 각국마다 점차 고조되는 경제적 민족주의 현상은 21세기의 국제경제질서가 20세기 후반의 브레튼 우즈 체제와는 상당히 달라질 것을 예고하고 있다. 사실 브레튼 우즈 체제는 미국이 안보적인 고려로 인해 일정 부분 비용부담을 감수하면서 경제원리가 시장을 지배하도록 내버려둔 체제였다고 할 수 있다. 그러나 앞으로는 국제경제질서에서 정치적 고려가 경제원리를 우선시하는 현상과 각국간의 정책협조보다는 정책경쟁이 일반화되는 현상이 나타날 것으로 전망된다.

현재 패권국인 미국의 세계 경제전략조차도 분석해 보면 신자유주의와 중상주의가 교묘하게 결합된 형태라는 것을 알 수 있다. 미국이 타국 시장의 개방을 위해 전개하는 논리나 정책을 보면 신자유주의적이나 그 이면에는 자국이 경쟁력을 가지고 있는 분야에 대해서 수출의 길을 열어놓기 위한 '공격적 수출보호주의'라는 중상주의의 얼굴을 숨기고 있는 것이다. 미국은 이러한 수출보호주의를 관철시키기 위해 기본적으로 WTO 등 다자적 무역기구를 적극 활용하고 있지만, 이러한 기제가 이해관계에 긍정적으로 작용하지 않을 경우에는 언제든지 지역주의적 대안이나 쌍무적 해결방식, 더 나아가서는 공격적 일방주의를 취할 수 있는 길을 열어놓고 있다.[36]

### 세계화 진전에 대한 저항

20세기 후반 사회주의 경제권에 속했던 중국과 러시아 등은 물론이고 자

---

36. 유석진, 오기평 편저, 「21세기 미국의 세계 경제전략」, 앞의 책, p. 248 참조

급자족형 경제체제를 고수했던 인도, 그리고 종속이론 등의 영향으로 대외개방형 경제체제를 거부했던 브라질 등 남미권 국가들이 21세기 접어들면서 대외개방형 경제체제로 전환해 세계시장에 적극적으로 참여할 것이다. 따라서 세계화는 전 세계적으로 확산될 뿐만 아니라 제조업, 금융업과 서비스업까지 단일시장이 유통됨으로써 질적으로도 더욱 심화될 전망이다.

이러한 세계화의 확산과 심화 과정에서 발산되는 파괴적 역동성으로 인해 경쟁력이 떨어지는 경제주체들은 도태할 수밖에 없다. 과거에는 수송수단이 발달되지도 않았고 국가간의 무역장벽이 온존하고 있어 경쟁력이 좀 떨어지는 국가나 생산업체라 해도 인근 지역의 시장에 의존해 생존이 가능했다. 그러나 이제는 가장 경쟁력 있는 제품이 세계 방방곡곡까지 진출할 수 있으므로 이류 제품으로는 더 이상 버텨내기 힘든 상황이 되었다.

그래서 각국과 생산업체들은 모두 일류가 되기 위해 몸부림치며 최대한 효율성을 추구하는데, 이러한 극단적 추구는 비인간적인 면을 나타내기 십상이다. 즉 생산인력을 로봇으로 대체하거나 불필요한 인력을 수시로 대량 해고할 수 있는 노동시장의 탄력성을 요구하게 된다. 그리고 당연히 환경보전이나 전통적 가치에 대한 고려는 이차적인 것이 되고 오로지 효율성 극대화만이 키워드가 되므로 환경과 전통에 대한 파괴가 필수적으로 따른다.

그 결과 세계화가 진전될수록 경쟁에서 승리하는 자와 실패하는 자, 가진 자와 못 가진 자 간의 간격이 확연히 벌어지고, 그 중간에 소위 중간계층이나 이류 제품이 존재할 여지는 점차 좁아지게 된다. 따라서 세계화의 진전은 사회의 양극화 진전과 동시에 이루어진다.

이러한 비인간적인 세계화의 본질에 대해 많은 반감과 저항이 수많은 계층과 이해집단에서 생기기 시작했다. 국제사회에서도 이러한 세계화에 인간적인 면모―즉 '인간의 얼굴을 한 세계화(globalization with human face)'―를 부여하기 위한 노력이 벌써 진행되고 있다. 그럼에도 불구하고 세계화의 비인간적인 면모를 충분히 지우지 못함에 따라 반발은 계속적으로 일어날 것이다.

그 중 이슬람 국가 또는 이슬람 근본주의자들의 반세계화, 반서방 운동이 가장 심각하다. 이슬람 근본주의자들은 세계화와 통신기술 덕분에 서방의 세속적인 문화와 가치들이 이슬람 사회에 깊숙이 침투해 근본부터 흔들고 있다는 우려를 갖게 되었다. 그들은 이러한 세계화에 대해 투쟁함으로써 서방의 문화와 가치의 침투를 격퇴하는 것이 이슬람 문화, 특히 이슬람 종교를 지킬 수 있는 의무라고 여긴다. 그래서 이슬람 세계에서는 세계화에 대한 투쟁을 거의 종교전쟁, 즉 지하드(성전)의 수준으로 격상시키는 경향이 있으며, 서방세계에 대한 테러도 여기에 따른 맥락으로 이해할 수 있다.

그 밖에 세계화에 대한 저항은 다양한 계층과 이해집단에 의해 주도되고 있다. 그 중에서도 가장 조직적인 집단은 반세계화 지식인 연대, 그린피스 등 환경단체와 농민단체 등이고, 도시빈민과 노동자 등 경쟁력을 상실하게 된 계층도 가세하고 있다. 이들의 반세계화 저항은 세계화가 진전될수록 거세어질 것이므로 21세기 세계화의 앞날은 그리 순탄한 것만 아닐 것이다.

또한 세계화에 대한 가장 중요한 도전은 오히려 세계화의 주역국가들로부터 발생할 수도 있다는 사실에 유의해야 한다. 앞에서 살펴보았듯이 21세기는 경제적으로는 공급과잉 시대를 맞이할 것이고 정치적으로도 근대국가체제 때처럼 경쟁이 치열해지면 세계화의 주역을 맡았던 국가들부터 자국의 산업 및 시장을 보호하려는 경향을 가질 것이다. 물론 세계화의 진전과 근대국가체제간에는 상호 상쇄관계(trade-off relations)에 있기 때문에 세계화가 진전되면 국가간 상호의존성이 증대되어 국가간 경쟁이 무의미해진다는 것이 일반적인 전망이다. 그러나 일부 국가에서의 강력한 민족주의 대두는 이러한 경제적 상호의존이 초래하는 안정요인을 압도해 버릴 가능성도 있다. 특히 국내시장 규모가 충분히 커서 어느 정도 자급자족이 가능한 나라들은 세계화로 인한 격심해지는 경쟁을 피하기 위해 세계화의 진전을 차단하려는 유혹에 쉽게 굴복할 수도 있다.

이처럼 21세기 국제경제체제는 20세기에 비해 다양한 불안정 요인들이 잠복하고 있을 뿐만 아니라 증대되고 있는 실정이다. 더욱이 20세기 동안 미국이 국제경제체제를 비교적 안정적으로 이끌어 왔지만, 21세기에는 미국의 힘이 약화되는 대신 불안정 요인들이 더욱 많이 등장함으로써 훨씬 더 크게 요동칠 것으로 예상된다. 따라서 모든 국가들이 힘을 합쳐 국제경제체제를 안정화시키는 노력을 해야 하며 개별적으로도 이러한 불안정 요인으로 인한 피해를 최소화하기 위한 방책을 강구해야 할 것으로 보인다.

# 2. 변화하는 동북아 정세

## 가. 동북아 역학구도의 변화

### 동북아의 역동성

21세기로 접어들면서 세계 여러 지역 중에서 가장 급격하게 변화하는 지역이 동북아 지역이다. 앞으로 동북아 지역은 역학구도가 바뀌게 될 전망이며 이는 국제정치체제에 영향을 미칠 것이라는 데 이견이 없다.

동북아 지역의 역학구도 변화가 국제정치체제에 직접적인 영향을 미칠 수 밖에 없는 이유는 여기에 참여하는 행위자가 모두 국제적으로 큰 비중을 가진 국가들이기 때문이다. 우선 이 지역에 관여하는 미국·러시아·중국, 일본 등의 나라는 세계 4강이고, 한국과 북한도 경제력과 군사력 면에서 세계 10위권 주변에 위치해 있을 뿐만 아니라 대만의 경제력과 군사력도 무시할 수 없는 수준이라는 것은 잘 알려져 있는 사실이다.

따라서 동북아 지역 국가들의 부침과 관계 변화는 동북아 지역 정세 자체에 영향을 미칠 뿐만 아니라 국제정세 전체에 영향을 미칠 수밖에 없으리라는 것은 자명하다.

## ※동북아 각국 군사력 비교

| 항  목 | | 중국 | 미국 | 러시아 | 일본 | 한국 |
|---|---|---|---|---|---|---|
| 총병력(천 명) | | 227만 명 | 141만 4천 명 | 98만 명 | 23만 9천 명 | 68만 6천 명 |
| 육군 | 병력(천 명) | 160만 명 | 36만 9천 명 | 32만 1천 명 | 14만 8천 명 | 56만 명 |
| | 전차 | 7,010 | 7,620 | 21,870 | 1,010 | 2,330 |
| | 장갑차(전투, 수송) | 8,000 | 22,620 | 25,975 | 890 | 2,520 |
| | 대공미사일 | 다수 | 1,281 | 2,670 | 800 | 1,090 |
| | 공격헬기 | 321 | 4,813 | 700 | 90 | 117 |
| 해군 | 병력 | 25만 명 | 35만 5천 명 | 17만 1천 명 | 4만 4천 명 | 6만 3천 명 |
| | 항공포함 | – | 12 | 1 | – | – |
| | 전차 | 7,010 | 7,620 | 21,870 | 1,040 | 2,330 |
| | 구축함 | 21 | 55 | 14 | 44 | 6 |
| | 전투함정 | 368 | 21 | 88 | 5 | 84 |
| | 잠수함 | 69 | 72 | 53 | 16 | 20 |
| | 해군헬기 | 221 | 1,154 | 110 | 121 | 43 |
| 공군 | 병력(천 명) | 42만 명 | 36만 9천 명 | 18만 4천 명 | 4만 5천 명 | 6만 3천 명 |
| | 전투기 | 1,786 | 2,928 | 908 | 280 | 468 |
| | 폭격기 | 180 | 208 | 606 | – | – |
| | 공군헬기 | 170 | 216 | 다수 | – | 12 |

(Military Balance 2002-2003년)

이들 국가들의 비중을 보다 실증적으로 알아보기 위해서는 인구, 면적, 경제력, 군사력 등을 전 세계에서 차지하는 비중과 비교해 볼 필요가 있다. 먼저 인구 측면에서 이들 7개국의 인구를 모두 합하면 약 20억에 육박해 전 세계 인구의 40%에 달한다. 그리고 이들 7개 국가의 면적은 모두 3,800만 평방킬로로 전 세계 육지 면적의 30%나 된다.[37] 그 다음 이들의 경제력은 앞의 기준보다 훨씬 강력해 이들 7개국의 GDP를 구매력지수 기준으로 모두 합산할 경우, 전 세계 GNP의 47%를 차지해 여타 전 세계 국가 전부를 합친 GDP와 맞먹는다는 결론이 도출된다. 더욱이 중국의 경제력이 날로 상승하고 있다는 점을 고려하면, 이 지역의 경제력이 차지하는 비중이 시간이 갈수록 더욱 커지리라는 것은 쉽게 예측할 수 있다. 그리고 군사력을 비교하기 위한 가장 손쉬운 지표로서 각국의 국방비를 비교해 보면 세계 1위인 미국의 국방비만으로도 나머지 16위국까지의 국방비를 모두 합친 것보다 크며, 2위인 일본과 실질적인 3위에 해당할 것으로 보이는 중국 등이 합세하면 7개국의 국방비 총액 규모는 전 세계 국방비의 70%에 상당한다.

이와 같이 이 지역 국가들은 인구, 국토 등 자연적으로 주어진 국력의 기본요소가 점유하는 비중보다 경제력, 국방력 등 인위적으로 만들어가는 국력의 기본요소의 비중이 더 크다는 측면에서 앞으로 국제사회에서 비중이 더욱 커질 것이라는 예상을 할 수 있다.

또한 이 지역을 전 세계가 주목해야 하는 이유는 변화의 움직임이 다른 어느 지역보다도 빠르고 역동적이기 때문이다. 물리학에서도 정의하듯이 충격의 정도는 운동체의 질량과 움직이는 속도의 제곱에 비례한다. 이 물리학의 법칙을 적용해 본다면, 동북아 지역의 기본 질량 자체도 전 세계의

---

37. CIA World Factbook Area 편, www.cia.gov/fact/publication

경제력 비중의 50%를 차지하는 엄청난 규모인데다 그 변화의 속도가 역사상 어느 지역보다 빠르게 진행되고 있다는 점에서 국제정세에 미치는 충격의 정도가 어느 정도일지 대략 가늠해 볼 수 있다.

동북아 지역은 불과 얼마 전까지만 해도 차가운 냉전의 구도가 엄연히 자리잡고 있는 지역이었다. 지금도 중국의 공산당 정권이 건재하고 있고 남북한간의 비무장지대에 세계에서 가장 화력 집중도가 높은 100만 명 이상의 병력이 대치하고 있는 등 세계에서 냉전의 잔재가 남아 있는 유일한 지역이다. 그러나 중국이 최근 사회주의 시장경제체제를 성공적으로 운영해 나가면서 탈이념화가 되어가고 있으며, 남북한 관계도 개선되고 있어서 냉전체제가 점차 해체되고 있다.

또한 이 지역에서 20세기 후반을 지배해오던 안보구조가 바뀌고 있다. 지난 50년간 미국이 안보구조의 주축이 되어 한국과 미국간의 한미 양자동맹, 미국과 일본간의 미일 양자동맹이 체결되어 있고, 한일간은 미국을 매개로 협력관계를 유지하는 소위 남방3각체제가 굳건히 작동되어 왔다. 이러한 남방3각체제에 대항해 구소련과 중국, 그리고 북한은 공산주의국가로서 연대감을 가지고 북방3각체제를 형성 유지해 왔다. 물론 남방3각체제는 아직도 건재하며 앞으로도 계속 유지될 가능성이 높아 보이지만 변화의 조짐도 보이는 반면, 북방3각체제는 러·중간의 갈등으로 사실 제일 중요한 축이 70년대 말 이미 무너져 버렸고, 조·러, 조·중간 상호원조조약도 80년대 이후 폐기되거나 상호 구속력을 갖지 않는 수준에서 유지되어 왔다.

이러한 기본적인 안보구도가 변화하는 조짐을 보이고 있는 주요 요인으로는 다음 4가지를 들 수 있다. 첫째는 미·일동맹이 이전보다 더욱 강화되었다는 점이며, 둘째는 러시아가 상황에 따라서 균형자 역할을 하려는 의도를 보이면서 미·중·일 3국간의 역관계를 역이용하려는 동향을 보이고 있다는 점이며, 셋째는 남북한간 관계개선이 이루어지는 과정에서 한미동맹의 성격이 변화해 갈 것이라는 점, 넷째는 일본이 보통국가로 나아가면서 자국의 군사력을 증대시키고 보수화경향이 강화되어 다른 인접국들의 연쇄 반응을 일으키기 때문이다.

특히 미·일동맹이 강화되는 방향으로 진전되면서 탈냉전 이후 상당기간 동북아 지역에서 균형자의 역할을 수행해 오던 것으로 보였던 미국이 앞으로는 균형자 역할을 할 수 있는 여지를 스스로 좁혀 나가고 있는 것도 동북아 지역 정세의 안정을 저해하는 요인으로 작용할 수 있다. 중국은 자국의 국력이 신장하면서 중국의 지역 주도권 확장을 경계하는 일본과의 사이에 자연스런 마찰이 발생할 것을 예상하고, 미국이 중국과 일본간에 적절한 균형자 역할을 해줄 것을 기대하는 것으로 보인다. 그러나 지역적 주도권 경쟁에서 라이벌 관계에 있는 일본과 세계적 주도권 경쟁에서 잠재적 라이벌로 중국을 인식하는 미국간에 전략적 이해관계가 맞아떨어지면서 미·일동맹이 강화되고 있으며, 중국은 이를 자국에 대한 잠재적 위협으로 인식하고 있어 미·중·일 3국간에 앞으로 갈등이 고조될 개연성이 많다.

그리고 시베리아 지역의 천연자원 개발사업을 발판으로 극동 지역으로 자국의 세력을 확장시키면서 한반도를 향후 자국의 영향력을 확대시키는 도약대로 삼아보려는 의도를 가지고 있을 러시아도 동북아 지역에서 현상유지 세력이라고 말하기는 어렵다. 그리고 통일을 향한 행보를 계속해 나가는 남북한 관계를 볼 때 한반도도 변화를 지향하는 기운이 현상을 유지하는 기운을 압도하고 있다. 이러한 관점에서 보면 동북아 지역의 주요 행위자들 중 아무도 '현상유지 세력(status quo power)'으로 분류할 수 없으며 이 사실은 동북아의 정세가 앞으로 유동적이며 험난할 것임을 반증해 준다.[38]

마지막으로 이 지역의 변화의 역동성을 강화시키는 요인은 지역 국가 경제력의 급속한 성장을 들 수 있다. 이 지역 국가들은 6~70년대 일본을 필두로, 7~80년대 한국, 90년대 이후 중국 등이 연 10% 이내의 무서운 경제성장률을 보이면서 국력이 단기간에 급신장하고 있다. 이제 일본과 한국이 초고속 성장을 다시 보여주기는 어렵다 하더라도 세계 시장을 지배하는 제품생산력을 여전히 보유하고 있으며, 한국의 경우에는 북한과의 통일과정의 진전에 따라 다시금 빠른 경제성장률을 보여줄 가능성도 배제할 수 없다. 이처럼 이 지역 국가들의 경제성장률은 세계 어느 국가들도 넘보지 못했던 10% 내외의 초고속 성장으로 6년마다 국력이 두 배씩 증가하는 효과를 가져왔다. 따라서 지역 국가들간의 역학관계는 물론 여타 지역과의 역학관계도 아주 짧은 시간 안에 질적인 변화가 가능했으므로 앞으로도 계속 국제정세 변화의 진원지로 주목받을 것임에 틀림없다.

이러한 빠른 경제성장 덕분에 동아시아 지역의 생산력이 21세기 들어오면서 미국과 유럽 25개국을 각각 앞서기 시작했다. 그리고 그 격차는 시간이 지나면 지날수록 확대될 것이므로 19세기가 유럽의 세기, 20세기가 미국의 세기였다고 한다면 21세기는 동아시아의 세기라고 불러도 무방할 듯하다.[39] 그러나 21세기가 동아시아의 세기로 불린다는 것이 항상 긍정적인 측면만 있는 것은 아니다. 19세기부터 20세기 초반까지 유럽에서 각국의 국력이 성장하고 세력구도의 재편이 이루어지는 시기에 유럽이 세계의 화약고였고, 주요 전쟁은 모두 유럽에서 발생했던 것처럼 21세기가 동아시아 시대라면 그만큼 동아시아에서 정세불안의 요소가 많아진다는 것을 의미한다.

38. Tomohiko Taniguchi, "A Cold Peace : The Changing Security Equation in North East Asia", Orbis Summer 2005. p. 446

39. Stefan Bergheim, "Global Growth Centers 2020", Deutche Bank Research (March 2005) p. 4, 이상현 편, 『한국의 국가전략』(외교 · 안보) p. 28 재인용

이처럼 동북아 지역에서는 세계의 유수의 강국들이 포진해 있으면서 각 국가간의 관계가 정치적으로도 변화하는 가운데 경제성장 속도의 차이로 인해 국력의 재분포가 일어나고 있다. 오르간스키의 '세력전이' 이론에 따르면 국가간 세력 재분포가 이루어지면서 도전국이 패권국의 국력을 능가하는 세력전이가 완전히 이루어질 때까지 국제체제는 가장 불안한 시기로 진입한다는 것이다. 앞으로 동북아 정세가 바로 이러한 세력전이에 따른 불안정기로 들어간다고 보는 것이 타당할 것이다.

## 동북아 기본 안보구도

동북아의 기본 안보구도 또는 역학관계는 지난 50년간 다소의 변화를 겪어왔지만 기본적으로 앞서 설명한 남방3각체제와 북방3각체제가 서로 맞서는 형상을 보여왔다. 이 두 3각체제 중에서도 한·미·일로 이루어지는 남방3각체제는 거의 변화가 없었던 반면, 북·중·러로 이루어지는 북방3각체제는 이들 3국간의 양자관계가 계속 변화함에 따라 그 결속력의 강도에 많은 변화가 있어왔다.

북방3각체제내 결속력의 이완 내지 균열을 가져오는 가장 큰 요인은 우선 중국과 구소련간의 갈등 문제이다. 중국은 문화혁명을 한창 진행하면서 구소련의 사회주의 종주권을 인정하지 않은 채 오히려 수정주의로 비판했다. 이 일로 관계가 악화되기 시작한 양국은 강대국이 인접해 있으면서 느끼는 본능적인 경계심까지 더해 국경지대에서 수시로 군사충돌을 일으켰다. 그중 가장 심각했던 것이 1969년경의 보진도(다만스키 섬) 무력충돌이다. 이 무력충돌을 기화로 양국은 거의 적대적 관계로 돌입했다 해도 과언이 아니다. 그러나 양국간의 관계가 험악해졌는데도 유엔 등 다자 분야에서나 미국의 베트남전쟁 등에 대해서는 공산주의 국가로서 같은 입장을 보이는 경우가 많았고, 남방3각체제에 대해서는 암묵적인 대립각을 공동으로 유지하고 있었다.

그리고 북방3각체제를 약화시키는 또 다른 요인은 냉전체제가 와해되고 난 이후 북한만이 독특한 사회주의체제를 유지하고 있는 가운데 구소련이 페레스트로이카라 불리는 개혁·개방정책을 추진하자 북한이 이에 극도의 거부감을 표출한 데서 기인한다. 게다가 중국도 개방형 사회주의 경제체제로 나아가자 중국과의 관계도 이전보다는 소원해지면서 북한이 북방3각체제내에서 외톨이 신세가 되어 3각의 한 축이 현저히 약화되어 버린다. 특히 1990년을 전후해 남한이 중국 및 러시아와 정식수교를 맺게 되자 북방3각체제와 남방3각체제간의 대립은 안보적 측면에서 의미를 거의 상실해버리고, 단지 북방3각체제는 사회주의국가간의 정신적 유대라는 추상적인 측면의 관계만 남게 된다.

그리고 이들 두 3각체제 내에서도 가장 강한 유대관계를 가진 한 축이 각기 존재하는데, 남방3각체제내에서는 한미동맹 관계이고 북방3각체제내에서는 조·중동맹 관계이다. 이 두 동맹 관계는 한국전쟁 중에 혈맹관계를 맺은 이후 냉전기간을 거치면서 더욱 강하게 유대를 다졌는데 한미간에는 베트남전쟁에서 다시 한 번 혈맹관계를 입증했고, 조·중간에는 크고 작은 제3세계의 대미항전에 대한 군사 지원에 동참함으로써 연대를 과시했다. 지금도 세계에서 몇 남지 않은 공산주의국가로서 양국간의 연대는 무시할 수 없는 결속력을 보여주고 있다.

그리고 우리는 북방3각체제와 남방3각체제에 대해 논할 때 이 두 3각체제의 기본특성을 간과해서는 안 된다. 먼저 이 3각체제의 가장 큰 차이점은 북방3각체제는 대륙세력간 결합이고 남방3각체제는 해양세력간 결합이라는 점이다. 이 중에서 미·일은 확실한 해양세력이고 중·러도 확실한 대륙세력임에는 의문의 여지가 없으나 남한과 북한의 성격은 기본적으로 반도세력이다. 그러나 지난 냉전기간 중에 한반도가 분단되어 전혀 교류가 이루어지지 않아 남한은 반도라기보다는 대륙과는 전혀 육지로 연결이 되지 않는 지정학적으로 섬에 가까운 특성을 가질 수밖에 없었다. 마찬가지로 북한도 조금 경우는 다르지만 해양을 두루 이용할 수 있는 반도국가의 이점을 전혀 살리지 못하고 동해와 서해가 완전히 격리되어 있음으로 인해 서해가 하나의 내해처럼 되어 버린 대륙국가의 성격을 더 많이 띠게 되었다.

따라서 남방3각체제는 해외로 진출할 수 있는 해양의 안전을 중요하게 여겨 군사편제도 제해권 장악에 중점을 두는 방향으로 개편되어 왔다. 반면 북방3각체제는 대륙국가로서 해양세력의 상륙공격에 대비해 지상군을 강화하는 방향으로 군사편제가 이루어져 왔다. 물론 이 중에서 남한의 경우는 대북대치란 특수상황으로 인해 지상군이 강화될 수밖에 없었고 구소련 및 이후 러시아도 대륙세력이지만 대양으로 진출하는 유일한 발판인 블라디보스토크 항을 모항으로 하는 태평양함대가 중심이 되는 해군력을 강화시켜 온 측면은 있다. 그러나 이런 예외적인 현상이 양 3각체제의 기본성격을 변경할 정도는 아니었다.

그리고 이 양 3각체제의 형성은 냉전체제의 이념대립의 산물이므로 남방이 자본주의, 북방이 공산주의 성격을 가지는 것은 당연한 일이다. 그러나 냉전체제가 와해된 이후에도 남방3각은 성숙된 민주사회를 향유하는 국가들의 결합이고 북방3각은 전체주의 혹은 권위주의 체제를 가진 국가들의 결합이라는 점에서 양 체제가 구별되며, 이러한 기본성격의 차이는 각국의 경쟁발전 등에도 불구하고 당분간 없어지지 않을 것이므로 동북아 정세 전개에 있어 중요하게 고려되어야 할 변수이다.

동북아 지역의 기본 안보구도는 크게 보면 이와 같이 남방3각과 북방3각이 대치하는 형국을 보이고 있으나, 이 3각체제의 결속력은 사실상 체제라고 명명할 만한 공식적인 결속력을 가지고 있는 것은 아니며, 단지 그 외형상 나타난 형국을 묘사하는 단어로 차용된 정도일 뿐이다. 그렇다면 동북아 지역 안보정세의 기본구조는 무엇인가? 그것은 다름 아닌 양자동맹이다.

지난 50년간 동북아 지역에서 법적으로 구속력 있는 공식적인 안보구조는 한·미간의 상호방위조약, 미·일 상호방위조약, 그리고 조·중 상호지원조약, 그리고 1996년경 사문화되어 버린 조·러 상호지원, 원조조약 등으로 대변되는 양자군사동맹체제로 이루어져 있다.

그러므로 남방·북방 3각체제도 결국은 이러한 양자동맹의 기반 위에 모양을 갖추었으며 가끔씩 논의되곤 하던 동북아 다자안보협의체도 앞으로 상당 기간 동안 이 같은 양자동맹의 안보구조를 보완하는 차원에서만 그 역할이 가능할 것이라는 것이 지배적인 전망이다.


## 탈냉전 후 안보구도 변화

냉전체제의 와해는 넓게 보자면 전 세계적으로, 좁게 보자면 냉전의 구도가 강고했던 북반부 지역에서만큼은 확실하게 각 지역의 안보구도에 큰 변화를 가져왔다. 냉전기간 중에는 자유진영과 공산진영 양 블록간 경계선이 분명했으며, 양 블록 소속국가간에는 피아의 구분과 적대국 개념이 확실하게 자리잡고 있었다.

이러한 양 블록간 대립은 유럽·아주·미주 각 지역을 거쳐 공통적으로 나타난 현상이었으나, 다만 중동 지역에서는 공산국가가 소수 존재하긴 했으나 특이하게도 진영간 대립의 형세를 보이지는 않았다. 그러나 중동 지역에서도 이념 성향에 따라 지역 국가간 대립의 심각성이 타 지역과 비교해 덜하다는 것이지 역외국가들과는 뚜렷한 냉전적 동맹 및 협력관계를 맺는 데는 예외가 아니었다.

이처럼 냉전시대의 안보구도는 어느 지역이건 예외없이 명백한 양 진영간 이분법적인 대립구도를 유지해 왔다. 물론 정치적인 측면에서는 이 양진영간 대립구도에 예속되는 것을 탈피하기 위한 제3세계 국가들의 노력이 비동맹운동이라는 형태로 나타나긴 했지만, 비동맹국가들은 그 말 자체대로 동맹을 맺지 않았기 때문에 지역안보구도에는 변수가 되지 않았으므로 각 지역별 안보구도는 이분법적인 대립구도라고 말할 수 있다.

그러나 1989년 베를린 장벽이 무너진 것은 동·서 진영간의 냉전적 안보구도가 붕괴되는 신호탄이 되어 유럽에서는 동구권 사회주의국가들이 도미노 현상처럼 차례로 붕괴되면서 북대서양조약기구와 대립하던 바르샤바 조약기구가 해체되게 된다. 이와 같이 동북아 지역에서도 한·중, 한·소간의 수교로 인해 냉전의 기본구도가 깨지면서 지역 국가간에 더 이상 명백한 적대국가를 상정하는 전략개념이 유효하지 않는 안보환경으로 변화되었다.

물론 동북아 지역에서는 아직 북한이 세계에서 유일하게 강고한 공산주의 정치, 경제체제를 최근까지 유지해 온 까닭에 냉전적 안보구도가 완전히 청산되지 못하고 아직까지 세계에서 유일하게 냉전적 잔재가 한반도에 잔존하고 있는 것이 특기할 사항이다. 이러한 한반도에서의 냉전적 안보구도도 2000년 6·15 남북공동선언을 계기로 남북한간 교류가 활발해지면서 차츰 해체의 과정으로 진입하고 있는 것으로 보이므로 북핵문제를 둘러싼 미국과 북한간의 갈등이 6자회담을 통해 해소되면 동북아 지역에서도 냉전적 안보구도도 거의 소멸될 것으로 전망된다.

이와 같이 동북아 지역에서도 냉전적 안보구도가 해체되는 과정에 접어

듦으로써 국가간의 대립과 긴장의 정도는 많이 약화되고 있으나 냉전적 안보구도를 대체할 다른 안보구도, 즉 유럽안보협력기구(OSCE)와 같은 다자적 안보협력체가 존재하는 것도 아니기 때문에 지역정세의 불안정성이 증대한 것도 사실이다. 유럽에서는 바르샤바 조약기구의 해체와 더불어 구동구권 국가들이 일부 북대서양 조약기구에 가입하기도 하지만 대부분 유럽안보협력기구의 회원국이 되어 서구국가들과 안보를 공동으로 논의하고 책임지게 됨으로써 획기적으로 정세를 안정시킬 수 있게 되었다.

그러나 동북아 지역에서는 이와 유사한 안보협력기구가 존재하지 않고 있기 때문에 지역 국가간 상호신뢰도가 현저히 낮으며 이로 인해 각국들은 냉전시대처럼 가상적국을 공개적으로 명백히 해두고 있을 수는 없지만 변화하는 안보정세를 면밀히 주시하면서 자국의 가상적국 또는 가상적국의 등장 가능성을 상정하고 안보전략을 수립해야 하는 형세이다. 게다가 동북아 지역은 역동성이 많으므로 각국은 상대국가들의 국력신장이라든지 안보전략의 변화과정을 계속 주시하면서 상황변화에 따라 자국의 안보전략도 변경해야 하는 매우 유동적인 국면에 접어들었다고 할 수 있다.

그리고 탈냉전 이후 나타난 안보정세의 새로운 특징은 안보위협이 국가간의 대립에서 발생하는 것 이외 국가 이외의 행위자에 의해 발생하는 경우도 생겼다는 점이다. 즉 냉전시대 압도적으로 경직적인 진영간 대립구도에 억눌려 잠복되어 있던 안보위협 요인들이 탈냉전 이후 표면화되기 시작해 당분간은 이러한 새로운 안보위협이 세계평화에 대한 지배적인 안보위협이 될 것으로 전망된다는 점이 특기할 사항이다. 지금 세계가 직면하고 있는 최대의 안보위협은 두말할 나위 없이 이슬람 근본주의자들에 의한 테러위협이다. 즉 상당한 파괴력을 가진 테러 공격도 국가에 의해 자행되는 것이 아니라 알 카에다와 같은 테러집단에 의해 감행되는 것이 새로운 안보위협의 전형적인 예이다.

테러 이외에도 냉전체제 붕괴 이후 많이 발생하기 시작한 소형무기의 확산으로 인해 국제범죄조직의 무장화 현상, 주요 국제해상 수송로에 대한 해적공격, 마약밀매 조직의 무장화 등도 새로운 안보위협으로 꼽을 수 있다. 이러한 새로운 행위자에 의한 안보위협에 대해서는 각국 정부들은 공동으로 대처해야 할 필요성을 느끼고 있기 때문에 탈냉전 이후 새로운 안보위협에 대한 국가간 공조는 강화되는 추세에 있다. 그러므로 동북아 지역에서 냉전체제 붕괴 이후 심층적으로는 장래 도래할 새로운 안보구도에 대비해 각국간 물밑 탐색 및 경쟁이 가열되는 한편, 표면적으로는 새로운 안보위협에 대해 일정 부분 서로 협조하는 양상을 보이고 있는 것도 탈냉전 이후 안보정세의 특징적 현상이다.

미국·중국·러시아 3국은 모두 전략적 경쟁관계에 있는데도 이 같은 새로운 안보위협에 대해서는 공동전선을 구축하는 데 이해가 일치하는 면을 보여주고 있는데, 미국이 반테러전 명목으로 이라크를 침공한 것에 대해 중국과 러시아가 별 다른 견제를 하지 않은 것은 좋은 실례이다. 중국과 러시아가 미국의 행동에 대한 비난의 목소리를 유럽 국가들보다 낮춘 이면에는 중국은 신장, 위구르 지역에 있는 이슬람 인구들의 분리 독립운동을 반테러 명목으로 진압해야 할 필요성이 있으며, 러시아도 마찬가지로 체첸 및 여타 이슬람 인구 밀집지역에서 분리운동에 대한 자국의 강경진압정책에 대한 면죄부를 받으려는 의도가 존재하고 있다.

이 같은 테러위협 이외에도 여러 가지 새로운 안보위협에 공동 대처하는 것이 필요하다는 인식은 동북아 지역 국가간에 공유되고 있기 때문에 해적이나 마약조직의 활동단속 및 소형무기 확산방지 등에서 공조체제가 임시적으로 형성되기도 하는 것이 탈냉전 이후 안보구도의 특징이다. 한편 이 같은 새로운 안보위협에 공동 대처한다는 명분은 지역 국가들에게 상호 군사동맹에 준하는 협력관계를 명백한 공동주적에 대한 규정 없이 한시적으로 운영할 수 있는 편의를 주기도 한다. 2005년 8월 중국과 러시아가 처음 동북아 지역에서 가진 합동군사훈련이 그 좋은 예이다. 이 합동훈련의 대외적으로 공표된 목적은 테러진압 훈련이었으나 실제로는 해안상륙작전까지 감행함으로써 날로 강고해지는 미일군사동맹에 잠재적으로 대응하기 위한 모색을 한 것으로 보아야 한다.

탈냉전 이후 동북아 지역에서도 긴장완화로 국가간 전면전의 가능성은 줄어들었으나 그 반면 냉전시대 억제되어 왔던 민족주의 의식이 발흥하면서 각국간 소규모 도서 또는 무인도를 둘러싼 영유권 분쟁이 앞으로 더욱 불거질 전망이다. 이러한 영유권 분쟁문제가 외교협상을 통해 원만하게 타결되지 않을 경우 국지적 무력충돌의 가능성이 상존하고 있다. 특히 국지적 위기를 잘못 관리해 이 문제가 발흥하는 민족주의의 격앙된 감정과 결부라도 된다면 전면전으로 나아갈 가능성도 배제할 수 없으며, 이 사실은 동북아 지역이 현재 세계 어느 지역과는 다른 엄중한 안보환경 아래 있다는 것을 반증한다. 유럽은 이러한 구시대적인 영유권 문제와 민족주의가 결합될 위험성은 벌써 20세기 중에 이미 극복한 것으로 보이며, 미주 지역은 물론 동남아 지역에서도 영유권 문제가 국가간 무력분쟁으로 나아갈 소지가 있는 사례는 거의 없는 것으로 미루어볼 때 영유권 분쟁은 동북아 안보구도의 또 하나의 심각한 불안정 요인이다.

## 나. 민족주의의 발흥

동북아 지역의 앞으로 닥쳐올 안보정세의 변화를 내다보는데 있어 중요한 변수는 동북아 지역내 각 국가에서 일어나고 있는 민족주의의 발흥 현상이다. 민족주의는 앞에서 살펴본 바와 같이 유럽에서는 근대국가가 융성하던 시기에 근대국가간 경쟁을 유발하는 원동력이 되었다. 1645년 베스트팔리아 강화회의 이후 유럽에서 자리잡기 시작한 근대국가 시스템은 종교나 여타 지리적 요인 등으로 인해 통치범위가 결정되던 이전의 중세, 봉건시대 정치체제보다는 훨씬 강력한 통합력을 발휘하는 장점을 가지고 있었다. 그 이유는 같은 혈통을 이어 받았고 같은 언어와 관습을 공유하는 한 민족을 국가형성의 기반으로 삼았기 때문에 국민간에는 사회적 통합력이 강할 수밖에 없었고 외부의 다른 민족과의 경쟁심리도 쉽게 유발될 수 있었기 때문이다.

이러한 민족주의를 바탕으로 한 국가경영은 내부적으로는 사회적 통합력을 강화해 부국강병으로 매진할 수 있는 장점이 있지만, 외부적으로는 각 국가가 유사한 정책을 구사할 경우 부국강병으로 강해진 국력으로 해외로 경쟁적으로 진출하면서 각 국가간의 마찰이 불가피할 수밖에 없는 단점을 아울러 가지고 있었다. 그래서 이러한 부국강병정책은 해외로 국력을 뻗쳐 식민지를 경영하는 제국주의 정책으로 전환되어 식민지인 아프리카, 아시아 등지에서 서로 충돌할 수밖에 없었던 것은 필연적인 사실이다. 이러한 유럽 국가들의 국가이익의 상충은 제1차 세계대전과 제2차 세계대전을 초래했고, 유럽은 두 차례 세계대전을 치르고 나서야 더 이상 이와 같은 민족주의 경쟁으로 인한 무모한 전쟁이 재발되어서는 안 된다는 인식을 하기 시작했다.

유럽에서는 1950년부터 모네와 슈만 등으로 대표되는 유럽통합의 선각자들이 통일유럽의 필요성을 제창하면서 통합으로의 기나긴 여정을 시작하게 된다. 그리하여 이제는 유럽 단일통화에다 통일헌법까지 제정하고 통합 대통령까지 선출함으로써 외형적으로는 통일유럽의 기본골격은 다 갖추게 되어 더 이상 민족주의로 인한 국가간의 전쟁이 발발할 가능성은 극히 희박해졌다.

이처럼 유럽은 지난 20세기 동안 민족주의의 발흥과 이로 인한 전쟁의 참화, 그리고 이에 대한 반성으로 유럽통합을 추진하는 기나긴 과정을 통해 민족주의가 국가간 관계에서 더 이상 중요변수가 되지 않게 되었다. 반면에 동북아 지역에서는 오히려 21세기에 들어서면서 각국간의 민족주의가 더욱 강하게 부상하는, 전혀 다른 양상을 보이고 있다. 지난 20세기 유럽의 경험을 거울삼아 보면, 이러한 민족주의의 대두는 그 지역정세를 격동시켜 결국 분쟁이 발발할 수밖에 없는 상황을 조성하므로 동북아 정세도 이로 인해 상당히 불안정해질 것이라고 전망할 수 있다.

그런데 유럽에서는 지난 20세기 동안 소멸의 과정을 거쳐간 민족주의가 동북아 지역에서는 21세기에 들어와서 가장 비중 있는 정세불안 요인이 되는 이유가 뭘까?

그 이유를 살펴보자면 먼저 동북아 3국인 한국·중국·일본 모두에게 20세기는 자국의 민족주의가 완전히 성숙하고 표출할 수 있는 기회를 부여하지 않은 좌절의 세기였다는 점을 들 수 있다. 한국과 중국은 알다시피 19세기 후반 서양문명과 열강의 세력이 동양으로 밀려들어올 때 여러 가지 국내적 모순으로 인해 국내개혁을 단행하지 못함으로써 국력이 극도로 피폐해지고 급기야는 식민세력의 제물로 전락하고 말았다. 그래서 그 이후 20세기 전체를 자국의 민족국가를 다시 되찾고 이를 중흥시키는 데 전적으로 바쳐야만 했다. 결국 이 두 나라에게 20세기 전반의 역사는 좌절과 굴욕의 역사였으며, 그로 인한 민족 구성원이 겪어야 했던 애환은 처절했고 민족 전체로서는 일본의 식민지배 또는 점령으로 인해 민족주의가 상실되었던 시기였다. 제2차 세계대전의 종전으로 일본의 압제에서 풀려난 두 나라는 역사상 처음으로 근대국가 건설에 나서게 되었으나 그 근대화과정에서 많은 국내적 혼란을 겪게 된다. 이로 인해 20세기 후반은 일정 정도의 국가성장에도 불구하고 민족적 에너지가 밖으로 분출되지 못하고 국내에서 소모되는 불완전 연소의 기간이었다.

즉 이 두 국가에게 20세기는 민족주의 측면에서만 본다면 좌절과 억제의 시기였으며, 민족국가로서의 자신감을 획득하지 못해 이를 외부로 표출할 구상은 엄두도 내지 못할 상황이었던 것이다. 그러나 이들 두 나라의 역사를 돌이켜 보면, 어떤 나라보다 긴 기간을 단일국가 체제를 유지해 왔고, 따라서 민족적 자부심이 강한 나라임에 틀림이 없다. 특히 중국의 경우에는 중화사상이 뿌리깊기 때문에 20세기에 겪었던 민족주의적 좌절감과 상처가 깊을수록 오히려 국력을 충분히 회복한 후에는 이를 보상받으려는 심리가 더 크게 나타날 수도 있다.

한국의 경우에도 20세기 거의 대부분을 좌절과 암울의 시기로 규정할 수 있으며, 특히 아직까지도 식민지 지배 및 냉전의 유산으로 인해 남북이 분단되어 있어 진정한 민족주의를 구현할 수 있는 기반조차도 마련하지 못한 실정이다. 따라서 한반도의 경우에는 남한에서 경제성장에 따른 국력신장으로 민족주의 의식이 고취되고 있으나 통일이 실현될 때까지는 민족주의가 계속 좌절된 시기로 보아야 한다. 그러므로 한반도에서는 통일을 향한 민족주의 운동이 계속 강화될 것이며, 이렇게 힘을 받은 민족주의 역량은 통일을 이루어 낼 것이고 통일이 실현되는 과정을 전후해 민족주의는 오히려 더욱 고양되어 민족의 영광이나 이익을 위한다는 명분이 국정방향 설정에 있어 최우선 지표가 될 가능성이 많을 것이다.

　일본의 경우에는 19세기 후반 이후 서양문물을 슬기롭게 수용해 부국강병의 길로 성공적으로 진입해 명치유신 이후 불과 30년 만에 근대국가의 면모를 확실히 갖추게 되었다. 근대민족국가의 체제를 갖추자마자 일본은 그때까지 자국의 안보에 위협을 가하던 서구열강의 제국주의를 그대로 답습해 인근 아시아 국가들에게 제국주의적 침탈을 시작한다. 이처럼 일본이 부국강병의 길로 나아가는 과정에서 일본의 개화 지도층들은 봉건국가체제를 오래 지속해 왔던 일본의 속성으로는 근대민족국가가 가지는 강력한 사회통합력을 발휘하지 못할 것이라는 점을 간파하고 이를 극복하는 방안으로 명치유신을 구상하게 된다. 명치유신 주도층들은 유신을 일으켜 일본국왕을 옹립하고 이에 신권적 권위를 부여함으로써 사회통합과 민족통합의 상징적 구심적으로 활용하려 했으며, 이러한 정책은 기대 이상의 성공을 거두어 일본의 신흥 민족주의는 거의 종교적 수준으로 격상되었고 이는 이후 해외진출 과정에서 막강한 동력으로 작용하게 된다.

　그래서 일본은 20세기 전반기 동안 서구열강의 근대민족국가 성립 및 팽창단계를 압축적으로 답습하면서 민족주의 기세를 드높이며 주변국들을 침탈해 들어갔다. 이러한 일본 민족주의의 해외팽창이 동아시아를 넘어 태평양을 향해 나아가면서 미국의 제국주의적 이해관계와 숙명적으로 정면충돌할 수밖에 없었고 그 결과 태평양전쟁이 발발하게 된다.

　그런데 태평양전쟁으로 승승장구하던 일본의 민족주의는 엄청난 좌절을 겪게 되었으며, 미국의 강력한 힘을 체험하게 된 일본은 그 민족 자체의 고유한 현실 적응력을 발휘해 미국의 점령정책에 놀라우리만치 순응하게 된다. 제2차 세계대전 이후 일본은 미국의 세계전략에 철저히 순응, 편승함으로써 자국의 국력을 신장시키는데 성공해 80년대 중반 이후 미국에 이어 세계 제2위의 경제대국으로 부상하게 된다. 그런데 그때가지 철저하게 잠복되어 있던 일본의 민족주의는 80년대 중반 이후 'No라고 말할 수 있는 일본'이라는 슬로건 아래 점차 표면화되기 시작했으며, 그 이후 이러한 경향이 날로 강화되는 추세에 있다.

일본의 팽창적 민족주의에 피해를 입었던 주변국들은 일본이 제2차 세계대전 후 평화헌법을 만들고 전수방위 원칙을 고수한다고 했을 때, 일본의 민족주의도 서구의 민족주의처럼 발흥의 시기를 거쳐 쇠락의 시기로 진입하는 것이 아닌가 하는 희망적 관측도 가졌다. 그러나 21세기에 들어와서 오히려 평화헌법을 폐기하고 보통국가로 나아가야 한다는 민족주의적 우익의 주장이 득세를 하는 것을 보면 일본의 경우도 20세기 자국의 민족주의가 충분히 발현되지 못하고 태평양전쟁을 통해 좌절되었다고 인식해야 한다.

이와 같이 동북아 3국 모두가 20세기 중 자국의 민족주의가 제대로 발현되지 못하고 좌절되었다는 인식을 갖고 있는 가운데 이들 3국의 국력이 성장해 나가면 자연히 민족주의를 더 발현하는 방향으로 나아가게 될 것이다. 그런데 동북아라는 한정된 지정학적 구도 내에 유럽과 같은 다자안보협력을 위한 제도적 장치도 없는 상황에서는 이러한 3국의 민족주의 발현은 적절히 억제되지 않을 경우, 서로 부딪혀 파열음을 일으킬 수밖에 없을 것이라는 점에서 앞으로 동북아 정세의 큰 불안정 요인으로 떠오르고 있다. 물론 동북아 3국이 이러한 문제점을 인식하고 슬기롭게 이를 막기 위한 공동조치를 취하면 모르지만, 지금 이러한 상태에서는 민족주의의 발흥으로 인해 동북아 정세가 나아갈 진로는 명확해 보인다. 역사에서 압축은 가능하더라도 비약은 가능하지 않다는 경험론적인 명제가 타당하다면, 동북아 3국에게도 좌절된 민족주의가 충분히 발현되고 난 이후 유럽과 같은 민족주의의 쇠퇴와 지역통합의 기운이 일어날 것이라고 전망하는 것이 적절하며, 그 과정을 거치는 동안 동북아 정세는 요동칠 수밖에 없을 것이다.


## 다. 중국의 부상, 주변국의 대응


동북아 지역에서 가장 역동적으로 변화하는 나라가 중국이다. 중국은 과거 세계역사에서 가졌던 우월적 지위와 광대한 영토, 인구가 주는 중량감, 현재 경제가 보이고 있는 엄청난 속도의 성장세, 그리고 정치체제가 세계에서 도태되고 남은 몇 안 되는 공산주의 사회이기 때문에 발생할 수 있는 정치체제 변화 가능성 등이 상존한다. 따라서 향후 중국의 행보가 국제정세 전반은 물론, 특히 동북아 지역 정세에 미치는 영향은 심대할 것이다.

중국은 국가 규모가 워낙 광대하기 때문에 과거에는 오히려 잠재적 국력을 저평가받아 왔다. 다시 말해 국토가 매우 넓고 인구가 너무 많기 때문에 이를 실효성 있게 통치하기도 힘들 뿐만 아니라 국력 결집도 어려울 것이며 경제적으로도 이 같은 규모의 국가는 로스토가 말하는 경제발전 5단계론[40]에서 빈곤의 덫, 즉 전통사회의 저성장 상태에 갇혀 있을 수밖에 없었다는 것이다. 왜냐하면 중국이 이런 저성장 상태로부터 이끌어내어 경제성장을 위해 도약(take-off)의 단계로 진입하기 위해서는 엄청난 규모의 저축과 자본투자가 필요하기 때문이다. 그러나 이러한 저축과 자본축적이 공산주의 체제에서는 일어날 수 없으므로 중국이 발전단계로 진입할 일은 없으며, 따

---

40. 로스토의 경제성장 5단계는 전통적 사회-과도기적 사회-도약의 단계-성숙의 단계-고도대량소비사회로 이루어진다.

라서 강대국으로 부상을 염려하지 않아도 된다는 논리로 서방세계는 중국의 잠재력을 저평가했던 것이다.

그런데 중국 내부에서 등소평의 실용주의적 개방정책과 서방세계에서 시작된 세계화 현상이 맞물리면서 1990년 이후 중국에서는 과거에는 불가능할것이라고 여겨졌던 현상들, 즉 시장경제체제 도입 및 대규모 외국인 직접투자가 발생했고 이제는 중국의 경제가 도약단계를 넘어 고도 성장단계로 진입했다는 점을 부인하는 사람은 없게 되었다. 이같이 중국이 고도 성장단계로 진입하게 되자 이때까지 중국 발전에 마이너스 요인으로 간주되어 왔던 광대한 영토와 인구가 이제는 플러스 요인으로 간주될 뿐만 아니라 오히려 그 잠재력으로 인해 중국의 미래국력을 과대평가하기 시작하고 있다.

과거 일본과 싱가포르, 한국 등도 지금 중국이 보이는 9~10%의 고도 경제성장기를 구가한 적이 있었다. 그러나 일본을 포함해서 어느 나라도 이같은 고도 경제성장만으로 이들 국가가 국제정세에 잠재적 위협요인으로 부상된 적은 없었다. 지금 중국은 자국의 이러한 경제성장과 부상이 여타국에 가져다주는 불안감을 불식시키기 위해 국가정책을 도광양회, 화평굴기(和平起)라는 표현을 통해 나타내고 있다. 즉 "평화스러운 가운데 몸을일으킨다"는 슬로건만 봐도 자국이 경제성장을 해나가기 위해서는 평화스런 국제정세가 필요하며 그 목적을 이룰 때까지는 몸을 바로 세우지 않고 굴신하겠다는 유연한 입장이 뚜렷이 드러난다. 그러나 주변국가의 관점에서는 이것은 어디까지나 몸을 다 일으킬 때까지 필요한 한시적인 전술이고 완전히 기립하는 날 어떤 방식으로 국가목표를 바꿀지 모르기 때문에 중국의 부상에 대해 우려의 시선을 거둘 수가 없다.

중국은 광대한 규모의 국토와 인구로 인해 미국의 패권에 도전해 미국의 패권을 넘겨받을 수 있는 잠재력을 가진 유일한 나라라는 점에서, 중국의 부상은 단순히 동북아 지역정세뿐 아니라 세계정세에도 결정적인 변수가 될 것이다. 이러한 관점에서 미국은 중국의 부상에 대해 상당한 경계심을 감추지 않고 있으며, 이러한 중국의 부상에 대비하는 전략적 연대관계를 중국 주변국들과 이미 맺기 시작하고 있다. 과거 제2차 세계대전 이전에는 독일이나 일본이 미국의 패권에 도전했으나 이들 국가는 패권에 도전하는 도전자로서의 국력은 갖추었을지언정 진정한 패권 계승국가로 잠재력을 가지지는 못했다고 보아야 한다.

그리고 냉전시대에는 공업생산력과 과학기술 분야를 앞세워 소련이 미국의 패권에 대해 강력한 도전을 제기했다. 그러나 총체적 국력 측면에서 소련은 미국의 적수가 될 수 없는 한계를 가지고 있었다. 소련이 집중적인 요소 투입을 증가시켜 공업생산을 증가시킴으로써 얻은 국부를 군사와 군수 과학 분야에 집중적으로 투자함으로써 미국과 단기간 대등한 경쟁자적 지위에 있을 수는 있었다. 그러나 이렇게 불균형적인 투자를 집행함으로써 사회 전반의 불균형은 더욱 심화되어 민간 분야 인프라 및 민수 분야 생산력은 날이 갈수록 악화되어 결국은 총체적인 국력이 약화되었다. 그 결과 명목적 도전자였던 독일이나 일본마저 감행했던 미국과 직접적인 군사대결도 구소련은 해보지도 못하고 오히려 내부 모순으로 붕괴해버리고 말았다.

종합적으로 평가해 보면 소련은 이념을 바탕으로 한 동구진영을 거느림으로써 미국에 대해 패권 계승국가로서 잠재력을 외견상 가지는 듯했으나 실질적으로는 패권도전을 해보지도 못한 채 막을 내리고 만 것이다.

이에 비해 중국은 이제 국력을 축적하기 시작해 미국에 대한 패권도전을 내심으로도 생각해 보지 않고 있으며, 외견상으로는 미국과 우호관계를 유지하기 위해 많은 노력을 기울이고 있으나 중국이 가진 광대한 영토와 인구가 주는 잠재력으로 인해 미국은 물론 전 세계로부터 미국의 진정한 패권도전국 또는 패권계승 가능국으로 간주되고 있다. 이에 따라 미국의 2006년판 '4개년 국방계획서(QDR, Quadrennial Defence Review)'에는 중국을 미국과 군사적으로 경쟁할 수 있는 엄청난 잠재력을 가진 국가로 규정하고 중국의 급속한 국방비 지출액 증가에 대한 우려를 표명하고 있다. 이러한 중국의 부상에 대비해 QDR은 미국도 공격형 잠수함 구입 대수를 해마다 1대에서 2대로 두 배로 늘리고 공군도 새로이 신형 장거리 폭격기 제작에 나서야 한다고 제안하고 있다.[41]

결국 중국의 대외정책 및 발전방향이 모든 주변국들의 예의 주시의 대상이 될 것이며, 주변국들은 중국이 취하는 행보를 보아가며 대응책을 마련하는 방식으로 동북아 정세는 전개되어 나갈 것으로 보인다. 이런 관점에서 중국의 부상은 동북아 정세에서 주요 동인이며 중국의 행보는 독립변수로서 중요성을 가질 것이다.


## 라. 군비경쟁 가능성

동북아 지역은 과거 냉전의 유산이 아직 청산되지 못한 지역이다. 현재 한반도는 세계에서 군사력의 집중도가 가장 높은 지역이며, 주변국들 역시 모두 세계의 강대국들이기 때문에 이 지역에 현존하는 군사력만으로도 세계에서 가장 높은 군비집적률을 보이고 있다.

더욱이 이 지역은 여러 가지 유동적인 안보구도 및 각국의 경제력 성장,

---

41.*The Economist*, 2006. Feb. 11. p. 29

그리고 민족주의 발흥 등이 복합적으로 작용해 군비경쟁이 앞으로 더욱 심화될 조짐이 역력하다. 우선 중국은 90년대 말엽부터 국방비를 연 두 자릿수 이상 증가시켜 오고 있는데, 2003년의 경우만 하더라도 자국의 GDP 성장률이 7.3%인데 반해 국방비 지출은 14.2%였다. 이 사실만으로도 중국이 군비증강에 국력을 집중하고 있다는 것을 알 수 있는데, 2004년 연 400억 달러를 국방비로 지출했다고 공식적으로 발표했다. 그러나 중국 정부가 발표하는 통계의 투명성과 신뢰성이 항상 의문시되고 있으며, 게다가 사회주의 체제로 인해 국방비 계산방식이 서구국가들과 상이하다는 관점에서 중국의 국방비가 약 900억 달러라고 추산하는 주장들도 있다. 2004년 공식통계를 기준으로 한 중국의 국방비가 세계 3위이나 사회주의 체제로 인해 숨겨진 비용을 감안한 900억 달러를 기준으로 앞으로 몇 년간 두 자릿수 증가가 지속된다고 하면 곧 일본을 제치고 명실상부한 세계 2위 국방비 지출국가가 될 것이다. 이렇게 증액된 국방비로 중국은 2000년 이후 첨단무기 구입에 노력을 집중하고 있는데, 2002년 32억 달러에 불과했던 해외무기 구입비가 계속 급증해 2005년에는 50억 달러에 육박하고 있다.

게다가 중국은 여태까지 해양세력인 미국, 일본과 대립을 염두에 두기보다는 자국과 수천 킬로미터에 이르는 국경을 맞대고 있을 뿐 아니라 1967년 진보도 사건으로 직접 무력충돌을 한 바 있는 러시아와 대립을 의식해 군 편제를 육군 위주로 육성해 왔기 때문에 해군, 공군력은 전략적 타격능력을 갖지 못한 방어적인 성격의 군비 및 편제를 유지해 왔다. 그러나 90년대 말엽 이후 러시아로부터 위협이 현저히 감소하자 향후 해양세력과의 대립 가능성을 염두에 두면서 중국은 해·공군력 강화에 노력을 집중하고 있다.

따라서 중국은 한정된 자원을 전략적으로 배분하기 위해 육군은 소수정예화하고 해·공군은 집중 육성해 원거리 작전능력, 즉 전력의 수평적 투사

능력을 획기적으로 증강시키고 있다. 이런 개념에 입각해 중국은 앞으로 10년 이내 2004년 현재 약 100여 개 육군 사단을 40개 사단으로 축소하고 병력도 160만으로 감축하되 전력의 질적 향상을 도모하고 있다.

해군은 여태까지 연안작전 능력만 보유한 연안해군(Green Navy)에서 대양작전 능력을 가진 대양해군(Blue Navy)으로 변신을 시도하고 있으며, 이를 위해 경항공모함 및 신형구축함의 보유수를 늘리고 장비도 신형으로 교체 중에 있다. 또한 본격적인 항공모함은 2010년경에 확보할 계획을 가지고 있는데, 자체 설계·건조한 항공모함을 2010년경에 실전 배치한다는 계획으로 건조에 돌입했다. 그리고 그 중간단계로 러시아제 6만 7,000톤급 구형 항공모함 바라크 호를 구입해 현재 개조작업중이며, 2007년경에 실전 배치될 것으로 예측하고 있다. 아울러 잠수함도 잠항반경 및 기간이 늘어난 신형을 대량 건조 또는 구매해 실전 배치함으로써 해양세력인 미국과 일본의 신경을 자극하고 있다.

여태껏 중국 해군은 군사목표를 대만해협에서 우발사태가 발생할 경우 적대군 지원세력이 대만에 대한 지원을 제공하는 것을 차단하는 능력을 보유하는 데 주안점을 둔 연안 차단선 유지에 두고 있었다. 그러나 최근의 활동반경을 보면 이러한 대만해협 방어작전 개념에서 벗어나 자국의 해양수송로 확보를 위한 목적으로 이를 차단할 능력을 가진 여타 해양세력을 원양에서 격퇴하는 공세작전 개념으로 전환한 것으로 보인다.

최근까지 중국해군은 단지 연안해군에 불과하여 대만과의 무력분쟁이 발생할 경우 대만에 대한 적대세력의 지원을 차단하는 것이 중군해군의 최대의 전략목표였다. 따라서 중국해안선을 따라 대만을 포함하는 선으로 1차 해안방어선을 구축해놓고 있었다. 그러나 최근 중국해군은 대양해군를 지향하면서 일본열도 남단과 해남도사이를 잇는 제2열도방어선(The Second of

Chain of Islands)을 해군의 외곽방어선으로 설정해 두고 있다. 즉 자국의 해안방어선을 외곽으로 더 확대하면서 미,일 해군의 활동을 압박하기 시작한 것이다.

최근 중국 해군, 특히 잠수함의 활동이 활발하여 제2 열도방어선 부근에서 작전중인 미·일 함대의 인근해상에 중국 잠수함이 수시로 부상하여 양국해군을 긴장시키고 있다.

중국의 공군력은 42만 명의 병력과 약 3,200대의 전투기를 보유하고 있는 것으로 알려져 있으나, 그 중 약 150대만이 제4세대 전투기로 분류될 수 있어 실제 전력 면에서는 미국 극동공군력은 물론 대만에게도 열세에 있는 것으로 평가되고 있다.

그래서 중국 공군은 전력을 첨단전력화하기보다는 아직은 현대화하는 데 주안점을 두고 있는 것으로 보이며, 자체 개발해 90년대 중반 실전 배치한 전투기인 FB-7의 성능 및 무장향상 작업을 추진하는 한편, 미국의 F-18이나 러시아의 MIG-29보다 우수하다고 평가되는 J-10을 자체 제작해 실전배치를 확대함으로써 노후된 전투기와 교체를 서두르고 있다. 그리고 제4세대 전투기로 분류될 수 있는 J-13을 자체 개발중에 있으므로 이 전투기가 실전배치되면 중국 공군의 현대화는 가속화될 것으로 보인다.

중국의 미사일 전력에 대해서 살펴보면, 미사일 부대로는 인민해방군 제2 포병 부대가 있고 총 병력은 약 12만 명에 7개 군단기지로 나누어 전국에 배치되어 있으며, 약 1,500여기의 중·단거리 미사일 및 약 25기의 대륙간탄도탄(ICBM)을 보유한 것으로 알려져 있다. 이와 같이 중국이 미사일 전력은 중·단거리 위주로 구성되어 있고 그 대부분이 주로 대만을 겨냥해 배치되어 있으므로 아직은 인근 국가 등에 전략적 위협을 가하는 수준은 아닌 것으로 추정된다.

그러나 최근 들어 중국 지도부들은 미국의 미사일 방어체제인 MD체제 개발로 인해 잠재적 위협을 느끼고 MD체제를 뚫고 들어갈 수 있는 다탄두 미사일(MIRV) 개발에 역점을 두고 있다. 또한 자국의 전략적 핵 공격력을 강화해 실질적인 핵 전력국이 되기 위해 지상, 잠수함, 폭격기에서 각기 발사되는 입체 3각편제 핵전력 체제를 구축하기 위해 적극성을 보이고 있다.

이 같은 군사력 증강 동향에 대해 중국 지도부는 그간 국내 사정으로 지연되어 왔던 낙후된 군사장비의 현대화 및 기술적 문제의 보완이라고 대외적으로 설명하고 있으나, 군사 부문에서는 무기의 숫자를 늘리지 않더라도 현대화 자체가 전력증강으로 이어지게 마련이므로, 현대화 동향이 과거 방어적 개념에서 공세적 개념으로 전환된 가운데 이루어지고 있다는 점에서 여타국의 우려를 촉발하기에 충분하다.

그런데 중국의 군비증강 동향에 대응해 가장 예민하게 반응하는 나라가 일본이다. 일본은 이미 오래 전부터 국내적으로 세를 확장하고 있는 보수우익화 경향에 따라 자국의 자위대를 점차 강화해 오고 있었으며, 국외적으로는 미국의 새로운 세계전략구상에 부응해 미·일동맹을 강화한다는 차원에서 미국이 요구하는 수준으로 군사력을 증강해 왔다. 이러한 일본의 점진적인 군비증강 동향이 최근 중국의 급부상과 이에 따른 군비증강으로 인해 보다 가속화되는 경향을 보이고 있는 것이다.

그러나 국방비 지출 측면에서 보면 일본은 지난 10여년 간 국방비 지출의 증가폭이 거의 없는 것처럼 보인다. 1957년부터 1985년까지 6차에 걸친 5개년 방위력 정비계획에 따라 연 평균 6%대의 방위비 증가율을 유지해 왔으나, 90년대 이후에는 GNP 대비 1%라는 원칙을 설정, 현재까지 큰 변동 없이 유지해 오고 있다. 그러나 이러한 국방비 지출이 증가되지 않고 있는 이유는 일본이 군사력 증강에 관심이 없어서라기보다는 일본이 10년간 장기

경기침체기에 있어 세수증대가 어려웠기 때문인 측면이 많으며, 경제가 회복세로 돌아서면 국방비는 다시 증가할 가능성이 있다. 현재 정체된 국방비 규모 속에서도 일본은 자위대의 원거리 작전능력 향상을 위한 투자는 지속적으로 해오고 있는 것으로 알려졌다.

일본은 현재로서도 세계 최고수준의 첨단 군사력과 해·공군력 및 정보력을 보유하고 있으나 전력의 효율성을 높이기 위해 자위대의 조직 및 병력규모를 축소하는 형태로 구조 개혁을 추진하고 있다. 일본이 추구하는 방위력 증강의 목표는 21세기 군사혁신을 통한 일본 자위대의 첨단전력화인 것으로 판단되며, 이는 무엇보다 원거리에 있는 군사 목표물들을 신속, 정확하게 식별하고 전장의 모든 정보를 전투원들이 실시간에 공유하는 가운데 정밀하게 타격할 수 있는 능력을 배양하는 데 중점을 두고 있다.

또한 일본의 국방정책가들이 주안점을 두고 있는 분야는 자위대의 원거리 전력투사 능력의 증대이다. 과거 일본 자위대는 평화헌법의 전수방위개념에 따라 일본열도에 대한 방위에 주력했으나 이제는 필요시 세계 어느 곳이든 병력을 파견하고 원거리에 있는 가상의 적을 선제 공격할 수 있는 능력을 갖추는 데 노력을 집중하고 있다.

이런 맥락에서 일본은 2003년까지 확보해 놓은 4기의 정찰위성에다 2008년까지 4기를 더 도입할 예정으로 있으며, 무인정찰기도 2008년까지 개발, 배치할 계획으로 있어 첨단 과학기술을 바탕으로 한 전자정보 전력을 획기적으로 향상시킬 수 있게 되었다. 게다가 일본은 1만 3,000톤 규모의 항공모함급 호위함인 'DDH급 호위함'을 도입할 예정이고, 항공자위대의 작전반경을 더욱 넓혀줄 공중급유기도 2005년 중 구비한 것으로 알려져 있으며, 항속거리가 9,000킬로미터 이상에다 스텔스 기능까지 갖춘 차세대 대잠초계기 또한 도입할 계획인 것으로 전해진다.

이같이 일본 자위대가 21세기형 군사혁신을 통해 변신하게 되면, 일본의 전력은 중국의 증강하는 군사력을 효과적으로 억제할 수 있을 뿐 아니라 해·공군의 작전반경이 동쪽으로는 서태평양 일부 지역과 서쪽으로는 중동 지역까지 포함하는 명실상부한 장거리 전력투사 능력을 갖추게 될 것이다.

이러한 일본 자위대의 첨단전력화 동향은 국내정치의 보수우익화 동향과 맞물려 주변국들의 안보불안을 더욱 증폭시킴으로써 동북아 지역내 군비경쟁을 유발하는 요인이 되고 있다.

미국은 특별히 동북아 지역내에서만 자국의 군비를 증강시키고 있지는 않으나 21세기에 들어서면서 미래의 위협에 대비해 전쟁개념을 새롭게 정의한 가운데 미군 구조를 이에 맞춰 개편하는 국방변혁을 추진중에 있다. 이 국방변혁의 개념에 따라서 미군은 이제 특정국가를 상대로 하는 전쟁보다는 특정집단을 상대로 하는 전쟁, 즉 '비대칭 전쟁' 수행능력 배양에 주안점을 두고 미군을 더 가볍게, 더 신속히, 더 멀리 보내기 위한 개편을 단행하고 있다.

이를 위해 미 육군은 기존의 사단 단위 체제에서 신속 대응능력 및 타격능력을 갖춘 여단전투팀 체제로 일부 개편중에 있으며, 분쟁이 발생할 경우 1개 여단을 96시간 이내에, 1개 사단은 120시간내에, 5개 사단을 30일 이내 분쟁지역에 파견해 대응한다는 목표군(Objective force)개념 아래 군편제를 개편할 예정이다. 이에 따라 동북아 지역에 주둔하고 있는 미 지상군들도 스트라이커 여단이라는 명칭 아래 개편되어 분쟁지역으로 손쉽게 이동 배치될 수 있고, 동북아 지역에서 분쟁이 발생하더라도 미 본토 등에서 증강병력이 신속히 이동 배치될 수 있게 된다.

또한 미국은 전체 지상군을 이같이 신속 경량화할 뿐 아니라 현재 일본과 진행중인 협의를 지켜보면 미 육군 1군단 사령부를 현재 워싱턴 주에서 일본의 자마현으로 이동시키려는 구상을 갖고 있는 것으로 보이는데, 이 구상이 실현되면 동북아 지역에서 미 지상군의 비중도 한층 높아지게 될 것이다. 즉 군단사령부가 일본에 위치하고 있으면 일단 유사시 미군의 신속전개 능력을 바탕으로 동북아 지역에서 미 육군의 급속한 증강배치 및 운용이 가능해질 것이므로 이는 가상적국에 대한 상당한 억지력으로 작용할 것으로 보인다.

한편 미국의 해군은 과거부터 계속 유지해 왔던 대양에서 대규모 해상전의 개념을 지양하고 연안에서 소규모 작전능력을 배양하는 방향으로 선회하고 있다. 이는 세계 어느 지역에 분쟁이 발생하더라도 분쟁지역 연안에 해군전력을 배치한 다음 적진 깊숙이 위치한 전략적 목표를 신속하게 타격하는 능력을 배양한다는 생각이다. 이를 위해 미 해군은 지상·수상·공중 간협동적 교전능력과 정밀 유도 무기를 집중적으로 개발하고 있으며, 특히 모든 전투수단을 정찰-타격 네트워크로 연결하는 변혁의 청사진을 마련하고 2020년까지 단계적으로 구현해 나간다는 구상을 가지고 있다. 이러한 미국의 연안봉쇄 작전개념은 중국의 원양해군 육성계획과 상충되어 양국 해군력 간에 긴장이 높아질 가능성이 잠재되어 있다.

미 공군은 단일기종의 항공기로 전투비행단을 편성하는 전통적인 개념에서 탈피해 상이한 기종의 항공전력을 혼합 편성해 공중전, 지상공격전, 정찰 및 지휘통제 작전 등을 동시에 수행할 수 있는 패키지 형태의 전력구조를 개발중에 있다. 이러한 미국의 신 공군전력구조를 동북아 지역에 적용시킬 경우 미 공군의 지역내 전력은 증강된다고 보아야 한다.

그리고 주일 미공군의 주력기지를 오키나와에서 요코다로 이동해 일본공군과 합동전력을 운용하는 방안도 검토중인 것으로 알려져 미·일 공군이 연합전력을 형성할 경우 이는 동북아 지역 공군력 균형에 또 다른 변수로 등장하게 될 것이다. 한편 미국의 어떤 지역내 공군력을 언급할 때 현재 그 지역에 기지를 두고 있는 전투기 등의 숫자를 합산하는 것이 별 의미가 없는 것은 미국은 5대양별로 기동함대를 편성해 두고 있고, 각 기동함대내에 항공모함이 1, 2척씩 배치되어 있기 때문이다. 이 항공모함 내 함재기가 웬만한 국가의 공군력을 능가하기 때문에 미공군력은 일단 유사시 항공모함이 해당 해역내에 출동하는 것을 염두에 두어야 하기 때문이다.

마지막으로 미국이 추진중인 전력증강사업 중에서 동북아 안보 정세에 큰 영향을 미칠 것은 미사일 방어(MD)계획을 들 수 있다. 미국은 미국 본토 및 동맹국의 영토를 미사일 공격으로부터 보호하기 위해 상대편의 미사일이 목표물에 도달하기 전에 공중에서 요격하는 MD를 90년대 중반부터 개발해 오고 있는 중이다. 아직 기술적인 난점이 존재해 개발이 완료되지 못하고 실험을 계속 진행중인데 미국은 이 개발계획에 일본과 호주 등 주요 동맹국들의 참여를 확보함으로써 MD가 단순히 미국만의 방어무기체계가 아니라 국가간의 전략적 동맹을 매개하는 고리 역할도 하는 전략무기체제로 활용되는 형국이다. 하여튼 이 MD가 실전 배치될 경우 상대편의 일반 미사일은 물론 핵탄두 탑재 대륙간탄도미사일(ICBM)까지 무력화시키는 것을 목표로 하기 때문에 상대편에서 이를 회피할 별도의 기술을 개발하지 못한다면 냉전시대 이후 지켜져 오던 공포의 균형에 의한 핵전쟁 억지력이 무너지게 된다.

즉 미국은 상대편의 상호파멸적인 보복공격을 막을 수 있게 되므로 이를 두려워할 필요 없이 핵선제 공격을 감행할 수 있다는 논리가 성립되고 이 논리가 성립되면 미국의 패권에 정면 도전할 수 있는 세력은 없어지게 된다는 말이다. 이 같은 맥락에서 미국은 2002년 이라크전 개전을 전후해 선제공격의 필요성을 주창하고 있으며, 실제로 비확산금지조약(NPT)을 위배하면서까지 전술적 핵무기를 추가 개발하고 이에 대한 실험을 행하고 있는 실정이다. 이 같은 MD와 선제공격용 전술 핵무기의 개발은 동북아 지역에서 여타 국이 이에 대항해 자국에게 필요한 안보조치를 취하도록 강요하게 됨으로써 동북아 지역에서 군비경쟁을 간접적으로 부추기거나 안보구도를 불안정하게 만드는 데 기여하고 있다.

마지막으로 극동 지역에서 러시아의 군비증강 현황을 살펴보자. 러시아도 미국과 마찬가지로 극동 지역에 대해서만 특별히 군비를 증강하는 기색은 없으나 안보전략상 동북아 지역의 중요성이 점증하고 있는데다 경제 전략상으로도 극동 지역의 개발이 필요하다는 점을 염두에 두고 소련 붕괴 후 많이 쇠락했던 러시아 극동군의 재건 및 현대화를 위한 노력을 경주중에 있다.

러시아는 2002년부터 국방비를 공개하기 시작했는데, 2002년도에 2,841억 루블(90억 불) 규모에서 2004년도에는 그 규모가 4,699억 루블(151억 불)에 달하는 것으로 발표했다. 그러나 서방전문가들은 러시아의 실질 국방비를 더 높게 평가하고 있는데, 'The Military Balance 2003~2004년'에서는 그 규모를 508억 불 정도로 추산하고 있어 상당한 증가폭을 보이고 있다. 국방예산도 대폭 증액되고 있는데, 국내총생산(GDP)에 대비한 국방비는 2.7% 수준에 머물러 있으나 경제가 높은 성장률을 보이면서 2005년의 증가율은 2004년에 비해 무려 30% 정도 증액되었다.

최근 러시아는 고유가로 인하여 축적한 국부를 바탕으로 군현대화 계획을 본격적으로 추진하고 있다. 푸틴 전 대통령은 재임말기 러시아군 현대화를 위하여 2015년까지 5조 루블을 투자할 것이라고 밝혔는 바, 우선 러시아는 T-36 장거리 폭격기 편대를 다시 생산하기 시작하고 핵항모 및 원자력 잠수함도 신규로 건조하기 시작하는 등 자국군의 원거리 투사능력을 다시 회복하려 하고 있다. 게다가 미국의 MD망을 회피하는 새로운 형태의 ICBM

을 개발하고 있으며 우주전에 대비하여 우주에 있는 미국 군사위성들을 무력화할 수 있는 위성요격무기 개발에 다시 박차를 가하고 있다.

러시아는 양적인 개념에 입각한 재래식 전력의 질적 개선을 추구하고 있는데, 이에 따라 지상군은 8개 군관구를 6개 군관구로 통폐합하고 병력도 98만 명의 병력을 2008년까지 60만 명으로 감축할 계획을 가지고 있다. 게다가 80년대 초부터 전략개념상으로 미국보다 앞서 정찰-타격 복합체제를 주장했던 러시아는 그 동안 실천하지 못했으나 최근 발표된 '장기 국방발전 계획'에 따르면 이제는 '네트워크 중심전(NCW, Network Centered War)' 개념에 입각해 전략 재정비를 추진중이다.

그리고 러시아의 실질적인 전력 강화에 도움을 주는 요인은 러시아가 80년대 이후 제대로 실시하지 못했던 대규모 군사합동훈련을 재개하기 시작했다는 점이다. 2004년부터 러시아 내부에서 실전을 방불케 하는 군사훈련을 실시하다가 2005년에 중국과 대규모로 서해에서 합동군사훈련을 '평화의 임무'라는 이름으로 실시한 것 등이 좋은 예이다.

동북아 지역 국가들 간에 가장 심각한 군비경쟁이 벌어진다면, 이는 핵군비 경쟁인데 현재 동북아 지역 국가 중 중국과 러시아 및 미국이 이미 핵보유국임은 주지의 사실이고 북한이 핵무기를 보유했는지 여부는 확인되지 않고 있으나 북한이 핵무기 보유를 공언한 바 있고 그간의 정황으로 보아 이를 보유했을 개연성이 적지 않아 보인다. 북한의 핵 프로그램을 현재 진행 중인 6자회담을 통해 성공적으로 폐기하지 못할 경우 동북아 지역에서는 핵확산 도미노 현상이 발생할 가능성이 높아 보이는 것도 이 지역 최대 안보 불안으로 남아 있다. 일본은 현재 수천 톤의 핵재처리물질을 보관하고 있어 일본의 핵 관련 과학기술 수준으로는 언제든지 마음만 먹으면 수십 개의 핵무기를 단기간 내에 만들 수 있는 능력을 가진 나라로 인식되고 있다. 그 외

지역 국가인 한국과 대만의 경우도 과학기술 수준이 높아 핵무장의 필요성만 충분히 느낀다면 단기간내 핵무기 개발이 가능할 것으로 관측된다.

이와 같이 북한의 핵문제가 해결되지 않는 한 동북아 지역에서 핵군비 경쟁 가능성은 항상 잠재적으로 남아 있을 것이다. 그리고 설령 북한의 핵문제가 해결된다 해도 비핵보유국의 과학기술이 핵무기 생산을 위한 임계치 근처에 근접해 있으므로 안보상황이 변화할 경우—예를 들면 미국의 핵우산이 거두어질 경우—에 핵무기 생산에 착수할 가능성이 많고 이렇게 되면 동북아 지역 핵 군비경쟁이 촉발될 가능성이 상존하고 있다고 보아야 한다.

앞에서 살펴본 바와 같이 동북아 지역에서는 군비경쟁이 어느 정도 시작된 조짐이 보이고 있으며, 이 지역 국가들의 기본국력이나 경제규모로 볼 때 군비경쟁이 본격화되면 역사상 세계 어느 지역에서 발생했던 것보다 격심해질 가능성이 높아 이 지역 안보구도가 매우 유동적으로 변화할 것으로 전망된다.


## 마. 다자안보협력체 설립 전망

동북아 지역은 앞으로 안보구도가 더욱 불안정해지고 군비경쟁 가능성도 높아 보이므로 국가간 다자협력을 통해 안보불안 요소를 해소해야 하는 필요성이 가장 높은 지역이라 할 수 있다. 그러나 현실적으로는 유럽과 남미, 동남아 심지어는 아프리카까지 대륙 전체를 아우르는 안보협력체가 존재하거나 아니면 소지역별 안보협력체가 다수 존재함에도 불구하고 가장 필요성이 많은 동북아 지역에서는 이러한 다자간 안보협력체 설립에 대한 논의

조차 제대로 시도되지 않고 있는 실정이다.

동북아 지역에서 다자안보협력체가 등장하기 어려우면 이를 동아시아 지역으로 확대해 다자안보협력체가 설립될 때 동북아 지역 국가들이 모두 참여함으로써 동북아 지역 다자안보협력 효과를 간접적으로 기대할 수 있는 방안도 있다. 그러나 동아시아 지역에서도 이러한 다자안보협력체 논의가 아직 여러 가지 요인에 의해 초보 단계에 머물러 있으므로 이 방안을 원용하기도 용이해 보이지는 않는다.

그러면 동북아 지역, 좀 더 확대해서 동아시아 지역에서 다자안보협력체를 설립하기 위한 여건이 성숙하지 못한 요인들은 무엇인지 분석해 보면 앞으로 다자안보협력체 설립에 관한 전망이 자연스레 도출되어 나올 것이므로 이를 상세히 분석해 볼 필요가 있다.

먼저 동북아 지역은 크게는 유교문화권으로 분류될 수 있지만 동북아 3국인 한국, 중국, 일본 등은 각기 독특한 고유의 문화를 가지고 있고 민족의식이 강하게 자리잡고 있으므로 여타 지역에 비해 생각보다는 동질성이 많은 편이 아니다. 그래서 새뮤얼 헌팅턴도 그의 『문명의 충돌』이란 저서에서 중국문화와 일본문화를 별도의 문화권으로 분류했으며, 아마 그가 한국문화에 대한 좀 더 깊은 지식을 갖고 있었다면 한국문화도 별도로 분류했을 것이다. 따라서 이렇게 독특한 문화를 갖고 있는 3국은 하나의 공동체를 이루기에는 충분한 유대감을 서로 공유하지 못하게 되는데다 20세기 역사 전반에 걸쳐 서로에게 상처를 주는 역사를 경험하게 되어 문제는 더 어렵게 되었다. 아직도 과거사에 대한 정리가 해결되지 않아 지금도 서로에 대한 불신이 오히려 증폭되는 경향이 있으므로 일반적으로 역내 단결을 통해 외부의 적에 공동 대처하는 개념인 다자안보협의체가 동북아 지역에서 생겨나기 힘든 토양이라 할 수 있다.

게다가 여타 지역과는 달리 민족주의도 쇠퇴하기보다는 발흥하고 있어 각기 민족국가별로 보다 많은 경쟁심과 경계심이 작용하고 있다. 따라서 다자안보협력체를 향해 서로 끌어당기는 인력보다는 밀어내는 반발력이 더 큰 상태여서 자연스런 상황의 전개에 의존해서는 가시적인 미래에 다자안보협력체가 설립될 가능성은 매우 희박해 보인다. 그러나 유럽에서도 독일, 영국, 프랑스 등이 서로 독특한 국민성과 서로 두 차례 세계대전을 치른 경험을 갖고도 유럽통합에 합류한 사실을 보면 동북아 지역에서 다자안보협력체에 대해 꼭 비관적인 전망을 가질 필요는 없다.

즉 서유럽 3국은 민족주의가 쇠퇴의 시기에 있었으며 두 차례의 세계대전을 겪으면서 지도층은 물론 국민들까지도 국가간의 상이성으로 인해 개별 국가이익을 추구하다가 더 이상 전쟁이라는 대가를 치러서는 안 되겠다는 공감대가 전쟁 후에 형성되었다. 이러한 공감대를 바탕으로 모네와 슈만 같은 선각적인 지도자가 나서서 유럽공동체의 비전을 설파했고, 이후 영국·독일·프랑스 3국의 지도자들이 미래 국제정세를 내다보고 유럽통합을 향한 긴 여정을 걷는 과정에서 흔들림 없이 국민들을 이끌어왔기에 OSCE와 같은 안보협력체의 설립이 가능했던 것이다.

그리고 유럽 35개국을 포괄하는 OSCE가 성립되기 전에 미국 주도로 서구국간들만의 상호방위공동체인 북대서양조약기구가 존재했던 것도 OSCE가 큰 어려움 없이 설립될 수 있는 초석의 역할을 한 셈이다. 사실 북대서양조약기구는 제2차 세계대전 후 이념대결 상황에서 서구자본주의 국가간에는 큰 어려움 없이 자연스럽게 방위공동체를 구성할 수 있었으며, 이 방위공동체 소속 국가들간에는 상호 신뢰가 오랜 기간 동안 자연스럽게 축적되어 왔으므로 이보다 낮은 단계인 다자안보협력체로의 이행은 사실 아무 문제가 되지 않았다.

또한 유럽 지도자들이 많은 난관을 무릅쓰고 유럽통합을 지속적으로 추진해 온 배경에는 미래 국제사회에서 유럽 국가들의 위상에 대한 우려가 깔려 있다는 사실을 간과해서는 안 된다. 그들은 유럽이 불과 20세기 전반만 해도 세계사의 중심이자 주역이었으나 21세기에서는 개별국가 단위로는 경쟁력이 저하될 뿐 아니라 세계사의 조연 역할조차 겨우 할 수 있을 것이라는 인식을 하게 된다. 그래서 이러한 사태를 예방하는 방안은 국가장벽을 허물고 유럽 국가들을 하나의 정치체로 통일하는 것밖에는 대안이 없다는 결론에 도달해 유럽통합을 적극적으로 추진한 것이다. 이렇게 통합된 유럽은 미국, 중국, 러시아, 심지어 다시 부상하는 인도 등과 견주어 하나의 독자적인 세력으로서 기능할 수 있을 것이며, 단일화폐를 사용하는 통합된 시장도 각국의 개별기업들이 국가장벽을 뚫고 활동할 때보다는 훨씬 경쟁력을 강화시켜주기 때문에 미국, 일본 등의 기업과 경쟁 차원에서 생존할 확률이 훨씬 높아지는 것이다.

그러나 유럽의 이러한 위기의식과는 달리 동북아 지역에서는 각 지역 국가들이 비교적 새로운 국운 상승기에 있다고 여기고 있기 때문에 이러한 공동체 형성 필요성에 대한 공통인식이 거의 존재하지 않으며, 오히려 지역국가들간에 경쟁심리가 존재하므로 안보협력체 또는 지역통합체를 만들어낼 여건이 조성되어 있지 않은 셈이다.

또한 동북아 지역 더 나아가서는 동아시아 지역에서 냉전기간 중에도 이러한 견고한 방위공동체가 존재하지 않았기 때문에 이를 기반으로 유럽처럼 다자안보협력체를 확대, 설립해 나갈 수도 없는 형편이다. 물론 동아시아 지역에서도 미국의 주도로 반공동맹블록인 동남아시아조약기구(SEATO)가 1954년 설립되어 약 20여 년 존속한 적은 있었으나 이 조약기구의 결속력은 그리 강하지 못해 중간에 탈퇴국도 생기면서 NATO처럼 보다 광범위한 다자안보협력체 출범을 위한 초석의 역할은 하지 못했다. 그러나 이 SEATO의 회원국들 중 동남아시아 지역 국가인 필리핀과 태국이 포함된 5개국이 1967년 ASEAN을 설립한 후 오늘날에는 10개국이 되어 동남아시아에서는 하나의 공동체 및 다자안보체로서 기능을 하게 된다.

ASEAN은 동남아시아 국가들간에 하나의 지역 협력체로서 잘 작동하고 있으며 앞으로 통합된 공동체로 나아가는 과정을 밟고 있으나, 소속 국가들의 국력이 미약해 10개국이 결집을 하더라도 주변 강대국 한 나라의 군사력도 견제하지 못할 정도여서 안보공동체로서 역할을 독자적으로 수행하기에는 한계가 있다. ASEAN 국가들도 이러한 한계점을 잘 인식하고 있기 때문에 아시아지역포럼(ARF)이라는 다자안보협의체를 미국, 일본, 중국, 한국, 호주 등이 참여하는 가운데 별도로 1994년에 설립하게 된다.

그러나 ARF는 설립한 지 15년이 경과되었는데도 소속회원국간의 상이성 때문에 안보협력체로 나아가지 못하고 여전히 안보협의체 수준에 머물러 있다. 다시 말하자면 안보협력체가 되기 위해서는 공동의 안보목표가 존재해야 하고 그 목표를 달성하기 위해 소속국들이 서로 필요한 군사협력을 할 용의가 있어야 하며 실질적으로 공동 군사훈련 및 유사시에 대비한 공동 대응태세 등을 갖추고 있어야 한다. 즉 조약의 형태로 안보협력체를 제도화해야 하며 이를 중앙에서 집행하기 위한 회의체 및 사무국 등이 존재해야 한다. 그런데 안보협의체는 소속국 상호간의 우발적인 무력충돌이 발생하는 것을 회피할 목적으로 서로 만나 안보 관련 대화를 통해 상호 신뢰를 구축해 나가는 초보적인 단계에 있을 뿐이다.

이러한 안보협의체인 ARF를 안보협력체로 발전시켜 나가는 방안도 검토될 수 있지만, 다음과 같은 몇 가지 요인을 감안할 때 아직 시기상조이거나 아니면 영영 실현 불가능할 수도 있다. 첫 번째 장애요인으로는 그 회원국간 공동안보목표를 발견하지 못하는 것으로 동아시아 지역 안보정세가 워낙 급변하고 있어 장기적인 공동안보목표를 어느 국가도 확실하게 규정지을 수 없다는 점이다. 두 번째 요인으로는 회원국간에 도서 영유권 분쟁 등 잠재적인 분쟁요인이 해결되지 않고 있기 때문에 외부에서 공동의 안보위협을 찾아낸다는 것이 비현실적이기 때문이다. 세 번째 요인으로는 ASEAN이 ARF의 설립을 주도한 면이 있어서 안보협력체로 발전해 나가는 과정에서도 ASEAN이 주도권을 행사하려 하지만 이는 안보문제에서 강대국인 여타 회원국들이 용납하기 어려운 문제이기 때문이다. 네 번째 요인으로는 ARF 회원국으로 가입해 있는 미국과 중국 간의 잠재적인 갈등이 존재하기 때문이다. 양국은 서로 상대국과 같이 한 안보협력체내에서 협력을 해나가는 것이 장래에도 타당성이 있을 것인지에 대해 회의적인 시각을 가지고 있어 ARF의 발전과정에 미온적인 태도를 보이고 있다.

마지막으로 현재 북한의 핵문제를 해결하기 위해 2003년부터 가동되어 온 6자회담에는 동북아 지역 국가들이 모두 참여하고 있으므로 북한핵문제가 해결된 이후 지난 몇 년간 이어져 온 안보 대화의 모멘텀을 살려서 이 6자협의체를 동북아 안보협의체로 변경하는 방안을 검토해 볼 수 있다. 6자회담은 우선 동북아 지역 국가가 모두 참여해 안보대화를 해오는 유일한 회의체라는 점에서 유용성이 있으며 앞으로 북핵문제 해결에 6자회담의 프로세스가 계속 진행된다면 그 동안 축적된 대화습관과 상호신뢰를 바탕으로 안보협의체로 전환하는 방안은 개연성이 있어 보인다.

그러나 북핵문제 해결은 동북아 지역 국가 모두의 공동이해에 맞아떨어지기 때문에 6자회담이 성립되어 진행되고 있으나, 북핵문제가 해결되고 나면 이들 6개국이 논의할 공동 안보의제가 무엇이 될 수 있을 것인가 하는 문제가 남아 있다. 우선 북핵문제가 해결되고 나면 그 관성으로 인해 6자회담 참여국들은 북한문제에 대해 지속적인 관심을 가지게 될 것이고, 그 보다 조금 나아가면 한반도의 안정문제, 즉 평화협정 체결문제, 비핵화지대 선언 문제, 그리고 나아가서는 한반도 통일문제 등을 논의하려고 할 것이다. 이러한 한반도 관련의제가 아니고는 주변 4국이 직접적인 이해관계가 걸린 의제를 바로 다루기에는 어느 국가도 동의하지 않을 것이고, 공동으로 관심을 가질 만한 여타 의제도 발견하기가 현재로서는 쉽지 않다는 데 이 방안의 어려움이 있다.

그러면 6자 안보협의체의 지속을 위해 한반도 문제가 의제화되는 것을 허용하는 것이 우리의 국익에 도움이 되는 것인지를 따져보아야 한다. 우리로서는 동북아 지역에 다자안보협의체가 설립되는 것이 안보에 도움이 된다고 볼 수 있지만, 이 안보협의체의 의제가 한반도문제에 집중되는 것은 우리 민족문제를 국제 의제화해 자주적으로 해결하지 못하는 것이기 때문에 우리에게 불리한 측면도 있다.

따라서 우리로서는 6자안보협의체의 의제를 우선은 엄밀한 의미에서 안보의제는 아니지만 6개국이 공동관심을 가질 만한 광의의 안보의제로서 에너지 안보라든지 환경안보, 더 나아가서 보건안보 등을 다루면서 협의를 지속해 나가는 방식으로 유도해 나가는 것이 유리할 것으로 보인다.

앞에서 기술한 사안들을 종합적으로 검토해 보면 동북아, 넓게는 동아시아에서 다자안보협력체가 설립될 전망은 당분간 불투명하다고 보이며, 따라서 이 지역 안보정세는 더욱 유동적일 수밖에 없다.

# 3. 미국의 군사안보전략의 변화

## 가. 변화하는 국제환경

미국은 앞에서 살펴보았듯이 20세기 전반에 세계의 잠재적 패권국가로 등장한 이후 19세기 패권국이었던 영국과는 직접적인 정면대결을 벌이지 않고 오히려 잠재적 패권도전국이었던 독일, 일본과의 전쟁을 거쳐 20세기 후반 진정한 패권국이 되었다.

그리고 20세기 후반은 소련 등 동구권과의 냉전대립을 겪어야 했으나 그야말로 팍스 아메리카나 시대라는 표현이 어울릴 만큼 미국이 설계한 세계질서와 구도에 따라 국제정세를 주도해 왔다. 그 결과 동구권이 몰락해 정치·군사적 경쟁자는 사라져서 유일 초강대국이 되었고 경제적으로는 자신들이 주도한 대로 세계화가 진전되어 21세기도 상당 기간 독주가 계속되는 팍스 아메리카나 2기가 될 것처럼 보였다.

그러나 이러한 21세기 초입의 낙관적인 전망은 9·11로 인해 근본적인 수정을 해야 했다. 9·11은 테러 공격으로 인해 사망자가 3,000여 명 발생한단순한 테러사건이 아니라 미국이 제2차 세계대전 이후 가지고 있던 세계관과세계전략에 근본적인 변화를 가져오게 한 사건이다. 미국의 세계전략 변경은 21세기 전반 상당기간 동안 전 세계에 그 효과가 파급될 것이므로 9·11사건은 어떻게 보면 역사의 분수령이 될지도 모르는 일대 사변이라고 보아야 한다. 그러므로 일부 학자들은 크게는 세계의 역사가, 아니면 적어도 미국의 역사는 9·11 이전과 9·11 이후로 확연히 구분될 것이라고 말하고 있다.

냉전 이후 전략적 경쟁자가 시야에서 사라져 버리고 잠재적 패권도전국도 가시화되지 않는 21세기 초입의 상황에서 대다수 미국의 전략가들은 앞으로 당분간 미국이 지배하는 평화의 시대가 계속될 것이라고 예측했고, 그 예측이 맞는다는 전제 아래 냉전시대 군사비로 지출하던 비용을 줄여서 남는 잉여금, 즉 '평화배당금'을 어디에 사용해야 하느냐를 가지고 논쟁을 하는 참으로 달콤한 장밋빛 전망 속에 살고 있었다. 이러한 장밋빛 몽상을 일순간에 깨뜨리고 차가운 현실로 돌아서게 한 사변이 9·11 테러 공격이다.

이 테러 공격으로 미국은 건국 이래 처음으로 본토, 그것도 미국의 정치적 심장이자 세계 지배의 관제탑격인 백악관과 국방성, 그리고 한편으로는 경제적 번영의 상징인 세계무역센터의 쌍둥이 빌딩이 한꺼번에 공격의 대상이 되고, 그 중 국방성과 쌍둥이 빌딩이 실제 공격을 받아 미국 역사상 단일 공격으로 최대의 인명 피해가 발생하게 되었다. 이 공격은 미국 본토의 불가침성에 대한 거의 절대적인 확신을 가지고 있던 미국인의 안보불감증을 뒤흔들어 깨우는 자명종이었던 것이다.

이 사건 이후 미국인들은 무엇이 잘못되어 이러한 공격이 발생하는 것을 막지 못했는가에 대해 깊이 천착하기 시작했고, 그 결과 미국을 테러로부터 방어하기 위한 여러 제도적 조치들을 국내적으로 취했을 뿐만 아니라 세계를 바라보는 시각 자체, 특히 국제안보관을 바꾸게 된다. 그리고 미국은 자국에 가해지는 새로운 안보위협의 양상에 대해 눈을 뜨게 된다.

먼저 9·11 이후 미국은 자국의 본토가 직접 공격을 받을 수 있다는 것을 체험하고 건국 이래 오랫동안 유지해 왔던 본토 불가침 가설을 폐기하고 본토를 방위하기 위한 국토안보부를 창설하게 된다. 미국의 각군은 전통적으로 전쟁이 미 국토가 아닌 외부에서 벌어지는 것을 전제로 하고 훈련했기 때문에 국내에서 작전을 수행하는 개념 자체에 생소하다. 육군의 경우에도 모두 해외에서 작전하는 원정군 개념으로 중무장되어 있어서 국내에서 발생할 테러위협에 대해서는 민첩하게 대응하지 못하기 때문에 대테러 안보는 신설된 국토안보부에 맡길 수밖에 없는 상황이 초래된 것이다.

그리고 9·11 공격으로 미국인은 적대국뿐만 아니라 일단의 개인 그룹에 의해서도 공격을 받을 수도 있다는 사실을 깨닫게 된다. 그래서 국가간 전면전만을 상정하던 기존의 사고방식을 버리고 익명의 그룹들로부터 가해지는 공격에 대항하는 소위 '비대칭 전쟁'이라는 개념을 만들어낸다.

그 다음으로 미국인들은 냉전체제 붕괴 이후 전략무기 통제체제가 이완되는 틈을 타서 핵무기 등 대량살상무기(WMD)가 불량국가(rogue state) 또는 테러리스트 그룹의 손에 들어갈 수 있다는 점을 인식하고 이 같은 일을 막기 위해 모든 국력을 경주하고 있다.

미국은 또한 이러한 미국에 적의를 가진 테러리스트나 집단들이 인터넷이란 세계화의 대표적인 통신수단을 이용해 테러 공격을 계획하고 서로 연락하고 있음에도 불구하고 인터넷의 익명성 및 사이버 공간에서의 활동으로 인해 이를 통제할 수 없기 때문에 자국의 안보가 불안해지고 있다는 사실에 많은 좌절을 느끼고 있다. 미국에 대한 협박과 위협이 인터넷에 공공연히 게시되고 있음에도 불구하고 이를 세계 유일 초강대국으로서 막을 방법이 없다는 사실은 미국 국민들에게 자국에 가해지는 위협이 과거와는 전혀 다른 성격의 것이며 따라서 미국이 외부세계를 향해 가지는 전략이나 방어

태세도 완전히 다른 방식의 것이 되어야 할 것이라는 믿음을 갖게 했다.

그리하여 미국은 보이지 않는 세력으로부터, 알 수 없는 시간에, 예측할 수 없는 형태로 갑자기 닥칠 위협에 대해 대비해야 하며 이러한 공격이 가해지기까지 앉아서 기다릴 것이 아니라 이런 공격이 가해질 가능성을 인식하게 되면 그 위협요인을 먼저 선제공격해 제거해 버려야 한다는 인식을 갖게 되었고, 이러한 인식의 확산은 부시 행정부 내에서 네오콘이 득세할 수 있는 기반을 조성해 준다.

9·11 테러가 미국인의 의식을 잠에서 깨어나게 한 날카로운 자명종의 울림이었다면, 미국인을 묵직한 불안감의 심연 속으로 자꾸 빠져들게 하는 요인은 중국의 지속적인 부상이다. 9·11 이후 미국의 군사, 안보 전략의 기본이 네오콘의 세계관에 입각해 단기간에 많은 변화를 겪었으나, 한편으로는 군내부 및 군사전략가 사이에도 향후 미군의 구조 등을 '비대칭 전쟁' 개념에 근거해 너무 급진적으로 변경하는데 반대하는 목소리도 만만치 않다.

이는 중국의 부상을 염두에 두고 있기 때문이다. 하지만 중국의 부상이 급격하게 이루어지지는 않을 것이고, 미·중 관계가 중국의 부상으로 바로 적대적인 관계로 돌입할 것은 아니라는 측면에서 보면 중국으로부터 안보위협은 테러위협처럼 현재적이 아닌 잠재적인 것이나 미국인의 뇌리에 어두운 영상으로 자리잡기 시작하고 있다.

이제 미국인들은 패권확보 이후 1세기만에 진정으로 자국의 패권에 도전할 만한 잠재적인 도전자를 새로운 눈으로 주목하기 시작했고, 이 도전자를 어떻게 다루어야 할지에 대한 명백한 입장이 정립되지 않는 상황에 있다. 그러나 적어도 테러위협에 대응하는 것처럼 즉각적으로 중국의 부상에 대해 군사적인 대응을 하지는 않을 것이나, 안보전략, 외교전략적인 측면에서 대응에는 이미 돌입한 것으로 보인다. 미국으로서는 향후 중국과의 패권경쟁을 생각하면 전통적인 국가 대 국가 간의 '대칭 전쟁 개념'에 입각한 군사 전략을 구사해야 하지만 테러위협과 같은 비전통적인 안보위협에 대해서는 '비대칭 전쟁 개념'에 입각한 군사전략을 구사해야 하는 이중적 과제에 직면하고 있는 셈이다.

350여 년 간 지속된 근대국가 체제 하에서 각국은 자국의 영역내에서 발생하는 위협은 각국의 주권 아래 통제할 수 있는 것으로 생각했으나 앞으로 기존 국제질서에 대한 위협은 국가간의 분쟁에서 발생하는 것이 아니라 각국 내부에서 생겨나는 불만세력에 의해 발생할 가능성이 점차 높아지고 있다. 과거에는 취약하고 잘 통치되지 못하는 국가는 그 국가의 국민들에게 부담이 되며, 국제적으로는 기껏해야 인도주의적 우려사항이 되었을지라도 국제사회의 안보위협으로 여겨지지는 않았다.

그러나 이제는 이러한 잘못 통치되고 있는 국가들 내부에서 생겨나는 자생적 무장집단은 국제안보의 위협요인으로 등장하고 있으며, 이 집단들을 특정국가 혼자의 힘만으로 제거할 수 없다는 것이 분명해지고 있다. 이에 따라 미국은 '변혁 외교(Transformational Diplomacy)의 추구'를 통해 각 지역 국가들과 파트너십을 구축해 이런 안보위협에 공동으로 대처해 나가기로 정책방향을 선회하고 있는 것이다. 즉 변혁외교를 통해 민주주의가 정세가 불안한 지역에서 더욱 굳건히 뿌리를 내리도록 도와서 그 지역이 반미감정을 가진 테러분자나 정치세력의 수중에 들어가는 것을 막자는 노력을 기울이고 있다.

이와 같이 미국은 21세기 변화하는 안보환경 아래 테러위협과 또 하나의 잠재하는 중국 위협에 어떻게 동시에 대처하고, 이를 위한 가장 효과적인 전략 및 정책 배합은 어떤 것인지를 계속 모색해 나갈 것으로 보이며, 그 비율에 따라 미국의 안보, 군사전략의 윤곽이 정해질 것으로 전망된다.

## 나. 미국 외교의 양대 축

### 고립주의

미국은 전통적으로 외교정책에 있어 두 가지 학파가 늘 대립하면서 그 중 한 학파가 시기적으로 번갈아가면서 득세를 하는 패턴을 보여 왔다. 미국의 두 가지 학파, 즉 미국 외교정책의 철학적 기반이 되는 양대 축이란 고립주의와 국제주의를 지칭한다.

미국은 건국 이래 제5대 먼로 대통령 시절 '먼로 독트린'을 선포하면서 당시 구대륙인 유럽으로부터 신대륙으로 어떠한 정책적 개입도 반대할 뿐만 아니라 미국을 비롯한 신대륙도 구대륙의 사태에 개입하지 않겠다는 고립주의 선언을 하게 된다. 이 같은 고립주의 정책은 당시 유럽보다 국력이 미미한 신생독립국인 미국이 유럽의 간섭을 배제하려는 목적으로 고안된 실용적인 정책이라 볼 수 있다. 그러나 미국의 고립주의는 먼로 대통령 당시 상황을 극복하기 위해 만들어졌다기보다는 그 뿌리가 훨씬 깊이 미국 전통 속에 내려져 있다. 즉 건국초기 초대 대통령 조지 워싱턴으로부터 그 전통이 세워져서 19세기 말엽에 스페인과 식민지 전쟁 당시 잠시 허물어지는 듯 했다. 그러나 1, 2차 세계대전을 겪으면서도 초기에는 그러한 고립주의 경향을 포기하지 않을 정도로 고립주의는 면면히 미국인의 정서와 사고 속에 이어져 내려오는 전통이었다.

미국의 초기지도자들은 미국의 건국이념과 생활방식을 국외로 수출하는 개념에 대해 조심스런 태도를 취하였다. 미국 3대 대통령인 제퍼슨은 '미국은 파괴해야 할 괴물을 찾으러 외국으로 나가거나 세계의 명령자(dictatress)가 되지 말아야 한다'고 설파하였다. 미국인들은 하늘의 섭리로 인해 대양으로 3대륙과 격리된 미국은 3세계를 개혁하는 것이 아니라 신세계를 만드는

데 그 소명을 부여한 것으로 건국 당시부터 믿어왔다. 즉 자신의 발전에 더욱 집중함으로써 전세계 다른 나라들에게 희망의 등불이 되는 것이 세계에 가장 잘 봉사하는 것이라는 신념을 미국인들은 가지고 있는 것이다.[42]

미국의 이러한 고립주의 경향, 특히 일반 국민의 여타 국가 내부문제 및 국가간 갈등에 대한 무관심은 지나치다 싶을 정도인데, 많은 미국 일반 국민들은 캐나다와 멕시코가 미국과 국경을 남북으로 접하고 있다는 사실 외에는 그 밖의 다른 나라들은 지구상 어디에 위치해 있는지도 아는 사람이 극히 드물다. 이러한 현상은 미국 내부에 적용해도 마찬가지다. 많은 미국인들이 자기가 거주하고 있는 주 주변에 있는 주에 대해서는 알고 있어도 이를 조금만 벗어나면 다른 주가 어디쯤 위치해 있는지에 대해 별 의식이 없다. 심지어는 얼마 전까지만 해도 절반 가까이의 미국인이 자신이 태어난 주를 벗어나 여행한 경험이 없다는 통계가 나올 정도다.

이러한 미국인의 특성은 영토가 워낙 방대하고 국력이 워낙 강대하기 때문에 외부침략에 대한 걱정이 없고 모든 것이 자급자족된다고 생각하는 데에서 비롯된다. 굳이 외국에 대해 신경을 쓰지 않아도 되었던 것이다. 그리고 건국초기부터 미국은 연방제를 택해 각 주가 하나의 별개 나라와 같은 개념을 가지고 있으므로 일반인들은 자기 주 내부에서 모든 것이 해결 가능하고 자기 주 내부도 여행을 다 못하는 상황에서 굳이 다른 주, 더 나아가서는 다른 나라에 대해서 관심을 기울일 이유가 더욱 없었다. 이러한 사실에 고립주의의 전통이 뿌리를 두고 있다.

미국인이 고립주의적 경향을 가지는 또 다른 이유는 미국의 건국배경이 구대륙인 유럽의 탄압적인 왕정과 부패한 종교체제에 염증을 느낀 청교도

---

42. Barack Obama, The Audacity of Hope, p. 280

들이 새롭고 개혁된 기독교 정신으로 새 나라를 건설하기 위해 신대륙을 찾아 이주했다는 사실에 기인한다. 따라서 건국초기부터 미국인들은 구대륙을 관념적으로 죄악시, 부정시하는 경향이 많았으며, 그래서 가급적 구대륙에서 벌어지는 일에 개입하지 말아야 한다는 사고가 뇌리를 지배하고 있었다. 심지어는 자신들이 탄압을 피해 이주할 수밖에 없을 정도로 심했던 구대륙의 탄압적인 왕정 및 종교체제는 자기들끼리의 분쟁을 통해 소멸되도록 놓아두는 것이 오히려 정의에 부합한다는 정서가 짙게 깔려 있었다.

이러한 맥락에서 먼로 선언을 이해해야 한다. 먼로 선언이 당시 미국의 국력을 키우는데 전념하겠다는 실용주의적 사고에서 비롯된 정책으로만 보기 어려운 점도 바로 이 때문이다.

그러므로 미국의 외교사를 돌이켜 보면, 미국이 이러한 고립주의를 버리고 개입주의의 경향과 정책을 취한 것은 19세기말과 20세기 후반이며 이 기간은 미국의 외교사에서 오히려 예외적인 경우에 속한다고 보아야 한다. 20세기 후반 미국이 패권국가로서 미국의 의도대로 세계질서를 구축하고 운영해 왔기 때문에 이 시대의 시각으로 보았을 때 미국은 굉장히 팽창적이고 간섭주의적인 경향이 있다고 볼 수 있으나, 미국 역사를 좀 더 긴 시간대에서 조망해 보고 미국인들의 건국이념을 살펴보면 오히려 미국은 본질적으로 고립주의를 지향하는 국가라는 점을 간과하지 말아야 한다. 미국인의 사고 속에 연면히 흐르는 고립국의 전통은 1차대전 이후 미국의회가 미국의 국제연맹(League of Nations) 참여를 거부한 데서도 잘 찾아볼 수 있다. 당시 윌슨 대통령의 이상주의적이고 국제주의적인 비전제시에도 불구하고, 그리고 유럽에서 불안정한 세력구도에도 불구하고 미의회는 미국이 세계사에 관여하는 것을 차단해 버리는 고립주의의 본산이었다. 1차대전 이후 20년간을 미의회는 미 육군, 해군을 감축하고 국제법원(World Court) 가입을 거부하고 추축국(Axis Power)에 침략을 당하는 국가들에게 원조를 제공하는 것을 금지하는 중립법(Neutrality Act)을 통과시켰다.[43]

이러한 미국의 본질에 대한 이해가 부족하고 현상적으로 나타난 면만 보고 미국을 판단하거나 미국의 정책을 예측할 경우 그 결과는 상당히 현실과 동떨어진 분석이 될 것이고, 이러한 분석에 기초한 정책은 나중에 의도하지 않은 결과를 초래할 가능성이 많다.

세계 각처에서 최근 들어 반미주의 경향이 높아지고 있으며, 이러한 반미주의 정서 배경에는 미국이 제국주의적이라는 사고가 많이 자리잡고 있다. 그러므로 반미운동을 하는 활동가들에게는 제국주의적 미국은 자국의 이익이 존재한다면 제국주의 정책에 의해 진출했던 국가의 영토에서 무력으로 격퇴되지 않는 한 절대로 떠나지 않을 것이라는 사고가 신념처럼 자리잡고 있다. 그러나 이러한 사고는 미국의 본질을 제대로 이해하지 못한 데 기인할 뿐만 아니라 제국주의라는 개념에 대한 학술적 정의와도 정확하게 부합하지 않는다는 데 문제가 있다.

반미운동을 위한 선전, 선동적인 목적에서 미국을 제국주의로 매도하는 것이 효과적일지는 모르나 좀 더 학술적으로 엄밀하고 현실에 부합하려면 20세기 후반 이후 미국은 '패권주의적이고 일방주의적이다' 라고 규정해야 한다.[44] 미국은 20세기의 패권국이므로 당연히 세계질서를 자국의 패권을 유지, 강화하는 방향으로 유도해 나가려 하고 이것이 여의치 않을 경우 일방주의 경향의 정책을 구사하더라도 관철시켜 나가려 하는 경향이 있는 것은 사실이다.

---

43. Barack Obama, 같은 책, p. 282
44. 오와다 히사시 주 유엔 일본대사는 1997년 유엔연설에서 20세기 후반 미국을 'Unilateral Globalsim' 이라 하고 21세기 초반 미국을 'Global Unilateralsim' 으로 규정해 미국의 패권적 성격의 변화를 잘 설명하고 있다.

이러한 패권주의는 군사력을 통해 다른 나라 영토를 침탈해 자국의 영역을 확대하고 그곳에서 나는 자원을 수탈하는 동시에 자국의 잉여생산물을 수출해 자국의 경제를 유지시키는 전통적 의미에서의 제국주의와는 의미가 다르다고 할 수 있다. 이러한 제국주의 정책은 영토가 협소하고 내수시장이 좁은 과거 유럽 국가의 경우에는 의미가 있었으나, 현재의 미국에는 별로 적실성이 없어 보인다.

그러나 패권주의와 일방주의는 역사상 어느 패권국가에도 존재해 왔고, 이것은 오히려 패권국가라는 개념자체에 이미 포함되어 있는 속성이기도 하며, 이러한 경향이 없으면 패권국가의 정의에도 부합되지 않는 것이다. 다만 미국의 경우에는 일방주의 경향이 좀 더 강하다고 말할 수는 있는데, 이것은 오히려 미국이 태생적으로 가지고 있는 고립주의 전통과도 연관이 있다. 즉 미국의 건국이념 배경에는 세계를 선과 악, 이분법으로 구분하는 경향이 있으며, 이에 따라 선인 미국은 악인 구대륙과 뒤섞이지 않기 위해 스스로 고립하는 것이 나으며, 혹 여타 세계와의 문제에 개입되는 것이 불가피할 경우 악과 타협하는 미봉책을 사용하지 말고 독자적인 판단에 따라 일방적인 행동을 취하는 것이 낫다는 사고가 존재하는 것이다.

이러한 미국의 일방주의는 청교도적인 건국이념과 자국의 국력에 대해 가지는 엄청난 자신감이 있기 때문에 가능한 일이다. 다른 나라들은 일방주의 정책을 취했을 경우 여타 나라들이 자국에 대해 대응보복조치를 취하게 되면 자국국익이 손상되리라는 것을 잘 알기 때문에 일방주의를 행사할 수 없지만, 유일 초강대국이 된 미국으로서는 이러한 염려 없이 앞으로 일방주의를 좀 더 강화시켜 나갈 가능성도 있어 보인다.

또한 미국의 고립주의 경향도 앞으로 더욱 강화될 것으로 보이는데, 이는 앞에서 살펴본 미국의 태생적 성격에 기인하는 면도 있지만 국제적 환경에 기인하는 면도 있었다. 냉전시대에는 동·서 양 진영의 경쟁이 치열했기에 자유진영의 맹주로서 미국은 세계 각지에서 공산주의 확장을 봉쇄하기 위한 개입정책을 취할 수밖에 없었으나, 21세기 들어와서는 그러한 환경적인 요인이 없어졌으므로 고립주의로 회귀할 가능성이 많다고 보는 것이다.

사실 냉전시대의 미국의 개입정책은 냉전이라는 특수한 상황 속에서 미국이 해외로 지나치게 확장되어 개입(overstretched engagement)한 예외적인 경우라 할 수 있다. 제2차 세계대전 후 미국의 지도자들은 공산주의 세력 확장을 막아내어 자유민주주의를 지켜야 한다는 사명감이 있었고, 또한 세계를 미국이 주도하는 다자주의 틀 안에서 보다 효율적으로 선도해 나갈 수 있다는 믿음을 가지고 유엔 및 각종 경제기구들을 창설했던 것이다.

그러나 냉전이 종식되고 종전 60주년이 경과하고 나서도 세계는 미국이 기대했던 미국 주도하의 다자주의체제가 번성하기는커녕 오히려 그것에 대한 반감이 증대하면서 미국은 미국 나름대로 이러한 다자주의체제에 대해 회의와 의구심을 갖게 된다. 이러한 다자주의체제에 대한 실망으로 미국은 21세기 들어 고립주의로 경사할 가능성이 많아 보인다. 패권국가의 능력을 검증하는 데는 경제력, 군사력, 패권의지 등 3가지 요인이 중요한데, 미국의 경우에는 20세기에는 패권의지가 분명했으나 21세기에는 과연 국민들 속에 강하게 존재하는지조차 불분명하다. 1999년 부르킹스 연구소가 발간한 「21세기 미국의 아젠다 설정」이라는 연구보고서에 따르면 국제 분야는 국방과 통상정책 두 분야만 주요 우선순위로 설정하고 있는 반면, 교육·복지·의료, 사회 등 국내현안이 21세기 미국의 최우선 정책사안으로 부각되고 있다. 이러한 국가정책 우선순위의 변화는 미국의 패권적 지도력과 관련된 의지의 약화로 받아들일 수 있다.

1997년 한 여론조사에 따르면, 응답자의 13%만이 미국이 종래와 같이 국제사회에서 지도적 역할을 해야 한다고 답하고 74%는 미국이 여타 국가와 국제사회에서 힘과 역할을 공유해야 한다고 응답했다고 한다. 또한 대다수의 응답자들이 유럽과 아시아 등에서 일어나는 일이 미국 국민의 생활과 무관하다고 대답하고 있다.[45] 2006년 연두교서에서 부시 대통령은 미국이 고립주의를 배격해야 한다고 여러 번 언급했지만 오히려 공화당 내에 골수 고립주의자들이 더 많으며, 그들은 미국이 세계 독재자들을 척결해야만 더 안전해진다는 네오콘의 주장을 일축하고 예전처럼 여타 지역분쟁에 개입하지 않았을 때 더 안전했다고 주장하고 있다. 2005년 10월 행해진 Pew 여론조사에 따르면, "미국은 자국의 일에만 관심을 가져야 하며 여타 지역의 일은 해당 지역 국가들이 해결하도록 해야 한다"는 의견을 지지하는 응답자가 42%가 되었다고 하며, 이는 70년대 중반 베트남전쟁 직후 최고치를 기록했으며 지난 3년간 이 비율이 점차 증가하고 있다고 보고하고 있다.[46]

부시 행정부 1기에 득세했던 네오콘의 이론은 미국 공화당의 고립주의 전통에 비추어 보면, 예외적으로 개입주의 성향을 가지고 있다. 이 네오콘들은 주로 유태계라는 점에서 미국의 건국이념의 전통을 이어가는 미국의 주류 백인개신교 앵글로색슨 계통(WASP)과는 다르기 때문에 그 이론의 생명력이 얼마나 지속될는지는 두고 보아야 할 일이다. 부시 행정부 2기에서부터 네오콘이 퇴조하고 다시 새로운 현실주의(neo realism)가 점차 힘을 얻고 있는 현상을 보면, 네오콘의 개입주의 성향은 단명으로 끝날 가능성이 많은 것처럼 보인다. 역사적으로 보면 미국이 현실주의에 다시 회귀한다는 것은 고립주의 성향을 띠게 될 것을 의미한다.

---

45. Sumuel Huntington, "The Lonley Superpower", Foreign Affairs 1999 vol. 78 pp. 39~40 재인용
46. The Economist , 2006. Feb.11 p. 27

## 국제주의

고립주의에 정반대되는 개념으로 국제주의는 미국이 세계 주요 문제에 개입해 이러한 문제들을 해결하고 국익을 해외에서 개척하자는 사고로 볼 수 있다. 이러한 국제주의도 미국 건국 과정의 태생적 성격과도 관련이 있는데, 앞에서 설명한 바와 같이 미국은 세계 자체를 선과 악으로 이분법적 구분을 하는 습성이 있어서 기본적으로는 세계 문제에 개입하지 않으려는 고립주의적 경향을 가지고 있다. 그러나 어쩔 수 없는 상황에서는 세계사에 개입할 수밖에 없는 경우에 세계를 이상적인 방향으로 개조하려는 성향, 즉 외교정책 결정 과정에서 이상주의가 현실주의를 압도해 나타나는 경향이 있다.

제1차 세계대전 당시에도 미국은 구대륙의 분쟁에 개입하지 않으려고 상당히 오랜 기간 중립국 지위를 유지했으나 독일의 잠수함 공격으로 미국의 상선이 피해를 입게 되자 미국내 반독감정이 비등하는 상황에서 제1차 세계대전 참전을 결정하게 된다. 이 과정에서 상황의 악화가 참전결정을 재촉한 측면이 있기는 하지만, 당시 윌슨 대통령은 이상주의적 세계관에 입각해 새로운 세계질서에 대한 나름대로의 구상이 있었기에 오히려 미국민의 반독 감정을 이용해 제1차 세계대전 참전을 관철시킨 측면도 있다. 미국의 제1차 세계대전 참전은 전통적인 고립주의 경향을 깨고 패권국으로서 미국이 본격적으로 세계사에 개입하는 신호탄이 되었으며, 그 배경에는 이상주의적 국제주의가 자리하고 있었다.

윌슨 대통령의 민족자결주의와 국제연맹에 대한 구상은 당시 어떠한 나라도 상상하지 못했던 대담한 스케일의 미래지향적 비전이었으며, 냉엄한 현실주의가 지배하던 국제정치판에 장밋빛 이상주의의 온기를 불어넣는 사건이었다. 윌슨 대통령의 이 같은 비전을 당시 제국주의 침탈경쟁에서 후발

자의 입장에 있는 미국이 자국의 이익추구라는 관점에서 여타국의 식민지 지배체제를 와해하려는 현실적 고려에서 나온 계책이라고 평가하는 시각도 있다.

그러나 월슨의 이러한 이상주의적 비전은 제2차 세계대전을 전후해 미국 대통령으로 재직한 루스벨트에게 승계되었다는 점에서 이 같은 이상주의가 시대적 상황에서 나온 일시적 방편이 아니라는 것을 알 수 있다. 루스벨트 대통령의 경우에도 제2차 세계대전의 참전에 냉담한 미국민들에게 제2차 세계대전은 구대륙국가간 전쟁이 아니라 '자유와 파쇼 진영'간의 대결로 규정하고 자유진영 국가의 선봉으로서 미국의 참전 필요성을 국민에게 설득했던 것이다. 즉 당면한 미국의 국익 때문이라기보다는 이상주의적 국제주의에 입각해 참전을 결정한 것이다.

전쟁 중 전후 처리과정을 논의할 때도 루스벨트 대통령은 현실주의적 정책에 입각해 세력균형론적 질서를 재구축하자는 동맹국들의 반대를 무릅쓰고 월슨 대통령과 마찬가지로 국제연합의 설립과 같은 이상주의적 국제질서를 주창하게 된다. 즉 전승국들의 식민주의 지배권 회복을 부인하고, 전승국간에 패전국으로부터 분리되어 나온 영토를 적당히 배분하는 것에도 반대하며, 패전국에 막대한 전쟁배상금을 부과하는 것도 거부한다. 현실주의적인 처칠 영국 수상의 맹렬한 비판에도 불구하고 루스벨트 대통령은 당시 소련과의 전후 세계질서 구축에 대한 협력 필요성을 염두에 두고 소련과 점령지 경쟁을 벌이지 않는다.

즉 처칠 수상은 제2차 세계대전 종전 당시 소련의 공산주의 체제가 파시즘 다음으로 자유민주주의에 대한 위협이 될 것을 간파하고 소련에 대한 예방적 차단선을 가급적 소련 국경 가까이 설치해야 하고 이를 위해서 동구지역으로 연합군의 진격속도를 높이고 또한 이태리로 상륙해 동구권으로 진입하는 제2전선을 구축하자고 강력히 제안했으나, 루스벨트 대통령은 이를 거부한다. 심지어 자국의 유럽 총사령관인 아이젠하워까지도 독일 전체를 연합국이 확보할 수 있다고 건의했음에도 불구하고 루스벨트는 연합군은 서독일 지역에서 전진을 멈추고 동독일 지역은 소련군이 진격해 오도록 기다리라는 명령을 내렸다는 것은 제2차 세계대전 종전이 한참 지난 후 아이젠하워 대통령이 직접 밝힌 사실이다.

이러한 루스벨트의 입장은 소련의 실체에 대한 이해 부족에도 기인할 수도 있지만, 기본적으로 전후 세계질서에 나름대로의 비전을 실현하기 위해 소련의 협조를 확보하기 위한 전략으로 볼 수 있다. 물론 루스벨트의 이러한 기대는 국제연합을 창설하는 등 제2차 세계대전 후 미국 주도의 세계질서를 구축하는 데 다소 도움은 되었다. 하지만 얼마 지나지 않아 소련이 동구권에 대한 공산주의 점령정책을 추진하게 됨으로써 그 기대는 무너지고 말았다. 루스벨트의 경우에도 전후 각국의 정치체제는 국민 스스로 민족자결주의 원칙에 따라 스스로 결정하도록 하자는 입장이었으며, 이를 위한 자유총선거를 실시하면 되었기에 연합국과 소련 간에 점령지 확보경쟁을 벌일 필요가 없다고 여겼던 것으로 볼 수 있다. 즉 양측은 각기 일정한 지역을 양분해 관리하고 있으면서 적절한 시기에 총선거가 자유로운 분위기 속에서 실시될 수 있도록 해준다면 된다는 이상주의적 구상을 가지고 있었다.

그러나 이러한 루스벨트의 기대는 빗나가 소련이 동구권이나 북한 등에서 공산주의 점령정책을 실시하고 동구권의 문호를 폐쇄함으로써 미국의 국익은 상당한 타격을 받게 되고 그 이후 동·서 진영 간의 체제경쟁에 돌입하게 되는 결과를 초래했지만, 이러한 루스벨트의 초기정책은 이상주의적 국제주의로 설명해야 이해가 가능한 것이다.

미국 국내정치 차원에서 보면 고립주의는 현실주의적 계산에 기반을 두고 있으므로 보수적인 공화당 진영이 선호하는 외교철학이고, 국제주의는 이상주의적 세계관에 기반을 두고 있으므로 진보적인 민주당 진영이 지지하는 외교철학이다. 그러므로 미국 역사상 예외적으로 국제주의적 개입을 주도했던 윌슨과 루스벨트 대통령 모두 민주당 출신인 점을 눈여겨보아야 한다. 통상 우리는 자국의 국력을 숨김없이 행사하려고 하는 현실적인 공화당이 오히려 해외진출과 무력개입을 더 자주 행했을 것으로 생각하기 쉬우나 실제로 미국이 해외개입을 한 것은 오히려 민주당 집권 시절일 경우가 더 많았다.

들어서 미국의 해외개입의 전형적 실패사례로 거론되면서 그 사건 이후 해외개입을 극도로 자제하게 만든 사건 중 하나는 미국의 1992년 소말리아 사태 개입을 들 수 있다. 이 당시도 막 집권한 클린턴의 민주당 행정부는 대외정책의 기조를 '개입과 확대(Engagement and Enlargement)'에 두고 미국은 세계에 미국의 가치에 부합되지 않은 사태가 발생하면 개입해 이를 고치고 민주주의를 전 세계에 확대하는 것을 목표로 삼았다. 이런 배경에서 1992년 당시 소말리아 군벌간의 내전으로 소말리아에서 대량난민과 기아사태가 발생하자 미국의 CNN 방송이 이 참혹상을 미국 가정의 안방까지 매저녁시간대에 직접 전달하게 되었다. 그러자 미국 여론이 인류의 양심상 이러한 참혹상을 그대로 방치할 수 없다는 방향으로 흘렀고, 당시 클린턴 민주당 행정부는 마침내 인도주의적 개입이라는 명목으로 내전종식을 위해 소말리아에 미군을 파병하게 된다.

아무런 저항이 있을 수 없는 소말리아 해안에 영화 촬영하듯이 방송카메라가 현지 중계하는 가운데 멋있는 상륙작전을 감행한 미군이었지만 정작 상륙 후 현지 치안유지 및 내전종식에는 상당한 어려움을 겪게 된다. 그 와중에 미군의 일부 병력이 모가디슈 시내에서 반군에게 고립되고 이를 구원하기 위해 투입된 증원병력의 헬기가 공격받아 추락되면서 많은 미군이 생포되게 된다. 이 생포된 미군들이 반군에게 모욕을 당하면서 끌려다니는 장면이 다시 CNN에서 방영되자 미국 여론은 소말리아에서 철군하는 방향으로 급선회하게 된다.

이 소말리아 개입은 자국의 국익과는 전혀 관계가 없는 곳에 단지 인도주의적 재난을 완화하기 위해 파병을 하는 것이 얼마나 국익에 해로운 것인지를 온 미국인이 체험토록 했기 때문에 그 이후 미국은 유럽의 보스니아 사태 등에 개입을 극도로 회피하게 된다. 따라서 앞으로는 민주당 진영마저도 해외개입을 자제해야 한다는 교훈을 배웠으므로 미국이 이상적 국제주의에 입각한 해외개입의 가능성은 당분간 희박해져 간다고 보아야 할 것이다.

미국의 외교정책은 앞서 살펴본 두 가지의 외교철학, 즉 고립주의와 국제주의가 서로 교직해 밑그림을 그려 나오고 있었으며, 전통적으로는 고립주의가 대체로 우세한 경향이었음은 현재까지 미국역사를 살펴보면 알 수 있다. 그럼 앞으로 21세기 미국의 외교정책에서도 이 두 가지 요인이 계속 경쟁적으로 작용할 것인가, 아니면 새로운 요인이 등장할 것인가를 살펴볼 필요가 있다.


## 다. 21세기 미국의 세계관

### 네오콘의 세계관

2001년 부시 대통령이 집권하면서 미국의 외교정책 기조는 클린턴 집권 당시의 기조를 완전히 바꾸게 되는데, 이렇게 철저하게 기조를 변경하는 학문적·이론적 기반을 제공해 준 일단의 전문가 그룹이 있다. 이들을 '새로운 보수주의(neo conservatism)자' 또는 줄여서 '네오콘'이라고 부른다. 이들은 21세기 초엽 미국의 외교정책 기조를 대폭 변경하는 세계관을 미국 조야에 도입했고, 그 영향력이 앞으로도 일정 부분 미칠 것이기 때문에 이들의 세계관을 좀 자세히 살펴볼 필요가 있다.

부시 대통령은 2000년 대통령 선거 캠페인에서 '온정적 보수주의(compassionate conservatism)'라는 슬로건을 내걸고, 기존의 보수주의처럼 냉철한 현실주의적 계산만 하는 것이 아니라 사회복지 측면, 즉 사회의 약자에 대한 배려를 보다 많이 하겠다고 공약했다. 공약에서 보듯이 당시 부시 후보의 이념적 기반 및 관심은 국내문제를 중심으로 형성되어 있었다. 9·11이라는 돌발사건이 없었으면 부시 행정부는 사회보장 개혁, 연금제도개혁, 교육제도 개혁과 같은 국내적 이슈 분야에서 민주당 또는 이전 공화당과 차별화를 꾀하면서 업적을 만들어 가려 했을 것이다.

그런데 취임 후 8개월여 만에 9·11 테러 공격이 발생하면서 부시 행정부는 미국의 안보에 적대적인 국제정세에 대한 새로운 인식을 갖게 되고 행정부의 정책초점을 국내문제에서 국제문제로 이전하게 된다. 9·11 이전만 해도 대부분의 미국인들은 냉전종식 이후 미국의 안보에 위협이 되는 존재는 해외에 더 이상 존재하지 않는다고 여기고 있었다. 한 발 더 나아가 『역사의 종언』이라는 책을 쓴 프랜시스 후쿠야마 같은 이들의 주장처럼 체제 경쟁과정에서 자유민주주의와 자본주의가 정치, 경제적으로 가장 우수한 체제임이 역사적으로 입증되었으므로 더 이상 미국의 체제에 도전하는 국가들이 없을 것이고, 따라서 미래는 안전한 세계가 될 것이라고 믿고 있었다. 물론 새뮤얼 헌팅턴 같은 학자가 『문명의 충돌』이라는 책을 통해 냉전종식으로 국가간 분쟁이 종식된 것은 아니고 단지 이념논쟁만 종식되었으며 미래에는 문명간의 충돌이 안보의 위협이 되는 시기가 도래할 것이라는 예측을했으나, 이는 소수의견에 불과했다.

그러나 9·11 테러사건을 겪게 되자 미국인들은 크게 당혹했으며 더 이상 세계와 역사를 낙관적으로 볼 수 없게 된다. 그러나 처음에는 이 새로운 위협을 어떻게 파악하고 대응해 나가야 하느냐에 대한 정리된 시각이 없었기에 내부적으로도 정책수립에 혼선을 겪게 된다. 이러한 혼선 가운데 부시대통령과 체니 부통령에게 정리된 새로운 세계관을 가지고 접근하면서 그들의 핵심 정책참모로 포진하게 되는 그룹이 있으니 바로 네오콘이다.

물론 일부 네오콘들은 부시 행정부 초기부터 행정부의 요직에 포진해 있었으나, 자신들의 세계관을 정책에 반영시킬 기회를 아직 얻지 못하고 있었다. 그러다가 9·11이 발생하면서 이를 전폭적으로 활용하고 이후 자신들의 이론이 득세를 하게 되면서 요직에 더욱 많이 등용되게 된다.

이들의 세계관은 앞서 고찰한 미국의 전통적인 고립주의와 이상적 국제주의도 아닌 제3의 길이며, 보수주의를 이념적 배경으로 하면서 해외 개입을 주장한다는 점에서 양쪽의 주장을 묘하게 배합한 형식이라 할 수 있다. 네오콘의 세계관은 '윌슨 우익주의자'들과 '잭슨 일방주의자' 양쪽에 다 뿌리를 두고 있으며, 이 두 집단의 특성을 교묘히 결합해 민주주의 확산이라는 이상적 목표 달성을 위해 힘에 기반한 일방주의 행사를 옹호하는 것이다.[47] 이러한 네오콘의 세계관은 9·11 테러 공격으로 하루아침에 생겨난 것이 아니라, 그 이전부터 이러한 사조를 가진 이론가들이 그룹을 형성해 계속 교류하고 토론하는 과정에서 형성되어져 왔다. 그들은 주로 관계와 학계에 포진해 있으면서 연구기관으로는 공화당의 이념적 정책 산실인 '미국기

---

47. 프랑스 평론가 도미니크 모이시 언급, Richard Haas, The Opportunity(Public Affairs, New York 2005) p. 145 재인용

업연구소(AEI)'를 중심으로 활동했으며, 그들의 주장은 『Weekly Standard』라는 주간지를 통해 소개되고 형성되었다.

네오콘들을 좀 더 자세히 들여다보면 주로 인종적 배경이 유태인인 경우가 많다. 유태인들은 기본적으로 미국 내에서 민주당을 지지하는 집단이었기에 이들도 대부분 70~80년대에는 민주당 계열에서 활동했다. 그러나 이들이 점차 나이가 들면서 보수화되는 경향도 있는데다가, 중동 지역 평화협상이 오랜 기간 지지부진하고 유혈사태가 지속되는 데 대해 근본적인 처방이 필요하다는 성찰을 하게 된다. 이러한 성찰 가운데 탄생한 것이 네오콘의 세계관인데, 이는 요약하면 체제 경쟁에서 승리한 미국의 체제를 미국만 향유할 것이 아니라 전 세계에 확산시켜 국제환경을 동질화시킴으로써 미국의 안보를 보장해야 한다는 것이다.

즉, 네오콘은 미국의 체제와 국력에 대해 엄청난 자부심과 자신감을 가지고 있는 한편, 국외에서 오는 안보위협, 즉 테러와 같은 안보위협은 테러리스트를 양산하는 음습한 정치·경제 문화가 있기에 가능하다고 보고 있다. 따라서 이와 같은 테러나 아니면 미국에 다른 안보위협을 가할 가능성이 있는 국가들을 가공할 군사력으로 선제 공격해 그 체제를 자유민주주의 체제로 바꿈으로써 미국에 대한 적대적인 토양 자체를 없애야 한다는 처방을 내놓은 것이다.

이들은 대부분 독실한 기독교 신념을 또한 공유하고 있기 때문에 선과 악에 대한 이분법적인 구분에 능하고, 악이라 규정하는 대상이나 체제에 대해서는 적극적으로 대응해 변화시키려 한다. 하지만 그 체제 속에 있는 개인들은 악이 아니라 구원의 대상이 되어야 하며, 개인을 속박하는 잘못된 정치제도를 타파해 그들을 해방시켜 주어야 한다는 생각을 가지고 있다.

그러므로 네오콘은 특히 테러의 온상이자 이스라엘에 대한 끝없는 위협

세력이면서 석유자원의 보고인 중동 지역에 깊은 관심을 가질 수밖에 없다. 그리고 이 중동 지역에 독재 및 왕정체제가 미국에 적대적인 토양을 배양하고 있으므로, 이 지역에 민주주의를 확산시켜야 한다는 확신을 갖게 된다. 이들은 민주주의라는 가치체계를 신봉하고 있을 뿐 아니라, 이를 국제적으로 확산시켜야 한다는 신념을 가지고 있다. 이런 점에서 과거의 진보적 국제주의와 가까운 시각을 가지고 있으며, 냉엄한 현실주의와는 오히려 거리가 멀어 보인다. 그러나 이들은 이를 확산시키는 과정에서 과거 진보적 국제주의처럼 국제적 협력이나 제도화를 통해서 이를 성취하기보다는 필요하다면 막강한 군사력을 앞세워 선제공격이란 국제법에 어긋나는 방식을 취해서라도 실현시키려 한다. 이런 측면에서는 힘과 권력의 정치에 입각한 보수적 현실주의에 훨씬 가까워 보인다.

이처럼 네오콘들은 좋게 평가하자면 자유민주주의라는 가치체계를 확산시켜 국제환경을 보다 안정적인 곳으로 만들기 위해 실효적인 방법론을 택하는, 이상적 비전과 현실적 방법론을 잘 배합할 줄 아는 학파(school ofthoughts)라 할 수 있다. 반면, 이들을 부정적으로 평가하자면 비현실적인 이상 또는 미국의 국익을 가장한 보편적 가치를 실현하기 위해 비합법적인 방법의 사용까지도 합리화하는 마키아벨리적인 학파라고 할 수 있다. 그리고 이 학파는 부시 대통령 집권 이후 단기간에 부상한 학파임에도 불구하고 자신들의 시각에 대한 지적 자부심이 오만할 정도로 높아 여타의 시각에 대한 비타협인 협상태도를 보여주는 것이 문제점으로 지적되고 있다.

네오콘의 주요 이론가이며 『Weekly Standard』의 편집인인 로버트 케이건 같은 이는 그의 저서 『Of Paradise and Power』[48]에서 네오콘의 세계관

---

48. Robert Kagan, *Of Paradise and Power*(Knoft, 2003)

을 적나라하게 보여준다. 그의 주장에 따르면, 여태까지 서방세계의 가치관을 공동으로 대변하는 것으로 여겨져 왔던 미국과 유럽이 더 이상 가치관을 공유하지도 않는데다 유럽은 과거지향적 사고방식을 가지고 있으므로 새로운 세계질서를 힘에 의해 구축하려는 미국에 오히려 장애가 될 수 있는 존재라는 것이다.

케이건의 주장에서 몇 가지 네오콘의 세계관의 근간을 발견할 수 있다. 먼저 냉전 당시만 해도 미국과 유럽은 공동의 적에 대항하기 위해 미국의 주도하에 단결하였으나, 21세기에는 공동체가 아니라 오히려 경쟁적 관계로 들어갈 수 있다는 시각이다. 냉전 종식 후 공동의 적이 사라졌을 뿐 아니라 유럽이 EU 통합을 통해 독자적인 발언권을 추구하는 정치체로 부상하게 되자, 미국은 유럽을 자국의 패권추구를 견제하는 세력으로 인식하게 된 것이다. 즉, 냉전시대에는 공동의 적이자 미국의 패권에 대한 도전국인 소련을 견제하기 위해 유럽이 필요했으나, 이제는 통합된 유럽이 패권 행사에 장애가 된다는 냉철한 시각인 셈이다. 케이건에 따르면, "곰이 숲속을 배회할 때 칼 한 자루만 가진 사람은 죽은 척 엎드리지만, 총을 가진 사람은 곰을 제거하고 편안하게 살려 할 것"이다. 여기서 물론 칼은 가진 사람은 유럽을 의미하고 총을 가진 사람은 미국을 의미한다. 이처럼 군사력을 중요시하는 일방주의적 경향은 미국과 유럽 사이에 더욱 거리를 두게 만드는데, 케이건은 "망치를 쥐고 있으면 모든 문제가 못으로 보이기 시작한다"는 격언을 인용해 미국의 일방주의를 옹호하기도 한다.

두 번째는 미국과 유럽의 차별성을 부각시키는 전통적인 미국의 건국이념에 입각한 시각이 네오콘의 세계관의 근저에 깔려 있다는 것을 알 수 있다. 앞에서 살펴보았듯이 미국은 건국 당시부터 생래적으로 유럽의 세계관과 행동방식이 미국의 그것과 다르다는 것을 주장하면서 유럽의 것을 부정적으로 보는 시각이 뚜렷했다. 미국인들은 유럽인들을 항상 현실주의적이고 기회주의적으로 행동하며 진정한 가치를 수호하기 위해 자신을 내던지는 용기를 가지지 못한 부류로 간주하는 경향이 있어왔다. 그러므로 네오콘들은 냉전시대 공동의 적을 위해 '대서양 동맹'을 강조했으나 그것은 당시 시대상황에 따른 편의적인 동맹이고 근본적으로 세계관을 달리하는 유럽을 진정한 동맹으로 신뢰할 수는 없다는 시각을 갖고 있다.

세 번째로 네오콘은 힘에 대한 확고한 신뢰를 가지고 있다. 유럽은 대화를 통해 문제를 해결하는 방법을 선호하는 까닭에 다자주의를 주장하지만, 네오콘의 관점에서 보았을 때 이 같은 유럽인의 태도는 자신의 약함을 보완하기 위한 방책에 불과하며 유럽도 자신이 강했다면 옛날 제국주의 시대처럼 무력행사를 주저하지 않았을 것이라고 본다. 또한 네오콘은 이러한 유럽의 태도는 위선적이며 자국의 이익을 추구하기는 하되 이것을 대화 또는 다자주의라는 이면에다 감추고 있다고 보는 것이다.

이 먼로독트린을 뒷받침하는 미국인들의 사고가 네오콘의 프리즘과 9·11 사건을 겪으면서 미주대륙뿐 아니라 전세계적으로 확장되어 나타난 것이 '선제공격론'인 것이다. 즉 미국의 안보가 위협을 받으면 국제법이나 여타 국가들의 반발에 구애되지 않고 먼저 위협대상을 선제공격하여 제거하겠다는 것이다.

네 번째로 네오콘은 필요하다면 무력을 사용해서라도 민주주의를 확산시켜야 한다는 신념을 갖고 있다. 그들은 현재 미국의 안보에 위협이 되고 있는 국가들, 즉 불량국가(Rogue State)들이 모두 독재정권 체제를 가지고 있고 역사적 경험으로 볼 때 민주주의 국가간에는 전쟁이 거의 발생하지 않았으므로 이런 불량국가 내의 독재정권을 타도하고 민주주의를 착근시키면 미국뿐만 아니라 다른 어떤 국가에도 위협을 가하는 일은 없을 것이라고 상정한다.

민주주의라는 가치를 높이 평가한다는 점에서 진보주의 이념과 유사한 면이 있으나, 이를 무력을 통해서라도 전파해야 한다는 점에서는 냉엄한 현실주의 시각을 반영한다고 볼 수 있다.

이러한 네오콘의 세계관이 9·11 이후 미국 내에서 지배적인 목소리가 되었는데, 이 세계관이 반영되어 아프가니스탄과 이라크에 대한 군사적 개입이 이루어졌다. 테러리스트를 은둔 또는 양성하는 배양소(breeding or hidingplace)가 파악되면 먼저 선제공격을 가해 무력화시켜야 미국의 안보가 보장된다고 본 것이다. 세계 최강의 무력을 가진 미국이 국제법 등에 얽매여 본토가 공격당할 때까지 기다릴 수 없으며, 자신이 상대해야 하는 테러집단은 국제법을 준수하는 국가가 아님은 물론 전쟁법도 준수하지 않아 교전단체의 자격도 가지지 못하는 집단이므로 이들에 대해 전쟁법을 준수할 필요성도 별로 없다는 시각인 것이다. 이러한 네오콘의 시각의 뿌리는 미국 건국초기로 거슬러 올라간다. 미국 5대 대통령인 먼로는 미주대륙 내에서 미국의 이익에 반하는 국가가 있을 경우 유럽대륙의 간섭을 받지 않고 미국 임의로 이를 처리하겠다는 먼로독트린을 공표하였다.

그리고 네오콘들은 중동 지역이 미국의 국익에 전략적으로 엄청나게 중요한 지역임에도 불구하고 중동 지역 내 정정 불안으로 장차 미국의 국익을 손상할 일이 발생할 가능성이 많으므로 이 지역에 민주주의를 확산시킴으로써 정세를 안정시켜 미국의 장기적 국익을 도모해야 한다는 시각을 갖고 있다. 중동 지역이 미국의 국익에 중요한 이유는 첫째, 중동 지역에서 생산되는 석유가 미국은 물론 서구우방국에서는 생명선과 같은 존재이기 때문에 이 석유 공급선을 안정적으로 확보해야 한다는 점, 그리고 둘째, 중동 지역 정세불안은 이스라엘의 안보에 직접 영향을 미치므로 이스라엘의 보호를 위해서도 이 지역 정세를 안정시켜야 한다는 점이다.

사실 중동 지역에는 현재에도 독재정치, 신정정치, 왕정정치 등 전근대적인 정치체제를 가진 국가가 압도적으로 많고 제대로 된 민주주의 정체를 가진 국가는 드문 형편이다. 따라서 겉으로는 각국의 정치나 정세가 별 문제없어 보이나 실제 어떤 충격이 체제 내·외부에서 발생하면 각국 정치체제가 이를 흡수할 능력이 없을 정도로 취약한 것으로 평가되고 있다. 따라서 어느 한 국가에서 발생한 정세불안은 인근국가로 바로 전파될 가능성이 많다는 것이다. 특히 이 지역에서 장기간 지속되는 비민주적인 정치체제로 인해 불만을 가진 국민들은 이슬람 근본주의에서 정치적 대안을 찾는 현상도 보이고 있다. 그러므로 이 지역에서 현존 정치체제가 어떤 이유에 의해서건 일단 무너지면 이를 대체할 세력은 이슬람 근본주의자 그룹에 의한 신정정치가 될 것이며, 이러한 이슬람 근본주의는 이웃 국가들에게 전파될 가능성이 많아 '신정정치 도미노 현상'이 발생할 가능성이 많다고 보고 있는 것이다.

이 같은 정치체제 변화의 대표적인 사례가 1978년 이란의 팔레비 왕조가 무너지고 난 다음에 들어선 신정정치이며, 이때로부터 아직까지 이란이 미국의 적대적인 세력으로 남아 있다는 사실을 미국 네오콘들은 뼈아픈 교훈으로 여기고 있다. 그러므로 미국의 입장에서는 사담 후세인이 독재정치를 펼친 이라크, 부자세습으로 독재를 유지해 가는 시리아, 억압적인 왕정정치를 이어오고 있는 사우디아라비아, 유사 독재로 장기 집권하는 이집트 등 중동의 강국들이 모두 정정 불안에 직면할 가능성이 높고, 이들 국가들이 모두 '신정정치 도미노'에 빠져들 가능성이 많다고 보고 있다. 이 같은 전망은 이들 국가에서 이슬람 근본주의자들에 의한 테러가 점증하는 데서 알 수 있듯이 일정 부분 현실로 나타나고 있는 것이 사실이다.

따라서 네오콘의 시각에서는 미국의 국익을 보호하기 위해 이 지역에 '신정정치 도미노' 현상이 발생하기 이전에 '민주주의 도미노'를 먼저 일으켜야 한다는 구상을 하고, 또 이러한 구상을 현실화하기 위해 이라크 무력침공을 통한 사담 후세인 제거를 정당화하게 된 것이다. 물론 이라크 침공에는 이외에도 여러 이유가 복합적으로 작용했지만 네오콘의 이 같은 세계관이 밑그림이 되었다고 보아야 하며, 이러한 네오콘의 세계관은 그들이 미국 집권세력 내부에 영향력을 행사하고 있는 한 당분간 다른 지역에서도 투영되어 나타날 가능성이 있다는 점을 유의해야 한다.

### 진보주의적 세계관

　9·11 테러 공격 이후 미국의 세계관이 네오콘을 중심으로 하는 보수주의 시각으로 많이 경사되긴 했어도 미국 내에는 항상 진보주의적 세계관에 입각한 국제주의가 양대 세계관의 하나를 지탱해 온 전통이 있으며, 21세기에도 이 세계관이 외교정책에 어느 정도 영향을 미칠 것이다.

　9·11 이후 아프가니스탄과 이라크 침공을 이론적으로 뒷받침했던 네오콘의 세계관은 이라크에서 국가건설(nation building) 작업이 예상보다 어려워지고 미국인 사상자가 늘어나면서 점차 거세어지는 비난에 직면하고 있다. 이라크 문제를 유엔 및 유럽 국가들을 포함하는 국제사회의 협력을 받아 해결하지 않고 미국 독단적으로 해결하려 했던 네오콘의 무모함에 대한 비판이 증대하면서 국제주의를 지지하는 진보적 세계관이 점차 세를 얻어가는 중이다.

　여기서 우리가 한 가지 유의해야 할 점은 9·11 이후 변화된 국제환경 속에서 민주당을 중심으로 한 진보주의적 세계관도 미국의 국토안보, 즉 테러 공격으로부터 미 본토 보호를 최우선시한다는 측면에서는 별 차이점이 없다는 사실이다. 그리고 미국을 테러 공격으로부터 보호하기 위해 필요하면 선제공격을 할 수도 있다는 점에서는 진보주의를 포함한 대부분의 미국인들이 견해를 같이 하고 있는데, 이 점이 과거 진보주의적 세계관과 차이가 있다. 단지 진보주의적 국제주의는 여전히 이러한 무력행사를 하더라도 미국 독단으로 하는 것보다는 국제사회의 협조를 얻거나 국제사회가 공동으로 개입해야 한다는 입장을 가지고 있다는 점에서 네오콘 등과 구별된다.

21세기 진보주의적 세계관과 네오콘의 보수주의적 세계관이 20세기 진보주의나 보수주의 세계관과 상이한 것은 해외 개입에 대한 이들의 입장이 서로 역전되어 있다는 점이다. 20세기에는 보수주의자들이 고립주의적이고 현실주의적이어서 해외 개입을 기본적으로 반대했으며, 개입하더라도 현실적인 위험부담을 계산해 국내 및 국제여론이 납득할 만한 수준에서 개입한다는 입장이었다. 그러나 21세기 네오콘의 세계관은 오히려 민주주의의 확산이라는 가치를 앞세워 해외 개입을 역설한다는 측면에서 20세기의 진보주의적 세계관과 닮은꼴을 보이고 있다. 그리고 네오콘은 이러한 세계관을 실현시키기 위해 좀 비현실적인 것처럼 보이는 대외정책을 신념에 입각해 관철시키려 한다는 측면에서 과거의 현실적인 보수주의와도 차이를 보이고 있다.

21세기 진보주의적 세계관은 현재 미국이 이라크전쟁 수행을 위한 국론 통일을 강조하는 분위기 속에서 구체적인 형태를 띠고 나타나지 못하고 있으나, 기본적으로 일초 다극체제의 모습을 보일 21세기 국제체제에서 다른 열강들과의 협의 속에서 국제질서를 관리해 나가는 체제를 선호할 것으로 보인다. 즉, 20세기 후반기는 기본적으로 미국이 스스로 앞장서 창설한 유엔 등 국제기구를 활용해 국제질서를 주도해 왔던 팍스 아메리카나 시대였으나, 21세기 초입에 미국이 유일 초강대국이 되었음에도 불구하고 오히려 이러한 패권적 질서가 오래 지속되지 않으리라는 전망을 진보주의자들은 가지고 있다.

20세기 후반 제2차 세계대전의 참화로 인해, 아니면 사회주의 체제의 제약으로 인해 자신들의 잠재력을 충분히 발휘할 수 없었던 다른 열강들이 21세기 들어와서는 잠재력을 드러낼 수 있는 기회가 주어지고 있기 때문이다. 물론 미국이 21세기 전반에도 상당 기간 동안은 유일 초강대국의 역할을 하겠지만, 팍스 아메리카나와 같은 압도적인 지도력을 행사하기는 힘들 것이라는 전망이 가능하다. 미국이 제2차 세계대전 이후 서방세계 GNP의 60%에 달하는 경제력을 유지할 수 있었던 것은 전쟁 직후 유럽과 일본이 폐허가된 특수한 상황에서만 가능한 일이었던 것이다. 1960년대 이후 이러한 특수한 상황은 존재하지 않게 되었고, 70년대 들어서는 미국의 상대적 경제력은눈에 띄게 쇠퇴하기 시작했다. 앞으로 21세기에는 미국과 여타 열강들과의국력 격차가 더욱 현격히 줄어들 것이고, 여타 열강들은 이념 등에 구애받지 않고 자국의 국익에 따라 독자적으로 움직일 것이다. 이에 따라서 미국이 여타 열강들과 마찰을 감수하고서라도 자국 군사력을 바탕으로 계속 네오콘의 세계관에 입각한 일방주의적 노선을 견지할 것인지, 아니면 열강과의 협의를 통해 국제질서를 관리해 나가는 진보주의적 세계관을 선호할 것인지는 아직 불투명하다.

현재로서는 미국이 일방주의를 완화한다 하더라도 과거 고립주의적 전통 등을 감안할 때 선택적 다자주의를 취할 것으로 보는 게 보다 현실적이다. 즉, 미국은 기본적으로 일방주의적 성향을 가지고 국제현안을 처리하다가 이슈에 따라 국제협조가 불가피한 경우에는 다자주의적 접근을 하리라고 보는 것이다.

그러나 미국이 21세기 중반 이후 국제질서를 내다보고 이에 순응하는 행동양식을 미리 갖추어 나간다면, 이는 진보주의적 세계관에 입각한 국제주의를 강화시켜 나가는 방향이 될 것이다. 다시 말해, 미국이 주도권을 잃지는 않되 여타 열강들과 협의를 통해 국제질서를 관리해 나가는 방식을 택하는 것이다. 19세기초 나폴레옹 전쟁 이후 유럽 열강들이 'Concert ofEurope'이라는 체제를 만들어 질서와 평화를 짧게 보면 40여 년, 길게 보면 1세기 가량 유지한 전례가 있었던 것처럼 일방적인 미국 주도 방식도 아니고 국제기구를 통한 완전한 다자주의도 아닌 그 중간 형태의 관리방식이 새로운 국제질서에는 더욱 잘 작동할 것처럼 보인다. 새로이 변화된 국제환경에 따라 유엔이 자기개혁을 온전히 이루지 못할 가능성이 많으며, 유일 초강국인 미국이 자신의 지적 창조물(brain child)인 유엔을 점차 더 멀리하려는 경향을 보이고 있는 까닭에 유엔의 권위는 점차 힘을 잃을 갈 것이다. 특히 유엔 안전보장이사회의 5개 상임이사국의 구성은 21세기 국제질서의 권력관계를 반영하지 못해 현실과의 괴리가 더욱 커지면서 권위를 잃고 제대로 기능할 수 없게 될 것으로 전망된다. 따라서 'Concert of Europe'과 같은 협의적 다자주의는 G-8이 G-10으로 확대되는 형태가 되든지, 아니면 새로운 형태의 협의체가 구성되든지 유엔 테두리 밖에서 형성되어 기능할 가능성이 많은 것으로 전망된다.

미국의 진보주의자들이 이렇게 변화하는 국제질서를 수용하는 것이 미국의 이익에 부합되는 것이라 판단하고 이러한 진보주의자들이 선거를 통해 미국 정부 내 지배적 세력이 되면, 미국은 협의적 다자주의를 지향하는 외교정책을 수행해 나갈 수도 있을 것으로 보인다. 미국의 진보주의자들은 미국의 군사력이 당분간은 무적의 수준을 유지한다고 해도 이것만으로는 세계를 지도해 나갈 수 없다는 사실을 깨닫고 주요국의 동의를 얻어서 미국이

리드해 나가야 한다고 주장하고 있다. 보수주의자인 헨리 키신저마저도 "미국의 힘은 당연한 사실이고 외교의 예술은 힘을 컨센서스로 변경시키는 데 있다"라고 했다.[49] 현재 미국의 외교협회(CFR)의 회장이자 부시 1기 행정부 시절 국무부 정책실장을 지냈던 리처드 하스는 그의 최근 저서 『기회』라는 책의 부제를 '미국이 역사의 경로를 바꿀 수 있는 순간'이라고 달았는데, 그 요지는 미국이 21세기에는 주요국의 동의를 확보해 나가는 외교정책을 펼쳐야 한다는 것이다.


## 라. 미국의 세계전략

### 새로운 안보전략

미국은 20세기 패권을 향유하는 동안 잠재적 도전국이었던 소련을 냉전체제를 통해 성공적으로 견제해 왔다. 이 냉전체제 아래에서 미국은 봉쇄정책(Containment Policy)을 통해 소련 및 공산권의 세력 확장을 방지하는 한편, 막강한 경제력을 바탕으로 끝없는 군비경쟁을 벌임으로써 소련을 피폐하게 만들어 내부로부터 붕괴시키는 데 성공했다. 이렇게 냉전을 유지하는 동안 미국의 주적은 확실히 존재했고, 이 주적을 막는 안보전략도 확실했다. 그러나 냉전체제가 붕괴되고 난 1990년 이후, 미국 국방부는 명확한 주적을 규정하지 못하고 그에 따른 안보전략도 마련하지 못한 채 혼돈기에 처해 있었다고 할 수 있다.

49. HenryKissinger, "AGlobal OrderinFlux", WashingtonPostJuly, 9. 2004, Richard Hass, 앞의책 p. 33재인용

냉전체제의 붕괴 이외에 미국 안보전략의 변화를 요구하는 새로운 요인은 급격한 군사기술의 발달이었다. 정보 및 통신, 정밀제어 분야 등에서 눈부시게 발전하는 첨단기술들이 방위산업 분야에 응용되어 군사기술에 가히 혁명적인 변화를 몰고 오게 되면서 안보전략도 이러한 새로운 군사혁명(RMA, Revolution in Military Affairs)을 활용해 새롭게 바뀔 것을 요구받게 된다. 이처럼 변화하는 안보환경 속에서 미국의 군사 전략가들이 새로운 군사전략을 암중모색하고 있는 가운데 9·11 테러 공격이 발생하게 된 것이다.

앞에서도 설명한 바 있지만, 9·11 사건은 세계사의 한 분수령이 될 수도 있는 역사적 중요성을 가진 사건인데, 그 이유 중의 하나가 이 사건으로 인해 불확실성 속에서 암중모색하던 미국의 안보전략의 틀이 획기적으로 전환되어 새로운 방향을 잡게 되었기 때문이다. 세계 유일 초강대국인 미국의 이러한 안보전략의 변경, 즉 군사 분야에서 패러다임 변화(Paradigm Shift)는 당연히 다른 주요국가의 안보 분야에서도 전략수정을 요구하게 된다. 그리하여 결국은 전 세계적인 안보환경의 변화를 초래하기 때문에 9·11 사건은 세계사적인 의미를 지닐 수 있는 것이다.

9·11 테러 공격은 군사적인 측면에서, 특히 재래식 전쟁의 방어전략을 고수하는 관점에서 보면 엄청난 전략적 딜레마를 가져온 충격적인 사건이었다. 9·11 공격을 테러사건이라고도 표현하지만, 그 규모나 성격 면에서 9·11은 기존의 테러 개념에서도 완전히 벗어나 있으며, 오히려 전쟁의 개념에 더욱 부합되는 면이 많다. 9·11이 기존 군사전략의 틀을 바꾸지 않을수 없을 만큼 큰 충격을 준 이유는 보이지 않는 적으로부터 사전 예고나 징후도 전혀 없는 가운데, 우리가 일상생활에서 항상 사용하던 문명이기를 가지고 가장 후방의 심장부에서 한번에 엄청난 규모의 사상자를 단번에 발생케 했다는 측면에서 찾아볼 수 있다. 이는 기존의 전쟁과도 그 성격이 확연히 다

른 것이다.

과거 전쟁에서 적국은 항상 물리적으로 존재하는 것이 보였고 또 사용하는 무기도 미리 다 파악이 되었으므로 이에 대비하는 방어전략을 수립하기도 용이했다. 그러나 테러 공격은 어디에 존재하는지도 모르는 적으로부터, 어떤 무기를 사용할지도 전혀 알 수 없는 상태에서, 어느 날 전혀 예고도 없이 공격이 감행된다는 점에서 기존의 전쟁과는 그 개념부터 큰 차이를 보이고 있다.

그리고 국가간의 전쟁은 선전포고를 통해 시작되었고, 전쟁을 수행하는 군인들은 민간인과 식별될 수 있도록 군복을 착용했으며, 군인들의 행동은 전쟁법에 의해 통제를 받았다. 그러나 테러 공격은 전쟁법 등을 알지도 못하고 통제도 받지 않는 민간인 신분의 테러리스트에 의해 자행된다는 측면에서 과거 전쟁과 너무나 다르며, 따라서 그만큼 예방하거나 방어하기가 어렵다.

그리고 과거의 전쟁은 전방과 후방이 구분되었고 후방의 민간인은 전쟁의 참화를 직접 받지는 않았다. 하지만 9·11 테러 공격의 경우에는 후방 인구밀집 지역에서 우리가 늘 이용하는 문명 이기인 항공기가 대량살상무기로 돌변했다는 점에서 테러의 위협이 있는 한 안전이 확보되는 지역이 이제 지구상에 한 곳도 존재하지 않는다는 것을 여실히 보여주고 있다. 9·11 테러 공격은 소수의 인원이 치밀한 계획과 연락을 통해 아무도 생각하지 못했던 방법을 이용해 단 한번의 공격으로 미국이 이때까지 당했던 어떠한 공격보다도 많은 인명을 단번에 살상했다는 점에서 미국의 방어전략을 뿌리째 뒤흔들어 버렸다.

즉, 예상치 못한 무기를 동원해 전혀 뜻밖의 장소에서 타격을 가해올 보이지 않는 적과 싸워야 하는 것이 테러와의 전쟁이며, 이런 관점에서 테러와의 전쟁은 보이는 정규군과 보이지 않은 테러집단 간의 '비대칭적인 전쟁'이라는 표현이 사용된다. 미국에 대한 다음 테러 공격은 그랜드 센트럴 지하철역 구내에서 사린가스를 살포하는 것일 수도 있고, 양키 스타디움 내에서 탄저균을 퍼뜨리는 것일 수도 있으며, 뉴욕 시내의 상수도원인 인근호수에 강력살충제를 부어넣는 것일 수도 있다. 그 중 가장 끔찍한 악몽은 뉴욕의 타임스퀘어 광장 등에 대형인파가 운집했을 때 소형 핵폭탄을 폭발시키는 것이다. 앞에서 예로 든 어떤 경우든 간에 성공한다면 한꺼번에 최소 1만 명 이상이 살상되는 대규모 재난이 발생할 것이다. 그러나 이러한 새로운 형태의 공격을 미 본토 내에서 기존의 군사력, 방어체제로 막기는 지난한 일이란 것은 자명한 사실이다.

미국은 과거부터 소련 등 적국의 대륙간 탄도미사일을 방어하는 요격미사일 체제와 같은 최첨단 기술을 동원한 국가방어체제를 갖추고 있지만, 9·11 테러 발생 당시 보여주었듯이 의표를 찌르는 테러 공격을 막을 체제는 미비하다. 현재 미국은 고립된 성이라고 불릴 정도로 국경통제를 철저히하고 있지만, 아직도 테러 공격을 완전히 막을 방도는 없는 것이 테러와의전쟁에서 갖는 최대의 딜레마이다.

하여튼 9·11 테러 공격이 가져다준 충격은 냉전종식 후 새로운 적과 이에 대응하는 군사전략을 찾지 못하고 있던 미국 군사전략가들, 특히 네오콘들에게 새로운 전략을 입안할 수 있는 좋은 기회를 제공해 준 면이 있다.

테러 공격은 미리 감지하기가 극히 어렵기 때문에 테러리스트가 미국 본토 내에 일단 잠입하면 이를 막기가 힘들다고 보고 가능하면 테러의 근거지 자체를 박멸해 테러가 발붙이지 못하게 하는 것이 최상이라는 생각을 네오콘들에게 심어 주었다. 이에 따라 미국의 전략에서 우선 테러 공격을 받기전에 그 근거지를 먼저 없애버려야 한다는 '선제공격(pre-emptive strike)론'

이 설득력을 얻게 되었다. 그리고 이러한 선제공격을 가능하게 하기 위해 미국의 군대가 과거와는 달리 '더 가볍고, 더 빠르게, 그리고 더 멀리(lighter, faster and further)'라는 모토 아래 테러 발생 가능성이 있는 곳, 아니면 테러리스트들의 근거지로 신속히 이동해 작전을 전개할 수 있는 능력을 가진 신속대응부대로 거듭나야만 한다는 요구가 뒤따랐다.

다시 말하자면, 미국은 냉전 이후 시야에서 사라진 자국 안보에 대한 직접적 위협을 특정국가가 아닌 테러리스트 집단에서 발견한 것이고, 이들에 대해서는 과거 특정 국가를 상대로 준비해온 재래식 안보전략 개념이 별로 유용성이 없다는 인식을 하게 되면서 새로운 안보전략을 개발하게 된 것이다.

미국의 새로운 안보전략의 기본적인 사고 바탕은 '공세적 현실주의(assertive realism)'라고 할 수 있다. 이는 미국이 유일 초강대국으로서 자국의 이익을 위해서라면 막강한 군사력을 일방적인 방식으로라도 사용해서 원하는 목적을 이룬다는 것을 의미한다. 서방세계 공동의 적이었던 공산권이 소멸되어버린 21세기적 상황에서 서방세계를 미국의 단일 지도권 안에 넣고 통솔하기가 힘들어졌을 뿐 아니라, 미국에 대한 안보위협이 수시로 변화하는 양상을 보일 것이므로 이에 대응하기 위해서는 국제적 합의에 의존하기보다는 자국의 독자적 판단과 강력한 군사력에 의존한 행동을 취하는 것이 보다 효율적이라는 판단으로 일방주의적 경향을 보이는 것이다.

이러한 사고의 바탕에서 출발한 미국의 새로운 안보전략의 기본틀을 좀더 상세히 살펴보면, 다음과 같이 정리해 볼 수 있다. 첫째, 미국의 새로운 안보위협은 보이지 않는 적으로부터 가해지므로 사전예방 차원의 선제공격을 해야 한다는 점이다. 둘째, 새로운 안보위협을 격퇴하기 위해서는 군사력 이외에 다양한 방법을 동원해야 한다는 것이다. 셋째, 새로운 위협, 특히 테러를 억제하기 위해서는 과거 냉전시대에 사회주의권 국가들을 봉쇄하기 위해 배치했던 해외주둔 미군기지를 테러리스트가 창궐할 수 있는 지역, 즉 북아프리카, 중동, 중앙아시아, 서남아시아, 동남아시아를 연결하는 이른바 '불안정의 호(arc of instability)' 부근으로 이동 배치해야 한다는 것이다. 넷째, 새로운 안보위협에 대처하기 위해서는 중후장대한 무기체계보다는 경박단소한 무기체계를 사용해야 한다는 것이다.

## 아시아 대륙에서의 불안정의 호

이러한 안보전략의 변화에다 새로이 발전된 군사기술을 접목시켜서 21세기 새로운 군사전략이 그 틀을 갖추게 되는데, 군사전략을 언급하기에 앞서 변화된 안보전략을 각 항목별로 좀 더 상술할 필요가 있다.

먼저 새로운 안보위협이 보이지 않는 적으로부터 가해진다는 것은 새로운 안보위협이 테러집단·특정 범죄집단·광신집단, 해적 등과 같이 사전에 미리 인식할 수 있는 대상이 아니라, 전혀 알지 못하는 대상으로부터 가해

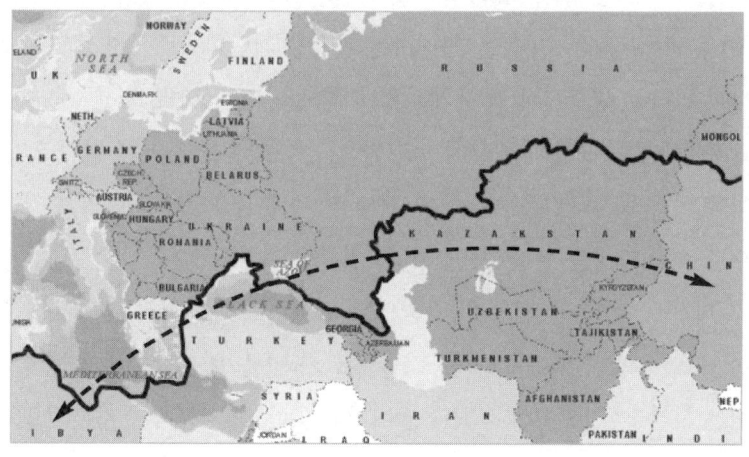

＊불안정의 호(arc of instability)

질 수 있다는 얘기이다. 쉽게 인식할 수 없는 대상으로부터 가해지는 공격은 사전에 포착할 수 없으므로 이들을 공격 직전에 막는 것은 사실상 불가능하다. 그러므로 이들이 주로 사용하는 근거지나 이들의 활동을 묵인하거나 배양하는 환경을 가진 지역을 찾아내 미리 공격함으로써 제거해 버린다는 것이 선제공격론이 등장한 배경이다.

다음으로 군사력 이외의 다양한 방법으로 적의 공격을 차단해야 한다는 것은 적대적 세력이 활동하기 힘든 사회 체제를 만든다는 의미이다. 사실 테러리스트나 기타 광신적 범죄집단들은 개인들의 신념에 따라 행동하는 경우가 많으므로 그 집단의 중추부가 괴멸되어도 계속 공격을 포기하지 않는 경우가 많다. 광범위한 지역에 세포(cell)조직을 가지고 활동하는 경우에는 일일이 군사력으로 타격을 가해 섬멸하기가 매우 어렵다. 그런데 이들이 활동할 수 있는 배경에는 비민주적인 사회의 사회불만 세력이 자리하고 있기 때문에 비민주적인 사회자체를 변경시킬 필요가 있다는 것이다. 그래서 네오콘들은 민주주의의 확산이 테러 등 새로운 안보위협을 근원적으로 차단하는 데 필요한 조치라고 보고 있다. 그 외에 이러한 조직들이 공격 장소로 이동 또는 공격 무기들을 거래하는 과정을 차단함으로써 이들의 활동을 막아야 한다는 생각에서 전 세계적으로 '확산방지구상(PSI, ProliferationSecurity Initiative)' 체제를 구성해 해상에서의 검색, 압수활동을 강화해 나가고 있다. 그밖에 이들의 자금원을 차단하기 위해 전 세계 금융망에서 혐의가 있는 조직으로 송금 과정을 추적·차단하는 조치들도 취하고 있다.

그 다음으로 '불안정의 호' 주변으로 군사력을 재배치하는 것은 위에서 말한 테러 등의 근거지를 선제공격할 필요가 있을 때 신속하게 출동하기 위해서는 불가결한 조치이다. 최근 벌어지고 있는 테러 공격은 기본적으로 이슬람세계가 세계화 과정에 대해 느끼는 반감, 미국 등 서방세계가 이스라엘을 지지하는 데 대해 느끼는 반감으로 인해 발생하고, 기본적으로 이슬람교도 분포지역을 따라 불안정 전선이 형성된다는 분석이 가능하다. 따라서 북아프리카의 알제리에서 시작해 사우디와 이라크 등 중동 지역을 거쳐서 우즈베키스탄·타지키스탄이 있는 중앙아시아 지역과 파키스탄·아프가니스탄이 있는 서남아시아 지역을 경유해, 태국 남부와 인도네시아까지를 연결하는 지역이 테러리스트들이 발호할 수 있는 토양을 제공하는 불안정한 지역이며, 이들 지역을 연결하면 활 모양의 호를 그리게 된다는 것이다. 그러므로 이 지역에 미군을 전진 배치해 '불안정의 호' 지역에서 발생하는 사태에 즉각 대응하겠다는 의도인데, 그 배치형태를 보면 이슬람지역을 봉쇄하는 형상을 띠고 있다.

끝으로 이처럼 눈에 잘 보이지도 않고 여기저기에서 산발적인 공격을 감행해 오는 테러리스트들에 대응하기 위해서는 미군이 신속하게 현장에 투입될 필요성이 대두된다. 그리고 테러리스트 등은 기본적으로 중무장한 병력들이 아니므로 이들을 제압하기 위해서는 경무장한 신속대응부대의 운영이 더 효과적이다. 따라서 미군은 육군의 주력을 중무장한 기계화사단, 장거리·대구경 포병부대보다 경무장했지만 효과적 타격능력을 갖춘 '스트라이커 여단' 형식으로 개편하려는 작업을 추진중이다. 그리고 해·공군은 이러한 육군을 신속하게 장거리로 수송할 수 있는 능력을 갖추는 동시에 적에 대해서는 육상에 근접해 정밀하게 타격할 수 있는 능력을 갖추도록 변신을 시도하고 있다.

## 신군사전략

앞에서 살펴본 안보전략의 큰 그림 위에서 미국 국방부는 각 군의 편제 및 운용을 새로운 안보전략과 발전하는 군사기술에 적응해 새로이 변용하는데, 그 결과 미군은 21세기 변화한 안보 상황에 대응하는 새로운 군사전략을 마련하게 된다. 이처럼 새로운 안보위협에 대처하기 위해 군사전략의 기본적인 사고의 틀을 바꾼 미군은 과거에는 적의 실존하는 '위협에 대비한 군사전략', 즉 적의 능력을 파악하고 이를 격퇴할 수 있는 군사전략을 약간은 수동적으로 발달시켜 왔다면, 앞으로는 적의 실체가 보이지 않으므로 미국의 '능력에 기초한 군사전략'이라는 적극적인 개념으로 전환하게 되었다. 이는 시간과 장소 그리고 상대에 관계없이 어떠한 형태의 위협에도 대응할 수 있도록 군사적 능력을 키우고 그 능력에 기반해 필요시 먼저 힘을 행사한다는 것을 전제로 하고 있다.

그리고 미군은 정보·전자·통신 분야에서 성취한 첨단기술 발전을 군사 분야에 응용해 미군의 전력을 극대화하는 방안을 추진중인데, 육·해·공군에다 우주군을 연결하는 합동 군사작전 능력의 배양과 전자 전투통제 체제의 개발 및 첨단 정밀 유도 무기의 개발에 심혈을 기울이고 있다. 다시 말해 과거처럼 육·해·공군이 각기 고유의 임무를 수행하던 방식에서 벗어나, 각 군이 협동해 입체작전을 수행하는 것이 훨씬 능률적이라는 판단 아래 3군이 합동작전 능력을 높여 나가는 데 많은 노력을 기울이고 있는 것이다. 여기에다 우주에 현재 배치된 인공위성을 활용하고 앞으로 또 추가로 배치할 우주무기 등을 통해서도 적을 추적하고 파괴하는 능력을 개발해 나갈 전망이다.

통합지휘통제체제는 C4ISR라고 통칭되는데, 여기서 C4란 Commander, Communication, Control, Computer의 머릿글자 C에서 따온 것으로, 지휘관이 컴퓨터 시스템을 통해 전투상황을 실시간 시각영상으로 파악하고 이를 통제하는 체제를 말한다. 이 체제는 각 전투원 상호간에도 실시간으로 전투상황의 통신을 공유하게 함으로써 정확한 상황판단이 가능한 까닭에 전투력 향상 효과를 기대할 수 있다. 그리고 ISR이란 Information, Surveillance, Reconnaissance를 의미하며, 무인항공기 및 정찰로봇 등을 이용한 정찰·감시 작업을 통해 수집된 정보를 즉각적으로 분석해 항상 적의 동태를 파악한 가운데 아군의 행동을 결정함으로써 적의 우위에 서자는 개념이다. 이러한 미군의 새로운 군사전략은 모두 첨단 정보통신 기술의 발전이 있었기에 가능한 일이다.

미국의 군사전략 변화를 좀 더 세부적으로 들여다보면, 미국은 자국의 안보전략에서 선제공격이란 개념을 군사전략에서는 재래식 무기뿐 아니라 핵무기까지도 필요시 먼저 사용하겠다는 방식으로 확장·적용한다. 과거 핵무기는 적의 선제공격을 억지하기 위한 억제력으로서 기능을 하기만 하면 충분했다. 그러나 변화된 군사전략은 앞으로 핵무기를 전쟁 수행 수단으로 사용하며, 대륙간탄도미사일과 같은 대형 핵무기 대신 전술 핵폭탄과 같은 소형 핵무기를 개발해 실전에 이용하고자 한다. 이러한 미국의 입장은 2001년 발표된 '핵태세 검토보고서(NPR, Nuclear Posture Review)'에 나타나 있는데, 테러리스트 등이 동굴 깊숙이 은신해 저항하고 있을 때 이를 격퇴하기 위해 동굴 파괴용 전술 핵무기인 벙커버스터(bunk burster)를 개발·사용하겠다는 것이 구체적인 사례이다. 이 밖에도 무기나 건물 등은 파괴하지 않은 채 특정지역의 전투원 전체를 살상하는 능력을 가진 중성자탄을 개발하는 것도 같은 맥락에서 볼 수 있다. 이처럼 변화된 미국의 군사전략은 여타국에도 심각한 반향을 불러일으키고 있으며, 미국이 이 방향으로 계속 나아갈 경우에 국제 핵질서는 상당한 혼란에 빠질 것으로 보인다. 제2차 세계대전이 끝나고 5대 강국이 핵무기 개발을 종료한 이래, 세계의 핵무기 보유 상태를 70년대 초반 수준에서 동결시키고 핵무기가 다른 나라로 확산되는 것을 방지하기 위해 만들어졌던 '비확산체제(NPT, Non-Proliferation Treaty)'는 지난 30년간 어느 정도 기능을 발휘해 왔다. 그러나 미국이 전술 핵무기개발을 통해 앞장서서 이 체제의 정당성을 훼손함으로써 다른 나라도 조약을 준수해야 할 필요성을 못 느끼게 되면, 지구상의 핵무기 개발 러시를 효과적으로 제어할 억제력이 사라지게 될 것이다.

과거에 미국은 해외에서 지역분쟁이 발생하는 것을 가정해 분쟁 발생시적어도 2개 지역분쟁을 동시에 처리하는 능력을 보유하는 '윈-윈 전략'을주장해 오다가, 80년대 이후 보다 현실적인 대안으로 '윈-홀드-윈(win hold-win)' 전략으로 수정하게 된다. 이 전략은 2개의 지역에서 분쟁이 동시에 발생할 경우, 미국의 전력을 보다 중요한 지역에 우선 집중하는 동안 다른 지역분쟁은 현상을 유지하다가 한 지역분쟁을 제압한 후 이를 다시 두 번째 지역분쟁으로 전환 배치해 두 전쟁을 모두 승리로 이끈다는 개념이다.이 같은 군사전략은 모두 미국 이외 지역에서 분쟁이 발생하는 것을 전제로했으나, 9·11 테러 이후 미국의 군사전략은 미국 본토의 방어를 최우선시하는 방향으로 인식전환을 하게 된다. 그 결과 새로운 군사전략은 '1-4-2-1' 개념을 도입하는데, 이는 하나뿐인 미국 본토를 최우선 방위하고 그 다음 4개의 분쟁 발생 가능 지역에 전진배치를 통해 분쟁발생을 강력히 억제한 다음, 분쟁 발생시에는 2개의 전장도 동시에 처리하되 마지막 전장에서결정적 승리를 거두도록 병력을 운용한다는 사고를 담고 있다. 이 새로운군사전략은 '윈-홀드-윈' 개념을 한 단계 더 발전시킨 것이며, 다양한 형태의분쟁에 미국의 압도적인 군사능력으로 대응할 수 있다는 자신감의 표출로볼 수 있다.

그리고 미국은 또한 대량살상무기(WMD, Weapons of Mass Destruction)의확산에 민감한 반응을 보이며 이를 방지하기 위해 '확산방지구상'을 국제회의 형식으로 출범시켜 현재 약 56개국이 참여하고 있다. 이 회의에 참여하는 국가끼리는 WMD 확산에 연루 의혹이 있는 선박·항공기·물품의 이동에 대해 정보를 교환하고, 필요시 이들을 해상 또는 공항 등 중간에서 차단하는 권리 및 의무를 나누어 가지자는 것이다. '확산방지구상' 자체가 군사적으로 획기적인 개념은 아니나 미국이 테러 등의 근거지는 혼자서 타격할 수 있어도 대량살상무기의 거래 및 확산은 혼자서 막지 못한다는 인식 아래 가급적 많은 국가들을 이 구상에 참여시키고 있다는 점에서 특색이 있다. 미국은 테러와의 전쟁을 통해 새로운 적을 발견하면서 PSI 등을 통해 새로운 안보위협에 대해 공동전선을 형성하는 국가들을 파악해 보려는 의도를 감추지 않고 있다.

즉 과거에는 공산주의에 대항해 자유민주주의를 표방하는 국가들을 동맹으로 삼았으나, 이제는 테러 그룹과 불량국가(rogue states)들을 상대로 PSI에 가담하는 국가들을 폭넓은 범위의 전략적인 동반자 국가들로 보게 된 것이다. 그런데 이는 동맹이란 국가간 안보위협에 대한 공통인식을 가지고 공동으로 이에 대응하는 것을 의미한다고 볼 때 타당하다고 할 수 있다. 따라서 미국은 테러와의 전쟁을 시작하면서 부시 대통령이 "당신들은 우리와 같이 있든지 아니면 그들과 같이 있다"고 언급했던 것처럼 국제사회를 냉전 이후 다시 2분법적 단순시각으로 바라보기 시작했다. 그리고 테러와의 전쟁 수행의 주요 수단인 이 PSI에 어떤 국가가 가입하는 것을 반테러 전선에 가담한 주요한 징표로 보고 있다.

우리나라의 경우에도 이라크전 등과 관련해 테러의 위협이 적지 않을 뿐 아니라, 우리나라로 들어오는 에너지 자원들이 대부분 싱가포르 앞 바다인 말라카 해협을 거쳐서 들어오기 때문에 말라카 해협 등 해상수송로의 안전을 확보하는 것이 우리의 안보이익과 직결되어 있다. 그럼에도 불구하고 해상에서 테러 및 해적행위 혐의선박에 대한 검색과 압수를 주목적으로 하는 PSI에 가입치 않고 있는 현실은 원칙론 측면에서는 이를 재검토할 필요가 있다. 그러나 현실론적으로는 우리는 PSI의 명분에 충분히 공감하면서도 우리의 안보에 사활적인 이익이 걸린 북한 핵문제의 조속한 해결을 위해서는 PSI에 참여하는 세부적인 방법론은 조절을 할 필요가 있다. 즉 PSI에 참여 활동범위, 참여시기 등과 관련해서는 전술적인 고려를 거쳐 신중하게 결정할 필요가 있는 것이다.

미국이 앞서 말한 안보전략의 변화에 따라 가장 적극적으로 추진하고 있는 군사전략의 변화 중 하나는 미사일 방어체제(MD, Missile Defense)를 갖추는 것이다. 이 체제는 가상적의 미사일 공격을 차단하는 것을 주목적으로 하기 때문에 기본적으로 방어적인 성격을 가지지만, 전술핵무기의 선제사용 전략과 맞물리면 상당히 공격적인 의미를 띠기도 한다. 과거 냉전시대에 핵무기의 '공포의 균형'이 유지될 수 있었던 것은 특정국이 상대국을 핵무기로 공격하더라도 일격에 섬멸할 수 없다면 상대국으로부터 보복공격을 당할 게 자명했기 때문이다. 즉 주고받는 보복공격으로 양국이 모두 초토화될 것이라는 사실을 군사 지도자들이 잘 알고 있기 때문에 선제공격을 가하지 못한 채로 위험스런 균형 상태를 유지했던 것이다.

그러나 미국은 첨단 정밀유도 기술의 발달로 적의 미사일 공격을 요격할 수 있는 방어 시스템 구축 가능성에 현실적으로 근접하게 되었다. 그 결과, 적의 보복공격을 격퇴할 수 있다는 자신감을 갖게 되었고, 전술핵무기를 사용한 선제공격에 부담감도 덜 수 있는 상황에 이르렀다. 그러므로 이러한 MD체제는 미국의 선제공격론을 뒷받침하기 위한 강력한 수단이 되며, 따라서 상대국들에게는 역으로 공격적인 압박감을 줄 수밖에 없다. 미국의 MD체제 개발은 미국과 경쟁관계에 있거나 혹은 적대적 의도를 가진 국가들로 하여금 이 MD체제를 우회 또는 극복하는 방법을 찾도록 자극하고 있다. 따라서 요격미사일 회피기술 개발을 위한 첨단 군비경쟁이 벌어지거나, 아니면 미사일이 아닌 다른 운반수단으로 핵무기를 사용하는 방안을 찾는 재래식 우회전술이 개발될 것으로 보인다.

미국은 기본적으로 자국 본토를 방위하기 위해서 MD체제를 갖추기 시작했다. 하지만 미국의 우방국도 과거 핵우산처럼 MD의 우산 아래 보호해 준다는 구상을 가지고 핵심우방국들에게 MD를 공동으로 구축해 나가자고 제안하고 있다. 물론 미국으로서도 MD체제가 자국의 전진기지에 해당하는 동맹국의 영토에서부터 배치되어 있으면 가상적국의 미사일 공격에 대해 근접한 거리에서 1차 요격을 시도할 수 있으므로 본토 방어에도 훨씬 유리하다고 볼 수 있다. 그리고 기술적으로도 미국 본토에 접근한 미사일은 미사일 비행탄도의 마지막 단계에 돌입한 상태이고 대기권에서 지상을 향해 엄청난 속도로 내리꽂히는 터라 요격하기가 쉽지 않다. 미사일이 수직으로 저속 상승하는 추진단계(booster phase)에서라면 요격이 훨씬 용이하므로 가상적국의 미사일 발사기지 근처에 MD체제를 배치할 필요가 있다. 이 때문에 미국은 가상적국에 인접한 동맹국들과 공동으로 MD체제를 개발, 배치하려 하는 것이다. 그러므로 미국의 입장에서는 이처럼 변화한 군사전략에서 중요한 위치를 점하고 있는 MD체제의 도입에 협조하는 국가를 중요한 동맹국으로 간주할 것이고, 그렇지 못한 국가들에 대해서는 해당 국가와의 동맹의 전략적 필요성을 재평가하게 될 것이다.

새로운 안보환경의 변화에 따라 미국의 군사전략이 변경된 또 하나의 주요한 사례는 미군의 해외 재배치 계획이다. 미국은 새로운 안보환경의 변화를 감안해 과거 미군의 해외 배치 현황을 전면적으로 재검토하는 GPR(Global Posture Review)를 실시했다. 그 결과, 과거 사회주의권 국가들을 봉쇄하는 형태로 배치되어 있던 해외 주둔 미군을 앞서 말한 이슬람 테러로 인한 불안정 지역을 연결한 '불안정의 호' 주변으로 이동 배치해야 한다는 결론에 도달했다. 그리고 이 이동 재배치 과정에서 해외기지를 과거처럼 일률적으로 육군 위주의 고정된 군사시설로 만들 것이 아니라, 전략적 기능에 따라 해외기지를 각기 차등화하고 그 기능에 맞는 형태의 기지를 유지·운영하기로 결정했다.

그리하여 미국은 해외 미군기지를 전략적 기능의 중요성에 따라 4단계로 구분하는데, 가장 상위의 기지는 '전략투사근거지(PPH, Power Projection Hub)'이고 다음은 '주요작전기지(MOB, Major Operation Base)'이며, 또 그 다음은 '전진작전거점(FOS, Foward Operation Site)'이고 마지막 단계는 '안보협력대상지점(CSL, Cooperative Security Location)'이다. 이 네 가지 해외기지의 분류는 전반적인 군 운용 개념인 신속대응 개념과 상응해 만들어졌다. 미군은 주요전략거점인 PPH에 군사력을 집중시켜 놓고 있다가 사태가 발생하면, 해당 지점에서 가장 근접한 PPH로부터 병력을 신속히 전개해 MOB에 배치하고 작전에 돌입하며, 필요시 FOS까지 전방기지로 활용하는 것이다. 이러한 기지운용 체계를 활용하면, 어느 지역에서 분쟁이 발생하더라도 여단병력은 72시간 이내에, 사단병력은 4주 이내에 현장에 투입될 수 있다고 한다.

미국이 PPH를 설치할 대상 국가는 군사기술 능력과 상호운용성 측면에서 미군과 함께 전선에서 작전을 할 수 있는 능력을 갖추고 있으며, 새로운 안보위협에 대해 공동인식을 가진 국가라는 범주에 들어야 할 것으로 보인다. 이 PPH에는 미국이 육·해·공군의 병력과 장비뿐 아니라, 전쟁수행에 필요한 물자도 다량 비축해 놓고 전쟁 기간 동안 지속적인 군사력을 방출하는 거점이 되는 것이다. MOB를 설치할 대상 국가는 전략적으로 미군의 주둔이 필요하지만 PPH 설치국가와 비교해 군사능력과 상호운용성 수준이 낮은 국가이거나, 또는 미국과 전략적·정치적 이해관계가 일치하는 부분이 한정되어 있어 특화된 틈새능력(Niche Capability)만 제공하기를 원하는 국가를 말한다.

FOS는 '불안정의 호' 인근에 위치해 있으면서 적은 규모의 미군이 상시적으로 주둔하고 있어 평소 인근지역의 불안정성을 억제하는 역할을 하다가, 분쟁이 발생할 경우 미군의 증원을 받아 기지의 규모를 확장, 운영할 수 있는 능력을 갖춘 기지를 말한다. CSL은 미군의 상시적 주둔은 필요 없으나 분쟁이 발생했을 경우 미군의 이동·전개를 위해 임시적으로 사용할 필요가 있는 기지나 국가를 말하며, 이들 국가와는 평소 협력관계를 통해 유사시 이러한 기지를 사용할 수 있도록 관리해 나가고 있다.

이와 같이 미국은 새로운 군사전략에 따라 해외기지를 4등급으로 나누고 해외기지를 설치하는 국가와는 그 해외기지의 등급에 맞는 관계를 설정할 것으로 보인다. 즉, PPH를 설치하는 국가는 필수동맹국, MOB를 설치하는 국가는 동맹국 또는 전략적 동반자, FOS를 설치하는 나라는 우방국, CSL을 설치하는 국가는 군사협력 대상국 정도의 관계를 유지할 것으로 전망된다. 물론 양국간의 관계가 군사협력 측면에서만 전적으로 결정될 수 없으므로 이와 같은 관계가 항상 등식으로 성립되는 것은 아니라 해도 상당한 정도의 상관관계를 가질 것은 분명해 보인다.

미국은 냉전시대와 같이 특정 국가를 상대로 집중된 전력을 가지고 한 곳의 전선에서 집단군이 대규모로 충돌하는 전쟁을 재래전 개념으로 본다. 그리고 향후 미래전은 이와 다른 형태로 전개될 것으로 예측하면서 미군의 편제 및 운용 시스템을 개선해 나가고 있다. 즉, 미래전에서는 다양한 지역에서 다양한 주체들이 동시다발적으로 미국의 안보에 위협을 가할 수 있다는 시나리오를 상정하고 이들을 제압할 수 있는 미군의 신속대응능력을 강화하기 위해 노력을 기울이고 있는 것이다. 이를 위해 미국은 2006년판 QDR에서 특별군(SOF, Special Operation Forces) 예산의 15% 인상을 지지하고 있는데, 이는 2001년부터 2006년 동안 SOF 예산이 81% 증액되는 것을 의미한다.[50]

전 미군을 '더 가볍게, 더 멀리, 더 빠르게' 변환시킨다는 기치 아래 미 육군의 경우에는 중무장 사단을 경무장 '스트라이커 여단' 형식으로 변경중에 있다. 그리고 2005년 발표된 미군의 발전계획에 따르면, 미 육군은 현재 단기간 내 해외 이동 배치가 가능한 병력을 현재의 7만 명 수준에서 2011년까지 35만 명 수준으로 늘려가겠다는 방침이다. 전체 육군의 숫자는 56만 명에서 48만 명으로 감축하되 그 중에서 35만 명을 해외 이동 배치가 가능한 전투병력으로 만들겠다는 것은 미군이 기동성 확보에 얼마나 관심을 기울이고 있는지를 잘 보여주는 지표가 된다.[51]

해군의 경우에도 많은 수의 미군을 분쟁 지역으로 실어 나를 수 있는 고속수송선 및 상륙정을 실전배치하고 있으며, 중요 해역마다 분쟁이 발생할 경우 현지에 이동 배치되는 미군의 탄약 및 보급품을 지원하기 위한 초대형 수송선단이 미리 배치되어 있다. 그리하여 분쟁이 발생하면 분쟁지역으로 최대한 가까이 이동해 그곳에서 미 본토나 인근지역으로부터 이동 배치되어 오는 미 육군 및 해병대에게 적어도 한 달분의 보급품을 지원함으로써 이 병력들이 바로 실전에 신속히 투입될 수 있도록 하는 것이다. 물론 공군의 경우에도 대량 수송 능력을 증강시키고 있는데, 이라크전에서도 미 공군은

---

50. The Economist 2006. Feb. 11 p. 29
51. Washington Post 2005. 10. 7.

10만 명의 지상병력을 빠른 시간 내에 이라크 내로 전개시키는 능력을 성공적으로 보여주었다.

미군은 과거에는 전 세계를 관할하는 6개의 지역사령부가 있어 각 지역사령부가 해당 지역 방위를 책임져 왔으나, 앞으로는 이처럼 지역 개념에 구애받지 않고 어느 지역 전장에 배치되든지 간에 그곳에서 보급을 받아 다른 지역에서 이동해온 다른 기능부대와 연결되어 바로 실전에 투입될 수 있는 모듈(module)군으로 변화가 추진되고 있다. 즉, 과거에는 한 사단 내에 보병·포병·항공대·수송·군수 등 각 기능이 망라되어 있었으나, 앞으로는 경무장 보병여단만 파견되어도 현지에서 다른 기능부대들과 바로 연결되어 지원받을 수 있도록 각 부대간 호환성을 높이는 모듈화를 추진한다는 것이다. 따라서 'plug-in and play'의 개념처럼 각 기능부대가 현지에서 결합하면 바로 집단부대로서 작동될 수 있으니 기동성이 높아질 수밖에 없다.

# 4. 통일을 향한 남북한 관계 변화

## 가. 최대의 외교과제

우리나라가 앞으로 나아갈 진로, 특히 주변 국가들과 관계를 설정해나가는 데 가장 중요하게 고려해야 할 요소는 이들 국가와 맺는 관계가 통일을 향한 남북한간 관계 관리, 궁극적으로는 우리의 평화통일 성취에 어떠한 영향을 미칠 것인가 하는 점이다. 통일문제는 원칙적으로 우리 민족 내부의 문제이지만, 분단의 원인 자체가 한반도 주변 강대국간 권력투쟁의 소산이므로 한반도 주변 국가들과의 이해관계 조정 없이 결정될 것이라고 보는 것은 현실성이 결여된 전망이다.

통일은 우리 민족의 지상과제인데도 통일의 방식에 대해서는 아직도 우리 사회 내부에서 충분한 공감대가 형성되어 있지 않다. 따라서 통일이 어떠한 방식으로 이루어질 것인가 하는 데에 따라 우리나라의 진로, 특히 외교의 방향이 상당한 영향을 받을 것이다.

앞으로 통일 과정이 몰고 올 여러 가지 여파를 감안할 때, 길게 보면 통일 자체가 우리 외교의 최대 변수이자 과제일 뿐만 아니라, 남북한 관계개선 과정에서 발생하는 여러 문제들만으로도 현재 우리 외교에 상당한 부담과 과제를 안기고 있다.

급속히 변화하는 21세기 국제환경 속에 각국은 자국의 위상을 높이기 위한 새로운 외교·안보전략을 구축하는 데 골몰하고 있다. 이들 국가들은 자국 민족 내부의 문제로 인해 행보가 제약을 받는 일은 없으나, 우리의 경우에는 통일문제가 최대의 현안이며 이 과정이 길고 복잡할 것으로 예상된다. 다시 말해, 우리 외교는 민족 내부적으로 통일과정 관리와 외부적으로는 주변국과의 관계 설정이라는 두 가지 측면을 동시에 고려하면서 행보를 결정해 나가야 한다는 점에서 어려움이 배가된다고 할 수 있다.

그런 의미에서 우리의 외교는 이미 상당히 많은 비용을 지금까지 지불해오고 있다고 해도 과언이 아닌데, 가장 현저한 예는 북핵 문제이다. 북핵 문제가 1993년 불거진 이래로 현재 15년 이상을 우리 정부는 북핵 문제 해결을 위해 우리 외교의 가장 핵심적인 자산과 역량을 쏟아붓고 있다. 물론 북핵 문제 해결이 통일 과정에 필수적인 절차일 수도 있고, 문제 해결 과정을 통해 여러 가지 통일에 유리한 여건이 조성되는 망외의 소득을 기대할 수도 있다. 그러나 현재 시점에서 볼 때 북핵 하나에 우리 외교력의 정수가 많이 소진되고 있는 것은 안타까운 현실이 아닐 수 없다.

그리고 북핵 문제는 기본적으로 잘 해결되면 우리 민족이 공멸의 길을 피하는 것이요, 잘못되면 돌이킬 수 없는 재앙을 초래하는 중대 사안이기 때문에 결국은 최선의 협상 결과가 현상 유지, 즉 1992년의 한반도 비핵화 선언의 실천으로 뒤늦게나마 되돌아가는 것에 불과할 뿐이다. 우리와 같은 내부문제를 안고 있지 않은 주변국들의 경우, 급속히 변화하는 국제정세 속에서 자국의 국력 강화와 주변국과의 관계 설정에만 전력을 집중하고 있는 것을 볼 때 북핵 문제가 우리 외교에 미치는 부담을 짐작할 수 있을 것이다.

북핵 문제 외에도 한국전쟁 당사국간의 정전협정을 평화협정으로 대체, 북한의 경제회생을 위한 국제적 지원틀 마련, 통일 과정에서 발생하는 남북한 사이의 알력 해소, 통일 한반도 실현을 위한 주변국들과의 조정 및 새로운 관계설정 등이 통일로 향해 나아가는 과정에서 우리 외교가 해결해야 할 현안이자 도전이 되고 있다. 통일을 향한 남북한 관계관리 문제는 어떠한 국제정세 변화에 못지않게 우리 외교의 진로에 큰 영향을 미치는 요소이므로 이 과정에서 발생할 수 있는 여러 현안에 대한 올바른 대처, 즉 주변국의 반응 등을 감안한 신중한 대처가 요구된다 하겠다.

그리고 통일 과정에서 주변국과의 관계설정도 중요한 문제이지만, 우리 내부적으로 통일문제를 어떤 시각에서 접근해 나가야 하는가에 대한 합의를 도출하는 것도 큰 과제이다. 통일문제에 대한 국민적 컨센서스를 바탕으로 우리가 지속적이고 점진적으로 이를 추진해 나갈 경우, 우리 국력뿐 아니라 외교에도 틀림없이 도움이 될 것이다.

그러나 우리 내부에서 이러한 국론통일 없이 정권이 바뀔 때마다 대북정책의 기본 접근방법이 변경될 경우, 통일 과정은 국력을 소진시킬 뿐만 아니라 외교적으로도 상당한 부담으로 작용할 것이다. 그러므로 보다 공론화된 논의를 통해 대북정책의 밑그림이 변하지 않고 지속될 수 있도록 국민적 합의를 조속히 도출하면 할수록 국익에 도움이 될 것이다.

남한에서는 통일에 대해 부정적이거나 무관심한 계층이 존재하기도 하지만, 한민족 구성원은 전체적으로 남북한 통일을 지지하고 있다. 지금 상황에서 특별한 변화가 없는 한 통일로 가는 과정은 이미 시작되었고, 이 과정은 돌이키기 힘들 것이라는 인식을 가지고 있는 것으로 보인다. 우리 민족구성원의 일반인식이 이렇다면 우리 외교도 통일을 향한 과정이 보다 순조로우면서 남북한 모두의 국력이 신장되는 방향으로 진전될 수 있도록 주변국과의 관계를 유도해 나가야 하는 책무를 지고 있다고 할 수 있다.

　사실 우리 민족의 유구한 역사에 비추어 보면, 지난 60여 년 간 분단기간은 별 길지 않은 아주 비정상적인 상태에 있었던 기간이므로 남북한 관계는 당연히 정상적인 상태로 복원하려는 경향을 가지게 마련이다. 따라서 시대의 흐름이 통일을 촉진하는 방향으로 진행될 것으로 예견되므로 우리 외교는 통일달성이라는 목표에 흔들림이 없어야 한다. 그리고 통일 시기 및 그 과정에 대해서는 국익에 가장 부합하는 방향으로 주변국과의 교감을 통해 구체적인 로드맵을 만들어 나가야 할 것이다.

　한편, 동북아 지역에서 여타국들의 민족주의가 점차 강성해지고 있는 현상을 감안할 때 한반도 내에서도 민족주의가 고조될 가능성이 높아 보인다. 만일 한반도 내에서 민족주의가 저조할 경우라면, 주변국의 민족주의 압력에 대응해 나가기 위해서도 우리 내부적으로 민족주의를 적절히 고취시킬 필요가 있을 것이다. 이는 물체 외부의 압력이 거세어질 경우, 물체 내부에서도 압력을 높여 나가야 물리적으로 안정된 평형상태를 유지할 수 있는 것과 같은 이치이다.

　이러한 민족주의 고조 경향은 우리 내부적으로는 필히 통일의 시기를 앞당기는 요인으로 작용할 것으로 보이지만, 민족주의 색채를 너무 강하게 드러낼 경우 주변국들의 경계심을 자극해 통일 과정에 오히려 장애요인이 될 수도 있다. 따라서 내부적인 민족주의 고조 경향을 외부 여건을 감안해 적절히 통제해 나가는 지혜가 필요하다 하겠다.

## 나. 북핵 문제 해결

북핵 문제 해결을 위한 구체적인 방법론은 현재 협상이 진행중인데다 앞으로 상황에 따라 여러 번 우여곡절을 겪을 수도 있기 때문에 현 단계에서 이에 대한 분석과 전망은 별 의미가 없다. 그러나 단지 북한 핵문제의 해결 과정에 대한 각국의 기본입장과 북핵 해결 과정에서 파생되어져 나올 국가 간의 관계설정이 향후 우리 외교에 어떤 함의를 가질 것인가를 거시적 관점에서 고찰해 볼 필요는 있다.

우선 북핵 문제는 평화적으로 해결되어야 한다는 것이 절대적인 전제이다. 우리로서는 북핵 문제로 인해 한반도가 다시 전쟁의 참화에 휩싸일 경우, 민족 전체가 거의 회복불능의 타격을 받을 것이 자명하기 때문에 전쟁 발발 가능성은 모두 차단해야 한다. 물론 협상을 위한 전술적인 협상책략으로 군사적인 옵션을 배제하지 않는 것이 현명할 수는 있다.

그러나 이 책략이 실효적인 것이 되기 위해서는 만에 하나라도 필요한 경우에 우리가 전쟁을 불사한다는 결의가 확고해야 하고, 이러한 결의에 북한이 심리적 위협을 느껴 자신의 협상전술을 변경할 가능성이 있을 때만 그 실효성이 인정되는 것이다. 그러나 우리를 비롯한 동북아 지역 국가들이 군사적 옵션 사용에 부정적일 수밖에 없다는 것을 북한이 간파하는 순간, 군사적 옵션 자체의 효용성은 이미 반감되어 버리며, 그러한 현상은 이미 발생하고 있다고 보아야 한다.

그러나 미국의 경우에는 현재 자신이 신봉하는 선제공격이론에 의거해 필요하다면 불량국가인 북한을 상대로 한 군사적 옵션 사용을 당연한 것으로 여길 뿐만 아니라, 군사적 옵션을 사용하더라도 자신은 직접적인 피해를 입지 않는다고 판단해 이 방법을 선호할 수도 있다.

하지만 우리는 물론 중국과 일본 등 인접국만 해도 자칫 한반도가 전쟁으로 돌입하게 되면 동북아 정세가 일대 혼란에 빠질 게 자명하므로 현실적으로 군사적 옵션 사용과 같은 모험주의 정책을 지지하기는 어렵다. 특히 일본의 경우도 북한의 장거리 미사일이 2003년 일본열도 상공을 통과해 시험 발사된 이후에는 북한으로부터 위협이 관념적인 것이 아니라 피부로 느낄 수 있는 현실이 되었기 때문에 쉽사리 미국의 대북 군사 옵션 사용에 동조하기에는 심적 부담이 많을 것이다. 북한이 각국의 이러한 기본적인 의도를 간파한 이후에는 군사적 옵션 사용 자체의 실효성이 이미 상당히 약화되므로 이 옵션을 협상과정에서 자주 거론하는 것조차 협상의 기초인 상호신뢰를 손상하게 되므로 전술적으로도 타당성이 적어 보인다.

북핵 문제가 6자회담을 통해 평화적으로 해결되어야 할 또 다른 이유는 협상 참여 당사국간에 신뢰가 조성되고 대화의 틀이 정착되어 6자회담이 평화창출 기제로 성공을 거두면 향후 6자회담을 동북아 평화협력체 발족을 위한 대화의 장으로 변환시킬 수 있다는 점이다. 이는 동북아 질서를 형성하는 6개국이 6자회담에 전원 참석하고 있다는 점, 그리고 동북아 지역에서는 이러한 안보협력 또는 평화협력을 논의할 필요성이 인식되면서도 이를 위한 메커니즘이 여태까지 존재하지 않았다는 점에 기인한다. 특히 한반도의 평화적 통일을 이끌어내야 하고 통일 이후에도 동북아에서 평화적인 질서 구축을 제일 필요로 하는 우리나라의 경우에는 북핵 문제가 평화적으로 해결되는 것 이외에 다른 대안을 생각할 겨를이 없다고 할 수 있다.

북핵 문제 해결 과정에서 우리가 고수해야 할 또 하나의 원칙은 한반도의 비핵화이다. 이미 1992년에 남북한은 한반도 비핵화 선언을 채택했고, 현재 진행중인 6자회담에서도 한반도 비핵화 원칙을 확인하고 있는데, 이 원칙은 앞으로 회담 과정에서도 차질 없이 관철되어야 할 것이다. 우리 사회 일각에서는 북한의 핵무기에 대해 관용적인 태도를 보이는 경향도 있는 게 사실이다.

그러나 북한이 핵무기를 완전히 포기하지 않을 경우, 동북아 지역에서 핵무기 개발을 위한 군비경쟁이 촉발되어 그렇지 않아도 불안정한 형국으로 진입하고 있는 동북아 정세의 긴장은 더욱 고조될 것이다. 그리고 우리의 주변국들은 핵무기를 보유한 통일 한반도의 출현을 원치 않을 것이기 때문에 통일 과정 자체가 주변국의 비협조로 어려움에 봉착할 가능성이 많다. 게다가 통일 이후에도 우리가 원하는 동북아 평화협력체를 만들기 위한 분위기 조성에 전혀 도움이 되지 않을 것이기 때문에 북한이 핵무기를 완전히 포기하도록 유도해야만 한다.

북핵 문제 해결의 최대 걸림돌은 북한과 미국 간의 불신이다. 미국은 북한이 현재 지구상에 존재하는 유일한 스탈린주의적 공산주의 국가이면서 1994년 기본협정(Agreed Framework) 합의에도 불구하고 우라늄 핵무기 개발 프로그램을 비밀리에 진행해 왔다는 점에서 북한을 극도로 불신하고 있다. 또한 북한은 과거에 테러를 자행해 미국이 정한 테러리스트 국가 명단에 아직 이름이 올라 있을 뿐 아니라, 미국이 반테러 전쟁을 벌이고 있는 이슬람 내 과격집단과 반미 회교국가들에 무기를 수출한 전력 등이 있다.

게다가 미국이 중요시하는 보편적 가치인 민주주의와 인권 문제에서도 북한은 세계에서 가장 열악한 상황에 처해 있으므로 이래저래 미국으로서는 북한을 정상적인 국가나 대화 상대자로 인정하기를 거부하는 정서가 강하게 존재한다.

그러므로 미국으로서는 북핵 문제 해결을 위해 북한과 협상 테이블에 나오는 자체가 자신의 기존 강경 입장을 많이 완화한 것인데다 6자회담에서 북한-미국 간 양자대화가 이루어진 것은 북한을 공식 대화 파트너로 인정한 셈이 되어서 결코 쉽지 않은 결정이었을 것이다. 그럼에도 불구하고 북한이 협상에서 비타협적으로 나오자, 미국 내부에서 협상파를 비난하는 강경파의 목소리가 더욱 강해지게 되는 것이다.

북한으로서는 90년대 냉전체제 붕괴 이후 과거 혈맹국, 동맹국이었던 중국과 소련이 각기 북한과의 관계보다는 남한과의 관계 진전에 더 높은 비중을 두면서 자연히 세계에서 가장 고립된 나라로 전락하게 된다. 이러한 전략적 고립이 북한 지도부에게 엄청난 심리적인 부담으로 작용하면서 북한 지도부는 국제적으로 확립된 핵무기의 '비확산 체제' 등에도 불구하고 자신의 생존을 위해 핵무기를 보유해야 한다는 결론에 도달한 것으로 보인다. 북한이 핵무기를 보유했는지 여부에 대해서는 북한의 공언에도 불구하고 공식적으로 확인되지는 않고 있다.

하지만 북한이 핵무기 개발에 대한 관심을 갖기 시작한 것이 70년대 말로 거슬러 올라간다는 점과 90년대 이후 전략적 고립으로 인해 유일한 생존대안으로 핵무기에 집착할 수밖에 없는 정황을 고려하면, 북한이 조잡한 수준이라도 핵무기를 보유하고 있다고 추정하는 것이 합리적일 것이다.[52] 따라서 2002년 북핵 2차 위기가 발생한 이후 북한이 플루토늄 추출을 위한 조치 등에 착수하고 핵개발 재개 가능성을 공언하곤 할 때마다 이를 북한이 협상 시 유리한 위치를 점하기 위해 상습적으로 해오던 허세(bluffing)나 벼랑끝 전술(brinkmanship policy)로 분석하는 시각도 있었다. 하지만 그간의 북한의 발언을 면밀히 추적해 보면 단순히 허세라고 치부하기에는 구체성을 띠고 있

---

52. 전 청와대 비서관 선우련 씨의 비망록(월간조선 1993년 3월호)에 따르면, 남한의 박정희 대통령도 1981. 10. 1 국군의 날에 기해 한국이 자체 개발한 핵무기를 공개해 북한의 남침 의욕을 꺾겠다는 의지를 보였다. 즉 남·북한은 공히 안보불안으로 인해 핵무기 개발에 착수했다는 정황을 뒷받침한다. 구영록, 『한국의 국가이익』, p. 183에서 재인용

다는 점을 간과해서는 안 된다.

하여튼 생존의 유일한 대안을 핵무기에 의존하고 있는 북한으로서는 자국의 생존에 최대위협인 미국으로부터 완전한 안전보장을 받을 수 있다는 것을 확신하기 전까지는 핵무기 프로그램을 결코 포기하기는 어려운 입장일 것이다. 북한으로서는 1994년 기본합의에 의한 경수로 건설이 결국 중단된 것도 미국의 책임이라는 시각을 가지고 있으므로 미국이 합의를 한 이후에 이를 준수하지 않으면 자국의 생존이 즉각적으로 위태로워진다는 점에 예민해지지 않을 수가 없는 것이다.

그러므로 미국과 북핵 문제 해결을 위한 협상을 하더라도 먼저 양보하지 않고 아주 집요하게 모든 안전장치를 강구한 이후에 북핵 포기라는 조치를 마지막으로 취해나가려 할 것이다. 북한지도부는 미국을 충분히 신뢰할 수 없는 상황에서 핵무기를 먼저 포기할 경우에 미국이 뒤이어 강경책을 구사할 때 속수무책으로 당할 수밖에 없고 결국은 정권 자체가 무너진다는 강박관념을 가지고 있는 것이다.

이와 같이 북핵 문제는 기본적으로 미국의 적대시정책으로 인해 북한이 느끼는 체제전복에 대한 안보위협, 그리고 북한의 핵무기가 확산될 경우 테러와의 전쟁이 통제할 수 없는 상황으로 빠질 것을 우려하는 미국이 느끼는 안보위협 간의 이익충돌에 기인한다. 북한의 생존전략과 미국의 세계전략이 서로 맞물려 어긋나 있기 때문에 그 해결책을 도출하기가 쉽지 않다는 말이다. 이러한 이익충돌 위에 상대방에 대한 극도의 불신감이 겹쳐 있어서 협상과정이 복잡하고 어렵다.

물론 북한의 핵무기는 실질적인 위협은 인접국이 더욱 심각하게 느껴야 하는데도 일본 이외 여타국은 그렇게 심각하게 여기지 않는 형국을 보이는 것도 미국의 시각에서는 이해하기 어려운 대목이다. 특히 미국의 입장에서는 휴전선을 사이에 두고 아직도 세계 최대 규모의 무장병력이 대치하고 있는 남북한 관계를 감안할 때 북한의 핵무기 보유주장에 대해서 별달리 심각한 반응을 보이지 않는 한국의 안보불감증에 대해 더욱 납득하기가 힘들 것이다.

그래서 미국은 북핵 문제는 북한-미국 간의 문제가 아니라 주변국 모두의 문제이므로 이 문제해결을 위해 다자간 협의체인 6자회담 방식이 적합하다고 주장했다. 그러나 막상 6자회담이 개최되고 나서 이 다자회담에서 북한을 다수의 압력으로 굴복시키려고 했지만, 각국이 북핵 문제에 대해 느끼는 위협의 정도가 다르고 전략적 이해관계도 달라 미국의 의도대로 회담이 잘 진행되는 것 같지는 않다. 결국 여타 참여국들은 북한-미국 간 불신을 완화해 주고 양측의 합의사항을 공동 보증하는 차원에서 문제해결의 촉진자는 될 수 있지만, 북핵 문제는 궁극적으로 북·미간 양자회담을 통해 빗장이 풀려야 할 것이다.

그런데 기본적으로 안보 문제인 북핵 문제를 회담 참여국들이 각기 자국의 다른 전략적 고려요소들이 포함된 시각으로 접근할 경우, 문제의 해법은 더욱 찾기 어려워질 게 자명하다. 실제로 6자회담 진행과정에서 다소 그러한 경향이 나타나는 것은 우려할 만한 현상이 아닐 수 없다.

우선 북한은 최근 북핵을 경제적 지원을 받기 위한 도구로도 활용할 것 같은 입장을 보이고 있다. 그리고 북핵 포기를 통해 가능한 한 최대의 반대급부를 얻어내기 위해 협상과정에서 여러 책략을 동원할 것으로 예상되어 협상의 전도를 어둡게 하고 있다.

미국의 경우도 북핵 문제를 그 자체로만 보지 않고 미국의 세계 전략적 차원에서, 특히 네오콘의 관점에서 활용하기 위해 내심 조기해결을 서두르지 않으려 할 수도 있으므로 이것도 협상진전의 장애요인이 될 것이다. 중국의 경우에도 북한 핵 위기가 실제로 폭발점에만 이르지 않는다면 미국이 중국에 원하는 것처럼 무리하게 북한에 압력을 가해서 이 문제를 조기 해결해야 할 큰 유인요소를 발견하지 못한다고 보아야 한다. 오히려 북핵 문제 해결 과정을 통해 동북아 지역의 변화하는 국제정세를 자국에 유리한 방향으로 전개시키려는 전략적 고려를 하고 있을 개연성이 다분하다.

일본의 경우에도 6자회담에서 자국의 납북자 문제는 명시적으로, 북한·일본간 국교정상화 문제는 암묵적으로 동시에 해결하려는 입장을 내보이고 있어 협상진전에 지체 요인이 될 수 있다. 게다가 날로 높아져가는 일본 국민의 우경화 정서에 편승해 일본의 우익들은 북한의 위협을 부각시켜야 평화헌법 개정 및 군사강국으로의 앞길이 순탄해질 수 있다는 계산을 해나갈 수도 있을 것이다.

이러한 6자회담 참가국들의 잠복된 전략적 의도를 고려해 볼 때, 그리고 이미 15년 이상을 끌어온 북한 핵문제를 더 이상 끌고 갈 경우 우리 민족 전체의 진로에 암운을 던질 뿐이라는 점을 감안하면, 우리가 북핵 문제의 조기해결에 진력할 수밖에 없다는 결론이 도출된다.

우리로서는 미국과의 동맹관계를 십분 활용하고 북한과는 민족화합을 통해 형성되는 신뢰관계를 바탕으로 북한·미국 간의 불신의 간격을 조금이라도 좁히는 데 노력을 해야 한다. 이를 위해 우리는 양측으로부터 '정직한 중재자(honest broker)'라는 신뢰를 얻을 수 있어야 하는데, 결국 이것은 미국과의 동맹관계를 더 돈독히 하는 한편, 북한과도 민족화해 정책을 더 폭넓게 시행해야 가능한 일이다.

물론 미국의 북한에 대한 불신이 깊이 남아 있는 한 이 같은 우리의 중재 노력은 오히려 한·미동맹에 균열을 가져오고 기대보다 오히려 역효과를 불러올 가능성도 있다는 걸 간과해서는 안 된다. 그러므로 북핵 문제 해결은 우리 외교에는 참으로 고난도의 과제이며 세계 외교사상 어떤 협상보다도 어려운 난제이므로 북핵 문제 해결을 위해서는 더욱 섬세한 접근방법이요구된다 하겠다.

사실 미국이나 북한으로서도 냉철히 따져보면 한국을 정직한 중재자로 믿고 신뢰하는 편이 도움이 된다는 걸 알 수 있을 것이다. 북핵 문제 해결 과정에서 자국의 다른 전략적 고려를 주입함으로써 왜곡을 가져올 가능성이 가장 적은 국가는 바로 한국이기 때문이다. 또한 한국은 미국과 동맹관계를 계속 유지·발전시켜 나가야 하는 위치에 있고, 북한과는 한민족으로 통일을 이루어 나가야 하는 시대적 소명을 가지고 있으므로 어느 한쪽을 유리하게 하거나 불리하게 다루어야 할 실익이 없는 상황이다.

그러나 우리의 이러한 입장을 이해시키고 설득하기 위해서는 많은 외교적 노력이 필요하며, 우리가 미국과 북한 중 어느 한쪽으로 경사되는 듯한 인상을 주게 될 때는 벌써 '정직한 중재자' 역할이 불가능해지므로 엄정한 균형을 지켜나가야 한다.

여기서 말하는 엄정한 균형이란 미국과 북한 사이의 관계 전반에서 엄정한 중립을 지키는 것을 의미하지는 않는다. 단지 북핵 문제 해결 과정에서 '정직한 중재자' 역할을 담당하면서 각 사안별로 객관적인 타협가능점이 보일 때 이를 유도해내기 위한 균형된 시각을 의미한다. 반면, 양측 가운데 일방이 사안의 명백성에도 불구하고 자국의 이익을 최대화시키기 위해 불합리하게 강경 입장을 고수할 때는 무게의 중심을 다른 편으로 옮길 수도 있어야 할 것이다.

그러나 이 과정에서도 잊지 말아야 할 것은 북핵 문제는 고도의 위험성이 내포된 안보 문제이므로 이 문제가 잘못된 방향으로 진전될 경우 우리가 취해야 할 '마지막 입장(fall back position)'은 우리의 안보 우선이란 사실이다.

다른 어떤 문제보다도 안보 문제는 조심스럽고도 보수적인 접근방식을 취해야 하는 이유는 만일 일이 잘못 관리되어 분쟁이 발생하게 되면 그 결과는 엄청나게 심각하기 때문이다. 프랑스 루이 왕정시대의 명재상이었던 리슐리에는 "개인은 실수해 죽더라도 내세에 부활할 수 있지만 국가는 멸망하고 나면 끝이다"라는 경구로서 국가안보 문제의 중요성을 갈파한 바 있다.

그러므로 한·미동맹의 큰 틀을 유지하는 가운데 북핵 문제 해결을 위한 우리의 '정직한 중재자' 역할도 가능한 것이며, 중재자 역할이 정히 불가능해지는 상황에서는 우리는 한·미동맹의 틀에 의지해 우리의 안보를 담보하는 것이 당연한 일이다. 우리 사회 일각의 주장처럼 한·미동맹과 북핵 문제 해결은 상호대립적인 개념이 아니라, 오히려 한·미동맹의 견고한 큰 틀 안에서 우리가 균형된 중재자 역할을 수행할 때 북핵 문제는 더욱 잘 해결될 수 있는 것이다.

그리고 북핵 문제는 그 본질상 그간 6자회담 과정에서 도출되어 나온 3단계 또는 4단계 조치들을 '말 대 말', '행동 대 행동'이라는 공식에 대입하면 수학문제 풀리듯이 해결되어 나올 수 없는 것이다. 물론 북핵 문제 해결에서 단계별 조치 및 동시행동 조치가 가장 중요한 원칙이 될 수밖에 없고, 이 두 원칙이 잘 준수되면 대부분 문제는 해결된다고 볼 수 있다. 그러나 제일 어려운 문제는 고농축 우라늄(HEU) 프로그램인데, 이는 가늘고 긴 원통형 모양에다 소음도 나지 않는 정밀한 고속 원심분리기만 다수 설치하면 아주 작고 은밀한 장소에서도 우라늄 농축을 진행할 수 있기 때문이다.

학교교실 정도의 작은 공간에서도 수백 개의 원심분리기를 설치해 계속 HEU를 추출해 낼 수 있기 때문에 북한이 이를 은닉하려고 마음만 먹는다면 얼마든지 은닉할 수 있는 것이다. 따라서 북한의 핵무기 프로그램의 완전포기를 국제사회가 완벽하게 입증할 수 있는 실효적인 방법이 없기 때문에 북한의 진실된 자발적 선언이 중요하다.

그러나 이 문제에 관해서는 미국과 북한의 주장이 서로 엇갈리고, 양측 모두 자국의 주장을 입증할 만한 결정적인 자료를 보이지도 않고 있다. 또한 북한이 HEU에 대해서는 계속 애매하면서도 일관성이 없는 태도를 보이고 있어 이 프로그램이 실존하지 않는다는 것을 증명하는 일이 북핵 문제 해결을 위한 최후의 관건이 될 것이다.

그리고 이 최후의 관건인 HEU 프로그램 문제는 미국이 해당 프로그램이 존재하지 않는지를 확인하기 위해 북한의 전국 방방곡곡을 모두 헤집고 다니면서 강제사찰을 실시하더라도 충분히 확증할 수 없다는 점에 어려움이 있다. 그러므로 HEU 프로그램 문제는 북한의 진실성과 미국과 북한 사이의 신뢰회복이 전제되지 않고는 해결이 거의 불가능하므로 결국 북핵 문제 해결은 로드맵이 아무리 잘 만들어지더라도 수학적인 방식으로는 해결되지 않는 진실게임이라는 성격을 잊지 말아야 한다.

따라서 우리는 북한과 미국 양측간 이러한 신뢰분위기 조성을 위해 노력해야 한다. 또한 우리는 북한과 미국 양측 모두에게 북핵 문제 해결을 위해 과거 지향적 자세가 아니라 미래 지향적 자세로, 정적인 관점이 아니라 동적인 관점에서 해법을 찾아갈 것을 권고해야 한다. 서로 변화하는 상대방을 인정하기 꺼려하고 과거에 자국이 얻을 수 있었던 최고 기대치를 협상목표로 삼아 비타협적 자세를 고수할 것이 아니라, 상대의 변화 가능성을 인정하고 한반도 통일 이후 동북아 정세를 염두에 둔 미래지향적 시각으로 이 문제에 접근해야 할 필요성을 인식시킬 필요가 있다.

## 다. 평화협정 체결

6자회담이 성공적으로 진행되어 북핵 문제 해결의 본격적인 기틀이 잡힌다면, 그 즈음해서 북한과 여타 참여국 간의 관계정상화 조치를 통해 한반도에서 냉전시대를 청산하고 북한에 자국 체제의 안전보장을 확실하게 해줌으로써 문제 해결의 발걸음을 더욱 순조롭게 할 수 있을 것이다.

그 중에서 무엇보다도 중요한 것이 한반도에 아직도 남아 있는 냉전시대의 잔재인 정전체제를 평화체제로 변경하는 것이다. 1953년 7월 한국전쟁 당사자간에는 정전협정(Armistice Treaty)이 체결되어 전쟁의 포성은 멎었으나, 기술적으로 보면 일방 당사국의 협정위반으로 인해 다시 전쟁 상태로 돌입할 수 있도록 되어 있다. 그러므로 그간 한반도에서 쌍방의 정전협정 위반사례로 인해 전쟁의 위기감이 고조된 적이 여러 번 있었다.

이와 같이 한반도는 아직도 기술적으로는 전쟁이 완전히 종료된 것이 아니라 정지되어 있는 상태이다. 따라서 남북한을 비롯해서 한국전 당사자간에 정전협정을 평화협정으로 바꾸는 협상을 전개해야 하고, 그 결과로 평화협정을 체결해야 한다.

그런데 여기서 한국전 당사자란 한국전에 직접 참전한 국가이자 휴전회담에 참여한 국가를 말한다. 이렇게 정의할 경우 한국은 정전협정을 조인하지는 않았기 때문에 평화협정 당사자가 될 수 없다는 논리를 제기할 수가 있다. 그러나 우리가 정전협상에 불참한 것은 북진통일을 거부하는 미국에 대한 항의의 표시이자 우리의 계속되는 민족분단에 대한 좌절감 때문에 자발적으로 정전협정 조인을 거부했던 것뿐이다.

따라서 평화협정 협상이 개시되면 협상 테이블에 당연히 참석할 권리가 우리에게 있다고 할 수 있다. 과거 북한은 정전협정 당사자가 아니라는 관점에서 남한을 평화협정 당사자로 인정하지 않으려는 고립전술을 쓰기도 했는데, 앞으로 북한은 이 같은 경직된 자세를 버리고 실질적인 관점에서 접근해야 할 것이다.

한반도에서 평화체제가 정착하기 위해서는 남북한의 화해와 신뢰구축이 제일 우선되어야 하는 까닭에 남북한이 평화협정의 실질적 당사자라는 점에서는 이견이 있을 수 없다. 따라서 남북한의 상호 관계를 군건한 화해와 신뢰의 토대 위에 세운 뒤에 북한과 여타국 간의 관계도 정상화시키고 이들 국가들이 한반도 평화체제를 보증하는 방식으로 평화 정착 과정이 진행되는 것이 바람직할 것이다.

평화협정도 남북한 사이에 지금 진행되고 있는 화해와 신뢰 구축 조치를 더 가속화시켜서 장성급 군사회담을 열고, 이를 통해 상호 군비를 축소, 무력충돌의 가능성을 줄여 나가야 할 것이다. 그리고 일방이 타방에 대해 경계심이나 심리적 압박을 가하는 공세적 훈련의 개념도 부분적으로 수정·완화해 나가야 한다. 이러한 과정에서 남북한 사이에 자연스럽게 정전협정을 평화협정으로 대체해야 한다는 공감대가 형성되고, 북한-미국 관계에서도 북핵 문제 해결 과정을 통해 신뢰가 구축되면 평화협정 체결에 동의함으로써 마침내 북핵 문제의 완전한 해결이 가능해질 것이다.

평화협정이 체결되면 남한에서 유엔사령부의 해체가 뒤따르고 비무장지대 및 남북한 해상에서는 북방한계선(NLL) 등의 성격을 바꾸는 작업이 후속되어야 할 것이다. 그리고 평화협정의 체결은 대규모 주한미군 주둔의 필요성을 감소시킬 것이기 때문에 주한미군의 성격 재조정과 기지 재조정이 불가피해질 것으로 보인다. 물론 남북한에도 경제규모에 걸맞지 않는 국방비 및 군 병력 수준을 하향조정하고 군의 임무 및 편제도 재조정하는 작업들이 진행되어야 할 것이다.

한반도에서 평화협정의 체결을 위해서는 남북한간의 화해와 협력이 제일 중요하지만 주변국들의 협조가 없이는 이루어질 수 없다. 평화협정은 남북한 및 미국과 중국 4자간에 체결될 수도 있지만, 설사 남북한간에 체결되더라도 주변국의 암묵적인 동의가 없으면 그 실효성이 약화될 것이다.

남북한간 상호감군 과정을 거쳐 평화협정이 원만히 이행되는지를 관리하기 위해서 남북한 이외 주변국이 참여하는 평화관리위원회가 창설되는 것도 바람직한 방향이 될 것이다. 한반도에서 정전협정 위반사례 발생을 감시하는 소극적인 역할을 하는 중립국 정전감시위원회를 해체하고 평화를 적극적으로 창출해내는 평화관리위원회에 미국과 중국의 참여가 긴요하며 이들 국가들의 국익에도 부합한다는 점을 설득시킬 수 있는 외교적 노력이 필요할 것이다.

평화협정 체결을 통해 한반도에서 평화가 정착되면 이를 계기로 동북아 지역에도 평화구도를 정착시키기 위한 동북아 평화협력체 구성 노력을 우리가 주도적으로 추진해 보는 것도 바람직한 일이다. 이것은 앞서 말한 6자회담을 발전적으로 전환시켜서 북핵 문제 해결에서부터 한반도 평화 정착, 나아가서는 동북아 평화질서 구축까지 그 의제를 점진적으로 확대시켜 간다면 가능한 일이다.

이 과정에서 우리가 유의해야 할 것은 한반도 문제해결과 관련해서만큼은 우리 민족이 주도권을 잡고 나가야 한다는 사실이다. 우리가 주도권을 행사하지 못한 채 한반도 문제가 국제화되면 주변국들이 자국의 전략적 관점을 한반도 장래 구도에 반영시키려 할 것이기 때문에 우리 민족의 이익과는 부합되지 않는 방식의 결론이 도출될 수 있는 것이다.

## 라. 남북한간 경협사업

남북한 경협사업은 통일로 가는 남북한 관계에서 적어도 네 가지 중요한 역할을 하기 때문에 성공적인 사업 추진이 무엇보다도 중요하다. 우선 경협사업은 남북한의 상호 의존성을 높임으로써 양측의 관계가 정치적인 문제로 인해 탈선하는 것을 가능한 한 억제시키는 모세혈관과 같은 역할을 한다. 두 개의 이질적인 신체 부위를 인공접합을 했을 때, 뼈와 큰 혈관을 수술로 연결했다 하더라도 양쪽 부위가 하나의 부위로 기능을 하기 위해서는 모세혈관들이 연결되어야 한다.

그리고 일단 모세혈관들이 연결되고 나면 그 다음은 세포들끼리도 자연스럽게 접합이 이루어지게 되어 그 부위는 외부의 힘이 가해져도 다시 떨어져 나가기 힘들어진다.

이와 같이 통일 과정에서 정치적인 결정에 따른 상호 합의나 도로 및 철도의 연결 등이 신체 접합에서 뼈와 혈관의 연결에 비유될 수 있다면, 경협사업은 모세혈관의 연결에 빗댈 수 있고 개인들간의 접합은 세포의 연결로 볼 수 있는 것이다.

정치사회학에는 여러 가지 통합이론이 존재하는데, 그 중에서 통상 시간이 오래 걸리긴 하지만 가장 순조롭고 통합력이 견고한 방식이 기능주의적 통합이다. 기능주의적 통합이란 두 개의 상이한 정치체(political entity)가 통합할 때 상층부의 정치적 결정이 아니라, 두 정치제 사이의 기능적 필요에 따라 하부에서의 교류와 협력이 축적되다가 이것이 통합으로 이어지는 경우를 말한다.

이처럼 남북한 사이에도 상호 경제적 필요성에 의해서 경협사업이 이루어지고 이것이 성공적으로 수년 이상 진행되면, 양측의 상호의존도가 높아져 중대한 정치적 사유가 발생하지 않는 한 쉽게 관계를 파탄내기가 어려워지게 된다. 다시 말하자면 경협사업은 통일 과정에서 아교와 같은 접착제 역할을 하는데, 처음에는 점액질 같은 성격이었지만 시간이 경과할수록 점차 굳어지면서 양측을 견고히 접착시키는 역할을 해낼 것이다.

경협사업이 통일 과정에서 가지는 중요성은 이 사업을 통해서 남북한의 경제적 격차를 점진적으로 줄여나갈 수 있다는 것이다. 지금 현재로서 남북한의 일인당 국민소득의 격차는 거의 11배 정도 차이가 나기 때문에 이러한 격차를 가지고는 남북한 사이의 물리적 장벽이 해소되더라도 하나의 통합된 사회를 이루기가 어렵다.[53] 그러므로 두 사회가 어느 정도 하나의 사회로 기능하기 위해서는 이 격차를 현격하게 줄여야 한다.

독일의 경우, 통일 당시 동·서독의 소득격차가 5배 정도였고, 양측간에 텔레비전 시청 및 서신 교류 등 상호교류가 꽤 있었음에도 불구하고 통일 후에 겪은 후유증 및 사회적 비용이 엄청났음을 감안해 볼 때, 우리는 경협사업 확대를 통해 남북한 사이의 격차를 계속 줄여나가야 한다. 비유하자면 남북경협사업은 남북한 통일 과정에서 홍수조절문과 같은 역할을 한다고 할 수 있다. 댐의 이쪽 편과 저쪽 편의 수위 차가 너무 커서 댐을 한꺼번에 개방하면 강 하류 부분이 범람해 농지를 망치는 것처럼 급작스런 통일은 심각한 사회적 부작용을 가져올 수 있다. 그러므로 경협사업이란 홍수 조절문을 통해 남쪽은 물을 적정량 북쪽으로 방류해 양측의 수위를 조절한 다음, 전체 수문을 개방해야 할 것이다.

세 번째로 경협사업이 가지는 중요성은 남북한 경제에 미치는 순기능적

---

53. CIA Factbook 2005년판에 따르면 남한의 1인당 GDP 20,800달러 북한의 1인당GDP는 1,800달러로 추정하고 있다. 그러나GDP 추산방식의 차이에 따라 북한 1인당GDP를 700여 달러로 추정하는 경우도 있다.

효과이다. 남한은 북한의 질 좋고 값싼 노동력과 공장부지가 필요하고, 북한은 남한의 기술과 자본이 필요한 입장이다. 그런 남북한 사이에 서로 부족한 요소를 결합할 경우, 경제적 시너지 효과가 발생해 남한의 상품경쟁력이 높아질 것이고, 북한은 무엇보다 필요한 외화 공급과 사회간접자본 확대라는 효과를 얻을 수 있을 것이다.

네 번째로 남북경협사업은 양측의 사회적 통합도 촉진시킬 것이다. 남북한은 기본적으로 경제체제가 완전히 다른 사회에서 지난 60년간을 살아온 까닭에 현재 사회 구성원간의 이질성이 심화되어 있다. 이처럼 이질화된 상황에서 사전에 부분적인 접촉을 통해 동질화 과정을 거치지 않은 채 전격적으로 전면 접촉이 이루어지면 사회 구성원간의 갈등과 알력은 상상외로 심각해질 수가 있다. 북한 인민의 사회주의적 생활습관은 남한 국민의 자본주의적 사고방식과는 상충될 수밖에 없는 까닭에 남북경협사업의 점차적인 확대를 통한 상호 학습과정을 거쳐 일정 부분 서로 동화해 나가는 노력이 필요하다 하겠다.

이 같은 남북간 경협사업의 필요성이 적지 않음에도 불구하고 사업 진전을 가로막는 장애요인도 적지 않기에 이것을 어떻게 극복해 나갈지 미리 강구해 두어야 한다. 우선 경협사업의 순조로운 확대를 위해서는 남북한의 관계 개선이 순조롭게 진행되어야 할 것이다. 북한이 현재 개혁·개방의 방향으로 정책을 선회하고 있는 듯하지만, 아직 결정적으로 이 방향으로 진로를 확정했다는 징표는 보이지 않는다.

그저 자국 국경지대의 4개 모서리, 즉 개성, 금강산, 신포, 신의주만 격리해 개혁·개방의 실험장으로 내놓은 형국에 불과하다. 그리고 내부의 경제 개혁 조치에 대해서도 부작용이 나타나면, 이를 억제하기 위한 통제조치를 다시 시행하기도 하는 등 아직도 개혁·개방에 대한 확고한 추진력을 확보하지 못하고 있는 듯하다. 남한을 비롯한 외국의 장래 투자자들은 북한 당국의 정책 방향이 언제 변화될지 모르는 불확실성 속에서 대북투자를 크게 늘리기는 힘들 것이다.

이와 같은 맥락에서 북한의 개방·개혁 조치 및 남북한 관계개선이 충분히 성숙되지 않은 상황에서 우리의 대북투자가 많이 늘어날 경우, 투자가 대북정책의 발목을 붙잡는 역효과를 낳을 수 있다. 현재 우리는 임가공 위주의 경협사업을 추진할 뿐 자본재 투자가 많지 않은 관계로 남북한 관계가 갑자기 경색되면 그냥 철수할 수도 있는 형편이다. 그러나 지금보다 남북경협사업이 더 진척되어 공장 시설과 더불어 상주인원이 늘어나면, 남북한 관계가 갑자기 악화되는 경우 이들의 안전 보장 문제가 대북정책의 제약요인이 될 수도 있다.

그리고 남북경협사업의 생산품은 현재는 남한의 내수용으로 사용되지만, 우리 기업들이 규모의 경제의 혜택을 보려면 생산량을 보다 확대하고 제품의 대부분을 수출할 수 있어야 한다. 하지만 북한과 외국과의 관계, 특히 미국과의 관계가 정상화되지 않아 제품을 미국시장 등에 수출할 수도 없을 뿐더러, 생산 기자재를 북한에 반입하는 데 있어서도 많은 제약이 따른다. 북한은 미국의 수출통제 대상국가에 묶여 있고, 우리도 미국과 양자관계는 물론 다자협약에 따라 대량살상무기(WMD) 확산 위험이 있는 국가들에는 전략물자 또는 이중용도의 물품이 반입되도록 허용해서 안 되는 의무를 지고 있다. 그렇기 때문에 북한에 정밀 공작기계나 고성능 컴퓨터, 기타 이중용도 기자재를 우리 기업들이 가지고 들어갈 수 없고, 이런 제약으로 북한에서만들 수 있는 상품은 경공업제품으로 제한될 수밖에 없어 남북한 경협사업의 확대는 북한의 정책변화가 전제되지 않고서는 한계에 부닥칠 수밖에 없는 처지이다.

이처럼 내재적인 한계를 분명히 안고 있는 남북경협사업을 제대로 된 궤도에 올려놓기 위해서는 정치 분야의 관계 개선이 시의 적절하게 맞물려 진행되어야 할 것이다. 즉, 남북경협사업과 남북한 및 북한과 여타국과의 관계 개선이 상호 선순환의 방향으로 작용하도록 유도해 나가야 한다는 얘기다. 한편으로 우리의 대북경협사업이 성공적인 성과를 거두는 것을 보여줌으로써 북한을 상대로 여타국의 대북경협사업이 이루어지도록 유도하는 모델 역할을 해야 한다는 점을 인식시킬 필요가 있다.

그리고 우리의 대북경협사업이 가지는 정치·사회적 함의를 생각할 때 그 사업이 장래 벌어질 여타국의 대북경협사업과 불필요한 경합관계로 들어가지 않도록 초기단계에서부터 남북한 사이의 전략적인 사고를 동원할 필요가 있으리라 본다.


## 마. 가능한 통일 방식

통일이 어떤 방식으로 찾아올지에 대해서 아무도 자신 있게 예측할 수가 없지만 언젠가는 찾아올 것이기 때문에, 통일이 가능한 방식에 어떤 것들이 있고, 어떠한 방식의 통일이 민족의 장래를 위해 바람직하며, 이를 위해 어떠한 노력을 기울여 나가야 할 것인가를 미리 짚어보고 이에 대비할 필요가 있다. 20세기 분단국가 중 현재까지 분단 상태로 남아 있는 국가는 남북한과 중국·대만인데, 그 이전에 통일된 국가들로서는 독일·예멘·베트남 등을 들 수 있겠다. 먼저 통일된 이들 국가들의 통일 유형이 어떠했는지를 살펴보면, 우리의 통일 방식에 대한 시사점을 발견할 수도 있을 것이다.

우선 구동구권의 급작스런 붕괴의 시발점이 된 독일 통일은 민중봉기로 인해 우연히 예상치도 못한 시점에 갑자기 발생했으며, 그로 인해 의도하지 않은 상태에서 서독이 동독을 흡수 통일하는 방식으로 진행되었다. 서독의 경제력이 막강했고 서독과 동독 사이의 사회적 이질성이 현재 남북한 사이에 존재하는 이질성보다 훨씬 약한 상태의 것이었음에도 불구하고 서독의 준비되지 않은 동독 흡수통일은 통일 후 18년이 경과한 현재까지도 많은 부작용을 낳고 있다.

흡수통일이 초래한 많은 문제점 중 몇 가지만 열거해 보면, 우선 동독과 서독인 사이의 상호 반목과 경멸 현상이다. 동독인은 서독인을 '베시(Wessy)'라고 부르며 오만하고 이기적인 인간들로 경멸하고, 서독인은 동독인을 '오시(Ossy)'라고 부르며 게으르고 의타적인 인간으로 멸시하는 현상이 계속되고 있다. 그래서 영토적으로 통일은 되었지만 심리적으로는 여전히 분단의 장벽이 남아 있으며, 이러한 현상은 한 세대가 다 지나가고서도 해소되지 않을지도 모른다는 전망이 지배적이다.

우리의 경우에는 자본주의적 생활방식과 사회주의적 사고방식 사이의 갈등뿐만 아니라, 북한의 독특한 주체사상 및 수령론에 교조화되어 있는 북한 인민들의 사고방식과 앞으로 더욱 다원화된 민주사회를 구가해 나갈 남한 국민의 의식 사이의 괴리현상 또한 매우 심각할 것이다. 따라서 동·서독과 같은 일시적인 흡수통일이 발생할 경우, 사회구성원간의 집단적·개별적 충돌이 끊임없이 발생해 큰 사회문제가 되고, 잘못하면 물리적 통일 이후 재분열의 가능성도 배제할 수 없을지 모른다.

서독은 통일 후 동독 재건비용으로 약 1조 2,000억 유로라는 천문학적인 예산을 투입했음에도 불구하고 동독의 인프라가 서독의 수준에 근접하려면 아직도 엄청난 추가비용이 투입되어야 한다고 한다. 이 같은 천문학적인 재건비용의 부담은 서독의 경제가 통일 직후인 90년대에도 계속 건실해 유럽 통합을 선도할 정도의 활력을 가지고 있었기에 심각한 인플레를 유발하지 않고도 가능했다.

하지만 우리의 경우에는 통일비용이 남한 경제 자체에 큰 부담을 지움으로써 남한의 경제기반 자체가 흔들리는 상황에 봉착할 수도 있을 것이다. 그리고 서독이 통일시 동독의 마르크화를 인정하고 이를 서독 마르크화로 1대 1 교환을 해준 것도 동독주민에게는 상당한 보조금을 준 셈인데, 이는 서독과 동독인 사이의 부의 격차를 처음부터 줄인다는 차원에서 행한 정책이었다. 그러나 이러한 화폐의 등가교환 조치는 서독의 재정에 엄청난 부담이 되었고, 동독의 임금이 곧바로 서독과 같은 수준으로 접근하게 됨으로써 동독을 서독기업의 생산기지로 활용할 수 있는 이점이 사라져 버리게 되었다.

그리고 서독은 분단 이전 서독인의 동독에 대한 법률적 권리를 인정해 주는 바람에 서독인과 동독인 사이의 토지 및 기타 재산권에 대한 소송과 분쟁이 봇물을 이루게 했다. 이 같은 소송은 권리관계가 복잡해 해결이 쉽지 않을 뿐만 아니라, 서독인들이 승소할 경우 서독인에 의한 동독 재산의 탈취로 인식되어 사회적 갈등을 더욱 부추기는 부작용을 낳았다.

정부에 의한 사전 조절장치가 작동하지 않은 독일의 급작스런 흡수통일은 동독 주민이 대량으로 서독으로 이주하는 상황을 초래함으로써 동독의 낙후 지역은 더욱 공동화되고 서독의 도시 지역은 더욱 과밀화되는 사회적 문제를 유발하고 국토의 균형발전이라는 관점에서도 많은 문제점을 야기했다.

독일의 이 같은 실증적인 사례는 급작스런 흡수통일이 가져올 사회·경제적 부작용을 보여준다는 점에서 굉장히 시사적이며, 이러한 독일의 예를 타산지석으로 삼아 남북한 사이에는 이 같은 부작용이 발생할 가능성을 최소화해야 한다.

그러나 일단 급작스런 통일이라는 상황이 발생하게 되면 독일이 시행착오를 겪은 정책상 오류 중 명백한 부분은 회피할 수 있겠지만, 사회·경제적으로 일정한 부작용이 발생하는 것은 피할 수 없을 것이다. 그러므로 우리는 통일 과정에서 이러한 급작스런 상황이 발생하지 않도록 사전노력을 경주해야 할 것이며, 통일 과정이 점진적으로 우리 정부의 관리 아래 진행될 수 있도록 노력해야 할 것이다.

독일 통일에서 다행한 대목은 동독 공산당이 소련에 대해 지원요청을 하지 않았고, 따라서 독일 주둔 소련군이 동독의 붕괴를 무력으로 저지하려는 시도를 하지 않아 유혈사태는 피할 수 있었다는 점이다. 통상 급작스런 체제 붕괴는 큰 혼란과 유혈사태를 동반하게 마련이며, 외부의 개입이 없더라도 내부적인 무력저항이 발생할 수 있다. 만약 한반도에서 유혈사태를 동반한 급작스런 흡수통일 상황이 생겨난다면, 그로 인한 사회·경제적 부작용은 감내할 수 없이 클 것이므로 이러한 사태 발생을 방지하기 위한 노력이 필요할 것이다.

독일 이외에 베트남이나 예멘의 경우에는 독일과는 반대로 사회주의 체제로 무력통일이 된 경우인데, 예멘은 사회주의 경향이 더욱 강화되는 바람에 나라의 존재 자체가 국제사회에서 별 인정을 받지 못하고 있고 사회여건도 우리와 너무 달라 참고할 만한 사례가 되지 못한다. 베트남은 사회주의 체제를 유지하되 개방경제체제를 점진적으로 도입하면서 국가경제에 활력이 조금씩 살아나고 있는 경우이나, 무력통일의 과정에서 국가발전 동력을 수십 년간 상실했다는 점에서 우리가 가장 회피해야 할 사례로 보인다.

그러면 우리에게 대안으로 남는 방안으로는 급작스런 흡수통일 방식이 아니라, 충분한 시간적 여유를 가지고 과도기적인 전환체제를 거쳐 상이한 정치·사회체제를 점차 동화시켜 나가는 통일 방식이라 할 수 있다. 물론 통일을 향한 앞길에 어떤 예상치 못한 사태가 독일의 경우처럼 찾아올 수도있겠지만, 우리로서는 한민족 전체의 이익에 가장 부합하는 방식으로 통일이 이루어지도록 준비해 나가야 하며, 그 방안의 하나는 흡수통일이 아닌 관리통일이 될 것이다.

관리통일이란 통일의 과정을 가급적 우리가 그 일정과 방향을 통제할 수 있는 방식으로 이루어 나가는 것을 말한다. 관리통일을 해나가려면 현 체제에서 과도기적인 전환체제를 거치는 것이 필요한데, 관리통일의 핵심적 사항은 남북한 사이에 경제교류 및 인적교류는 계속적으로 확대해 나가되, 상호간 정치체제는 인정해 주면서 국경을 유지하는 것이다. 그리하여 양 사회의 동화작용이 많이 진전되기 전까지는 양측 주민간에 통제되지 않은 대량인구이동이 발생하는 것을 방지하는 한편, 타방에 대한 일방의 무분별한 경제활동으로 인해 양측 사회에 심각한 후유증이 발생하는 것을 예방할 수 있을 것이다.

이러한 과도기적 전환체제로 상정해 볼 수 있는 것은 연방제 및 국가연합이다. 연방제라는 것은 기본적으로 두 개의 다른 정치체가 하나의 정치체로 결합하면서 외교 및 국방에 관한 권한은 연방정부에 넘기고 내치에 관한 문제는 주정부가 계속 보유하는 형태를 말한다.

이러한 연방제 국가의 대표적인 형태가 바로 미국이다. 미국은 각주의 법률체계가 다르고 각 주별로 주 방위군이 별도로 구성되어 있지만, 외교와 국방에 관한 사항은 연방정부가 결정권을 행사한다. 이에 비해 국가연합은 두 국가가 대외적으로 한 국가로서 단일국명을 가지고 동일대표성을 가지되, 내부적으로는 국가의 형태를 유지하며 각자 자국의 외교권과 군대까지도 보유하는 형태이다. 60년대 이집트와 시리아가 아랍연합이라는 국가를 유지하다가 해체한 적이 있는데, 이것이 국가연방의 대표적 사례이다.

현재 남북한 관계 및 주변국과의 관계 등을 종합적으로 고려해 볼 때, 한반도에서 평화를 유지하면서 점진적 통일의 길로 나아가는 과정은 다음과 같이 상정할 수 있다. 첫째 남북 화해·협력단계, 둘째 국가연합단계, 셋째 연방단계, 넷째 통일진입단계 등이다. 물론 이러한 과도기적 전환체제를 순서대로 밟아 나갈 수 있는 환경이 허락되지 않을 가능성도 적지 않으나, 가장 순조롭게 마찰을 줄이면서 진행할 수 있는 통일 과정임에 분명하다.

처음에는 남북 화해·협력의 단계를 거칠 필요가 있는데, 이 기간을 통해 남북한은 상호 인적·물적 교류를 점진적으로 확대시켜 나가면서 불신의 벽을 허물고 신뢰를 쌓는 동시에 민족동질성을 회복시키는 데 집중해야 할것이다. 이 같은 화해의 과정과 함께 경제 교류도 점차 증진시켜서 본격적인 경제협력이 가능하도록 기반을 구축해 나가야 할 것이다.

또한 남북한 당국은 각 분야별 당국자 회담을 통해 세부적인 협력을 심화시킬 수 있는 제도적 틀을 마련하는 동시에, 통일에 장애물이 되는 장치들을 점차 제거해 나가야 할 것이다. 그리고 궁극적으로는 남북한간 평화협정을 체결할 수 있어야 하며, 그 다음 본격적인 과도기적 전환체제인 국가연합으로 나아갈 수 있는 기반을 구축해야 할 것이다.

남북 화해·협력의 시기를 거쳐 상호간 적대의식이 사라지고 민족 동질성이 회복되면, 남한과 북한이 대외적으로 하나의 정치체로 인식될 수 있는국가연합을 이루어야 할 것이다. 국가연합을 이루기 위해서는 남북한 간 특별조약을 체결해 하나의 국호와 국기를 제정하고 유엔이나 올림픽 등에도하나의 국가로 참여해야 한다. 물론 이 경우에 남북한은 여전히 국제법적으로 별개의 국가로 존재하기 때문에 편의에 따라 기능적인 국제기구 등에는별개의 국가대표권을 행사할 수 있고, 여전히 각자의 군대를 보유하면서 국경통제도 유지할 수 있는 상태이다.

쉽게 말해서 국가연합이란 내부적으로 2개 국가에 2개 체제를 유지하지만, 대외적으로는 단일국가를 표방하는 체제인 것이다. 이 기간 동안에 남북한은 각 분야별 협력을 더욱 심화시켜 상호 이질성을 계속해서 줄여 나가는 한편, 양국간 경제 격차도 좁혀나가는 데 힘을 기울여야 할 것이다. 그리고 외교와 국방 및 국내의 주요 정치적 결정과 같은 상위정치(high-politics) 분야에서의 독자성을 유지하면서도 기능적인 하부정치(low-politics) 분야에서의 통합은 빠른 속도로 진전시켜야 할 것이다.

미국이나 스위스 같은 연방제 국가들도 국가 성립 초기에는 국가연합 형태로 시작해 연방제로 이행했는데, 특히 미국의 경우에는 독립 초기인 1778년부터 1787년까지 국가연합 형태의 정치체제를 유지하고 있었다.

국가연합체제를 거치는 동안 남북한에 상호 신뢰가 더욱 구축되고 경제적 격차도 많이 해소되면 연방제를 향해 나아갈 수 있다. 이 연방제 아래에서 국내적으로는 남북한 동시 선거를 통해 연방의회와 연방정부를 구성하고, 연방의회와 행정부의 결정에 따라 통일된 국명과 국기를 사용하며, 연방정부에 외교 및 국방에 관한 권한이 이양될 것이다. 이때부터 국외적으로 남북한은 완전히 하나의 국가로 단일한 대표권을 가지게 된다. 쉽게 말해서 연방제란 1국가 2체제를 의미한다. 그러나 아직 국내적으로 남북한 정부는 각기 다른 법률제도를 유지하고 느슨한 국경통제를 지속하면서 경제·사회적 격차가 더욱 완화될 때까지 완전한 인적이동은 보장하지 않은 상태를 유지하는 것이 바람직할 것이다. 즉 남북한 정부가 각기 자기 관할권 아래 있는 국민들에게 직접 영향을 미치지만 상대 국민에게는 행정권을 행사하지는 않은 상태를 유지해야 한다는 것이다. 물론 이 시점에서 물적 이동의 자유와 정보의 공유는 완전하게 보장되어야 한다.

이러한 연방제 상태가 순조로이 진전되고 나면 양측간 완전한 통일을 향한 기반이 마련되어 경제·사회적인 충격 없이 어느 순간에 자유로운 완전 통일을 이룰 수 있게 될 것이며, 이 단계에서 통일은 남북한간 정치적 대협상을 통해서 이루어지거나 자연스런 양측 합의에 의해 가능하게 될 것이다.

## 바. 통일 과정에서 고려해야 할 요소

우리가 과도기적 전환체제를 거치면서 통일에 이르기까지 과정에서 유의해야 할 점은 통일된 한국이 위협요인이 되지 않는다는 점을 주변국에 확실히 인식시켜 주는 일이다. 남북한이 가진 재래식 전력만을 합쳐도 만만찮은 군사력이 될 터인데 둘 중 어느 한 쪽이라도 핵무기를 보유하고 있으면, 일본과 중국과 같은 나라는 직접적인 위협을 느껴서 통일을 방해하거나 통일 과정에서 핵무기가 완전히 폐기되도록 영향력을 행사할 것이다.

결국 북핵 문제가 6자회담을 통해 완전히 해결되고 한반도 비핵화선언을 완전히 준수하는 것이 한반도의 통일을 촉진하는 길이 될 것이다. 그런 점에서 볼 때, 차후 통일이 되면 북한의 핵무기가 우리 것이 되기 때문에 북한의 핵무기 보유를 긍정적으로 봐야 한다는 주장은 핵무기가 통일 과정에서 주요한 장애요인이 되리라는 점을 읽지 못한 단견에 불과하다.

또한 변화하는 동북아 정세를 감안할 때 한반도가 어느 한 나라의 영향력 아래 들어가는 것도 주변국들에게는 상당히 부담스런 일이 될 것이다. 따라서 우리로서는 통일된 한반도에서 어느 한 국가와 양자동맹 관계만 가질 게 아니라, 동북아 평화협력체 등 다자간 안보체제가 동북아 지역에 구축되도록 노력함으로써 양자동맹 관계를 완화하는 효과가 생겨나도록 해야 할 것이다. 그리고 가능한 한 주변국과 여러 형태의 군사협력체제를 다면적으로 구축해 우리의 안보를 다층적으로 보호하는 동시에 주변국의 우려도 완화하는 방안을 모색하는 것이 바람직하리라 본다.

한편, 동북아 지역의 역학구도를 감안할 때 미국은 한반도 통일 이후에도 해당 지역에서 균형자 역할을 맡으려 할 가능성이 높다. 냉전시대에 미국은 남방3각체제와 북방3각체제가 정면으로 대립하는 형국에서 남방3각의 맹주 노릇을 했고, 냉전 이후에는 여타국들의 세력이 비교할 만한 수준이 못 된 까닭에 동북아에서 지배적인 세력을 차지할 수 있었다.

그러나 향후 동북아 지역 국가들의 국력 신장으로 지역 내에서 각축이 점증하면, 미국은 상대적으로 균형자적인 역할을 담당하게 될 것으로 보인다. 물론 미국의 균형자 역할 수행 여부는 미국과 중국과의 관계가 어떤 방식으로 전개되어 나가느냐에 따라 좌우될 것이지만, 현재로서는 중국도 미국과 우호적인 관계를 중시하고 있기 때문에 미국의 균형자 역할 수행이 일정 기간 동안은 가능할 것으로 예상된다.

그러므로 우리로서도 중국·러시아·일본과의 관계를 고려할 때 이들 국가 사이에서 평화촉진자의 역할을 수행하는 것이 국익에 부합하는 행동이며, 이러한 역할을 효과적으로 수행하기 위해서도 균형자 역할을 하는 미국과의 동맹관계 유지가 필요하리라 본다.

그러나 이 동맹은 특정 국가를 적대국으로 상정하는 성격의 동맹이 아니라, 자유민주주의와 시장경제 등 한·미간에 공유하는 보편적 가치를 수호하는 포괄적 의미의 동맹이 되어야 할 것이다. 그러한 한·미동맹은 미·일동맹이 강화될 경우에 그 하부구조나 보조수단으로 전락하지 않도록 관리해야 한다. 그리고 해양 및 대륙세력 간의 대립구도가 동북아 지역에서 출현하는 것을 가급적 저지하는 한편, 한·미동맹으로 인해 우리가 이러한 대립구도에 편입되는 것도 될 수 있는 한 피해야 할 것이다.

이런 관점에서 보자면, 앞으로 한·미동맹 관계를 새롭게 설정하는 과정에서 미국이 지향하는 전략적 유연성, 즉 미군을 주둔지로부터 자유로이 이동시킬 수 있는 권한을 부여하는 문제를 다룰 때 이러한 주한미군의 전략적 유연성이 역내 특정 국가를 겨냥해 사용되지 않도록 유의해야 할 것이다. 그리고 주한미군이 계속 주둔하는 한, 유사시 주한미군 사령관에게 주어지는 한·미연합군의 전시작전권을 우리가 상정하는 미래 동맹의 목적에 부합하는 형태로 변형시켜야 할 것이다.

미국은 과거에도 자국군에 대한 전시작전권은 물론이고 군사재판관할권조차 어느 특정국은 고사하고 유엔에도 넘겨준 적이 없는데다 앞으로도 그럴 가능성은 없기 때문에 우리가 한미연합군의 전시작전권을 다 이양받기는 현실적으로 불가능해 보인다.[54] 그럼에도 우리가 한국군에 대한 전시작전권만이라도 환수하려 한다면, 통합군의 성격이 강한 한·미연합사의 지휘구조가 변경되어 한미양국이 각기 작전통제권을 갖는 '병립적 작전지휘체제'로 전환하게 될 것이다.

그렇게 되면 우리도 미·일동맹에서 일본의 경우와 같이 양국이 지휘권을 독자적으로 행사하되 필요시 합동작전을 하는 방향으로 개선할 수도 있을 것이다. 그밖에도 명목상으로 전시작전권을 우리가 가지고 있다가 전쟁이 발발하면 미리 준비된 방안에 따라 양국이 합동군사위원회를 설치해 전시작전권을 한 곳으로 모으는 방법도 검토해 볼 수 있을 것이다.

한반도의 통일 과정이 점진적이고 평화적으로 진행되어야 한다는 것은

---

54. 미국은 해외 작전에 참여한 자국의 군인들이 기소될 가능성이 있다는 우려 때문에 국제사회의 거센 비난에도 불구하고 지난 2002년 설립된 국제형사재판소(ICC)에도 가입하지 않고 있다.

재론의 여지가 없는 기본명제이다. 모름지기 평화적인 통일이 이루어져야만 우리 민족이 동북아는 물론이고 국제사회 전체에 갈등과 대립을 대화와 협력을 통해 점진적으로 해소해 나가는 새로운 모델을 보여줄 수 있기 때문이다. 세계에서 가장 적대적이고 가장 무장 집적도가 높은 한반도의 냉전구도가 대화와 협력을 통해 평화체제로 변화될 경우, 한반도는 전 세계를 향해 갈등 해결의 새로운 메시지를 전파할 수 있을 것이다.

같은 민족이면서도 동족상잔의 비극을 겪고 오랜 기간 체제경쟁을 해온 남한과 북한은 서로 자신의 주도로 통일을 이루어야 한다는 신념을 가지고 있었기 때문에 이러한 남북한관계는 기존 국가 사이의 관계와 달랐다. 기본적으로 기존의 국가간 관계는 적대적이더라도 정치적 타협이 가능해 평화 공존을 할 수 있었지만, 남한과 북한은 자기 방식의 통일관을 고수하면서 지난 반세기 이상을 팽팽한 대립과 경쟁 구도 속에서 지내온 것이다.

그러므로 상대를 흡수통일, 아니면 적화통일의 대상으로만 여겨왔고 아직도 상대에 대한 경계심이 짙게 남아 있는 한반도에서 이러한 평화체제를 구축하는 일은 결코 쉬운 과정이 아닐 것이다. 따라서 이 땅에서 평화체제가 성공적으로 구축된다면, 우리가 이룬 평화의 과정은 세계 여러 지역의 갈등 해결에 하나의 유익한 모델로서 적용 가능할 것이다. 우리는 이 점을 염두에 두고 통일 작업을 지속적으로 추진해 나가야 하며, 한반도를 세계로 뻗어가는 평화 메시지의 발신지로 만들어야 한다. 이러한 역할은 국제사회에서 우리의 위상을 드높이고 우리의 연성국력(soft power)을 강화시켜 줄 것이다.

강대국들에 둘러싸인 우리로서는 경성국력이 충분하지 못할 경우에는 연성국력을 강화해 우리의 위상을 높임으로써 이들 국가들 사이에서 평화의 촉진자 역할을 할 수 있어야 한다. 통일 과정에서도 가급적 주변국들의 이해와 협조를 구하되 그들이 주도적인 역할을 하는 것이 아니라 우리가 주도적인 역할을 해나가야만 이러한 평화 메시지의 발신자 역할이 능동적으로 가능할 것이다.

따라서 우리는 통일 과정이 단계별로 진행되는 관리통일이 이루어지도록 함으로써 국제정치적으로는 한반도가 평화 메시지의 발신지 역할을 하고, 사회적으로는 이질적인 남북한 사회가 급격한 통일로 인해 발생하는 마찰을 가급적 줄이고 경제적으로도 상생의 시너지 효과를 발휘할 수 있도록 만들어야 할 것이다.

이러한 아젠다를 종합적으로 고려할 때, 북한 체제의 점진적 변화를 통한 통일을 유도하는 것이 합리적인 방안으로 보인다. 그러나 이러한 단계적 관리통일론에 대해 국내외에서 적지 않은 이견이 존재하고 있는데, 특히 조금만 더 압박하면 북한체제가 붕괴하거나 적어도 백기투항을 할 것이라는 전망을 가진 강경파의 시각이 여전히 그 세를 잃지 않고 있다.

그러나 북한체제 붕괴 후에 대비한 구체적 복안도 없이 대북강경론을 주장하는 것은 북한을 단계적 관리통일의 대상으로서 다루어야 우리의 국익에 부합한다는 관점에서는 이 같은 강경론을 선뜻 수용하기가 힘들다. 그러므로 통일 과정은 우리 주도로 해나가야 하며, 통일 과정과 북한에 대한 시각차가 강경파와의 사이에 존재하더라도 이를 지속적으로 설득하는 노력이 필요할 것이다.

그리고 우리가 통일 과정에서 또 하나 추구해야 할 목표는 통일을 통해 진정한 반도국가로서의 지위를 회복하는 것이며, 그와 동시에 동북아 물류 허브로서의 기능을 시작하는 것이다. 우리는 지난 냉전 기간 동안에 한반도의 지리적 이점인 반도국가의 장점을 제대로 활용하지 못한 채, 오히려 남북이 분단되어 남한은 반도가 아니라 섬으로 전락해 버린 셈이 되었다. 그리하여 수출 지향 국가인 우리나라는 막대한 해운수송비용을 들여 생산품을 세계시장에 내다 팔아야 하는 불리한 여건을 감수해야 했다. 그러나 이제 동북아 지역이 세계경제의 새로운 중심으로 등장하는 21세기를 맞아 한반도가 통일되면 우리나라가 대륙으로 바로 연결되기 때문에 동북아에서 물류 허브의 역할을 수행할 수 있게 될 것이다. 가능하면 한·일 간에도 영·불간과 같은 해저터널을 연결해 일본의 물류까지도 한반도를 통해 유라시아 대륙으로 흘러갈 수 있도록 한다면, 우리의 허브 기능은 더욱 강화될 뿐더러 동북아 지역의 경제통합과 평화 정착에도 많은 기여를 할 수 있게 될 것이다.

그리고 우리가 통일 과정에서 마지막으로 고려해야 할 요소는 지난 25년간 남북한이 경쟁적으로 제시한 통일 방안 중에서 남한의 방안들은 모두 실현되었으나 북한의 방안들은 아직 현실화된 것이 없다는 점이다. 아직 체제경쟁과 이념경쟁이 한창이던 80년대의 남북한은 통일방안에 대해서도 서로 상이한 시각을 드러냈는데, 남한은 통일 과정을 기능주의적 관점에서 접근해 상호 경제교류 확대, 주요국의 남북한 교차승인, 그리고 남북한 유엔 동시 가입 등을 주장했다.

이에 반해 북한은 정치·군사적인 부문에 대한 대결구조를 먼저 청산하는 것이 통일을 촉진하는 것이라 보고 한반도 비핵화, 주한미군 철수, 불가침선언, 평화협정 체결 등 4개 이슈의 우선 해결을 주장했다. 그리고 특히 남한이 주장하는 교차승인과 유엔 동시 가입은 한반도 분단을 고착화시키는 방안이라 보아 극렬히 반대 입장을 표명했다.

그러나 남한이 실용주의에 입각한 북방정책을 추진한 끝에 1990년에 구소련과 국교를 수립하고, 그 다음 해인 1991년 1월에는 중국과 수교 교섭을 진행해 양국간 무역대표부를 개설, 사전 기반을 조성한 뒤에 같은 해 9월에 마침내 유엔 가입 신청을 하게 된다. 이렇게 되자 그때까지 유엔 동시 가입을 반대해 오던 북한도 마지못해 가입을 신청함으로써 남북한 동시 가입이 이루어진다. 북한은 유엔에 남한과 동시 가입함으로써 오랫동안 주장해 온 분단고착화론을 스스로 실천하는 모순을 범하게 되고, 2000년 이후의 상황 변화에 따라 남북한 경제교류에도 적극적으로 응함으로써 '선정치 후경제 문제해결'이라는 자신의 명분론마저 저버리게 된다.

앞에서 본 바와 같이 그간 남한이 제안하거나 추진해 온 방안이 모두 실현되었다는 점은 앞으로 통일 과정에서도 기능주의에 입각한 접근방법이 더 실효적일 것이라는 점을 시사한다. 그러나 북한이 주장한 정치·군사 분야의 문제해결이 실현되지 않고서는 통일 과정의 궁극적인 진전이 있을 수 없으므로 앞으로 북한이 제기한 4개 이슈의 해결을 위해 남북한이 함께 노력해야 한다.

그나마 다행인 것은 북한 핵문제 해결을 위한 6자회담에서 이 4개 이슈가 모두 다루어질 것이므로 조만간 이 문제들이 해결될 수도 있을 것으로 보인다. 그러나 주한미군 철수 문제는 변화하는 동북아 정세를 감안해 새로운 시각에서 조명해 볼 필요가 있다. 2000년 6·15남북정상회담 당시 김정일위원장이 통일 이후 한반도에서 미군의 주둔이 용인될 수 있다는 입장을 시사한 바가 있으므로 북한도 이 문제에 대해서 80년대보다는 신축적인 입장으로 변화한 것으로 관측된다.

지금도 남북한 사이에는 기능주의에 입각한 상호 교류와 경제협력이 남측의 주도 아래 진행되고 있으므로 북한이 중시하는 정치·군사 분야에서의 문제도 점차적으로 해결해 나가야 할 것이다. 그런 의미에서 남북한 간군사 분야에서 장성급 회담과 각료회의가 순조로이 진전되도록 노력해야 할 것으로 본다.

# 02

한반도 주변 4강의 외교 · 안보전략을 말한다

# 1. 미국의 외교 · 안보전략

미국의 외교·안보전략이 변화하는 배경과 그 결과로 나타나는 여러 정책 상의 변화를 앞장에서 비교적 상세히 살펴보았기 때문에 세계적 차원에서 미국의 외교·안보전략을 상세히 재론할 필요는 없을 것 같다. 여기서는 동 북아 여타 주요 역내 국가들과의 관계에서 미국의 변화하는 외교·안보전략 이 어떠한 함의를 가지고 있는지 여부만 짚어보기로 한다.

지난 냉전시대에 동아시아는 소련과 중국이라는 공산권의 두 강국이 포 진하고 있는 지역이자, 한국전과 월남전을 통해 실제로 미국이 전쟁에 개입 한 경험이 있는 지역이다. 미국은 이 지역의 전략적 중요성을 중시해 미군 의 전진배치 태세를 항상 유지해 왔으나, 냉전이 본격적으로 심화되기 이전 시대에는 대륙에 연한 육상거점에 대규모 지상병력을 배치하는 것을 유용 한 전략적 옵션으로 보지 않았다. 역사적으로 해양세력인 미국은 대륙세력 이 자유 항행권을 저해하지만 않는다면, 대륙세력과 직접 접촉·대립하기보 다는 해양에다 기본적인 방어선을 구축하고 그것을 수호하는 방식의 전략 을 선호했던 것이다.

이런 맥락에서 미국은 20세기 초반 러시아의 남진정책을 막기 위해서 동 북아 지역에 직접 진출하기보다는 일본을 앞세워 이를 저지하려는 태도를 보였고, 그 결과 일본과 카스라—태프트밀약[55]을 맺는다. 이 밀약으로 미국은 일본에 러시아 남진을 저지하는 역할을 맡기는 대신 그 반대급부로 동북아 지역, 특히 한반도에 대한 배타적인 권리를 인정해 준다. 그리고 미국은 필리핀에서 자국의 배타적 권리를 확인받음으로써 태평양 일대의 해양 방어선을 확보하려는 의도를 분명히 내보였다. 이처럼 동북아 지역에 대한 직접 개입 회피 정책을 위해 미국은 일본을 대리자를 내세웠고, 대리자 역할을 성공적으로 수행한 일본은 한반도를 강점해 국력을 신장시킨 후 만주 및 중국대륙으로 세력을 더욱 확장하기에 이른다.

미국의 묵인 아래 동북아 지역에서 세력을 키워온 일본은 20세기 초반을 거치면서 그 세력이 강해지자, 동북아 지역에만 머물지 않고 동남아 지역까지 세력을 확장한다. 이로써 미·일 간에는 전략적인 동반관계가 파괴되고 서로 적대관계로 돌입할 수밖에 없게 된다. 게다가 도서 국가로서 일본도 그 속성상 해양세력일 수밖에 없으므로 팽창하는 국력을 지탱하기 위한 물자보급로인 해양수송로 확보 문제를 두고 영국 및 미국 세력과 충돌을 일으키는 것은 거의 불가피한 일이었다. 그 결과로 일본의 세력확장을 방해하는 미·영 세력에 대해 일본이 선제공격을 가함으로써 태평양전쟁이 발발하게 된 것이다.

그러나 미국은 태평양전쟁 후에 갑자기 등장한 공산주의 진영에 대항하기 위해 동북아 지역에서 일본에 대해 20세기 초반에 구사했던 것과 동일한 전략적 선택을 한다. 즉, 대륙에 포진한 공산세력인 러시아와 중국에 대항하기 위해 일본을 하나의 대항마로 키워 견제시키는 전략을 구사한 것이다.

---

55. 1905년 미국의 육군장관 태프트가 미국 대통령 특사자격으로 일본을 방문해 일본의 총리인 카스라와 맺은 밀약으로서, 러일전쟁에서 승리한 일본에게 한반도의 배타적 지배권을 인정해 줌으로써 러시아의 남진을 막기 위해 일본을 활용하려는 미국의 전략적 의도가 드러났다.

그런 한편, 미국은 해양세력으로서 동북아 지역에 직접적인 개입을 원하지 않는 고유전략으로 돌아가 자국의 방위선을 태평양 최서단을 따라 이은 이른바 '애치슨 라인'[56]이라고 발표함으로써 한반도 지역을 다시금 미국의 국익과 상관없는 변방지역으로 간주하고 미국의 방위대상에서 제외시켜 버렸다. 그러나 미국의 이러한 전략적 해양방위선 설정은 대륙세력인 소련과 중국으로 하여금 해양세력인 미국이 변방지역인 한반도를 구하려 직접 개입하지 않을 것이라는 오판을 하게 만들고, 따라서 이 두 국가는 북한이 한국전쟁을 감행하도록 허용한다. 한국전이 발발하자 미국은 전통적인 해양방위선으로는 공산진영이 전 지구적 차원에서 전개하는 공산주의 세력 팽창이라는 도전을 막을 수 없다는 인식을 새로이 하게 되고, 따라서 지상군을 대거 투입해 한국전에 전면 개입한다. 미국은 한국전을 비롯해 유럽에서 그리스 내전 등을 겪으면서 공산주의의 세력 팽창 기도에 대응하기 위해서는 전통적 해양방위선 방어전략이 아니라 대륙세력을 직접 겨냥한 교두보에 미 지상군을 주둔시킴으로써 공산세력의 확장을 방지하는 대륙봉쇄 전략쪽으로 방향을 바꾸게 된다.

한국전 이후 이러한 대륙봉쇄 전략에 입각해 동북아 지역에 50년 이상 지상군을 주둔시켜 온 미국이 냉전체제 종식 후 이 같은 봉쇄정책을 지속할 전략적 필요성이 많이 완화되었다고 느낄 수 있다. 이렇게 되면 우리로서는 미국이 앞으로 지상군 주둔을 동북아에서 계속 유지할지, 아니면 다시 전통적인 해양방위선 방위 정책으로 전환해 나갈지 여부를 주시해야 한다. 왜냐하면 지난 한 세기 동안 미국이 전통적인 해양방위선 방위전략을 천명할 때

---

56. 애치슨 라인은 1950년 1월 당시 미 국무장관이었던 애치슨이 기자클럽 연설에서 선언한 것으로, 미국의 방위선을 알루산 열도-일본-오키나와-필리핀을 연결하는 해상방위선에 두겠다는 것을 공식 언급해 한반도와 대만이 미국의 방위선에서 제외되는 결과를 가져오고, 그 영향으로 북한이 남한을 침범하는 오판을 하게 했다.

마다 우리가 두 번이나 엄청난 국난을 당하는 비극을 겪었으므로 다시금 이러한 일이 재발하지 않도록 미국의 정책변경 가능성이 있는지, 있다면 그 시기는 언제인지, 그리고 미국이 정책변경을 할 때 우리에게 미치는 영향이 어떠할지를 예민하게 분석해 보아야 할 것이기 때문이다.

사실 미국은 앞 장에서 살펴본 바와 같이 테러라는 새로운 안보위협에 맞서 테러와의 전쟁을 수행중에 있으며, 새 과업에 맞는 새 전략에 따라 미군을 '불안정의 호' 주변으로 집중시키려 하고 있다. 이러한 관점에 따르면, 미국은 기본적으로 동북아에서 많은 지상군을 주둔시킬 필요가 없으며, 혹시 불안정한 동북아 정세로 인해 장래를 대비해 일정 미군을 잔류시키더라도 이 병력마저도 새로운 분쟁지역으로 전·출입이 자유로운 신속 대응군 형태로 운영하려 할 것이다. 따라서 미군은 이러한 신축성을 확보하기 위해 주한미군에 대해서도 전략적 유연성의 개념을 적용시키려고 할 것은 자명한 일이다.

게다가 미국으로서는 앞으로 동북아 정세가 유동적이라는 사실이 우려할 요소가 되기는 하지만은 동북아 역내국가 중 현재로서는 북한 이외에 미국에 적대정책을 취하는 국가가 없고, 북한마저도 미국과 관계개선을 절실히 희망하고 있으므로 해당 지역에서 대규모 전략거점을 유지·운영할 필요성을 느끼지 못할 수가 있다. 앞에서 설명한 새로운 해외 주둔 기지 개념 분류에 따르면, '전략투사근거지(PPH)'와 '주요작전기지(MOB)'를 둘 다 운영할 필요가 없다는 결론에 도달할 수도 있다. 즉, 현재로서는 미·일동맹을 점차 강화하는 추세에 있는데, 이는 100년 전인 20세기초 미국이 취했던 전략과 동일하게 해양세력인 일본을 통해 동북아 세력균형을 대리 관리하겠다는 구상을 반영한 것으로 보인다.

이러한 관점에서 미국은 최근 주일미군의 역할을 강화하려는 구상을 자주 언론 등에 내비치고 있는데, 그 중 주요한 구상으로는 워싱턴에 주둔하고 있는 미 육군1군단 사령부를 카나가와 현내 자마 기지로 이동 배치하는 것, 그리고 미 요코다 공군기지를 주일 미공군과 일본 항공자위대가 공동사용하는 방안 등을 들 수 있다. 이렇게 미·일동맹이 군사적 측면에서 더욱 강화되고 주일미군의 전력이 증강되면, 주일미군과 주한미군 간의 역학관계에 역전현상이 발생해 단기적으로 주한미군이 주일미군의 지휘편제 아래 편입되어 들어갈 가능성도 배제할 수 없다. 그리고 주일미군이 증강되면 일본이 동북아 지역에서는 확실한 전력투사근거지(PPH)가 되어 버리므로 해당 지역에서 주한미군을 유지하면서 한반도를 주요작전기지(MOB)로 활용할 것인지, 아니면 주한미군을 대량 감축하고 이보다 격을 더 낮춰 '전진작전거점(FOS)'으로만 활용할 것인지, 그도 아니면 주한미군을 완전히 철수하고 한·미간 군사협력에 의해 필요시 미군이 한반도에 전개될 수 있는 상황만 유지하도록 '안보협력대상지점(SCL)'로만 활용할 것인지 여부는 아직 확실치 않다. 그러나 미국의 전반적인 새로운 군사·안보 전략과 미국의 전통적인 안보 전략, 그리고 최근 미·일 간 군사관계 강화 동향 등을 종합적으로 고려해 볼 때, 미·일동맹과 한·미동맹의 지위가 차별화되어 나가는 과정에 있는 것처럼 보이므로, 주한미군이 예전과 같은 규모로 한반도에서 계속 주둔하리라 가정하기는 어렵다고 판단된다.

그리고 우리가 더 유의해야 할 점은 미국도 21세기를 맞이하면서 새로운 전략구상을 입안해야 하는 단계에 있으며, 이런 맥락에서 라이스 국무장관이 미국에 '신애치슨 라인'이 필요하다는 견해를 피력하는 한편, 이와 유사한 개념으로 '라이스 서클'이라는 개념을 유통시키기도 한다. 라이스 서클은 자유민주주의 확산에 대한 신념을 공유하는 국가끼리 연결하는 선으로, 라이스 장관은 이 서클에 속한 국가끼리만 강한 유대감을 공유하겠다는 속내를 드러내고 있다. 만약에 우리가 이러한 새로운 전략적 방위선상에서 제외될 경우, 우리에게 또 한번의 큰 시련이 닥치지 말라는 보장이 없기 때문에 우리는 미국의 전략변화에 대해 예의 주시해야 할 것이다.

미국의 외교정책은 앞장에서 살펴본 바와 같이 고립주의와 국제주의가 번갈아 나타나는 현상을 보이고 있는데, 이것을 좀 더 긴 관점에서 하나로 통합해 보면 미국이 '방어적인 소명외교(defensive mission diplomacy)'[57]를 전개해 왔다고도 볼 수 있다. 미국은 건국 초기부터 구대륙의 세력 쟁패에는 관심이 적어 기본적으로 구대륙으로부터 영향을 주지도 않고 받지도 않겠다는 의지에서 먼로선언처럼 신대륙에 자국의 국익을 국한시키는 방어적이고 고립주의적인 태도를 취했다.

그러나 20세기 들어와 전 세계가 하나의 세력 각축장이 되면서 미국은 어느 특정 세력이 유럽 대륙이나 아시아 대륙을 집어삼킨 뒤에 그 기세를 몰아 미주 대륙에 대한 미국의 지배권에 도전하는 것을 방지하기 위해 유럽 대륙과 아시아 대륙에서 세력균형이 유지되는 것을 원했다. 그리고 대륙에서 세력균형을 유지하는 데 공통이해관계를 가진 같은 해양세력인 영국과 일본을 각기 유럽과 아시아 대륙의 대리세력으로 내세워 양 대륙을 관리하는 전략을 취해 왔다. 즉, 기본적으로 대륙에 대해서 공세적이기보다는 방어적인 전략을 취해 왔다는 것이다.

한편 미국은 자국의 건국이념인 자유와 평등, 민주주의를 침해하는 세력에 대해서는 미주 대륙 내 고립주의 경향을 탈피해서 해외로 미군을 파견해 적극적으로 개입하기도 한다. 이러한 경향은 국제주의 또는 개입주의로 해

---

57. 일본 릿쿄대학의 이종원 교수는 이러한 미국의 외교정책을 '선교자적 외교(Missionary diplomacy)'로 부르기도 한다.

석되기도 하지만, 기본적으로는 자국의 건국이념이자 가치를 침해하는 세력을 격퇴하고 가능하면 자유와 민주주의를 확산시키는 것이 미국의 세계사적 소명이라는 인식이 미국 국민들의 의식 저변에 깔려 있는 결과라 할 수 있다. 물론 20세기 중반 이후 미국의 패권이 확립되고 공산진영과 이념대결이 한창일 때, 미국이 미주 대륙 이외의 전 세계 각 지역에 관심을 가지고 개입했던 것이 미국 외교정책의 본질이라고 믿는 것은 착오일 수 있다. 미국은 국가 속성상 이 같은 '방어적 소명외교'를 수행하는 것이 미국민의 정서에 부합하며, 최근 네오콘의 공세적인 민주주의 확산이론도 이 같은 소명외교 의식이 지나치게 발동한 것이라고 분석해 볼 수 있다.

그간의 역사적 선례 및 미국의 근본적인 국제 정세관을 감안해 볼 때, 동북아 지역, 특히 한반도에서 통일 이후에 미군이 대량으로 지상군 형태로 남아 있을 것이라고 예측하기는 힘들어 보인다. 미국은 변화하는 동북아 정세 속에서 최일선에서 직접 개입하기보다는 제2선에서 세력균형자 역할을 하기를 원할 것이기에 지상군보다는 해·공군력에 의존하려는 경향이 커질 것이다.

물론 주한미군이 남한에서 철수하게 되면 한반도에 대한 미국의 관심은 줄어들겠지만, 그렇다고 해서 한·미간의 동맹관계가 약화되거나 소멸된다는 논리도 곧바로 성립되지는 않는다. 오히려 지상군의 주둔 여부보다는 한반도가 전략적 관심 밖으로 밀려나면서 과거에 있었던 두 차례의 선례처럼 미국의 전략적 방위선 외부에 위치해 버리는 경우가 문제인 것이다.

영국의 경우만 해도 미군의 주둔이 아주 제한적임에도 불구하고 미국과 가장 강한 군사적 동맹을 유지하고 있음을 볼 때, 지상군의 주둔 여부가 중요한 것이 아니고 두 나라가 얼마나 전략적 이해관계를 같이 하느냐 하는 문제가 훨씬 중요하다 하겠다. 그러므로 우리는 미국과 미래동맹 구상을 협의할 때 우리의 전략적 가치를 높이기 위해 노력해야 할 것이며, 양국간에 전략적 공동 이해의 기반을 잘 찾아내야 할 것이다. 그리고 만일 미군이 철수한다면 미래 한·미동맹에서 우리에게 부여된 역할을 수행하기 위해 자체적인 국방력을 상당한 수준으로 끌어올려야 하는데, 이것은 결국 자주국방을 위한 우리의 투자와 노력이 많아져야 한다는 사실을 의미한다.

현재는 미국이 동북아 지역에서 기본적으로 세력균형자 역할을 할 수 있는 구도가 펼쳐지고 있지만, 중장기적으로 미국이 계속해서 세력균형자 역할만 할 것이냐는 문제는 이 지역의 정세가 어떻게 변해 가느냐에 따라 달라질 것이다. 특히 중국이 향후 20여년 정도는 자국의 국력신장을 위해 동북아지역에서 본격적인 패권을 추구하거나 미국에 정면으로 도전하기 않을 것으로 예상되기 때문에 미국은 일본과 중국 및 러시아 그리고 통일 과정의 한반도를 모두 대상으로 선택적인 협력과 견제를 하면서 세력균형자 역할을할 수 있을 것이다. 그러나 그 이후, 아니면 그 이전이라도 러시아나 중국의 민족주의가 급격히 부상하면서 국력의 격차에도 불구하고 미국과 대립을시도할 때는 미국의 대응이 또 달라질 수 있을 것이다.

또한 이러한 미국의 대응에 러시아와 중국이 어떠한 반응을 보이느냐에 따라 다시금 미국의 대응이 달라지는 연쇄효과를 일으킬 수 있다. 즉, 미국이 중국과 러시아의 부상을 미리 견제하는 태도를 취할 경우, 양국이 단결해 미국의 이러한 태도에 공동대응하게 되면, 미국의 세력균형자 역할도 그 기반을 잃어버리게 되는 것이다. 2005년 중국과 러시아가 '평화의 사명' 이라는 이름으로 황해 및 중국 연안에서 대규모 합동군사훈련을 실시함으로써 미국의 견제에 대해 양국이 공동 대응한 모습을 보여주었는데, 이런 군사훈련이 정례화되면 동북아 지역의 정세 구도가 예상보다 빨리 해양세력과 대륙세력간의 대결구도로 나아가게 되리라 본다.

# 2. 중국의 외교 · 안보전략

중국의 외교·안보전략의 첫 번째 목표는 분명하게도 자국의 경제성장을 지속적으로 달성하기 위해 대외적으로 우호적인 환경을 확보하는 것이다. 중국은 19세기만 하더라도 전 세계 GDP의 27%를 점유하던 최고의 경제력을 지닌 국가에서 지난 20세기 동안에는 세계 최빈국의 대열로 추락하는 시련을 겪었다. 그러다 문화혁명으로 실권했던 등소평이 70년대말 복권되면서 개혁·개방으로 정책을 선회함으로써 중국은 경제력을 복원할 수 있는기회를 21세기 들어오면서 맞이하게 되었다.

사실 80년대에 개혁·개방 정책을 경제특구 중심으로 선별해서 실시할 때만 해도 중국의 실험은 그저 실험으로 그칠 것이라는 것이 지배적인 전망이었다. 중국 내의 거대한 인구를 감안할 때, 중국의 경제가 성장가도로 진입하는 도약단계(take-off phase)에 올라서기 위해서는 천문학적인 투자가필요한데, 이러한 자본을 중국이 내부적으로 축적할 수 없었기 때문이다.

그러나 중국은 이러한 모든 경제학 교과서의 이론과 경제전문가들의 예측을 뒤엎고 90년대 후반부터 연 10% 내의 고속성장을 이루면서 이제는 전 세계를 상대로 노동집약적인 상품을 거의 독점 생산·공급하는 세계의 공장으로 탈바꿈했다. 이러한 성장이 가능하게 된 것은 내부적으로는 중국의 개혁·개방 정책이 성공적으로 뿌리를 내린 데 기인하지만, 외부적으로는안정적인 국제경제 환경이 지속된 것에도 힘입은 바 크다. 90년대 이후 본격화된 세계화의 물결에 따라 무한경쟁의 소용돌이 속에 조금이라도 생산단가를 더 낮추기 위한 세계기업들의 치열한 생존전략이 중국을 생산기지로 선택하도록 했고, 그 결과 외국의 투자자본이 물밀듯이 유입되어 공장을지었기에 중국의 고도 경제성장이 가능하게 된 것이다.

중국의 지도부는 이러한 국내외 사정을 잘 인식하고 있는데다, 중국이 이러한 성장률을 앞으로 20여 년 정도만 더 지속해 주면 미국에 버금가는 경제력을 확보할 수 있고 그 다음부터는 외부의 도움 없이도 중국 경제가 자체의 활력으로 성장해 나갈 수 있다고 판단하고 있다. 때문에 고도 경제성장을 가능하게 해준 현재의 국제경제 환경을 최대한 유지하는 것이 중국의 국익에 부합된다고 믿고 있다.

그래서 중국 지도부는 국가 대전략을 '경제발전과 4대 현대화 계획'[58]으로 설정하고, 외교·안보전략으로는 '평화로운 주변 환경의 조성'을 설정했다. 이러한 목표를 달성해 나가는 방법론으로서 중국은 80년대 이후 20여 년간 '도광양회(韜光養晦)론'을 내세웠는데, 이는 자신의 빛을 숨기고 조용한 가운데 실력을 도모한다는 뜻이다. 그러나 2002년 후진타오를 중심으로 하는 제4세대 지도부가 들어서면서 중국은 이러한 국가목표를 추구하는 방법론을 좀 더 자신감 있는 자세인 '화평굴기(和平起)론'으로 변환했는데, 이는 자신의 몸을 더 이상 숨기지 않고 일으키되 주변의 환경과 조화를 이루어 평화스러운 가운데 국위를 도모하는 뜻을 담고 있다.

---

58. 이 같은 국가목표는 1978년 제11기 3중전회의에서 기본골격을 갖추기 시작했으며, 1987년 제13전 대회에서 개혁방침이 확정되었다. 4대 부문은 농업, 공업, 국방, 과학기술을 말한다.

이러한 기본목표를 가진 중국으로서는 우선 주변국들과 전방위 우호협력 관계를 설정해야 하고, 자신이 속한 동북아 지역정세의 안정을 급선무로 여길 수밖에 없다. 이런 맥락에서 중국은 우선 세계 유일의 초강국인 미국과의 우호적인 관계를 중시할 수밖에 없는데, 그도 그럴 것이 미국은 세계의 패권을 가지고 있는데다 중국 수출품의 최대 소비처인 까닭에 미·중 관계가 경색될 경우 중국의 경제성장이 직접적인 타격을 받을 것이 자명한 처지여서 미국과 원만한 관계를 유지하기 위해 당분간은 최선을 다할 것이다.

　게다가 중국은 최근 미국이 정책에 최우선 순위를 부여하고 있는 테러와의 전쟁에서 협조관계를 잘 유지함으로써 미·중 사이에 외교·안보 분야에서도 선택적 협력이 가능하다는 것을 보여주고 있다. 사실 중국으로서는 자국 내에 티베트·신장과 같은 지역이 분리독립운동을 일으킬 경우 이를 억누를 필요성이 있는데다, 러시아와 달리 중동 지역에 대한 기득권이 없어 미국의 이라크 침공에 대해 이의를 제기하지 않는 등 대테러전에서 미국과 행보를 같이하는 데 별 문제가 없다.

　그러므로 중국으로서는 사활적 이익이 걸린 대만 문제와 같은 사안을 제외하고 여타 동북아 지역에서 외교문제를 가지고 미국과 정면 대립하는 일은 가급적 회피하려 할 것이다. 사실상 중국·러시아·일본이 각축하는 동북아 정세는 물론이고 통일을 향해 나아가는 한반도의 유동적인 정세까지 감안할 때, 미국이 중국에 대해 적대적인 의도만 나타내지 않는다면, 중국으로서는 미국이 동북아 지역에서 세력균형자로서 잔류하기를 내심 희망할 수도 있다.

　때문에 중국은 한반도에서 주한미군이 완전 철수할 가능성과 남한 내에 한·중 관계를 한미관계보다 더 중시하는 현상에 대해 미·중 관계를 경색시킨다는 관점에서 부담스러워할 수도 있을 것이다. 물론 중국의 국력이 완전히 강성해지고 미국과의 패권경쟁에 본격적으로 돌입할 경우에는 한반도에 존재하는 주한미군의 존재에 대한 중국의 시각은 달라지겠지만, 그 시점에 이르기 전까지는 주한미군의 철수로 인해서 발생하는 힘의 공백 또는 정세 변화를 원하지는 않을 것으로 보인다.

한반도에 대한 중국의 기본적인 외교·안보전략은 한반도에서 급격한 정세변화가 일어나는 것을 방지하는 것이다. 중국은 자국과 국경을 인접하고 있는 한반도에서 급변사태가 발생하면 그 영향이 자국에도 미치리라는 것을 잘 알고 있기 때문에 가급적 이러한 급변사태가 발생하는 것을 회피하려 한다. 중국에게서 남한은 자본과 기술 협력이 계속 필요한 중요한 경제 파트너이며, 북한은 한국전에서 혈맹관계를 맺은 이후 북한이 유일하게 의존할 수 있는 우호국가로서의 특별관계를 유지하고 있는 상대이다.

그러므로 중국의 입장에서는 남북한 모두가 경제·정치 측면에서 없어서는 안 될 파트너이므로 결국은 한반도에서 현상유지 정책을 선호할 수밖에 없다. 그러나 한반도에서 통일이 피할 수 없는 대세로 굳어질 경우에는 어쩔 수 없이 통일을 허용하되, 통일된 한반도가 다른 나라, 특히 중국에 비우호적인 국가의 영향력 안으로 들어가는 것을 극구 저지하려 할 것이다.

그리고 북한이 중국의 안보나 동북아 정세를 위태롭게 하지 않는 한 중국은 북한체제가 존속되는 것을 선호할 것으로 보인다. 북한이 존재함으로써 북한에 영향력을 행사할 수 있는 중국의 위상이 한·미·일 3국에 높게 평가될 수 있고, 결국은 북한을 전략적 카드로 활용할 수가 있기 때문이다.

그러므로 북핵 문제는 중국에 도전인 동시에 기회를 제공하고 있다고 볼 수 있다. 즉, 중국은 북핵이 동북아 정세에 불안요인으로 작용하고 있어 이를 해결해야 하는 도전을 안고 있지만, 북핵 문제 해결 과정에서 중국의 영향력이 국제적으로 인정을 받게 되고, 남북한 양국에 대한 영향력을 동시에 늘려 나갈 수 있다는 점에서는 분명 기회인 것이다.

또한 중국은 현재 남북한 내에서 일어나고 있는 민족 우선주의 현상이 통일한국이 출현할 경우 민족지상주의의 성격으로 변화되지 않을까 내심 우려하는 측면도 있다고 볼 수 있다. 한반도 내에서 민족주의가 발흥을 하게 되면 조선족이 많이 살고 있는 동북3성 내에 이러한 민족주의 기운이 전파되어 자연히 이 지역이 한국의 영향권에 빠져들어 갈 우려가 있다고 보는 것이다. 동북3성이 한국의 영향권 안에 들어간 후 증대하는 한민족의 동북3성 진출과 인적 교류 등을 통해 이 지역이 한국과 더욱 동질화되면, 통일한국으로 편입되거나 분리·독립하려는 움직임을 보일 가능성이 있다.

그러나 수많은 소수민족을 포용하고 있는 중국으로서는 동북3성에서 소수민족이었던 조선족이 본국 영향권으로 편입되는 예외를 인정하면 중국자체가 분열되어 나가는 최악의 상황이 발생할 수도 있기 때문에 어떤 대가를 치르더라도 이 같은 상황이 발생하는 것을 방지하려 할 것이다.

이러한 중국의 의도는 동북공정에서도 엿보여지는데, 중국으로서는 통일한국 성립 후 분출하는 우리의 민족주의가 조선족이 많이 거주하는 동북3성에서 과거 역사를 바탕으로 한 고구려 '실지회복운동(irredentism)'[59]으로 비화하지나 않을까 우려해, 이를 사전에 막기 위한 대응전략 차원에서 중국인에게 다른 역사관을 주입하는 것으로 볼 수 있다. 이 같은 맥락에서 통일한국의 등장 자체가 중국으로서는 반갑지 않을 수가 있다. 그러므로 중국은 북한의 현 정권이 중국과 우호적인 관계를 유지하는 한 정치적인 측면에서는 북한과, 경제적인 측면에서는 남한과 더욱 긴밀한 관계를 유지하는 등거

---

59. 19세기 중반 이탈리아가 오스트리아 국경내에 있는 이태리인 거주 지역을 자국 영토로 편입하려는 운동을 벌인 것에서 유래했으며, 민족 거주지역과 국경선이 일치하지 않을 때 이를 일치시키려는 움직임을 일반적으로 통칭한다.

리 정책을 취할 가능성이 높다.

60년대 말에서 70년대 초 국경에서 무력충돌을 했을 뿐 아니라 사회주의 내부에서 노선대결의 상대국이었던 구소련과도 80년대 중반 이후에는 우호적인 접근을 하게 된다. 이는 중국이 국가 대목표에 따른 전방위 협력외교를 전개하는 과정에서 국경을 접하고 있는 구소련과의 관계개선이 필수적이었기 때문이다. 그리하여 중국은 1982년 '자주 독립적 외교'라는 개념을 제12전 대회에서 발표하게 되는데, 이는 '미국과 소련의 패권추구를 모두 반대하면서 이에 대항하기 위해 제3세계와 연대를 강화하는 것'을 골자로 하고 있다. 그러나 표면적으로 미·소 양국의 패권을 다 반대하는 것으로 되어 있지만, 그 행간을 잘 읽어보면 그간 미·중 관계 개선을 통해 다분히 소련에 대해 적대적 입장을 가지고 있던 것을 자주 독립적으로 판단해 중립적인 위치에 오겠다는 것을 의미한다.

그 결과 중국과 구소련의 후신인 러시아는 1992년 옐친 대통령의 중국 방문을 계기로 '북경선언'을 채택하고 새로운 시대의 개막을 알렸다. 이 방문에서 양국은 60년 이래 양국간 분쟁의 주원인이었던 4,300킬로미터에 달하는 국경 문제에 대해 합의에 도달하게 된다. 그리고 이후 양국은 정상간 상호방문 때마다 관계의 격을 계속 높여 '실질적 동반자 관계'에서 '건설적 동반자 관계'로, 그리고 마침내 '전략적 동반자 관계'로까지 발전해 오고 있다. 이처럼 과거 적대적이었던 양국을 결합하게 만든 배경에는 1996년 이후 강화되고 있는 미·일동맹 체제와 NATO의 동유럽으로의 확대, 그리고 미국의 중앙아시아 진출 등으로 양국의 의구심이 증폭되어 대미 공동전선을구축해야 한다는 의식이 자리잡고 있다.

미국으로서는 유라시아 대륙의 양 대국인 러시아와 중국이 서로 반목 상태를 유지하는 한 자신의 구도에 맞게 해당 지역의 세력균형을 유지해 나갈 수 있을 것이다. 따라서 미국은 러시아와 중국 모두에 일정한 전략적 접근을 하고 있으며, 특히 푸틴 대통령 이후 민주·개방화된 러시아에는 우방국의 대우를 하고 있다. 그러나 중국과 러시아는 이러한 미국의 전략적 접근 뒤에 중앙아시아 지역에 진출기반을 확대하려는 의도가 있다고 판단해 일정 부분 대미 공동전선을 구축하는 모습을 보여주기도 한다.

중국과 러시아는 중앙아시아에 대한 양국의 기득권을 공동으로 수호한다는 데 이해가 일치되어 2001년 해당 지역 국가들과 공동으로 '상하이 협력기구'[60]를 창설했는데, 처음 5개국으로 시작한 이 기구가 점차 확대되고 내실을 다질 경우 유라시아 대륙의 지역협력체, 더 나아가서는 안보협력체로서 기능할 가능성도 배제할 수 없다. 그리고 미·일간의 군사적 협력이 강화되어 가는 것과 비례해 중국도 러시아와 군사협력 관계를 새로이 추구하려는 경향을 보이는데, 2005년 10월 중국이 러시아와 합동으로 대규모 군사훈련을 벌인 것은 좋은 예이다. 중·러 간의 군사협력이 미·일 간의 군사협력에 대항하는 양상을 나타낼 경우, 동북아 지역에서 해양세력과 대륙세력 사이의 새로운 갈등구조가 배태될 가능성이 있어 우리로서는 유의해야 할 것이다.

중국은 일본과 경제적인 측면에서는 협력관계를 계속 유지해 나가야 하겠지만, 과거사 문제, 야스쿠니 신사 참배 등 정치적인 사안들 때문에 일본의 적극적인 태도 변화가 있지 않는 한 양국간 관계가 우호적인 방향으로 전개되기 힘들 것이라는 점을 인식하고 있는 것으로 보인다. 그 밖에 중국과 일본은 조어대열도(센카쿠 열도)를 둘러싼 도서영유권 분쟁이 남아 있으며,

---

60. 상하이 협력기구는 1996년 중국·러시아·카자흐스탄·키르기스기탄·타지키스탄 5개국이 모여 안보 등 협력방안을 협의했던 모임에서 2000년 우즈베키스탄이 합류한 후 2001년 정식 국제기구로 출범하게 된다.

러시아 및 중앙아시아에서 에너지를 확보하기 위한 경쟁도 치열하게 전개되고 있어 양국간에는 협력보다는 갈등의 소지가 더 많아 보인다. 특히 일본이 동북아에서 미국의 첨병으로서 역할을 수행하면서 미·일 간 군사협력을 강화하고 자위대의 활동반경을 계속 넓혀 나갈 경우, 중국과의 군사적마찰은 불가피할 것으로 보인다.

과거 구소련의 잠수함 및 항공기가 대한해협을 거쳐 동남아 해상로로 진출하는 것을 항상 관찰하고 견제해 오던 일본 자위대가 이제는 중국 해·공군의 움직임을 예의 주시하고 있고, 중국도 나름대로 이러한 일본의 방어정보망을 회피, 침투하는 활동을 증대시키고 있다. 중국은 최근 해군력을 획기적으로 증강해 '연안해군'에서 '원양해군'으로 발전을 도모하고 있으며, 이는 해양세력인 일본과 마찰을 불러일으킬 소지가 많다. 즉, 중국과 일본 간에는 전략적 이해관계가 일치할 여지가 그리 많아 보이지 않으며, 오히려 중국은 일본이 동북아 역내의 지역적 패권경쟁자일 뿐 아니라 전 세계적 차원에서는 다가올 미국과의 패권경쟁에 앞서 중국에 대한 대리전·전초전 역할을 일본이 수행하는 것으로 간주할 가능성이 높다.

특히 세계 에너지의 2대와 3대 수입국인 일본과 중국은 향후 중국의 에너지 수요가 기하급수적으로 증가할 것이기 때문에 에너지를 둘러싸고도 격심한 경쟁을 벌일 수밖에 없는 입장이다. 중국과 일본은 지리적 인접성 때문에도 동일한 에너지 공급원을 놓고 서로 경쟁을 해야 하는 처지인데, 특히 러시아와 중앙아시아로부터 공급되는 에너지에 대한 선점경쟁이 치열하다.

러시아와 중앙아시아에서 생산되는 석유 및 천연가스는 새로 건설될 시베리아 송유·가스 복합수송관을 통해 극동 지역에 공급될 예정이지만, 이 복합수송관의 노선 설계 및 건설 과정 참여에서부터 생산물의 분배에까지 양국은 서로 사활적 이해를 걸고 경쟁할 것으로 보인다. 이처럼 중국으로서는 일본과 전략적인 경쟁관계에 들어갈 분야가 다수 있기 때문에 일본을 견제하는 외교·안보전략을 구사할 것이다.

그리고 중국은 동아시아 지역 내에서 자국의 주도권을 강화해 해당 지역을 자국의 안보상 완충지대 또는 외곽방호지대로 만들려는 의도를 가지고 있는 듯 보인다. 미국이 중국을 봉쇄하기 위해 필요로 하는 지역들을 역으로 중국의 영향권에 두어 자국의 외곽방호선으로 삼겠다는 것이다. 실제로 한반도와 대만, 그리고 인도차이나 반도를 잇는 선이 자국에 적대적인 세력의 영향권에 들어 있는 경우와 우호적인 세력의 영향권에 들어 있는 경우, 중국이 느끼는 심리적 압박은 엄청난 차이가 날 것이다. 이런 맥락에서 중국은 동아시아에 현존하는 여러 다자기구나 협의체에 적극적으로 참여하고 있다. 즉, 기존의 아시아지역포럼(ARF) 회의뿐 아니라 새로이 출범한 동아시아정상회의, 그리고 ASEAN+3회의 등에서도 중국의 활약상이 두드러져 보인다. 과거에는 다자주의가 미국 등 소위 기득권을 가진 국가들에 의해 조종된다고 믿었기에 다자회의 참석에 소극적이었던 중국이 근년 들어 적극적인 자세를 취하고 있는데, 이러한 중국의 행태는 '확신적 행동주의(asserted activism)' 라 불리고 있다.

중국의 이 같은 '확신적 행동주의' 는 우선 동아시아 지역에서 점차 목소리를 높여나갈 것이며, 국력신장의 속도에 맞추어 동아시아 지역을 넘어 전 세계 문제에까지 자신의 발언권을 강화하는 방향으로 전개될 것이다. 이러한 중국의 행태는 '화평굴기' 라는 현재의 외교·안보전략기조를 변경하게 될 것이고, 이러한 기조의 변화는 결국 미국과의 관계에서 마찰을 초래할 가능성이 높다 하겠다.

# 3. 일본의 외교·안보전략

　일본은 제2차 세계대전에서 패전한 후 60년간을 미국에 철저하게 의존하는 미국 일변도의 대외정책을 취함으로써 자국의 국익을 최대한 실현하는데 성공했는데, 이는 전승국과 전패국 간의 관계치고는 매우 드문 역사상특수한 사례이다. 일본은 전쟁 전 파시즘국가를 해체하고 새로운 국가를 건설하는 과정에서도 점령군인 미국 극동사령부 군정청의 방침에 전적으로순응해 미 군정청에서 준비한 정치체제와 헌법을 수용했다.[61]

　통상 이같이 점령군에 의해 외부에서 부과된 정치체제는 시일이 지나면피점령국 국민들의 저항을 받아 무너지거나 변경되기 마련인데, 이러한 저항 사례는 현재 압도적인 무력으로 미군에 점령당하고도 국가재건 과정에서 미국이 부과한 정치체제에 저항하는 투쟁이 격렬하게 일어나고 있는 이라크의 경우에서 쉽게 발견할 수 있다. 그러나 일본의 경우에는 이라크보다훨씬 미국과의 국력격차가 적었음에도 불구하고 미국이 부과한 정치체제를절대적으로 수용했음은 물론, 국가재건 이후에 일본의 국력이 미국을 한때

---

61. 당시 극동사령부의 정식명칭은 연합국 최고사령관부(Supremme Commander for Allied Powers)이며, 점령정책은 미 8군의 군정국에서 지령(directive) 형태로 하달되었다. 김영춘, 「일본의 보수우경화와 국가안보전략」, 통일연구 2005년 12월, p. 13

넘볼 정도가 되었을 때에도 미국의 외교·안보전략에 전적으로 편승해 자국의 안보를 도모하는 정책을 취해 왔다고 해도 과언이 아니다.

일본은 냉전기간 동안에 구소련과 중국이라는 강력한 적대국가가 인접해 있었음에도 불구하고 자체 국방력을 육성하지 않고 미·일 상호방위조약과 미국이 제공한 핵우산 아래서 자국의 안보를 전적으로 보장받고 있었다. 게다가 일본의 관점에서는 공산진영으로부터 위협을 앞서서 막아주는 전진기지 역할을 하는 한국군과 주한미군이 남한 내에 존재했으므로 일본으로서는 2중의 안전망이 존재한 셈이었다. 따라서 일본은 냉전시대의 동북아에서 존재했던 엄중한 대결구도에 전혀 걸맞지 않게 평화헌법을 제정하고 그에 따라 자위대만 유지하면서 자국의 방위에는 거의 투자하지 않아도 되는 안보 무임승차의 특권을 누려왔던 것이다.

이러한 미국과의 특수한 외교·안보 관계 덕분에 일본은 경제성장에 국력을 집중할 수 있었고, 그 결과 급속한 전후 회복과 경제발전을 이루어 1980년에 이르러서는 미국에 이은 세계 2위의 경제대국이 되었다. 일본은 80년 전후해 자국의 경제력에 자신감이 생기자, 자위대의 방위력을 증강시키면서 동북아 지역에서 미국의 안보 파트너로서 일정 역할을 맡기 시작했다. 그러나 평화헌법상 자위대의 역할은 일본열도의 전수방위로 한정되어 있어 자위대의 해외파병이 불가능했을 뿐 아니라 자위대의 무기체계도 공격적인 형태를 갖추지 못했다. 그리하여 미국의 안보 파트너로서 일본의 역할은 구소련의 군사력 동향의 탐지와 한반도 등 동북아 지역에서 유사시 미군의 활동을 후방에서 병참 지원하는 정도에 국한되었다.

이러한 상황에서 일본은 독자적인 외교·안보전략을 가진 것이 아니라 미국의 외교·안보전략에 보조를 맞추는 파트너로서 역할에 충실했으므로 구소련과 중국에 대해서도 독자적인 정책을 구사하기보다는 미국이 정한 전체적인 전략틀의 범위 안에서 가급적 이들 국가와도 우호적인 관계를 유지하는 데 주력했다. 그리고 가장 호전적인 공산국가인 북한과도 친북한 단체인 조총련의 활동을 국내에서 용인하는 등 적절한 관계를 유지해 왔기에 일견 중립국가처럼 보이는 성격의 외교·안보전략을 구사하는 듯했다.

그러나 이러한 일본의 비결정적(non-committal)인 외교·안보전략은 오히려 엄중한 냉전구도가 해체되기 시작한 90년대 이후부터 변경되어 점차 독자적인 외교·안보전략을 추구해 나가기 시작한다. 물론 이 시점 이후에도 일본 방위정책의 기축은 미·일 안보동맹이며, 이 동맹은 더욱 강화되는 경향을 보이고 있다. 그러나 이제는 미국의 정책을 추종하거나 무임승차하는 형국이 아니라, 일본이 자신의 국익과 동북아의 미래 전략구도를 염두에 두고 독자적인 판단으로 미국과 관계를 더욱 강화하고 있다는 점에서 이전과 다른 양상을 보이고 있다. 이에 따라 일본 내부에서도 평화헌법에 대한 개정 움직임이 일어나고 자위대의 일본열도 전수방위 개념에도 변화가 일어나 자위대가 자국의 방위뿐 아니라 동북아 지역과 이를 넘어선 영역까지 활동 범위를 확장하려는 경향을 보이고 있다. 게다가 일본은 자위대의 전력증강에 대한 투자도 대폭 확대해 미국 다음가는 방위비를 지출함으로써 바야흐로 자위대는 첨단전력을 갖춘 현대식 군대로 거듭나기에 이른다.

일본은 내부적으로 이러한 자국의 변화를 보통국가화 과정이라고 지칭하면서 이제는 여느 국가와 마찬가지로 자국의 외교·안보정책을 특별한 제약 없이 국익에 부합하는 방향으로 수립해 나가겠다는 의지를 확고히 하고있다. 자위대의 전수방위 개념과 해외활동 제약은 평화헌법의 기본정신에입각한 것이므로 이러한 제약을 근본적으로 제거하기 위해서는 평화헌법을개정하는 것이 필요하지만 헌법 개정에는 시간이 걸리는 까닭에 일본 정부는 임시적 방편으로 일련의 특별법을 제정하고 있다. 즉, 평화헌법상 어느국가로부터 직접적인 침략을 받기 전까지 일본의 자위대는 타국과 적대행위에 돌입할 수 없고 해외로 진출할 수 없지만, 유엔 평화유지활동에 참여할 경우에는 이에 대한 예외를 인정하는 특별법을 최근 제정해 이를 회피하는 방책으로 삼고 있는 것이다.

일본이 이처럼 방향전환을 시도하는 배경으로는 국력신장에 따른 국내 보수우익세력이 강화되고 있다는 점을 들 수 있는데, 우익세력은 일반대중의 민족주의 경향에 편승해 일본을 명실상부한 군사강대국의 반열에 올려놓으려는 생각을 가지고 있는 것으로 보인다. 여태까지 일본은 제2차 세계대전에 패한 이후 도입된 평화헌법 등으로 인해 국민들과 주변국들의 무언의 압력이 존재했기에 자국의 경제력과 기술력에도 불구하고 군사대국화를 추구하지 못하는 제약 속에 있었다. 그러나 종전 50주년이 경과하면서 일본인들의 의식 속에는 일본이 더 이상 과거사에 얽매여 자신의 행동을 제약 당하는 국가가 아니라 자국이 원하는 대로 진로를 결정하는 보통국가가 되자는 흐름이 형성되기 시작했으며, 일본 정치인들은 이를 반영해 일본을 점차 우경화의 방향으로 이끌어가고 있는 것이다.

일본의 외교·안보전략이 우경화하는 또 다른 배경으로는 일본 나름의 전략적 판단이 작용하고 있는 것으로 보이는데, 그것은 미·일동맹의 강화 필요성에 대한 인식이 첫째이고, 동북아 안보정세 변화에 대한 자국의 대비 필요성에 대한 인식을 둘째로 꼽을 수 있다. 이 두 전략적 판단은 상호 밀접하게 연관되어 있기 때문에 같이 묶어 분석하는 편이 나을 것이다.

첫째 우리가 눈여겨보아야 할 대목은 일본이 냉전구도가 해체되고 자국의 국방력이 잠재전력 면에서 미국 다음이라는 평가를 받고 있는 90년대 중반 상황에서도 일반적인 예상과는 다르게 미·일동맹을 강화하는 쪽으로 정책방향을 잡았다는 점이다. 80년대 중반 이후 일본 경제가 욱일승천할 때 일본 내부에서는 넘치는 자신감과 민족주의 성향이 함께 분출되어 『일등으로서 일본』, 『No라고 말할 수 있는 일본』이라는 제목의 책들이 베스트셀러가 되는 사회적 분위기가 지배하고 있었다. 이 당시 일반 국민과 선동적 정치인들은 미국과 대결하는 자세를 보여주는 일본의 모습을 기대하고 있었다. 그리고 미국 내에서도 일본의 공격적인 대미경제 진출로 인해 일본에 대한 경계감이 생겨나면서 미국 언론의 '일본 때리기(Japan Bashing)'가 하나의 유행처럼 번져나갔다. 이러한 일본과 미국 내부의 여론 흐름은 미·일동맹의 기반 자체를 흔들 수 있는 위험요인으로 부상하고 있었다.

그러나 이처럼 미·일관계가 어려워질 수 있는 시점에서 일본과 미국의정책입안자들은 오히려 이러한 내부의 감정적인 흐름이 양국의 전략적 이익에 부합하지 않으며, 양국관계를 보다 미래지향적인 측면에서 재조정해야한다는 데 의견일치를 보게 된다. 그리하여 미국과 일본의 외교·안보 분야 전문가들은 양국의 미래 안보협력 방안에 대해 머리를 맞대고 토의하는 과정을 몇 년간 가졌는데, 이 과정을 '시모다 프로세스'라고 한다. 그리고 미국 측에서도 별도로 일본의 전략적 중요성을 인정하고 미·일동맹을 오히려 강화해야 한다는 별도의 보고서인 '나이보고서(Nye Report)'가 1995년 당시 국방부 차관보로 있던 조셉 나이의 주도로 발간된다.

이러한 미·일 지도층의 교감에 따라 일본 정부는 1995년말 새로운 방위정책 방향을 담은 '신방위대강'을 발표하게 되는데, 여기서 일본은 영토방위에 초점을 두던 소극적 안보정책에서 국제질서 유지에 기여하는 적극적 안보정책으로 전환을 선언한다. 그리고 신방위대강은 새로운 안보수요에 입각해 자위대의 전력을 질적으로 향상하기 위한 의지를 담고 있었다.

이러한 일련의 과정을 통해 오히려 일반 여론의 흐름과는 달리 미국과 일본은 1997년 '미·일 신안보 가이드라인'이라는 것을 발표하게 되는데, 이는 미국이 일본의 군사적 역할의 확대를 인정해 주면서 일본을 미국의 동북아 지역에서의 핵심적 전략 파트너로 만들어가는 비전을 담고 있는 문서였다. 미·일동맹의 목적을 '대소련 봉쇄 및 일본 방위'에서 '아·태 지역의 평화와 안전보장'으로 전환해야 한다는 'Nye 이니셔티브'[62]를 수용한 결과물이라 할 수 있다.

이 새로운 가이드라인으로 자위대의 임무는 일본열도 전수방위의 개념에서 벗어나 주변 유사사태 발생에도 개입하도록 확대되었으며, 과거 미·일 간의 군사협력 또한 일본이 미군 활동을 위한 기지 및 병참을 제공하는 수준에서 미·일 양국 군대의 합동작전 수준으로 격상되었다. 국내적으로 일본은 이처럼 변경된 자위대의 임무를 뒷받침하기 위해 법령을 재정비하는 차원에서 입법을 하는데, 그 결과물이 '주변사태법'이다.

점증하는 민족주의를 등에 업고 한때 일본 대중의 정서가 요구했던 미·일동맹 해소론을 일축하고 일본 지도층이 미·일동맹 강화론을 관철시킨 배경에는 중국과 러시아의 잠재적 위협에 대항해야 한다는 익숙한 전략적 판단이 작동하고 있었다. 즉, 한창 부상하는 거대한 대륙세력에 맞서기 위해서는 같은 해양세력인 미국과 손을 잡는 길만이 유일한 대안이라는 것을 간파했던 것이다. 어쩌면 일본은 대륙세력의 부상에 대응해서 단순하게 해양세력과 연대를 추구하는 것이 자국의 이익에 최대한 부합된다는 결론에 쉽게 도달할 수 있었다고 볼 수 있다. 단기적으로는 북한으로부터 오는 위협, 중장기적으로는 러시아·중국으로부터 가해지는 위협을 홀로 감당하기에는 부담이 크므로 자국의 독자적 결정권이 다소 제약을 받더라도 미국과 공동

---

62. 조셉 나이는 하버드대 교수로 재직하다 당시 미 국방부 정책차관보로 기용되었으며, 현재는 다시 하버드대에 복귀해 교수로 재직하고 있는 미국 외교·안보 분야의 핵심두뇌이다.

으로 안보 부담을 나눠 가지는 것이 현명하다고 판단했을 수 있는 것이다.

제2차 세계대전 이전 대동아공영권 건설이란 거창한 구호를 내세우고 아시아 지역 패권 장악을 시도하다 미국에 패퇴한 일본은 향후 미국의 패권에 대한 도전은 아예 상상조차 않는다는 전제가 일본 지도층 사이에 암묵적으로 존재했기 때문에 미·일동맹 강화에 매진할 수 있었던 것으로 보인다. 사실 일본으로서는 제2차 세계대전 이전에는 중국과 러시아를 차례로 꺾은 다음 미국에 도전하는 순서를 밟았지만, 이제는 중국과 러시아의 부상을 감안할 때 독자적으로 이들 국가를 대항하는 것이 힘겹다는 판단을 하고, 따라서 미·일동맹의 강화만이 유일한 전략적 대안이라는 판단을 쉽게 했을 것이다. 그리고 자국 내에서 점증하는 민족주의 정서로 인해 일본은 과거사 문제, 도서 영유권 문제 등이 복잡하게 얽혀 있을 뿐 아니라 국내적으로 민족주의가 발흥하고 있는 중국, 러시아, 그리고 한국과의 전략적 관계설정이 쉽지 않다는 것을 미리 예견하고 이러한 대립요인이 없는 미국과의 전략적 관계설정을 우선시하는 것일 수 있다.

이러한 일본의 전략적 선택은 숙명적일 수도 있지만, 오랜 검토 끝에 나온 것으로 보아야 한다. 일본은 1980년부터 나카소네 수상이 이끄는 '중공연구회'를 운영해 왔고, 그 연구회가 발표한 '중공각서'는 "일본은 해양국가라는 숙명적인 성격 때문에 통상무역으로 살아가지 않으면 안 되며……그런 뜻에서 태평양을 가운데 두고 같은 해양성과 세계성을 갖는 미국과의제휴·우호는 숙명적이다. 그렇기 때문에 일본이 지향해야 할 정면은 미국및 태평양, 동남아시아에 있으며, 대륙과의 관계에서는 과도한 관여는 위험하므로 항상 한정적으로 추진하는 것이 바람직하다"라고 선언하고 있다.[63]

이 같은 일본의 태도 변화는 70년대 초 미국 닉슨 대통령이 헨리 키신저 당시 안보보좌관을 앞세운 비밀외교를 통하여 중공과 국교정상화를 전격 발표하자 일본 조야는 이를 '닉슨쇼크'라 명명하고 미·중간의 등거리 외교를 펼치기 위하여 그 이후 안간힘을 다하던 때와 비교하면 굉장히 대조적이라 말할 수 있다.

이러한 일본의 전략적 선택은 동북아 지역정세에 적지 않은 변화를 가져오게 되는데, 우선 미·일안보동맹이 과거 안보협력동맹에서 이제는 군사동맹으로 격상되어 앞으로 더욱 견고해질 것으로 예상됨에 따라 냉전시대이후 유연해졌던 이 지역의 안보구도가 다시 경색되는 국면으로 진입할 것으로 보인다. 또한 한·미동맹과 미·일동맹 사이의 전략적 지위가 차별화될 수밖에 없어 양 동맹간의 관계설정이 앞으로 어떻게 변화하느냐에 따라동북아 지역 안보 구도에 더 많은 변화가 예상된다. 즉 여태까지는 한·미동맹이 더 굳건한 군사동맹이었던 관계로 주한미군이 동북아 지역에서 주력이었던 데 반해, 앞으로는 주일미군이 동북아 지역 거점군이 되어 주한미군이 주일미군 예하에 편제될 가능성이 있는 것이다.

현재 미·일 간의 안보대화에서 미국의 육군1군단이 일본 내 자마기지로 이동하기로 논의되고 있는데, 이것이 실현되면 1군단장이 동북아 주둔 미군을 총괄 지휘하게 되고, 일본과 미국은 요코다 공군기지도 합동으로 사용하는 등 양국군의 통합작전능력이 더욱 강화될 것이다. 이러한 주한미군과 주일미군의 상하관계가 한·미동맹과 미·일동맹 간의 협력관계 설정에도 일정한 영향을 미칠 가능성이 있으며, 이러한 3각관계 형성은 여타국이 이에 대한 대응조치를 취하도록 유도할 게 분명하다.

일본은 이러한 전략적 선택, 즉 보통국가화와 미·일동맹 강화를 통해 자

---

63. 조성렬, 『정치대국 일본』(나라사랑, 1994) p. 144, 배기찬, 앞의 책, p. 389 재인용

위대의 능력을 중점적으로 강화하고 있는데, 그 내용을 보면 일본 자위대는 과거 일본열도 방위 임무를 초월해 이제는 그 활동범위를 전 세계적으로 확장하고 있다. 즉, '주변사태법'을 제정해 일본열도 주변을 자위대의 활동범위로 확장·설정했는데, 이 주변의 범위를 의도적으로 모호하게 하여 동남아 및 태평양 지역으로까지 임무 영역을 확대 해석할 수 있도록 한 것이다. 또한 'PKO협력법'을 제정해 국제인도주의 활동이나 PKO 협력활동에 해당될 경우에는 자위대가 지역제한 없이 파견될 수 있는 근거를 마련했다.그리고 일본 국회는 2002년 '무력공격 발생시 대처법안', '자위대법 개정안' 그리고 '안전보장회의 설치법안' 등 유사법제라 일컫는 3개 법안을 통과시킴으로써 일본의 보통국가화에 일대 전환점을 맞이하게 된다.[64]

이러한 자위대의 임무 확장에 따라 자위대의 장비도 장거리 투사능력을 배양하는 데 중점이 두어지고 있는데, 일본 공군은 공군 급유기와 장거리 조기경보기를 도입해 공군기의 작전반경을 이전보다 훨씬 넓혀가고 있다. 그리고 해군도 이지스함을 대거 건조하고 순양함을 보강해 원양작전능력을 강화하는 중이다. 일본 육상자위대의 경우에도 현재 그 병력은 많지 않지만 모두 부사관급 이상의 훈련을 받고 있어 일단 유사시 징병제도가 발동되면 이들이 모두 부사관 이상의 직책을 맡아서 신규입영 병력을 지휘하게 되어 순식간에 자위대의 병력이 몇 배나 증가할 수 있는 체제를 갖추고 있다. 일본의 방위비는 근년 들어 특별한 증가세를 보이지는 않고 있어 동북아 지역 군비경쟁을 직접 자극하는 요소는 아니지만, 기존 방위비가 세계 2위 수준이었던 관계로 이 방위비를 가지고 전력의 질적 향상을 도모하는 것 자체만으로도 주변국들의 경계심을 자아내기에 충분하다고 할 수 있다.

64. 조성렬, 같은 책, p. 79

# 4. 러시아 외교 · 안보전략

러시아의 외교 · 안보전략, 특히 동북아 지역에서의 전략은 특별히 러시아 정부가 발표한 적도 없을 뿐 아니라, 유형화할 수 있는 동향도 아직은 포착되지 않고 있다. 그러나 최근 빠른 경제성장을 통해 자신감을 회복해 가고 있는 러시아는 동북아 지역에서 자신의 존재를 부각하기 위해 노력하고있으며, 이러한 노력이 동북아 지역에서는 당분간 특정한 방향성은 없을지라도 꾸준히 군사력을 증강시키는 방향으로 전개될 것이다.

러시아는 1세기 이전 제정 러시아 시대부터 극동 지역 진출로 부동항을 확보해 태평양으로 나아가려는 동방정책을 꾸준히 전개해 왔다. 그러나 이러한 러시아의 노력은 1905년 러일전쟁에서 패배함으로써 좌절되고 말았다. 그 이후 냉전기간 동안 구소련은 1950년 한국전에 간접적으로 개입하고 블라디보스토크 항구를 중심으로 태평양함대를 육성해 동북아 지역 세력으로 복귀하는 데 일정 정도 성과를 거두었다.

그러나 냉전체제 붕괴 이후, 자국의 경제 재건에 골몰해야 했던 러시아로서는 기존의 국방력을 현상 유지하기도 어려웠기 때문에 극동 지역 러시아군의 위력도 급속히 약화될 수밖에 없었다. 그리고 옐친 대통령 시절에는 러시아가 미국과 유럽으로부터 지원을 받아야 재건할 수 있다는 판단 아래 서방 중시 정책을 취해 러시아를 유럽 국가로 자리매김하려는 경향을 보였다. 그러나 90년대 중반을 지나면서 이러한 개혁 엘리트에 의한 서방 중시 정책이 실질적 기대효과를 거두지 못하면서 내부적으로 러시아가 유라시아 국가로서의 정체성을 회복해야 한다는 자성이 대두되기 시작했다.

이에 1997년 옐친 대통령은 '러시아 영토의 3분의 2가 아시아에 위치해 있는 것을 잊지 않았지만 때때로 그 혜택을 활용하지 못했다'고 고백하면서 21세기 세계의 중심이 아·태 지역으로 이동하는 것에 발맞추어 자국의 동방외교 정책을 강화하고 극동시베리아 개발에 노력을 기울였다. 이러한 인식 변화를 바탕으로 상당한 외교적 노력을 기울인 결과, 1998년에 러시아는 아·태경제협력체인 APEC에 회원국으로 가입하게 된다.

그리고 2000년 11월 푸틴 대통령은 '러시아 : 동방의 새로운 전망' 이라는 외교문건 속에서 21세기 세계 경제활동의 중심이 동북아로 이동할 것이라고 예견하고, 이러한 동북아 지역의 경제 활력에 편승해야 한다는 인식 아래 러시아를 태평양 국가라고 지칭하면서 극동 지역 개발에 박차를 가하겠다는 의지를 밝힌 바 있다.[65] 19세기말 제정 러시아의 극동 진출 정책은 기본적으로 유럽 국가인 러시아가 유럽에서 열강들과 각축하기 위해 필요한 자원을 공급하고 수탈하는 차원에서 진행된 세력 확장이었다. 하지만 지금은 동북아 지역에서 엄청난 경제적 기회가 제공되는 동시에 열강의 각축이 전개될 것으로 예상되는 상황이어서, 러시아가 동북아 지역 세력의 하나로 자리매김하는 것 자체가 주요한 전략목표가 되었다.

러시아가 극동 지역 개발을 위해 크게 기대하는 프로젝트가 두 가지 있는데, 하나는 동시베리아 송유·가스 복합관 건설 프로젝트이고, 다른 하나는 시베리아 횡단철도와 한국, 나아가서 일본과의 연결 구상이다. 이 두 프로

---

65. 최태강, 『러시아와 동북아』pp. 21~26 (도서출판 오름, 2004)

젝트가 현실화되면 유럽과 극동을 잇는 두 개의 혈맥이 연결되어 인적·물적 교류가 증대하면서 극동 지역 개발이 탄력을 받을 것이다.

즉, 여태까지 전략적 가치 때문에 극동 지역에 의식적으로 관심을 두어왔고, 그래서 일정 인구가 거주하도록 장려해 왔던 러시아로서는 해당 지역 개발로 인해 자연스레 인구가 유입되고 인프라가 생겨나면 이러한 의식적인 노력을 기울일 필요가 없어지게 되는 것이다. 또 극동 지역 자체가 하나의 경제권으로 자리잡게 되면 자체적으로 군사력을 배양하고 보급할 수 있는 능력을 갖게 되므로 해당 지역에 항상 상당한 군사력을 주둔시킬 수 있게 된다. 그러면 20세기 초 러일전쟁 당시 러시아의 태평양함대 전력이 빈약해 발틱함대를 동원했으나, 동 함대가 전 세계를 돌아 극동 지역에 진입하는 과정에서 엄청난 시간과 전투력을 소진함으로써 비극적인 패전을 맛보아야 했던 쓰라린 경험을 되풀이하지 않아도 될 것이다.

러시아는 자국의 경제력이 충분히 회복될 때까지는 최첨단 무기를 대량 생산·보유할 여력이 없으나, 그것을 개발할 능력은 계속 유지하기 위해 일정량의 무기를 만들어 이를 자국 군대에 보유하고 있다. 그런 한편, 개발비를 환수하기 위해 이를 필요로 하는 국가들에 수출하는 방식으로 '첨단무기 원형 유지 전략'을 구사하고 있는 것으로 관측된다.

그러면서 점차 경제력이 회복되는 속도에 발맞추어 자국 군대의 현대화 계획을 추진하려 하고 있는데, 징병제를 철폐하고 모병제로 전환해 병력 수를 감축하면서 국방비에서 고정비용이 차지하는 비용을 줄이되 이로 인해 절약되는 예산을 군 현대화에 투자하겠다는 구상을 갖고 있다. 이러한 러시아의 계획이 차질 없이 진행된다면, 2015년경에는 러시아의 군사력이 냉전 시대의 위상을 되찾을 수 있을 것으로 보인다.

러시아는 동북아 지역에서 입지를 강화하기 위해 노력중이지만, 기본적으로 세력기반이 부실하기 때문에 여타 3개 열강에 비해 수세적인 위치에 있는 게 사실이다. 따라서 동북아 지역이 어느 한 열강의 패권적인 영향력 아래 놓이는 것을 방지하는 게 자국의 국익에 유리하다는 판단을 할 것이고, 해당 지역에서 세력균형을 유지하기 위해 필요하다면 균형자 역할도 자임할 것으로 본다. 그리고 일본과는 북방도서 관련 영유권 분쟁이, 중국과는 국경충돌 가능성이 상존하므로 민주화되고 시장경제화된 러시아로서는 미국과 연대하는 것이 상대적으로 유리하다는 판단을 할 수도 있다.

그러나 미국이 부상하고 있는 중국을 견제하기 위해 일본을 더욱 앞세우게 되면, 러시아로서는 미국과 일본이 해양세력으로서 러시아의 남진을 막으려는 의도를 가지고 있다고 보고, 그에 대한 반발로 대륙세력인 중국에 급속히 가까워지려는 경향을 보일 수 있다. 특히 러시아로서는 1세기 전 러일전쟁이 실패한 가장 큰 원인의 하나가 해양세력인 미국과 영국이 일본을 지원하면서 일종의 암묵적인 대러동맹이 형성되었다는 점을 잊지 않고 있을 것이다. 따라서 해양세력에 의한 반러시아 동맹이 형성되는 것을 방지하되, 여의치 않을 경우에는 균형자로서 역할을 수행하기 위해 아직까지는 약세에 놓인 중국과 군사적 협력을 강화해 나갈 것으로 보인다.

러시아의 동북아에 대한 외교·안보전략은 고정적인 틀을 유지하고 있는 것이 아니라, 지역 정세 및 자국의 경제적·사회적 변화에 따라 앞으로도 계속 바뀔 가능성이 높다. 이는 러시아가 아직은 동북아 지역에서 여타국에 비해 세력기반이 굳건하지 못한데다, 미국·중국·일본 등과의 관계에서도 공동의 기득권을 공유하고 있는 면이 없어 항상 유동적일 수 있기 때문이다. 이처럼 러시아의 불안정한 외교·안보전략은 동북아 지역의 정세를 더욱 예측하기 힘들게 하는 요인이 되고 있다.

# 03

한국의 지리 · 경제학적 특성과 그에 따른 외교전략

# 1. 환경여건과 외교간 상관관계

    모든 국가들의 정책은 자국의 주어진 기본 환경 여건에 의해 제약을 받게 마련이고, 따라서 외교전략이라는 것도 이러한 환경 여건에 맞추어서 기본적 골격이 형성되기 때문에 한 국가의 외교전략의 전개를 가늠하기 위해서는 기본 환경 여건에 대한 고찰이 선행되어야 한다. 일찍이 나폴레옹은 "한 나라의 외교전략을 알기 위해서는 그 나라의 지정학적 조건을 먼저 알아야 한다"라고 설파한 바 있다.

    지정학을 하나의 학문 영역으로 정착시킨 마한은 대륙세력과 해양세력간의 차이를 명백히 구별했고, 마한의 뒤를 이어 지정학을 더욱 발전시킨 맥카인더는 유라시아 대륙의 중요성을 갈파하면서 유라시아 대륙 내에서도 중동구를 '심장지대(heartland)'라고 지칭했다. 그리고 그는 "동구를 지배하는 자는 심장지대를 지배하고, 심장지대를 지배하는 자는 유라시아를 지배하며, 유라시아를 지배하는 자는 세계를 지배한다"[66]고 주장해 지정학적으로 전략적 중요성을 지닌 지역을 파악하고 이를 먼저 선점하는 것이 그 외의 지역으로 영향력을 확대하는 발판이라는 사실을 설파했다.

---

66. Zbigniew Brezinski, *The Grand Chessboard*, p. 38 재인용

세계지도를 면밀히 살펴보면, 넓은 지역이 아니라도 세계 해상 및 육상교통의 요충지에 자리하고 있어 그 지역을 장악하면 전 세계 물동량을 통제할 수 있는 능력이 생기기 때문에 열강들이 한사코 차지하려고 각축을 벌이는 곳들이 더러 눈에 띈다. 예를 들면 스페인 남단에 위치해 대서양과 지중해를 연결하는 병목인 지브롤터 해협 지역, 지중해와 홍해를 연결하는 인공수로인 수에즈 운하, 그리고 유럽과 중동에서 아시아에 이르는 해상 물동량이 반드시 거쳐야 하는 말라카 해협 등이 이러한 지정학적 중요성을 지닌 전략 요충지라 할 수 있다. 물론 태평양과 대서양을 이어주는 파나마 운하와 러시아 흑해함대의 지중해 진출의 관문인 다다넬즈, 보스포러스 해협도 그 전략적 가치가 어느 곳 못지않다.

해상과 마찬가지로 육상에서도 특정 강대국이 인접해 있어서 강대국의 전략적 취약지역인 수도나 핵심 산업도시로 바로 진격하는데 유도로(conduit) 또는 전진기지 역할을 할 수 있는 국가가 있다면, 이 국가는 지정학적 중요성을 가지고 있다고 말할 수 있다. 또한 어느 지역의 중심부에 위치하고 있거나 그 지역에서 중심적 역할을 수행하고 있어서 그 국가만 자국의 영향력 아래 두고 있으면 그 주변지역을 관리하는 데 용이한 이점을 제공하는 국가도 지정학적 중요성을 가지고 있다고 할 수 있다.

제2차 세계대전 당시 독일과 프랑스 사이에 솟은 아르덴느 산맥이 프랑스로 신속히 진격하려는 독일군을 가로막고 있었다. 이때 독일군은 벨기에로 우회해 프랑스를 진격할 수 있었는데, 이로 인해 벨기에는 독일은 물론 프랑스에도 중요한 지정학적 가치를 가지게 된다. 또한 벨기에는 영국과 도버 해협을 사이에 두고 있기 때문에 대륙으로부터 영국에 대한 공격의 발판이 되는 전략적 요충지로 분류될 수 있다.

최근 이슬람 근본주의의 융성으로 인해 중동 지역 정세가 불안정해지고 있는데, 이런 상황에서 사우디아라비아의 지정학적 중요성도 상당히 높다할 수 있다. 여태까지 가장 친서방적인 정책을 유지온데다, 자국 내에 메카등 이슬람의 성지가 있어 종교적 영향력도 무시할 수 없음을 감안할 때, 사우디아라비아의 정권이 이슬람 근본주의 혁명세력의 수중에 넘어간다면 중동 지역 일대에 이슬람 혁명의 도미노 현상이 일어날 가능성이 높다. 그러므로 사우디는 반이슬람 세력과 이슬람 혁명세력 양측 모두에게 지정학적중요성을 가지고 있는 국가라고 볼 수 있다.

싱가포르의 경우도 동남아 해상수송로의 요충지에 위치하고 있어 항해하는 선박에 대한 통제 및 보급 등이 가능한 국가이고, 이웃에 있는 동남아 국가들에 손쉽게 접근할 수 있는 중심에 위치하고 있으며, 이들 국가들에 대한 영향력도 있으므로 동남아의 전략적 요충지로 분류될 수 있다.통상 반도국가들은 대륙과 해양을 연결하는 고리 역할을 하므로 지정학적 중요성을갖게 마련이다. 단순히 스칸디나비아 반도와 같이 대륙의 맨모서리에서 대양을 향해 열려 있는 반도보다는 이태리 반도나 한반도와 같이 이웃 국가들과 해로로 바로 연결이 될 경우에는 대륙세력과 해양세력을 매개하기도 하고 이 세력들이 진출하는 통로 역할을 하기도 하기 때문에 지정학적으로 더욱 중요하다. 반도는 대륙세력이 강성할 때는 대륙의 군사력이 해양으로 진출해 나가는 뜀판(springboard) 역할을 하기도 하고, 역으로 해양세력이 강성할 때는 해양 군사력이 대륙으로 상륙하는 교두보(beachhead) 역할을 하기도하기 때문에 대륙세력과 해양세력이 항상 관심을 늦추지 않는 지역이 된다.

그리고 최근에는 수송수단의 발달로 그 중요성이 전보다 덜하지만 그래도 아직 장거리 해상 및 공중 운송로의 중간 기착지 역할을 할 수 있는 지점들은 지정학적으로 중요한 가치를 지닌다. 이 지점들을 점유하는 세력은 전세계의 항공 및 선박 이동을 통제할 수 있는 능력에다, 자국 군사력을 전 세계적으로 투사할 수 있는 능력도 가지게 되므로 패권을 추구하는 국가들은 이곳들을 항상 확보하려고 한다. 남아공의 케이프타운, 인도의 봄베이, 싱가포르, 칠레의 발파라소 등은 과거는 물론 현재까지 동서양 해상 무역로의 중간 기착지 및 보급기지로서 중요성을 가지고 있으며, 태평양상에서는 하와이 및 괌 등이 중요한 군사거점이 되고 있다. 과거에 러시아가 쓸모없는 땅이라 여겨 미국 측에 700만 달러를 받고 팔아넘긴 알래스카는 그 부존자원뿐만 아니라 북극항로 중간 기착지로서, 그리고 미국의 유라시아 대륙을 향한 전진 군사기지로서 이루 말할 수 없는 전략적 중요성을 가진다. 따라서 러시아의 당시 매각 결정은 이러한 알래스카의 지정학적이고 전략적인 가치를 제대로 알지 못한 가운데 내린 경솔한 행동으로 두고두고 후회할 만한 뼈아픈 실수였다고 할 것이다.

이처럼 대륙이나 해양이나 반도 그리고 중간 기착지 등 여러 지역이 처한 지정학적 환경에 따라 전략적 가치가 생겨나게 되는데, 이러한 지정학적 가치는 자국의 국력이 강해 그 가치를 십분 이용할 수 있을 때에는 국력을 신장시키는 장점이 된다. 그러나 자국의 국력이 약할 때는 인근 열강들이 이를 점유하려는 시도를 막지 못해 외침을 불러오는 약점으로 작용할 수 있는 양날의 칼이라 할 수 있다. 이러한 기본인식을 바탕으로 우리나라는 물론 우리를 둘러싼 주변 열강들의 지정학적 특성들을 살펴봄으로써 그 특성들에 의지해 이들 국가들이 기본적으로 어떠한 외교·안보 정책을 추구할지를 짚어볼 필요가 있다.

# 2. 반도, 무역국가로서 한국

우리나라는 기본적으로 유라시아 대륙의 동쪽 끝자락이 태평양으로 돌출해 나가는 형태를 가진 반도 국가이다. 그리고 반도의 남단에는 대한해협을 사이에 두고 도서 국가인 일본이 마주하고 있다. 반도국가로서 우리나라는 전통적으로 대륙과 해양, 특히 중국과 일본을 잇는 가교역할을 해온 것은 주지의 사실이다. 평화시에는 대륙과 해양의 문물이 한반도를 거쳐 왕래하는 문물교류의 다리 역할을 했으나, 전시에는 대륙과 해양의 군사력이 각기 반대 방향으로 팽창해 나가는 통로로 사용되기도 했다. 원나라가 전 세계적으로 세력을 팽창할 때 일본 정벌을 위해 고려시대 한반도와 제주도를 군사 기지화한 사실이나 임진왜란 및 일제시대에 일본의 군사력이 대륙으로 진출하기 위해 먼저 점령해야 하는 곳이 한반도였다는 사실은 이러한 반도의 역할 및 운명을 웅변해 주고 있다.

과거 동아시아 국가만으로 동북아 국제질서가 형성되었을 때에는 일본만이 유일한 해양세력이었다. 중국과 일본 간의 세력격차는 통상 역사적으로 중국이 우위에 있는 경우가 많았으므로 일본은 중국 세력이 한반도를 통해 일본열도로 팽창해 오지 않을까 싶어 항상 신경을 곤두세워야 했다. 따라서 한반도는 일본에게 훨씬 중요한 전략적 가치를 지니는 편이었으며, 일본은 항상 한반도를 일본열도를 향해 대륙에서 내뻗고 있는 비수로 인식하고 있을 정도로 한반도가 일본에 적대적인 세력의 수중에 들어가는 것을 두려워하고 있었다.[67] 물론 중국도 한반도가 중국의 적대적인 세력의 영향 아래 들어가는 것을 원치 않았으나, 과거 중화체제 아래에서 중국이 주변으로부터 느끼는 위협의 정도는 일본이 느끼는 그것에 비할 바가 못 되었다. 다시 말해 중국의 한반도 안보에 대한 전통적 인식은 순망치한(脣亡齒寒), 즉 입술이 없으면 이가 시리다는 정도의 가벼운 것이었다.

또한 역사상 만주 일원에서 발흥한 원나라, 금나라, 청나라의 경우에는 한반도가 자국이 중원으로 융성해 나가는데 발목을 잡을 수 있는 족쇄로 비쳐졌을 수도 있다. 따라서 이들 민족들이 흥기해 중원의 한족 왕조를 정벌하러 가기 전에 자신의 후방인 한반도로부터 배후가 타격당하는 일이 없도록 하기 위해 먼저 한반도를 정벌하러 내려오는 일이 다반사였다. 이같이 한반도는 그 지정학적 중요성으로 인해 주변국의 세력이 팽창할 경우에 침탈의 대상이 되어야 하는 운명을 타고났으며, 그 때문에 우리 역사는 수많은 이민족의 침략으로 얼룩지게 된다.

20세기 접어들어 동북아 지역에서 미국과 러시아란 신세력의 등장과 교통의 발달로 해양의 개념이 태평양을 비롯한 전 대양으로 확장됨으로써 한반도의 지정학적 특성에서 해양의 비중이 본격화하기 시작한다. 19세기 말부터 동북아에서 새로운 대륙세력으로 등장한 러시아는 태평양으로 진출하기 위한 부동항을 확보하기 위해 심혈을 기울였는데, 이러한 노력의 일환으로 한반도 영흥만의 원산항을 주목하기 시작했고 이를 조차하려는 시도를

---

67. 러일전쟁 발발 몇 개월 전 당시 일본 외상이었던 고무라 주다로는 신문 기고문에서 "한반도가 일본의 적대세력에 넘어가면 일본의 안전이 위협을 받는다. 이것을 예방하는 것이 오래 전부터 일본의 확립된 정책이다"라고 밝혔다.

전개하기도 했다. 이에 대해 당시 해양세력을 대표했던 영국은 러시아의 태평양 진출을 저지하기 위해 역시 한반도에서 군사기지를 설치할 필요성을 느꼈고, 조선 조정의 의사와는 무관하게 거문도를 강제 점령해 러시아 해군의 남진을 저지하려 했다. 이 같은 영국의 거문도 점령은 러시아의 영흥만 조차가 수포로 돌아가고 또한 신흥 해양세력인 일본이 부상하면서 러시아의 남진을 한반도에서 스스로 차단할 가능성이 있어 보이자, 영국 스스로 퇴각함으로써 막을 내렸다. 이 사건에서 보듯이 동북아에서 새로운 해양세력과 대륙세력이 등장하면서 제일 먼저 세력싸움이 맞붙는 곳이 조선 땅인데, 이것은 반도국인 조선의 지정학적 특성에 기인하는 것이다.

영국보다 조금 뒤늦게 새로운 해양세력으로 동북아 지역에 진출한 미국은 제국주의 열강의 세력 각축장으로 전락해 영토가 뜯겨져 나가고 있었던 중국과 한반도에 대해 별다른 영토적 야심을 드러내지는 않았다. 미국은 영토보다는 자국의 통상이익이 보장받을 수 있는지 여부에 더욱 관심을 가졌으므로 오히려 다른 열강들의 영토분할 정책을 비판하고 이를 원상 회복시킬 것을 주장했다. 이처럼 대륙을 향한 영토적 진출의 야심을 가지고 있지 않았던 미국으로서는 한반도의 지정학적 중요성이 크게 보이지는 않았을 것이다. 게다가 미국의 주관심사인 러시아의 남진을 막는 일에서 일본이 대리인 역할을 할 수 있으리라는 판단이 점차 강해지면서 영국이 했던 것처럼 한반도의 일부를 군사기지화할 필요성도 느끼지 못하게 된다. 이런 맥락에서 미국은 카스라-태프트밀약을 맺어 한반도를 일본의 세력권으로 넘기는 대가로 필리핀까지 확장된 자국의 해양세력권을 공고히 하게 된다.

미국이 세계적 규모의 패권 수립에 골몰하는 동안, 동북아 지역에서 러시아를 견제하는 대가로 지역적 패권 추구를 허용받은 셈이 된 일본은 대륙진출의 야심을 달성하기 위한 제1차적 전략목표로 한반도 강점에 나서게 된다. 사실 미국과의 이러한 묵계가 성립되기 훨씬 이전부터 일본은 이 목표를 달성하기 위해 치밀한 준비를 해오고 있었다. 일본은 강화도조약 체결이후 약 30여 년 동안 자국의 군사력을 꾸준히 키운 한편, 임오군란·갑신정변·동학혁명 등 한반도 내에서 정세변화가 있을 때마다 장차 군사력을 앞세운 한반도 진출의 발판을 차근차근 다져나가는 책략을 사용해 왔다. 그뿐만 아니라 한반도 점령을 위해 다각도의 외교책략을 구사하고, 외교책략이 한계에 부딪히면 무력을 사용해서라도 이를 관철하는 과감성을 보였다.

일본은 초기에는 러시아의 한반도 진출 야욕을 견제하기 위해 중국과 연계를 했으며, 이러한 책략은 당시 주일본 중국대사관 참사였던 황준헌이 저술한 『조선책략』에 나타나 있듯이 중국과 일본의 지도층 사이에서 공감대를 형성하고 있었다. 그러나 이러한 중국과의 연대는 일본의 군사력이 중국의 군사력을 앞지르자 깨어지게 되는데, 일본과 중국이 한반도 지배권을 둘러싸고 격돌하게 된 것이 1895년에 벌어진 청일전쟁이다. 이 전쟁에서 대륙세력인 중국은 신흥 해양세력인 일본에 패퇴하면서 한반도에서 영향력을 완전히 상실하게 된다. 그러나 일본은 중국을 대신해 한반도에 새로이 등장한 대륙세력인 러시아의 간섭[68] 때문에 한반도 및 중국에서 조차한 랴오둥 반도에서 지배권을 확립하지 못하게 되자, 러시아에 대항하기 위해 또 다른 해양세력인 영국과 영·일동맹을 맺고 복수의 기회를 노리게 된다.

다시 10년의 세월이 경과하는 동안 군사력 배양에 더욱 힘을 쏟은 일본은 동양함대를 창설하고, 한반도를 거쳐 만주지역으로 육군을 증파해 러시아와의 개전을 준비했다. 러시아가 한반도와 남만주에 대한 야심을 포기하지

---

68. 일본은 중국과 강화조건으로 랴오둥 반도 조차를 성사시켰으나 러시아가 일본의 본격적 대륙진출을 견제하기 위해 독일, 프랑스 등을 동원해 3국이 공동으로 일본에 압력을 가해 랴오둥 반도 조차를 무산시키는 데 이것을 '3국간섭'이라 일컫는다.

않으리라는 점을 간파한 일본은 1904년 2월 인천항과 여순항에 정박중인 러시아 함대에 기습공격을 가함으로써 러일전쟁을 일으켰다. 1년여간의 전쟁에서 노쇠한 대륙세력인 러시아는 신흥 해양세력인 일본에 패퇴함으로써 러시아제국 자체의 몰락도 재촉하는 결과를 초래하게 되고, 한반도는 확실하게 일본의 전리품으로 전락하고 만다.

러일전쟁 이후 한반도는 해양세력인 일본의 대륙진출용 전진기지로서 철저하게 이용당했는데, 일본은 한반도를 교두보 삼아 중국의 해안 지역까지도 자국의 실질적인 점령지로 만들어 나갔다. 일본의 노골적인 대륙침략정책은 미국의 중국 영토 보존정책과 배치되면서 한때 러시아에 대항해 준동맹 상태에 있었던 두 해양세력인 미국과 일본은 점차 서로 적대세력으로 변화하게 된다. 그리고 필연적으로 해양세력인 일본이 그 세력권을 남태평양 및 동남아 지역까지 확장해 나가는 과정에서 이미 기득권을 가지고 있던 미국과의 충돌이 불가피하게 되었고, 그 충돌은 태평양전쟁의 형태로 나타나게 된다.

태평양전쟁에서 승리한 미국은 한반도에 사실상 처음 진출하게 되는데, 고립주의를 전통으로 하는 해양세력인 미국으로서는 한반도의 전략적 가치를 높이 볼 이유가 없어 철수를 하게 되고, 다시금 한반도를 미국의 전략적 방위선[69] 바깥에 놓아두게 된다. 이러한 전략적 결정은 미국이 한반도에 대한 무력도발에 강력한 저항을 하지 않으리라는 인식을 공산진영에 심어 주었고, 게다가 1949년 중국의 공산화로 공산주의의 세계적 확산에 대해 자신감을 얻은 소련으로 하여금 한반도를 힘들이지 않고 적화시킬 수 있다는 오

---

69. 이 전략적 방위선은 일명 애치슨 라인이라고도 하는데, 당시 국무장관인 애치슨은 1950년 언론인 협회 연설에서 미국의 전략적 방위선은 알루샨 열도-일본열도-오키나와-필리핀으로 연결된 선이라고 설명한다.

판을 하게 만들었다. 또한 소련으로서는 러시아 제국 이래 태평양을 향한 부동항을 확보하는 정책이 계속 좌절되어 온 터에 한반도를 공산화시킴으로써 남진정책의 오랜 염원을 달성할 수 있는 절호의 기회라고 판단했을 수 있다.

이러한 소련의 전략적 판단과 북한정권의 적화통일 구상이 맞물려 한국전이 발발했으나, 미국은 공산진영의 예측과는 달리 전쟁 발발과 동시에 적극적인 개입정책을 구사한다. 이는 남한 자체를 구하려 했다기보다는 자유–공산 진영 경쟁에서 남한이 갖는 상징성과 한반도의 지정학적 중요성을 재발견한 때문일 가능성이 높다. 우선 미국이 남한을 잃을 경우, 전 세계적으로 전개될 공산진영 대 자유진영 간의 치열한 체제경쟁 중 첫 번째 접전에서 패배하는 것인데다, 남한이 가지는 지정학적 특수성으로 볼 때 대공산진영 봉쇄의 전진기지이자 일본 방위를 위한 완충지대가 사라지는 것을 의미하므로 이를 쉽사리 용납할 수 없다는 판단을 했으리라 본다.

미국의 개입으로 전쟁 발발 이전의 상태에서 휴전을 맞이한 한반도에 오랜 분단시대가 열리고, 남한은 대륙으로부터 격리된 채 엄밀한 의미에서 반도가 아닌 섬과 같은 지정학적 성격을 갖게 된다. 10만 평방킬로미터에도 못 미치는 좁은 국토에 부존자원이 거의 없고 내수시장의 기반도 전무한데다 대륙으로는 길이 막혀 있으며 해외로 인력 진출도 할 수 없는 남한은 한국전 이후 해양세력의 원조 없이는 국가의 존망 자체를 보장받을 수 없는 열악한 지정학적 환경에 빠지게 된다. 그리고 이러한 지정학적 환경은 우리의 안보전략뿐 아니라 경제발전 전략에도 심대한 영향을 미친다.

60~70년대 우리의 경제개발 전략의 적실성에 대한 논란이 있었으나, 외국의 원조에 의지해 연명할 수밖에 없는 지정학적 상황에서 해양세력과 연계해 해외시장을 개척하는 수출주도형 경제개발정책을 취하는 것 외에는

달리 대안이 없지 않았나 싶다. 물론 당시 남미를 비롯한 다른 많은 개도국들은 자급자족형 경제 또는 내수시장 의존형 경제개발정책을 취하고 있었고, 수출주도형 경제개발정책이 가져오는 외세 의존형 매판자본의 출현 등에 대한 경계론 및 비판론도 적지 않았으나, 지정학적 여건을 감안한 국가 생존전략 차원에서는 당시 우리가 현명한 선택을 했다고 볼 수 있다.

수출주도형 경제성장 전략을 채택한 이후, 남한은 세계 모든 나라가 부러워하는 눈부신 경제성장을 거듭해 이제는 세계 11위의 국민총생산량과 세계10위의 교역량을 자랑하는 경제강국으로 변모했다. 그 과정에서 우리는 주요 교역을 전부 해상수송로를 통해 해결했고, 그럼으로써 더욱 해양 국가로서의 성격이 강해져 해양세력과 연계를 더 강화할 수밖에 없었다. 이러한 교역 성격은 육·해·공로상의 운반물동량만 살펴보아도 쉽게 알 수 있는데, 이제 대한항공은 세계 2위의 항공화물 운송회사로 성장했고, 부산은 물동량 면에서는 최근 상하이에 1위 자리를 넘겨주었지만 아직 환적물량까지감안하면 세계에서 컨테이너 취급 물량이 가장 많은 항구로 알려져 있다. 이에 비해 철도는 당연히 수출물동량을 취급할 여건이 되어 있지 않아 국내화물 운송량만 2004년 기준으로 약 4만 5,000톤으로, 전체 운송수단 중 수송분담률이 6.5%에 불과하다. 이러한 여건에서 산업을 가동하는 중요한 에너지 자원 및 원자재는 전부 해상을 통해 수입되므로 해상수송로의 안전 확보는 우리 경제의 생명선을 지키는 것과 마찬가지라 하겠다.

그간 우리의 최대 교역 상대국이 미국이었고, 수출품도 태평양을 통해 전 세계로 수송되었으므로 우리는 태평양 연안지역에 안정적인 경제협력체가 성립되는 것을 선호할 수밖에 없는 입장이다. 그리고 태평양 연안국가들간의 총 교역량이 전 세계 교역량의 절반을 차지하게 되자, 비록 지리적으로는 엄청나게 떨어져 있지만 태평양을 내해로 여기고 태평양 주변에 있는 국가들이 하나의 경제협력체를 만들어야 한다는 필요성이 대두되었다. 이에 1989년 설립된 것이 아시아태평양경제협력체(APEC)[70]이다. APEC의 성립과정에서 우리나라는 호주와 더불어 주도적인 역할을 담당했는데, 이는 태평양 연안 국가들과 개방된 자유무역을 통해서 성장해 나갈 수밖에 없는 지정학적 요건을 가지고 있었기 때문에 필연적 선택이었을 수 있다. APEC은당시 우리나라의 노태우 대통령과 호주의 호크 수상 간의 합의로 창설이 추진되기 시작했으며, 회원국 확대 문제에서 최대 난관이었던 중국·대만·홍콩의 가입을 우리의 외교적 중재 노력으로 해결했다. 또 APEC의 향후 나아갈 방향인 '개방적 지역주의'란 개념 설정도 제3차 APEC각료회의 결과물인 '서울선언'에서 정해졌다고 할 수 있다.[71]

　이처럼 분단으로 도서의 성격을 가지게 된 남한은 그 결과로 해외시장에 의존하는 수출주도형 경제개발정책을 취할 수밖에 없었고, 그 연장선상에서 해양세력의 중심무대인 태평양 지역을 주요 외교 무대로 끌어안아야 했던 것은 필연적인 현상이었다. 그러므로 안보적인 측면뿐 아니라 경제적 측면에서도 우리가 미국·일본 등 해양세력과의 유대 강화에 외교의 중점을두는 것은 자명한 일인 것이다.

　그러나 아직 통일이 이루어지지 않아 우리가 반도국가의 이점을 활용하지 못하고 있음에도 불구하고 대륙에서 일어나는 변화로 인해 우리의 최대 교역 상대국은 이제 미국이 아니라 중국으로 바뀌게 되었다. 이처럼 교역상대국의 지위가 역전된 것은 2003년의 일이며, 그 이후로 격차가 계속 확대

---

70. APEC 21개 회원국은 전 세계 인구의 3분의 1인 21억, 전 세계 GDP의 60%, 전 세계 교역량의 47%를 담당하고 있다. 출처 APEC 홈페이지

71. APEC에서 우리의 주도적 역할에 관한 보다 상세한 내용은 이상옥의 「전환기의 한국외교」pp. 883~892 참조. 대만의 가입을 반대하는 중국의 입장을 감안, APEC의구성원은 국가가 아닌 경제실체(economies)로 정했다.

되고 있다. 미국과는 연 교역액이 약 700억 불 정도로 고정적인 반면, 중국과 교역은 계속 증가해 2005년 1,000억 불을 돌파함으로써 예상보다 3년 정도 앞당겨 목표치에 도달하게 되었다.

게다가 중국 경제는 지난 10년 동안 연 10%의 고도성장을 지속해 왔고, 앞으로 큰 이변이 없다면 2030년경에는 미국과 경제규모가 비슷해지고, 2050년에는 GDP가 미국의 37조 달러를 훌쩍 뛰어넘어 44조 달러를 상회할 것으로 예측되고 있다.[72] 이처럼 놀라운 성장을 거듭해 온 중국이 향후 GNP가 5,000달러 수준에 이르면, 현재 GNP가 5,000달러 이상인 전 세계 국가들의 인구를 모두 합한 것과 비슷한 중국의 인구를 감안해 볼 때, 세계시장이 새롭게 하나 더 만들어지는 것과 유사한 효과를 가져온다고 할 수 있다.

그리고 여태까지 우리 경제가 의존해 온 태평양경제권과 그 중요성 측면에서 현재에도 버금가고 잠재력 측면에서는 더 비중이 있는 대륙경제권의 출현 가능성은 러시아의 꾸준한 경제발전으로 더욱 무게가 실리고 있다.

1991년 소련이 붕괴된 이후, 공산당 지배 및 사회주의 경제 체제 모두를 폐기하고 자유민주주의와 시장경제 체제를 도입한 러시아는 처음에는 새로운 체제에 적응하지 못해 1998년 IMF의 긴급구제금융을 받게 되면서 국가경제 자체가 파탄날 수 있다는 비관적인 전망이 지배적이었다.

그러나 금융위기 이후 푸틴의 개혁정책에 힘입어 매년 약 6.7%의 경제성장률을 보이고 있다. 물론 이러한 높은 경제성장률은 이라크전 이후 계속되는 고유가로 인해 유입되는 막대한 외화유입에 기인하는 바 크지만, 2004년을 기점으로 국제신용평가회사들도 러시아를 투자적격국으로 분류하기 시작했을 정도로 러시아의 경제구조가 질적인 개선을 이룬 점에도 연유한다.

---

72. 미국 투자회사 골드만 삭스의 2004년 10월 BRICs 보고서

정치·경제 환경에 큰 변화가 없으면 러시아는 2030년까지 연평균 3.9%의 실질성장률을 이루어 2018년에는 이태리, 2024년에는 프랑스, 2028년에는 독일을 추월해 세계 5위의 경제대국이 될 것으로 예측되고 있다.[73]

이같이 대륙경제권의 출현과 더불어 한반도도 통일의 과정을 밟아 나가면서 남북한간의 교통, 운송망이 연결되기 시작하면 비로소 반도국가의 이점을 활용해 부상하는 대륙경제권과 기존의 해양경제권을 연결하는 역할을 하면서 물류 및 금융 등에서 동북아 허브의 역할을 해나갈 수 있는 여건을 갖추게 될 것이다. 그리고 이미 거의 자본주의화된 러시아 및 중국의 경제권과 남한 및 해양경제권을 연결하는 물동량이 북한을 경유해 수송되게 되면 북한의 경제체제 변화는 더욱 가속화될 수 있어 남북한간 동질성 회복 및 격차해소에도 적지 않은 도움을 받을 수 있을 것이다. 이렇게 대륙경제권의 출현과 남북한 통일 과정이 맞물리면서 서로 선순환 작용을 하게 되면 한반도의 지정학적 특성이 반도국가로 완전히 회복되어서 우리의 외교전략도 이에 걸맞는 방식으로 수정되어 나갈 가능성이 많다. 즉 냉전시대에 우리가 해양세력 일변도의 외교전략을 취했다면 앞으로는 탈냉전 국제질서 재편시대에 해양세력과 대륙세력간의 적절한 균형을 취하는 외교전략이 필요해질 것이다.

물론 지정·경제학적 여건이 외교전략을 결정짓는 유일변수는 아니고 그보다 중요한 것은 정치체제 및 보편가치 등을 공유하는 국가들간에 연대를 맺는 것이다. 이런 관점에서는 앞으로도 우리는 해양세력과는 기존의 친선, 동맹관계를 유지해 나가는 견고한 기반을 가지고 있으나 대륙세력은 아직 그 자체의 정치발전 과정에 적지 않은 변수가 발생할 것으로 전망되어 우리

---

73. 백주현 저, 『러시아가 뛴다』 p. 139

와의 관계도 그에 따라 다소 동요가 있을 것이므로 이에 대한 경계는 항상 늦추지 말아야 할 것이다.

한편으로 우리나라는 통일 전에 도서국 형태로 있든 통일 후 반도국의 지위를 다 회복하든 간에 부존자원이 부족하고 내수기반이 충분하지 않으므로 대외지향적 개방경제체제를 유지해 나갈 수밖에 없다. 게다가 세계경제가 세계화의 물결이 거세어지면서 무한경쟁체제 속으로 편입되고 있으므로 우리 경제도 더욱더 개방적이고 대외지향적인 체질을 갖추어 나가야 할 것이다. 이러한 점을 감안할 때 어차피 닥쳐올 세계화의 파고라면 우리가 먼저 그 파고의 앞자락을 타고 파도타기하듯 앞서 넘어갈 수 있도록 세계화에 따른 새로운 국제교역질서를 유리하게 만들어 나가는 방향으로 외교전략을 설정해야 할 것이다.

우리의 전체 국민총생산량 중에 1차산업이 차지하는 비중은 3.6%, 2차산업의 비중은 26.9%, 그리고 3차산업은 69.5%이다. 즉 우리 경제구조는 이미 2, 3차 산업 비중이 막중하며, 거기에다 국내총생산액 6,080억 달러의 32%에 해당하는 1,938억 달러가 수출총액이다. 다시 말해 우리 경제는 결국 공산품과 문화상품을 앞으로 해외시장에 수출함으로써 그 성장을 지속할 수 있다고 할 수 있다.

이러한 상황에서 우리는 국제경쟁력이 있는 산업을 선별해서 발달시켜야 하고, 경쟁력을 갖출 수 없는 산업은 보호하기보다는 힘들더라도 과감하게 구조조정을 해야 할 것이다. 또한 우리 산업제품을 장벽 없이 다른 나라 시장에 팔 수 있도록 개방된 국제교역체제 수립에 힘을 기울여야 한다. 여기서 경쟁력이 취약한 일부 분야에 종사하는 국민들의 피해를 완화시키는 데 국내적으로 노력하되 국제적으로는 국익이 극대화되는 방향으로 통상교섭 전략을 수립해 나가야 한다.

이처럼 기본적으로 개방교역체제를 지향해야 하는 우리나라는 지금도 개방교역체제를 선도하고 있으며, 따라서 해양수송로의 자유통항을 보장하는 데 큰 이해관계를 가진 해양세력과 외교·안보적인 측면에서 공통분모를 가지고 있다 할 수 있다.

역사적으로 우리의 국력이 약해 항상 수세적인 위치에 있었기 때문에 우리는 반도국가로서의 장점을 충분히 발현하지 못하고 지내왔다. 20세기만 해도 식민지배와 국토분단의 상황으로 인하여 반도국이 아니라 도서국의 성격이 오히려 강제로 부과된 면이 있었다. 그러나 앞으로 한반도가 통일이 되고 국력신장이 더 이루어지면 반도국가 및 무역국가로서의 성격을 완전히 회복할 가능성이 많으므로 우리의 중장기 외교전략은 이 같은 지정·경제학적인 조건을 염두에 두고 설계되어야 할 것이다.

# 3. 양면, 자급국가로서 미국

건국 이후 백년 남짓 만에 세계 강대국으로 등장한 미국은 짧은 역사와 여타국과 격리된 지리적 위치로 인해 자국의 외교·안보전략수립에서 지정학적 특성이 강하게 부각되지는 못하고 있다.

미국은 그 영토가 북미주 대륙의 중심을 이루고 있을 정도로 광대한 영토를 가진 대륙국가지만 중국이나 러시아처럼 육로를 통해 여러 나라와 연결되는 대륙국가의 이점을 살릴 수 없는 지정학적 특수성을 가지고 있다. 또한 미국은 육로로는 오직 캐나다, 멕시코 2개국과 국경을 맞대고 있고, 나머지 나라와는 해양을 통해 연결되어야 하는 대륙국가답지 않은 특성이 있다. 특히 캐나다와는 9·11 이전만 해도 거의 국경통제가 없는 상태였고 멕시코와는 국경통제가 엄격한 상태였으므로 대륙이면서도 북미주안에 갇힌 도서국가와 같은 지정학적 특성을 가지고 있다.

그야말로 미국은 자국의 주변에서 육로를 통해 외침을 가해 올 적대세력이 없는 천혜의 지리적 이점을 누리고 있어서 본토방위에 대한 안보위협을 태생적으로 느낄 필요가 없는 국가였다. 이러한 지정학적 특성상 미국은 외침에 대한 우려가 없었으므로 국가의 생존을 위해 유럽 국가들처럼 외교전략을 복잡다단하게 수립할 필요가 없었다. 복잡한 다층안보체제를 수립하는 대표적인 예는 비스마르크가 재상이던 시절의 프러시아를 들 수 있다.

프러시아는 주변국들과 2중, 3중의 동맹조약을 체결하고도 부족해 공개적인 동맹관계와 상충하는 양자간 비밀조약도 맺을 정도로 복잡한 생존 외교전략을 구사했다.

그러나 미국은 그럴 필요성이 없었다. 따라서 건국초기부터 단순하게 먼로선언과 같은 고립주의를 표방하고 나올 수 있었다. 실제로 유럽 국가들은 멀리 미주대륙까지 원정군을 보낼 여력도 없을 뿐더러 미국의 잠재력을 감안할 때 군사적 충돌시 승산도 희박했으므로 미국의 일방적인 선언만으로도 미국과 유럽 상호간에 불간섭주의의 양해가 성립될 수 있었던 것이다. 게다가 미국으로서도 유럽의 복잡한 국제관계에 연루되기를 원치 않았다. 당시만 해도 미약한 국력으로 대서양을 건너 군사적인 개입을 한다는 것이 용이한 일이 아니었으므로 고립주의를 표방하는 것이 국익에 부합하는 일이었다. 즉 대륙국가면서 해양 국가로서 지정학적 특성을 가진 미국이 택한 고립주의는 건국 초기부터 미국 국민들의 정서에 깊이 각인되어 있다고 할 수 있다.

이러한 미국의 지정학적 위치는 이상주의적 정책을 추구할 수 있도록 하는 토양을 제공해 준다. 미국은 유럽의 절대군주제로부터 자신의 자유민주 체제를 건국초기부터 지킬 수 있었던 것은 외교나 군사력이 아니라 해양이 제공해 주는 보호막이 있었기 때문이었다. 윌슨 대통령이 주창한 이상주의적 세계관도 미국이 제국주의 쟁탈전에 뒤늦게 참여한 탓에 기득권이 없었다는 측면도 있지만, 오히려 해외로부터 침략을 받을 가능성이 없다는 인식이 있었기에 가능한 일이었다.

이러한 지리적 이점에 기인한 고립주의 경향으로부터 미국이 어느 정도 탈피한 것은 19세기 말엽, 국력이 강대해지고 유럽에서 제국주의 팽창정책이 가장 왕성할 무렵부터이다. 그러나 그 이후에도 고립주의 경향은 미국 국민들 내부에서 강하게 잠재되어 왔다.

지정학적 특성 이외에 미국이 이러한 고립주의 경향을 보일 수 있는 또 다른 배경은 대륙이라 불릴 만한 미국의 광활한 영토에서 생산되는 자원과 거대한 내수시장을 기반으로 경제가 자급자족할 수 있는 여건이 되어 있다는 점이다. 이 점에서 미국은 세계 어느 국가보다 유리한 위치에 있었다. 즉 세계 무역질서가 붕괴되고 폐쇄 교역체제가 도래하더라도 이에 타격받지않고 가장 오래 버틸 수 있는 나라가 바로 미국이다. 미국이 개방교역체제를 지향하는 것은 해외시장을 통해 자국의 이익을 극대화하고 값싼 외국제품을 수입함으로써 자국의 물가를 낮추는 데 목적이 있을 뿐 개방교역체제 자체가 필수적인 생존요건은 아닌 것이다.

미국이 이라크 전쟁을 일으킨 원인이 석유 자원의 확보라고 하는 비판론이 많이 제기되고 있는데 그것만이 전쟁 개전의 주요인이라고 말하기 어렵다. 미국은 아직도 알래스카를 포함하면 세계에서 두 번째 많은 석유부존자원을 가진 나라이다. 그러나 그 석유자원을 다 개발하지 않는 것은 개발비용이 현재 석유가격에 대비해 경제성이 없기 때문이며, 앞으로 석유가격이 계속 상승해 경제성이 확보되면 이러한 석유자원을 개발해 이에 의존해도 경제운용에 지장이 없다는 분석도 있다. 즉 자원이 부족해서가 아니라 현재로서는 경제성이 없기 때문에 중동 지역의 값싼 석유를 우선 소비하고 있다는 말이다.[74]

이러한 지정학적 특성에다가 경제적으로 자급자족이 가능한 국가임에도

---

74. 북미 지역의 현재 확인된 매장량은 총 1조 1,000억 배럴이며 미국의 연간 소비량은 약 70억 배럴, 캐나다 7억 배럴이므로 북미지역은 대체에너지가 개발될 향후 100년 동안 통계적으로는 북미 지역의 석유자원으로 자급자족이 가능하다. 미 에너지부 홈페이지 세계 석유 에너지 페이지

불구하고 미국은 20세기 중반 이후 패권국가로서의 지위를 향유하면서 대륙세력에서 해양세력으로의 성격 변화를 보이기 시작했다. 미국은 막강한 해군력을 바탕으로 해양을 지배하고 공산주의와 대결한다는 명분 등으로 개입주의정책을 구사하면서 세계의 해상수송로를 장악하고 원유 등 주요 원자재의 공급원을 확보하는 한편, 개방된 자유무역체제를 전 세계에 강요하는 전형적인 해양세력으로 성장한 패권국가의 모습을 보여주었다.

미국은 여태까지 어떤 해양세력도 달성하지 못했던 전 세계 5대양의 실질적인 지배권을 확립하고 있다. 즉 미군의 편성 및 지휘체계가 전 세계 어느 한 지역도 예외없이 모두 포괄하는 5개 지역사령부 체제로 구성되어 있다는 사실은 미국이 이전의 어느 패권국가와도 달리 전세계적 지배력을 강력히 행사하고 있음을 보여준다. 게다가 미국은 최근 아프리카지역의 전략적 중요성이 상승하자 아프리카를 전담하는 아프리카 사령부를 중부사령부에서 분리하여 신설하려고 있다. 이럴 경우 미국은 명실상부하게 세계 6대주를 모두 각기 관할하는 사령부를 두게 된다. 미국 해군은 세계 5대양을 각기 담당하는 지역사령부 산하에 각 대양을 전담하는 함대사령부와 기동함대를 유지하고 있다. 그리고 각 함대사령부의 해·공군 전력은 그 지역 내의 어떤 국가의 전력과 비교해도 손색이 없을 정도만큼 막강한 전력을 보유하고 있으며, 각 지역에서 발생하는 분쟁에 신속히 개입할 수 있는 능력을 갖고 있어 각 대양을 실질적으로 장악하고 있다는 평가를 받고 있다.

이러한 미국의 전대미문의 해양 지배력에 비해 해양으로부터 획득하는 실익은 과거의 해양세력으로 성장한 패권국가가 누렸던 것처럼 직접적인 것은 아니라는 점에 다소 문제가 있다. 과거 해양 패권세력은 해양 지배를 통해 식민지를 운영하고 식민지로부터 수탈적인 자원조달을 한 후 이들 자원을 가공·제조해서 전 세계에 공급했다. 그래서 제국주의 경쟁에서 해상

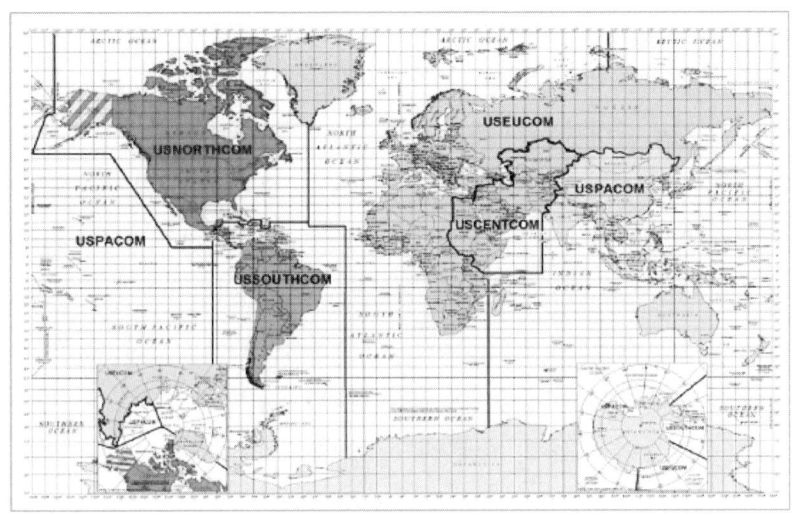

＊미국의 각 지역사령부 배치도

수송로의 장악에 사활적인 이해관계가 있었다. 아울러 해상 수송로를 유지하는 데 소요되는 비용도 이 같은 제국주의적 경제운영을 통해 충당할 수 있었다.

그러나 미국의 경우에는 제2차 세계대전 이후 독립주권국가 체제가 전 세계적으로 성립되어 있어서 수탈적인 자원조달을 해외에서 쉽게 할 수 있는 것도 아닐 뿐만 아니라 제조업을 통해 공산품을 전 세계에 공급하는 형편도 아니어서 막대한 국방비를 소모하면서 전 세계 대양을 장악하고 있는 경제적 실익이 크다고는 할 수 없다.

세계사에서 16세기 이전은 대륙을 지배하는 국가가 세계를 지배하는 양상을 보였고, 그 이후에는 해양을 지배하는 국가가 세계를 제패하는 모습을 보여주었다. 과거 알렉산더 치하의 그리스, 그 이후 로마 또는 징기스칸 치하의 원나라, 그리고 오스만투르크 제국 등은 유라시아 대륙에서 영토 확장을 통해 세계적 지배권을 확립했다.

그러나 16세기 이후에는 포르투갈·스페인·네덜란드·영국, 그 다음에는 미국의 순서로 당대의 세계 패권국가들은 모두 해양을 지배하는 해양세력이었다. 여기서 미국을 제외한 유럽 국가들은 국내 경제규모가 빈약해 해양을 통해 해외자원과 시장을 지속적으로 독점하지 못할 경우 경제의 활력을 상실해버리고 이류국가로 퇴보해 나가는 양상을 보여주었다. 한편 미국은 앞에서 언급한 자급자족형 대륙국가로서의 성격을 띠므로 설사 해양에서의 지배력이 약화되더라도 경제력에 결정적인 타격을 받을 정도는 아니다. 따라서 미국으로서는 해양의 지배권을 쉽게 딴 나라에게 양보하지는 않겠지만, 독점적 해양지배권을 유지하기 위해 전쟁과 같은 최후의 수단에 의존하지 않아도 되는 여유를 좀 더 가지고 있다고 할 수 있다.

그러나 외부로부터 본토를 침략 받을 가능성이 거의 없다는 미국의 기본적인 지정학적 성격 규정을 다시 재고하게 만든 사건이 발생했는데, 이는 다름 아닌 9·11 테러 공격이다. 9·11 테러 공격은 여태까지 미국의 본토는 해양으로 격리되어 있어 적대세력의 공격이 바로 미치지 못한다는 미국인의 인식을 근본적으로 변화시킨 일대 사건이었다. 미국은 더 이상 불가침영토가 아니며 따라서 막강한 해군력으로 5대양에서 지배력을 발휘하고 있으면 본토는 늘 안전하리라는 가정이 무너져 버린 것이다.

그래서 9·11 이후 미국은 국토안보부라는 부서를 새로 창설하고 국경과 항구, 공항 등 출입국의 거점을 지키는 육상요원들을 대규모로 확보하기 시작한다. 즉 대륙세력이라기보다는 해양세력으로 각인되어 왔던 자국의 정체성에 경종을 울려준 셈이 되었다.

그리고 미국이 완전한 해양세력이 아니라는 자의식은 결국 해양세력이 누릴 수 있는 이점이자 여유인 개방주의, 이상주의 전통을 계속 유지해 나갈 수 없다는 점을 의미하기도 한다. 그래서 9·11 이후 미국은 점차 현실주의가 세를 얻어가고 있으며, 이런 현실주의 경향은 고립주의와 맞물리는 경우가 많고, 정치적으로는 공화당의 우세를 가져오는 경우가 많다. 테러 공격 자체가 미국의 지정학적 성격 자체를 바꾼 것은 아니지만 미국인의 지정학적 인식에 변화를 가져온 것은 사실이며, 이런 테러 위협이 당분간 지속될 것으로 보여 외교전략에도 영향을 미칠 것으로 보인다.

이처럼 미국은 대륙세력이자 해양세력으로서 양면성을 가지고 있으며 이러한 양면성은 당시 국제환경 및 미국의 국내정치가 어떤 환경 아래 있는지 여부에 따라 두 성격 중 어느 성격이 더 지배적으로 나타나는가를 결정짓는 경우가 많다. 앞으로 미국이 대륙세력과 해양세력의 특성 중 어느 쪽 성향을 더 많이 보일 것인가는 테러와의 전쟁의 전개 양상, 그리고 부상하는 중국과의 갈등관계 및 미국 내에서 점증하는 고립주의라는 요소들이 어떠한 상관관계를 맺으며 발전해 나갈 것인가에 달려 있다.

미국이 해양세력의 특성을 가지고 전 세계로 진출해 유라시아 대륙 인근에다 전진기지를 구축한 것은 냉전시대의 봉쇄정책의 결과로 발생한 일시적인 현상일 수 있으므로 이것을 미국의 보편적이고 항구적인 정책이나 성향으로 간주하는 것은 향후 국제정세를 전망할 때 적지 않은 오류를 범할 수 있다고 본다.

# 4. 도서, 부조화 국가로서 일본

일본은 4개의 큰 섬으로 이루어진 도서 국가이다. 사면이 해양으로 둘러싸여 있으니 당연히 해양세력이 될 수밖에 없다. 일본은 동북아 지역에 위치해 있으면서 대한해협을 통해 대륙과 격리되어 있어 대륙의 영향을 선택적으로 수용하고 대륙세력으로부터 자국을 안전하게 보호할 수 있었다. 즉 중국이나 북방에서 강한 민족이 발흥해도 일본은 대한해협 덕분에 한 번도 본토를 침범당한 적이 없다. 이 사실에 대해 일본은 자부심을 가지고 있으며, 고려와 몽골 연합군이 대한해협을 건너 일본 상륙을 시도하다가 태풍의 영향으로 실패한 것을 두고 신의 바람이 자신들을 보호했다고 믿고 이 바람을 '가미가제(神風)'라고 명명하며 두고두고 기리고 있다.

중국의 영향력이 미치지 않는 곳에 위치한 일본은 중국이나 한국과의 관계도 자기들의 편의에 따라 조정해 중국의 문물을 수입하고 싶을 경우에는 중국에 조공을 했고, 한국과는 통신사절단을 교환하는 방식으로 문물을 교류했다. 이런 환경으로 인해 일본은 지리적으로는 유교권에 속해 있으면서도 유교권이 아닌 자국문화의 독특한 개성을 유지할 수 있었다.[75]

이처럼 일본의 해양 국가로서의 지정학적 이점을 역사적으로 충분히 누리게 되었는데, 이것은 마치 영국이 도서 국가로서 유럽대륙으로부터 격리되어 있음으로 인해 다른 국가로부터 침략을 받을 위협이 상대적으로 훨씬 덜한 탓에 유럽 국가들이 절대왕정 체제를 벗어나지 못할 때 의회민주주의의 싹을 틔우는 여유를 가질 수 있었던 것에 비견될 수 있다. 알렉산더 해밀턴은 "만약 영국이 섬이 아니었다면 영국도 한 사람의 절대 권력의 희생물이 되었을 것이다"라고 지적했다.[76]

한편 일본은 해양 국가로서 바다로 연결되는 연계성의 이점도 아울러 누렸다. 즉 서양 근대문명이 동아시아로 밀려들어 올 무렵인 15세기부터 서양 무역선의 극동 항로선상에 위치해 있던 관계로 서양의 선진기술 문명을 다른 동아시아 국가에 비해 훨씬 빨리 수용할 수 있게 되었다.

이러한 서양 기술문명과의 접촉은 유교 문화권과는 다른 특성을 가졌던 일본문화를 더욱 구별되게 했으며, 대륙문화를 가볍게 여기게 되고 그 결과 서양의 기술문명의 힘을 빌려 대륙을 정벌하려는 야심을 키우게 되었다. 이에 일본은 16세기와 20세기에 각각 대륙정벌을 시도해 비록 1차 시도는 조선과 명나라 연합군에 의해 좌절되지만 2차 시도는 청일전쟁을 통해 승리함으로써 대륙진출의 야심을 마침내 실현하게 된다.

해양 국가로서 자원이 부족하고 내수시장이 협소한 일본은 자국의 성장하는 제조업을 뒷받침해 줄 자원공급지와 상품소비지가 필요했다. 그래서 일본 제국주의 전략가들은 한반도와 중국 대륙으로의 진출이 불가피하다고 여겼다. 일반적으로 해양세력이 성장하면 해상수송로를 확보하기 위해 바다로 진출하던 것과는 달리 후발 제국주의 국가인 일본은 인접한 중국대륙으로 진출을 노렸다. 이는 제국주의 건설 초기에는 중국내에 다른 제국주의

---

75. 새뮤얼 헌팅턴은 저서『문명간의 충돌』에서 세계문화권을 분류하면서 일본문화를 중국 유교문화권과는 달리 독자적으로 분류했다.
76. 로버트 카플란, 이승규 역, 『승자학』p. 165 재인용

국가가 차지하지 않은 광대한 무주지로 진출하는 것이 해양으로 진출해 다른 해양세력과 각축하는 것보다 훨씬 용이하다고 판단했기 때문으로 보인다. 중국의 일부를 점령하면서 더욱 국력을 증강시킨 일본은 자국 세력권의 범위를 동북아에서 동아시아 전체로 확대하는 담대한 구상인 '대동아 공영권' 개념을 내세우면서 동남아로 진출해 나간다. 이 이후 일본은 다시 해양세력의 성격을 분명히 하게 된다.

일본은 산업이 발달하면서 석탄·철강 이외 석유·화학 산업에 필요한 자원들을 동남아를 거쳐 중동 지역에서도 확보할 필요가 생기자 동남아를 넘어선 해상수송로를 확보하려 하게 되고, 이것은 결국 또 다른 해양세력인 영국과 미국의 이해와 충돌할 수밖에 없게 된다. 그 결과 태평양전쟁이 발발하고 일본은 패퇴해 미국의 군사적 보호 아래에서 경제발전에만 전념, 약 40여 년 동안 다시 해양세력으로서 본성을 잠복시킨다.

이러한 속성이 되살아난 것은 1980년대 중반 일본의 경제력이 한창 위세를 떨치던 무렵에 당시 나카소네 총리와 일단의 강경 국수주의자에 의해서였다. 당시 도쿄 도지사였던 이시하라 신타로와 같은 일본의 선동적 정치인들은 『No라고 말할 수 있는 일본』이라는 책을 지어 보호세력이자 같은 해양세력인 미국과 결별을 주장하기도 했다. 그러나 일본이 국가전략적으로 '보통국가'를 지향하면서 자위대의 해군력을 증강시키기 시작한 배경은 1994년 '오자와 보고서'에 잘 나타나 있다. 오자와 보고서는 오자와 의장이 이끈 위원회가 '새로운 일본을 위한 청사진'이란 제목으로 발간한 보고서이다.

제2차 세계대전 전패국으로서의 심적 부담을 느끼지 않은 신세대들이 성장하면서 일본내에서 우경 보수주의가 세력을 얻게 되고 이 세력들은 일본의 국력이 일본 열도 안에만 갇혀 있는데 대해 만족할 수 없는 성향을 보이고 있다. 그래서 일본은 우선 자국의 정치적 위상을 경제적 위상과 일치시키기 위한 목적으로 유엔 상임이사국에 진출하기 위해 많은 노력을 경주하고 있으며, 적어도 '세계 세력(global power)'은 아니더라도 '지역 세력(regional power)'으로서 자리매김은 해야 하겠다는 생각을 가지고 있는 것으로 보인다. 그러나 일본의 이러한 전략적 구상의 실현을 위해서는 동아시아 지역에서부터 넘어야 할 장애물이 존재하고 있으며 이 장애물로 인해 일본의 지역세력 부상 전략은 영향을 받고 있는 것으로 보인다.

먼저 일본의 세계적 위상을 높여줄 유엔 상임이사국 진출 문제는 일본이 동아시아 지역 인근 국가이자 일본 제국주의적 침략의 피해국인 한국과 중국 등으로부터 진정한 지지를 받지 못하고 있기 때문에 실현 가능성이 그리 높다 할 수 없다. 일본이 지지를 받지 못하는 이유는 동아시아 지역에서 자국의 과거 침략사에 대한 진정한 반성을 하지 않음으로써 지역내 국가들이 항상 일본의 또 다른 침략전쟁 가능성을 완전히 배제하지 못하고 우려하고 있기 때문이다. 그리고 동아시아에서 지역세력으로 다시 군림하기 위해 일본은 1980년대 이후 동남아 지역 국가들에게 대해 막대한 개발 및 경제원조를 지원해 주면서 어느 정도 세력권을 형성해 오고 있었다.

그러나 90년대 이후 중국이 경제적으로 부상하게 되자 동남아 국가들은 각국 내에 경제권을 장악하고 있는 화교들의 영향으로 인하여 중국과의 경제협력을 강화하면서 서서히 중국의 영향권 아래로 빨려 들어가는 양상을 보이게 되고 그 결과 지역세력으로서 일본의 위상확립 전략이 차질을 빚게 된다. 이러한 상황에서 일본은 동아시아의 지역세력으로서 주도권 확보를 위해 중국과 정면 대결을 한다는 것이 점차 강성해지는 중국의 국력을 바라볼 때 부담스럽게 느껴지는 것이 당연할 것이다.

이러한 두 가지 장애물을 의식하게 된 일본은 1980~90년대에 일본이 독자적인 해양세력으로서 지역 주도권을 확보해보겠다는 전략에 수정을 가할 수밖에 없게 된다. 즉 일본은 부상하는 대륙세력인 중국의 국력 자체에 부담뿐만 아니라 자국의 안보에까지 잠재적 위협을 느끼자, 과거 19세기말 20세기초에 사용했던 전략인 해양세력과의 연계를 자연스럽게 도모하게 된다. 즉 일본은 80년대까지만 해도 미국과의 동맹이란 개념 자체에 거부반응을 보이기까지 해 당시 이토 외상은 미·일 관계를 동맹 관계란 표현을 사용했다고 해 사직을 강요당할 정도로 일본은 독자노선을 추구했다.

이로 인해 1974년 미국과 중국이 비밀외교를 통해 관계정상화를 이루어내자 일본은 크나큰 충격을 받아 중국과의 관계개선을 경쟁적으로 서두르는 모습을 보이기도 했다. 그리고 일본정부 내에서는 90년대 초반부터 '자주외교'라는 개념이 널리 사용되기 시작했으며, 오히려 이런 자주외교 개념이 미·일 관계를 해칠 것을 우려한 일본 외무성이 이를 영어로 번역할 때 '적극 외교(proactive diplomacy)'로 고쳐 쓰는 조심성을 보이기도 할 정도였다. 최근 급속히 강화되고 있는 미·일 동맹관계를 보노라면 불과 10여 년만에 참으로 격세지감을 느끼게 된다.

동아시아 내에서 장기 전략적 관점에서 대륙세력을 견제하기 위해서는 일본과 연계가 필수 불가결하다는 판단을 내린 미국 지도층내에서 이러한 일본의 자주노선 추구에 대해 오히려 우려를 하고 이를 되돌리기 위한 조치를 취해야 한다는 논의들이 대두되기 시작했다. 이러한 논의를 이끈 가장 대표적인 논객이 당시 미 국방부 차관보에 재임중이던 조셉 나이였는데, 그는 오히려 미·일동맹을 강화시켜 미·일동맹의 목적을 '소련봉쇄 및 일본 열도 방위'에서 '아·태 지역의 평화와 안전보장'으로 그 범위를 확장해야 한다는 '나이 이니셔티브'를 1995년 발표하게 된다. 이러한 미국정부의 정책변경에 화답해 그 해 말 일본도 새로운 방위정책의 방향을 밝히는 '신방위대강'을 발표하게 되고 그 이후 양국정부는 여러 차원의 협의채널을 가

동시켜 미·일 정상간에 '미·일 안전보장 공동선언'을 발표하고 그에 이어서 '미·일 신안보 가이드라인'을 작성하는 등 점차 동맹의 깊이와 넓이를 확대해 나가게 된다.

이러한 미·일 동맹의 강화경향은 미국과 일본이란 양대 해양세력의 장기 전략적 이해가 서로 맞아 떨어졌기 때문에 가능해진 것인데, 미국으로서는 역시 1세기 전과 마찬가지로 대륙세력의 태평양으로 진출이나 동아시아지역에서 패권확립을 견제하기 위해서는 일본이 필요하며 일본으로서는 부상하는 대륙세력에 대항해 자국의 안보를 확실히 하기 위해 미국과의 동맹강화를 원했던 것이다.

사실 일본열도는 지정학적으로 대륙을 향한 훌륭한 방파제를 연상케 하는 모습으로 러시아와 중국을 횡으로 늘어서 가로막고 있으며 또한 대륙에 인접해 있기 때문에 미국의 세계전략상 전력투사 근거지로 사용하기에 안성맞춤인 셈이다. 그리고 일본으로서도 러시아와는 북방 4개 영토 반환문제가 분쟁의 소지를 계속 안고 있으며 중국과는 조어도(센카쿠) 열도와 영유권 분쟁이 있는 등 양 대륙세력과 잠재적 갈등의 소지가 있기 때문에 자국과 이러한 분쟁의 소지가 없는 미국과의 동맹강화가 자국의 안전을 보장할 수 있다는 전략적 고려를 한 것이다. 이에 따라 90년대 중반까지 대두되던 전방위 자주외교 전략을 포기하고 미국과의 관계 강화에 주력하는 단방위 동맹외교에 주력하고 있는 것이다.

일본은 미국의 뒤를 이어 세계 제2의 경제대국이자 군사대국으로서 잠재력도 가지고 있으므로 미·일동맹 자체는 현재로서는 세계 최강의 동맹이되는 셈이어서 이에 대항할 세력은 없다. 세계 역사상 이같이 세계 1위와 2위의 국력을 가진 두 나라가 연합을 한 경우는 거의 없는데도 미·일동맹이더욱 강화되는 것은 중국이란 잠재적 패권국가의 등장을 예견하고 있기 때문.

이다. 이것은 마치 제1차 세계대전 발발 이전 독일의 부상을 예견한 영국이 미국과의 관계를 돈독히 해나갔던 것과 마찬가지다.

장래에 동아시아 질서 변화를 염두에 두고 일본은 미국의 주니어 파트너가 되기를 자원했으며, 동아시아에서 미국의 전략적 대리인 역할을 자임함으로써 사실은 자신의 국력에 걸맞지 않는 행보를 보이고 있다. 그러나 이러한 일본의 전략적 선택은 단순히 80~90년대 일본 국민의 민족적 자부심과는 거리가 있으며, 지도층이 현재가 아닌 장래의 동아시아 지역에서 일본의 위상을 전망해 보고 이에 대한 대비책으로 미·일동맹 강화에 국익을 건다는 심정으로 전략적 결단을 내린 것으로 보인다.

그러나 일본의 이러한 전략적 선택은 지정학적 조건으로 인해 거의 불가피하게 정해진 수순인가 하는 점은 의문의 여지가 있다. 일본이 앞으로 다가오는 동아시아에서 미국과 중국간의 주도권 경쟁에 대비해 아예 미국 쪽으로 자신의 중심축을 미리 이동시키는 것이 전략적으로 현명한 것인지 여부에는 적지 않은 의문이 있다. 일본이 지역적으로 동아시아의 일원인 이점을 살려 70년대에 지향했던 것처럼 동아시아의 대륙세륙인 중국과 해양세력인 미국 사이에서 하나의 균형자 혹은 거중조정자의 역할을 할 수 있다면 오히려 동아시아 질서는 대결이 아닌 보다 타협의 방향으로 구축되어 나갈 수도 있을 것이다. 즉 현재 ASEAN 10개국과 한·중·일 3국을 포괄하는 '동아시아+3' 이라는 구도 속에서 동아시아 전체를 중국과 함께 이끌어나가면서 한·중·일 3국간에 경제협력체나 공동시장을 출범시킬 경우 이러한아시아적 기반을 발판으로 향후 대두될 수 있는 중국과 미국간의 대립 구도에서도 일본이 안정판 역할을 할 수도 있을 것이다.

문제는 이러한 안정판 역할을 하려면 일본이 동아시아 내에서, 특히 인근국인 한국과 중국의 신뢰를 확보하는 것이 전제되어야 한다는 점이다. 그러나 현재 일본이 나아가는 방향은 이와는 반대 방향으로 진행하고 있으며, 이는 일본이 세계 2위의 경제적 국력에 상응하는 정치적 지도력을 갖지 못했기 때문으로 보인다. 현재 일본은 경제력 측면에서는 세계적 세력이지만 정치력 측면에서는 동아시아 내 지역적 세력으로서도 충분한 영향력을 발휘하지 못하는 부조화를 보이고 있다. 그런데 앞으로 미·일동맹 강화를 통해 미국의 새로운 세계전략 아래 주어진 일정 역할을 동아시아 지역 및 그이외 지역에서 수행하는 대리자의 역할을 할 경우 일본의 실제 국력과 국제적 위상 사이의 간격은 더욱 확대되는 기이한 현상을 보일 것이다.

미국은 일본과 시장경제와 자유민주주의의 가치를 공유하기 때문에 양국간 동맹의 결속력이 강한 것으로 믿고 있으나, 일본은 실질적으로는 미국이 상정하는 제도 및 가치체계와는 상이한 측면이 많이 있어 동맹의 기반이 굳건하다고 말하기는 어렵다. 진정한 의미의 동맹, 그리고 영속적인 동맹은 서로간의 군사·전략적 이해관계가 일치할 뿐 아니라 양국간에 가치 및 신념체계를 공유하는 면이 많아야 한다. 그러나 미국과 일본간에는 외견상 보이는 것과는 달리 정치, 경제, 문화 각 분야에서 진정한 의미에서 양국 국민간 흉금을 터놓을 수 있는 심리적 접점이 그리 많지는 않다.

우선 정치 분야를 살펴보면 자유민주주의 정치체제를 유지하는 선진국 중에서 일본처럼 2차 세계대전 후 지난 60년간 집권여당 이외 다른 야당이 정권교체를 해본 적이 없는 나라는 존재하지 않는다. 그래서 일본의 국내정치를 전공한 정치학자들은 일본 정치를 다당제도는커녕 양당제도에도 못미치는 1.5당 정치라고 명명한다.

더욱이 최근에는 일본 국내의 보수 우경화 바람을 타고 집권 자민당에 대한 쏠림 현상이 더욱 강화되고 있어 앞으로 거의 1당 체제로 나아가는 것이 아니냐는 우려도 존재한다. 물론 민주당, 공명당, 사회당 등 다수의 야당이 존재하지만 집권 대체세력이 되지 못하는 야당은 그저 형식적인 다당제도를 보여주는 장식품에 머무를 뿐이다.

또한 세계 2위의 경제력을 가지고 있고 한때 세계 1위의 수출대국이었던 일본의 국내시장 개방 정도도 아직은 상당히 미흡하다. 미국과의 쇠고기 수입분쟁의 경우와 같이 작은 품목 하나의 개방에도 상당히 복잡하고 어려운 협상과정을 거치고도 자국시장을 개방치 않고 있어 미국 측에서는 일본의 자유시장 경제체제에 대한 기본적인 태도에 회의를 표하는 사례도 적지 않다. 이처럼 일본은 국내 시장의 유통체계가 복잡하고 이에 대한 규제 역시 아직 많이 존재하는 특이한 시장질서를 가지고 있어 일본 시장에 타국 수출품이 진출하는 것은 용이하지 않다.

그 결과 일본은 세계 최대 무역흑자국의 지위와 외환보유고 최대국의 지위를 오랫동안 유지하고 있으면서도 세계 무역시장 개방 및 자유화 분야에서 선도적인 역할을 하지 못하고 항상 수세적인 입장에 놓이는 부조화를 보이고 있다. 그리고 세계 각국이 경쟁적으로 추진중인 자유무역협정(FTA) 교섭에 있어서도 일본은 그 경제규모에 비해 현재 추진중인 교섭이 극히 적다는 부조화를 보이고 있다.

또한 일본은 세계2위의 경제력 규모에 비해 부존자원이 빈약하고 내수시장이 충분히 크지 않기 때문에 경제의 해외의존도가 상당히 높다. 일본은 석유는 말할 것도 없고 여타 원자재도 해외로부터 조달되지 않으면 당장 일본의 경제는 타격을 받는다는 점에서 해외요인에 상당히 취약하다. 이런 측면에서 일본은 같은 해양세력인 미국과는 또 다른 도전을 항상 의식하고 있으며 동아시아의 해양수송로에 대한 통제권 확보는 자국의 생명선을 확보하는 것과 마찬가지의 절박성을 느끼는 것이다. 경제규모에 비교해서 해외의존성이 과도하게 부각되는 부조화 현상은 일본 지도자들로 하여금 동아시아 지역이 일본의 비우호적 세력의 영향권에 들어가는 것을 방지하기 위해 다른 수단을 강구해야 할 필요성을 느끼게 만들지도 모른다. 이런 측면에서 일본은 동아시아에서 다소 고립이 되더라도 미국과의 동맹강화를 심화하는 방향으로 외교를 추진해 나가는 것이 자국의 장기 전략에 부합한다는 판단을 내릴 수도 있을 것이다.

일본은 또한 도서 국가의 기본적 특성이라 할 수 있는 외부세계와의 고립성, 폐쇄성을 잠재적으로 가지고 있다고 할 수 있다. 이러한 도서 국가가 해양세력으로 뻗어 나갈 경우에는 육로로 연결된 인접국의 제약을 받지 않고 해로를 통해 전방위로 전 세계와 교류를 활발히 할 수 있는 장점이 있으나 역으로 개방성을 지향하지 않으면 해외와의 교류를 선택적으로 취사 선택하는 폐쇄성을 보일 수도 있다. 일본은 19세기말 메이지유신 시대와 제2차 세계대전 후 경제부흥기에는 해외로의 개방성을 지향해 해외와 소통을 원활히 하고 해외로부터 많은 문물을 도입하는 태도를 보였으나, 국력이 일정 수준으로 상승하고 나면 이 개방성이 폐쇄성으로 전환되는 경향을 보이고 있는 점을 주목할 필요가 있다.

한때 해외유학생을 제일 많이 내보내던 국가였던 일본이 이제는 그 숫자가 급감하는 것도 이러한 개방성에서 폐쇄성으로 전환하는 하나의 징표가 될 수도 있다. 해외 사정에 밝고 인근 국가들을 이해하는 개방적인 국가는 기본적으로 평화 지향적이나, 자국의 논리에만 집착하고 세계의 조류에 동떨어진 폐쇄적인 국가는 일반적으로 분쟁에 연루되는 경우가 많다는 점에서 일본의 향후 행보는 인근 국가들의 주목을 끌 만한 충분한 이유가 있다.

그리고 일본은 종교, 문화적인 측면에서도 여러모로 독특하다. 일본인들의 종교에 대한 무관심 내지 비종교적인 성향은 세계에서도 유례를 찾기 힘들 정도로 낮은 편이다. 현대문명은 기본적으로 서양문명이며 그 근저에는 기독교 정신이 깔려 있다는 점에서 비록 서양문물을 많이 받아들인다 해도 기독교 사상이나 윤리체계를 어느 정도 수용하지 못하면 서구국가의 보편적 가치를 깊이 있게 공유하고 있다고 말하기 어렵다. 이런 관점에서 동양에서는 제일 먼저 15세기경에 기독교 선교사들과 접촉이 이루어졌는데도 일본의 기독교 수용률이 아직 1%를 조금 상회하는 수준이다. 물론 서양문명의 수용 여부, 특히 기독교의 수용 여부가 개방화의 유일한 잣대가 될 수는 없지만, 외형적인 서양문물의 수용성이 아주 높다는 점과 심층적인 서양정신의 수용성이 낮다는 점의 부조화는 눈여겨볼 필요가 있다.

또한 지리적으로 가장 인접할 뿐만 아니라 일제시대의 동화과정도 있었던 터라 한국과 유사성이 많을 것으로 말들을 하지만 일본을 알면 알수록 한국과 일본은 많이 다르다는 것을 알게 된다고 한다. 그런데 일본의 문화 및 국민성을 국제적 기준에 비교해 보면, 일본은 한국뿐만 아니라 전 세계 어느 나라와 비교해서도 다르다. 이런 의미에서 일본은 진정한 국제주의 국가가 되기는 힘든 한계를 가지고 있다고 볼 수가 있다.

이처럼 일본은 도서 국가로서 해양세력은 분명하지만 해양세력이 가지는 개방성보다는 최근 들어 폐쇄성이 더 부각되어 보이며 여러 가지 사회 내부에 내재하는 부조화로 인해 국제사회에서 독자적인 역할을 하는 세력으로 부상하기는 어려울 것으로 전망된다. 단지 중·단기적으로는 같은 해양세력인 미국과의 동맹 강화가 자국의 국익에 부합된다는 판단 아래 이를 추진하고 있으며, 이 같은 경향은 당분간 지속될 것이나 장기적으로는 불확실한 요인들이 많이 개입되어 있어 앞으로 어느 방향으로 나아갈지에 대해서는 확정적인 전망이 어려운 측면이 있다.

# 5. 대륙, 생산기지로서 중국

　중국은 전통적으로 세계의 중심에 위치하고 있다고 스스로 여겨온 광대한 대륙국가다. 중국은 우선 면적이 한반도의 45배나 되며, 인구는 13억을 상회해 세계 인구의 20%를 차지하고 있다. 또한 과거 기나긴 역사 동안 이러한 역량을 바탕으로 주변국가들을 자국의 세력권 안에 자연히 편입시켰으며, 모든 국제관계를 자국을 중심으로 바라보는 중화사상을 발달시켜 왔다. 그런데 중화사상은 유럽에서 16세기부터 발달하기 시작한 근대 주권국가간의 관계와 외교라는 개념이 자리잡을 수 없도록 했으며, 그저 여타 민족은 중국에게 조공을 바치는 변방 부족으로서 존재할 뿐이지 국가 대 국가로서의 관계가 존립하지 못하도록 했다.

　물론 16세기 이전에는 중국에 필적할 만한 세력이 없었고, 특히 아시아지역에서는 중국이 중앙에 위치해 있어 서역의 문물과 극동의 문물을 실크로드로 연결하는 역할도 했으며, 북방의 유목민족과 남방의 수경민족의 문화가 중국왕조를 통해 서로 소통되도록 매개역할을 늘 해왔다.

　따라서 중국 스스로가 교통 요충지 역할을 하므로 다른 어떤 지역으로 나가서 교역로를 개척할 필요도 없었고, 세계 각지에서 스스로 교역을 위해 찾아오기 때문에 해양을 통해서 바닷길을 개척해 딴 나라나 문명과 접촉할 필요성을 느끼지 않는 대륙국가의 성격을 늘 유지해 왔다. 이러한 문화, 문물적인 우월성으로 인해 대륙국가적 성격이 더욱 강화되었지만, 중국은 면적 자체만으로도 충분히 대륙이며 지정학적으로도 대륙국가의 속성을 가질 수밖에 없었던 것이다.

그리하여 중국은 전통적으로 강력한 해군을 육성할 필요성을 느끼지 못하는 대신 강대한 육군을 항상 유지하고 있어 왔다. 지금 중국 인민해방군의 편제도 전체 200여만 명의 병력 중에 160만 명이 육군으로서 육군이 절대적인 우위를 점하고 있다. 이러한 중국의 군편제는 과거 중국이 아시아의 맹주로서 지역패권을 유지하는 데에는 별 문제가 없었는데, 이는 중국을 침략하려는 세력도 육상을 통해 공격해 왔고 중국이 정복하려던 세력도 일본을 제외하고는 다 육로를 통해 도달 가능했기 때문이다.

그러나 중국이 앞으로 지역패권을 벗어나서 세계 강대국으로 부상하기 위해서는 해양에 대한 지배력을 어느 정도 확보해야 하고 이를 위해서는 해군력을 강화해야 할 것이다. 중국이 앞으로 해군 육성에 어느 정도 노력을 기울이는지 보면 중국이 지역 주도세력으로 머무르고 있을지 아니면 세계 패권국으로 발돋움을 노리는지를 알 수 있을 것이다.

사실 중국으로서는 대륙국가이면서도 앞으로 세계의 생산기지가 되어가는 과정에서 산업화를 위한 막대한 에너지 자원을 필요로 하며, 이 에너지 자원의 안정적 공급을 확보하는 것에 사활적인 이익이 걸려 있다. 그러나 현재 대부분 아시아 지역에 공급되는 에너지는 중동 지역에서 생산되며, 해양수송로를 통해 중국에 공급되고 있다. 따라서 중국은 이 해양수송로를 확보하기 위해서 해군력을 증강시켜야 하므로 전통적 해양세력인 미국, 일본과 대립관계가 형성되리라는 점은 쉽게 내다볼 수 있다. 더욱이 전통적 대륙세력인 중국이 지금부터 해군력을 강화해 나간다 해도 6,000마일에 이르는 기나긴 원유수송로에서 조우하게 될 미국과 일본 양국의 결속된 해군력을 상대하기는 거의 불가능한 일로 보인다. 따라서 위험부담을 줄이면서 에너지원을 확보하는 방안을 강구하다 보면 중앙아시아 국가들 및 러시아와의 관계 개선을 통해서 유라시아 대륙에서 에너지를 조달할 수밖에 없을 것이다.

이러한 이유로 해군의 육성을 등한시한 중국은 해군이 약화될 수밖에 없었고 이것은 지역적 패권국가의 범주를 벗어나 보려는 중국에게 적지 않은 약점으로 작용한다. 그 결과 사활적인 에너지 확보계획에 차질을 빚지 않기 위해서는 육상수송로를 확보하는 것이 급선무라는 판단을 하게 될 것이고 이에 따라 중앙아시아 국가 및 러시아와의 친선관계를 유지할 수 있도록 자국의 대외정책을 조정할 것이다. 즉 강고한 해양세력의 존재가 중국이 해양세력화하는 것을 견제할 것으로 예상됨에 따라 중국으로서는 대륙세력과 연계해 더욱 대륙세력화되는 경향을 보일 것이다.

그리고 서서히 형성되어가는 미국의 대중국 봉쇄망 구축도 중국의 대륙세력화를 더욱 강고하게 만드는 또 다른 요인 중의 하나이다. 미국은 장래 중국의 도전에 대비해 지금부터 중국에 대한 봉쇄전선을 구축하고 있는 것으로 보이는데, 이 봉쇄선은 극동 지역에서는 일본을 기점으로 해 대만을 거쳐 인도, 파키스탄과 중앙아시아의 카자흐스탄까지 이어지고 있다. 아직 이 봉쇄선이 공고한 형태로 구축된 단계는 아니지만 미국이 20세기 후반 항상 불편한 관계를 유지해 왔던 인도, 파키스탄과 급속히 관계개선을 하면서 전략적인 제휴관계로까지 나아간 것은 중국에 대한 봉쇄선을 공고히 하려는 견제심리가 깔려 있다고 볼 수 있다. 이러한 미국의 전략에 대응해 중국은 나름대로의 방어선을 구축하고 있다.

중국은 자국의 경제개발을 위해서는 생명줄이나 다름없는 에너지 및 원자

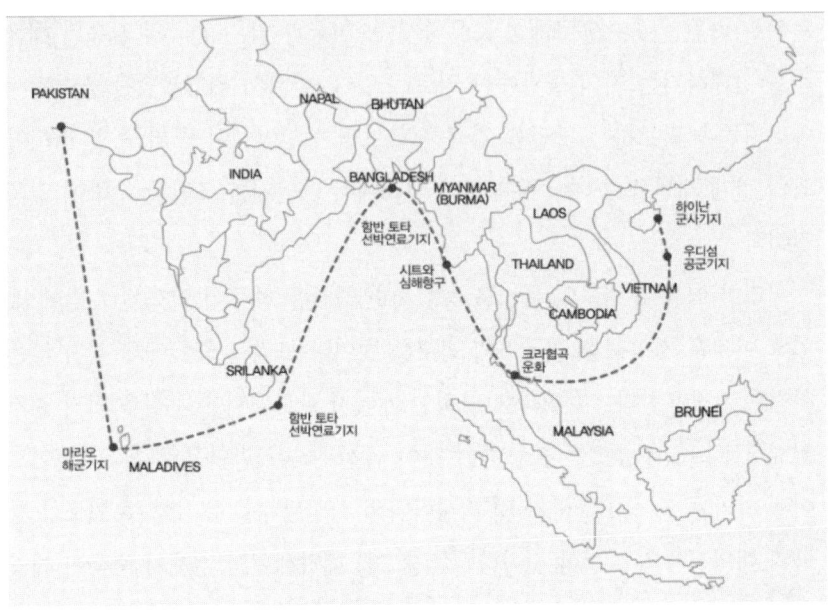

재 수입통로가 미·일의 해군이 지배적 영향력을 행사하고 있는 말래카 해협을 지나고 있다는 점을 자국 안보의 취약요인으로 인식하고 있는 것이다. 즉 중요한 에너지 및 원자재를 말래카 해협을 거치지 않고 바로 중국 본토로 반입하는 방안 마련에 골몰한 결과, 중국은 자국 남부의 해남도에서 걸프해의 호루므즈 해협에 이르는 긴 해안수송로 중간 중간에 자국의 상선이나 군함이 기항할 수 있는 항구를 건설하고 있다. 새로운 항구 건설이 어려울 경우 중국은 해당 지역국 정부와 교섭을 하여 기존 항구를 재정비 하여 자국 선박들이 유사시 이들 항구를 이용하여 원자재를 하역하고 육로를 통하여 중국 본토를 반입하는 방안을 구상하고 있다. 예를 들면 미얀마의 쿤밍항에 중국 선박들을 위한 전용하역시설을 건설하고 이곳에서부터 육로를 통하여 중국 남부지방으로 운송이 가능하게 하면 말래카 해협에서 중국 선박 통행이 봉쇄되더라도 원유 등 원자재를 중국 본토에 무사히 공급할 수 있게 되는 것이다.

그런데 세계지도상에 점으로 존재하는 이러한 항구 및 기타 군사 시설들의 위치를 연결하면 마치 진주목걸이를 구성하는 모양처럼 보인다 하여 이를 미측에서는 진주 목걸이(String of Pearls)이라 이름 붙이고 있다.

이러한 봉쇄선의 취약 부분은 동남아 지역인데 미국과 중국이 서로 치열하게 주도권경쟁을 할 것으로 전망되며 그 중에서도 베트남이 지정학적으로는 요충지에 위치해 있기 때문에 베트남을 둘러싼 양국간의 외교 각축도 벌어질 것으로 보인다. 이처럼 미국의 대중국 봉쇄망이 강고히 형성될수록 중국으로서는 이 봉쇄선을 뚫으려는 노력도 하겠지만 자연히 자신의 배후세력인 중앙아시아 지역 국가와 러시아 등과 관계개선을 도모할 수밖에 없을 것이다. 이러한 관점에서 2005년 들어 중·러 관계가 급속히 개선되고 중국이 상하이 협력기구(SCO)에 많은 비중을 두고 있는 이유를 찾아볼 수 있다.

또한 중국의 지정학적 조건을 살펴볼 때 항상 등장하는 것이 대만 문제이다. 대만은 대륙세력인 중국의 입장에서나 해양세력인 미국이나 일본의 입장에서나 상대편의 확실한 영향권 아래 들어가는 것이 자국에 절대적으로 불리하기 때문에 대만에 대한 현상변경이 일어날 경우 이에 대해서는 단호한 대응을 하겠다는 점을 거듭 밝히고 있는 것이다.

중국의 경우에는 대만이 분리 독립하거나 할 경우 중국의 '하나의 중국' 정책에 위배될 뿐만 아니라 여타 지역의 분리, 독립 운동에 불을 지필 것이라는 정치적 이유 때문에 용납할 수 없을 것이다. 그러나 그 외에 대만이 갖는 지정학적 조건 때문에도 양보할 수 없는 측면도 적지 않다.

중국은 지정학적으로 대양해군을 육성하기 위해서는 대만을 편입해야 하는 필요성을 강하게 느끼고 있다. 그 이유는 중국과 대만간의 대만해협 일원의 수심은 100~200미터 내외이기 때문에 핵 잠수함 등이 활동하기에는 상당히 협소한 공간이어서 중국 해군의 활동이 미국 및 일본의 정찰에 항상 노출되기 때문이다. 그러나 대만 동쪽의 해양은 수심이 깊어 중국 핵 잠수함의 활동에 양호한 모항을 제공해줄 수 있기 때문에 대만을 확보하려고 한다. 물론 대만이 자국의 인후부를 겨냥하는 권총이라는 생각도 있지만 대만을 세력권 아래 두게 되면 일본의 생명선인 해상수송로에 곧바로 위협을 가할 수 있기 때문에 대만의 전략적 가치는 매우 높다.

반면 미국과 일본의 입장에서는 대만에서부터 중국의 해양진출을 봉쇄하는 것이 지극히 효과적일 뿐 아니라 필요시 대만에 자국군을 주둔시켜 중국을 향해 발진할 수 있는 그야말로 이상적인 전진기지이자 가라앉지 않는 항공모함이 되는 셈이다. 특히 중국의 장거리 미사일 공격위협이 증대될수록 대만을 미·일이 구상하는 미사일방어체제(MD) 내로 편입시킬 경우 중국해안에서 미·일을 향해 발사되는 중국의 미사일을 초기상승단계에서 효과적으로 요격할수있다는 점에서 대만의 전략적·지정학적 가치는 더욱 크다. 따라서 대만은 미국과 중국간에 서로가 양보할 수 없는 전략적 요충지이기 때문에 대만 문제가 잘못 다루어질 경우 양국이 전쟁으로도 갈 수 있는 요인으로 항상 남아 있다.

중국의 외교·안보전략을 전망해 보기 위해서는 지정학적 조건 이외에 현재 처한 경제적 현실, 즉 세계의 생산기지로서 중국의 역할이 어떠한 영향을 미칠 것인가 하는 점을 간과해서는 안 될 것이다. 중국이 당분간 자국 경제의 순조로운 성장에 국가목표의 최우선순위를 두고 있으므로 생산기지로서의 역할을 계속 수행해 나갈 것이고 이러한 역할을 계속 수행해 나가기 위해서는 외교·안보전략에 일정한 제약이 부과되는 것은 자명한 일이다.

반면 중국이 이러한 생산기지 역할을 한다는 것은 중국에 대한 서방선진국의 엄청난 직접투자가 계속되기 때문에 가능한 것인데 이러한 직접투자는 미국을 포함한 서방선진국의 대중국에 대한 외교, 안보 전략에도 마찬가지로 제약요인으로 작용할 것으로 보인다. 즉 중국에 대한 엄청난 직접투자를 한 국가는 중국과의 관계에서 자국 업계의 로비로 인해 강경정책을 쉽게 구사하지 못하는 역종속 현상이 발생할 수도 있을 것이기 때문이다.

그리고 생산기지 역할을 계속하기 위해 중국이 필요로 하는 원자재 및 에너지원의 안정적 수입은 중국외교의 새로운 과제로 부상하고 있다. 중국은 현재 미국시장에 공급되는 경공업제품의 70% 정도를 공급하고 있으며, 전세계 시장에서 중국에서 생산된 경공업제품이 앞으로는 더욱더 넘쳐날 것이다. 사실 미국시장에서 잘 관찰해 보면 우리의 일상생활에 필요한 거의 모든 물건 중에서 소위 'Made in China' 상표가 붙지 않은 제품이 거의 없을 정도이다. 이처럼 중국이 거대한 세계의 생산기지로 변신해 나가는 과정에서는 엄청난 양의 원자재를 소모해야 하는 것은 당연한 일이다. 그러므로 중국이 전 세계 시장에서 원자재를 마구 사들여 원자재의 블랙홀이라는 별칭을 얻게 되었다. 지금 중국은 에너지원인 석유와 천연가스는 말할 것도 없고 플라스틱 제품의 원료인 합성수지·천연고무·철광석·목재 등 필요한 원자재는 모두 가능한 한 장기수입계약을 체결해 안정적인 조달을 보장받으려는 노력을 전개하고 있다.

중국은 스스로가 대륙국가이자 자원 보유국임에도 불구하고 세계의 생산기지 역할을 원활하게 수행할 수 있을 정도로 자원 보유량이 충분하지가 않다. 따라서 필요자원을 해외에서 조달해야 하므로 앞으로 자국의 경제발전전략이 계속 성공할 수 있기 위해서는 국제경제질서가 지금과 같이 안정적으로 운영되는 것이 국익에 부합한다는 판단을 하게 될 것이다. 특히 해외로부터 이러한 에너지와 원자재를 조달하는 공급선이 쉽게 차단될 수 있다면, 국익에 치명적이기 때문에 중국으로서는 이를 회피하기 위해서 다음과 같은 몇 가지 방안을 추구해 나갈 것으로 전망된다.

첫째, 안정적인 국제경제질서가 유지될 수 있도록 미국 및 서방 선진국과 협조 관계를 유지하고 기존의 교역질서가 유지, 발전될 수 있도록 WTO 논의 과정에 적극 참여할 것이다. 두 번째는 해양수송로의 안전을 확보하기 위해서는 강력한 대양해군을 육성시켜 나갈 것이다. 그러나 이 과정에서 기존의 해양세력인 미국과 일본간에 긴장이 고조될 것이나 국력이 충분히 신장되기 전까지는 본격적인 대립을 회피하려 할 것이다. 세 번째는 미국과 일본과의 본격적인 긴장관계에 돌입할 가능성을 염두에 두고 이에 대한 위험회피 방안으로서 자국의 내륙 배후지인 중앙아시아와 러시아와의 관계 강화를 도모하려 할 것이며 이 지역으로부터 원자재 조달을 늘려 나가려 할 것이다.

이처럼 전통적인 지정학적 관점에서는 대륙국가 성격을 띠는 중국이 현재 자국 경제가 택하고 있는 수출의존형 경제개발 전략으로 인해 해양 국가의 성격을 가질 수밖에 없는 이중적 상황에 처해 있으며, 이와 같은 이중성이 앞으로 중국의 외교·안보전략에 계속해 혼재되어 나타날 것이다. 그리고 이 두 가지 상호 모순된 이중적 성격 중 해양세력적 성격은 경제개발 초기에 더 강하게 나타날 것이고 중국의 국력이 더욱 신장되어 내수시장 기반이 확대되어 가면서부터는 대륙국가의 성격이 점차 더 강하게 나타날 것이라는 것을 일반적으로 예측해 볼 수 있다.

그러나 중국은 과거 그 어느 국가도 경험해 보지 못했던 특이한 경제발전 경로를 걷고 있기 때문에 향후 진로를 예측하기는 상당히 어렵다. 즉 중국은 대규모 외국의 직접투자에 의해서 세계경제의 생산기지가 되었기 때문에 직접 투자국과의 상호의존성이 매우 심화되어 있을 뿐 아니라 중국 경제체제의 변화가 세계경제에 미치는 영향도 막대한 상황이 되었다.

중국에 진출한 외국 자본은 과거 선진국들이 단순히 저임금 노동력을 이용하기 위해 후진국에 노동집약적인 경공업산업에 투자를 했다가 임금이 높아지면 자본철수를 하던 그런 경우와는 다른 형태를 보이고 있다. 즉 중국의 거대한 내수시장을 겨냥하고 경공업에서부터 첨단산업까지 거의 전분야를 망라한 직접투자를 했을 뿐 아니라, 생산시설을 처음부터 엄청난 규모로 건설했다. 그러므로 이러한 외국의 직접투자로 인해 중국의 경제가 외국자본의 영향력에 종속되는 측면도 없지는 않지만, 직접 투자국이 워낙 다수인데다 외국자본간의 일치된 의사결정을 도출할 수도 없는 상황이 되어 중국의 외국자본에 대한 종속성이 상당히 감소된 상황이다.

게다가 중국 자체 시장의 규모와 초기 시설투자의 규모가 엄청나기 때문에 쉽게 자본철수 등의 결정을 할 수 없는 지경이어서 오히려 외국자본이 중국정부가 취할 수 있는 국유화와 같은 과격한 정책 및 결정에 취약한 상황이다. 또한 중국의 경제체제에 이상이 오면 전 세계경제의 상품유통 및 순환에 막대한 장애가 발생하므로 세계 자본시장은 이 같은 상황을 가급적 만들지 않을 것이다. 따라서 중국에 적대적인 입장을 가진 국가라도 중국의 경제체제를 교란시키는 것이 자국뿐만 아니라 세계경제에 상당한 부담이 된다는 것을 인식하고 있으므로 이를 실행에 옮기기는 힘들 것이다. 게다가 외국 자본투자를 많이 유치하고 있지만 이로 인해 과거의 종속이론에서 주장하는 현상이 발생하지 않고 있으며, 현재로서는 중국과 외국자본간의 상호의존성이 심화된다는 평가를 할 수 있고 앞으로는 오히려 외국자본이 중국의 의사결정에 영향을 받는 '역종속이론'[77]과 같은 현상이 발생할 가능성도 배제할 수 없다.

---

77. '역종속이론'이란 외국자본이 진출한 주변국가가 외국자본의 의사결정에 취약하게 되어 종속되는 현상과는 달리 오히려 그 주변국가에 진출한 중심국가의 자본이 주변국가의 정책이나 의사결정에 취약하게 되는 현상이 발생되는 경우를 지칭하기 위해 편의적으로 사용한 개념이다.

지금도 중국에는 일본의 직접투자가 외국인 직접투자 비율에서는 최대 규모[78]이지만 일본과 중국과의 과거사 분쟁으로 인해 양국관계가 경색되면서 이를 오히려 불편하게 여기는 것은 일본의 경제계이고 중국으로서는 경제적 손실을 감내할 수 있다는 입장을 보이고 있는 것이 '역종속이론'의 실례로 거론될 수 있다. 중국은 양국관계가 악화되면 일본의 첨단기술 이전과 일본시장 수출에 지장을 받겠지만 그걸 대체할 수 있는 기술공급원과 시장은 많다고 본다. 그러나 일본으로서는 중국내 막대한 시설투자가 위험에 처할 수 있고 거대한 중국 내수시장과 생산기지로서의 장점을 대체할 수 있는 개도국이 없을 것으로 보는 것이다.

결론적으로 말하자면, 중국은 지정학적으로나 현실정치학적인 관점에서는 향후 대륙국가적 성격을 점차 강화해 나갈 것으로 전망되지만 정치경제학적 관점에서 세계 생산기지로서의 역할을 계속 수행해 나간다는 전제 아래서는 해양 국가적 성격을 또한 당분간 유지해 나갈 것으로 전망된다. 그러면서 중국이 발전하는 과정에서 미국과 일본이라는 해양세력간에 조성될 긴장관계는 중국의 대륙국가적 성격을 강화하는 방향으로 작용하겠지만 이러한 예측도 중국과 외국 자본간에 형성될 수 있는 '역종속이론' 현상이 발생하면 상당히 완화될 것이다. 그러므로 중국이 가지는 대륙세력과 해양세력의 양면성 중에서 앞으로 어떠한 면이 더 부각되느냐는 향후 국제정세의 발전에 따라 좌우될 것이다.

그러므로 '역종속이론'의 효과로 인해 미국과 일본이 중국의 발전과정을 단절시키거나 해양세력으로 팽창하는 것을 저지하지 못한 채 중국 국력이

---

78. 2001년 대중국 직접투자의 1위는 홍콩이 167억 달러로 1위이지만 일본회사들이 홍콩에 설비한 법인을 통해 우회 투자한 경우가 많다는 점을 고려하면 일본이 직접투자 1위로 올라선다. '세계경제 읽는 법', 미즈호 종합연구소(서울 거름 2003)

계속 신장하면 중국은 20세기 미국이 그랬던 것처럼 대륙국가이자 해양 국가로서의 성격을 모두가 가지는, 그런 의미에서는 역사상 미국 다음으로 두 번째로 진정한 의미에서의 패권국가로 발돋움할 수 있는 기회를 가질 수 있을 것이다. 과거 미국을 제외한 패권국가들은 대체로 해양세력으로서 해양을 지배함으로써 패권을 장악했지만 대륙국가가 가지는 그 자체의 자급자족력과 광대한 국력기반이 없었기 때문에 외부 환경의 변화에 취약해 쉽게 패권국가의 지위를 넘겨주는 경향이 있었다.

그러나 미국과 중국은 이와 달리 자체적으로 광대한 잠재력을 가진 국가들이고 대륙세력과 해양세력의 면모를 동시에 발휘할 수 있는 국가이므로 이 두 국가간의 패권경쟁이 발생하게 되면 상당히 심각하게 장기간 지속될 가능성이 높다.

# 6. 내륙, 자원 공급국가로서 러시아

러시아는 전통적으로 유럽에서는 대표적인 대륙국가로 간주되어 왔다. 우랄산맥 이서를 합친 면적만으로도 러시아는 유럽 전체의 면적을 능가하므로 유럽 국가에게 러시아는 거대한 땅덩어리를 가진 대륙국가이며 따라서 항상 잠재적인 안보위협으로 간주될 수밖에 없었다.

그리고 나폴레옹 전쟁과 1, 2차 대전에서 증명되었듯이 이 광대한 영토를 가진 대륙국가와의 전쟁에서는 통상 유럽내 국가간에 벌어지는 전쟁에서 통용되는 작전개념이 제대로 적용되지 못하게 된다. 나폴레옹군과 독일군이 전쟁 초반 파괴력 있는 집중공격으로 러시아 영토 깊숙이 진격하지만 러시아 전선의 방대함과 후방의 광대함, 그로 인한 보급병참선의 장거리화 등의 문제에 곧 부딪치게 된다. 그리하여 그 공격의 예봉이 무디어지고 마침내 전선이 장기화되면서 오히려 공격을 감행한 프랑스와 독일이 수세에 몰리게 되고 결국은 패퇴하는 것을 보고 유럽 국가들은 대륙국가로서 러시아의 특성을 다시금 인식하게 되었을 것이다.

한편 러시아는 대륙국가이지만 그 지형의 특성과 인접 국가의 구성 등을 감안할 때 러시아가 그 주변에서 중심 국가로서의 역할을 할 수 있는 형편이 못 되었다. 즉 대륙국가이지만 북방국경은 북극권이어서 무인지경이고 동방국경 인접 국가와는 엄청난 지리적인 이격으로 인해 잘 접촉이 없었고 남방국경 쪽은 이슬람 국가들이 많아 문화적 이질감으로 서로 왕래가 쉽지 않았으므로 실질적으로는 서방국경의 유럽 국가들과만 교류를 가져왔다. 그러므로 러시아는 유라시아 대륙의 거의 대부분을 차지하고 있으면서도 유라시아 대륙의 중심 국가 역할을 수행하지 못했고 단지 유럽의 북방 변방국가로서의 성격이 오히려 부각되어 왔던 것이다.

이처럼 기본적으로 대륙국가, 그리고 유럽 국가의 성격을 가진 러시아는 제정러시아 시대 피터 대제를 거쳐 국력이 강성해지기 시작하면서 해외로 제국주의적 진출을 시도하기 위해 해군력을 육성하기 시작한다. 그러나 해군력의 육성을 위해 필수적인 양호한 군항을 확보하는 것이 러시아의 가혹한 겨울 기후조건으로 인해 쉽지 않게 되는데, 이는 북해로 나가는 러시아 항구들이 겨울에는 얼어붙어 항구로서 기능을 하지 못하기 때문이다. 이로 인해 제정러시아 말기 이래 러시아는 얼지 않는 항구인 부동항을 확보하는 것이 자국의 지정학적 약점을 극복하는 대안으로 여기고 이를 국가적 과제로 추구했다. 따라서 북방에 위치한 대륙국가로서 러시아는 그 지정학적 조건으로 인해 육상이나 해상 모두에서 남진정책을 추구할 수밖에 없었으며 이 같은 남진성향은 국경을 마주한 모든 국가들에게 자연히 러시아를 잠재적 안보위협으로 간주하게끔 만들었다.

그리고 이러한 부동항 확보정책은 러시아가 극동 지역에도 관심을 갖게 만들게 되는데 이는 극동 지역에 확보된 부동항을 통해 태평양으로 진출이 가능하기 때문이다. 그러므로 러시아와 국경을 접하고 있는 동아시아 국가들에게는 이 같은 러시아의 움직임이 동진정책으로 받아들여지고 유럽 국가들과 마찬가지로 이를 잠재적인 위협으로 인식하게 된다. 그리고 러시아 내부에서도 부동항 확보 목적으로 인해서 역사상 처음으로 우랄산맥 이동에 있는 시베리아와 극동을 개발하고 실효적으로 통치하기 위한 노력을 기울인다. 그리고 그 이후 러시아는 비로소 자신의 영토의 동·서 양극단을 다 실효적으로 지배하게 됨으로써 명실상부하게 유라시아 대륙 대부분을 포괄하는 대륙국가가 된 것이다.

이러한 대륙국가인 러시아의 해양으로의 진출노력은 남진정책과 동진정책으로 나타나고, 이러한 정책은 해양 국가인 영국과 일본을 제일 먼저 자극하게 되어 20세기초 영국과 일본간에는 러시아의 해양진출을 막는다는 공동목표 아래 영·일동맹[79]을 형성하게 된다.

영·일동맹이 효과적으로 작동해 러일전쟁에서 러시아가 일본에 패배함으로써 러시아의 동진정책은 막을 내리게 되고 그 이후 계속된 제정 러시아 내부의 혼란과 공산주의 혁명을 통한 소련의 성립에 이르기까지 러시아는 자신의 내부 문제로 인해 해양으로의 진출을 다시 시도하지 못하고 자신의 광대한 영토 안에 갇혀버리는 모습을 보이게 된다.

그러나 해양진출은 좌절된 반면 소련은 공산혁명의 전파를 통해 대륙내에서 자신의 영토에 대한 실효적 지배권은 강화해 나가면서 더욱 대륙국가의 성격을 강화하는 데 성공했다. 즉 자신의 남방국경을 따라 이슬람 이민족이 거주하는 중앙아시아지역에서 공산주의를 통한 이념통일을 이루어 문화, 종교장벽을 뛰어넘는 통치권의 확립이 가능하게 되어 유라시아 대륙 역사상 가장 광대한 영역에 걸친 지배권을 수립하게 된다.

그러나 제2차 세계대전 후 전승국으로 등장한 소련은 다수의 동구권 국가들까지 세력권 아래 두게 되면서 다시금 해양으로 진출을 도모하게 된다.

---

79. 1902년 영국과 일본간에 체결되었으며 처음에는 방어조약의 성격을 가졌으나 1905년 러일전쟁 이후 개정을 거쳐 공수동맹의 성격으로 강화되었다가 1921년 일본과 대립하기 시작한 미국의 압력으로 미·영·불·일이 참여하는 다자동맹으로 전환되었다.

특히 이번에는 공산주의라는 이념을 앞세운 세력확장 정책을 사용함으로써 남진정책을 보다 용이하게 추진할 수 있게 된다. 극동 지역에서는 한반도에 적화시도를 해 러일전쟁으로 인해 좌절된 태평양으로 교두보 확보를 노렸고, 베트남 공산화를 통한 동남아 해양수송로 장악, 그리고 그리스 공산화를 통한 지중해 제해권 장악을 기도하게 된다. 게다가 미국의 심장부를 배후에서 겨냥할 수 있는 쿠바에까지 미사일 기지를 건설하려 시도하다가 미국과 전쟁 일보 직전까지 가는 위기를 초래하기도 했다.

그 이후 냉전시대 동안 소련은 전 세계 무대에서 미국과 한치의 양보도 없는 패권경쟁을 벌여 왔으며, 더 이상 유라시아 북방대륙에 갇혀 있는 대륙국가가 아니라 전 세계 해양에서 미국의 해군과 해군력에 도전하는 해양세력으로 탈바꿈해 있었다. 통상 역사상 해양세력은 해양의 지배권을 통해 자국의 상업적 이익, 즉 국부의 축적을 추구하고 이렇게 해외로부터 확보한 부를 다시 해양세력으로 면모를 유지할 수 있을 정도의 강력한 해군건설에 재투자하는 정치·경제적 순환구조를 갖추고 있었다.

그러나 소련의 경우에는 미국에 필적하는 해양세력으로서 강력한 해군력은 건설했으나 이를 계속 지탱할 만한 국부를 해외로부터 조달하는 데는 성공적이지 못했다. 소련은 나름대로 공산권 국가간의 통상블록인 코메콘(COMECON)[80] 등을 조직해 보았으나 공산경제 체제 자체가 국가간에 교역을 통해 상호이익을 거둘 만큼의 양질의 잉여생산품을 생산해 내지 못하는 구조가 되어 이 통상 블록을 창설하고 지배한다는 사실이 소련의 국력증강에 도움이 되지는 못했다.

따라서 소련은 장기적인 군비경쟁에서 미국과 비교해 수세에 몰리게 되자 이를 만회하기 위해 국내 가용자원을 군사부분에 더욱 집중 투자하게 됨으로

---

80. 미국이 서유럽에 실시한 마셜 플랜에 대항해 동유럽 공산국가간의 경제통상블록인 경제상호원조회의 (COMECON)이 1949년 소련의 주도로 최초 6개국이 참여해 설립되었다.

써 국내경제의 불균형이 심화되어 오히려 장기적으로는 미국과의 국력경쟁에서 더욱 열세에 처하는 악순환의 고리에 빠져들게 되었다. 즉 대륙세력으로서 또한 공산주의 종주국으로서 단지 공산주의 세력확장을 위한 목적으로 전 세계에 영향력을 미치는 해군력을 유지하려 했던 소련은 해양을 통한 국부창출을 위한 경제순환구조를 가지지 못해 스스로 붕괴되는 길로 접어들게 된다.

세계 최초로 대륙세력과 해양세력의 이중성을 겸비한 두 나라인 미국과 소련의 대결은 미국의 승리로 끝나게 되고 소련은 자신의 국력의 한계를 절감한 채 자신의 힘에 겨운 연방체제를 유지하지 못하고 이를 스스로 해체함으로써 최후의 붕괴를 맞게 된다. 소련의 붕괴 후 독립국가연합(CIS)을 분리하고 새로이 등장한 신생 러시아 공화국은 해양세력으로서 면모를 거의 잃어버리고 단지 대륙세력으로만 규정되게 되었다. 그리고 그 대륙의 지배 범위도 이전에 비해 엄청나게 축소되어 새로운 러시아는 해양으로 진출할 수 있는 부동항을 상당히 상실했다. 러시아가 18세기 이래 지배해 오던 발틱 국가에 대한 지배권을 상실하게 됨으로써 발틱으로 향하는 두 항구인 리가와 탈린을 잃어 해양진출에 더 많은 제약을 겪게 된다.

그리고 우크라이나가 분리 독립함으로써 5,200만의 러시아어를 사용하는 슬라브 민족을 잃게 되어 국력이 엄청나게 감소했을 뿐 아니라 우크라이나 소속 흑해함대 및 핵전력을 모두 잃게 되어 군사력 측면에서도 손실이 막대했다. 그러나 무엇보다도 흑해에 면해 있는 오데사 항구를 상실하게 됨으로써 흑해를 통해 지중해로 나아갈 수 있는 관문이 닫히게 되어 해양세력으로서 러시아의 지위는 심대한 타격을 입게 된다.

이처럼 CIS 국가들의 분리, 독립에다 NATO의 동진정책으로 인해 러시아는 전통적으로 우호적인 관계를 유지해 오지 못했던 유럽 국가들과의 사이에서 러시아가 예전부터 늘 갈망해오던 완충지대를 다시 상실하게 되고 유럽의 세력과 직접적인 맞닥뜨려야만 하는 불편한 상황에 처하게 되었다. 이런 맥락에서 러시아는 소련 붕괴 후 해양세력으로서 자신의 국익을 해양에서부터 방어하지는 못하는 처지가 되었더라도 자신의 국경 밖 완충지대 국가에서부터는 자신의 국익을 지키는 방어선을 설정하고 싶어하는 것은 자명한 일이다. 그러므로 러시아는 우크라이나와 중앙아시아 국가들에서 발생하는 민주화운동으로 친러시아적인 정당이 물러나고 친서방적인 정당이 집권하게 되는 것을 상당히 예민하게 받아들이고 있으며, 이러한 민주화운동의 물결 뒤에는 러시아를 완전히 내륙국가로 묶어두려는 미국의 음모가 개입한 것이 아닌가 하는 의구심을 가지고 사태를 주시하고 있다.

이처럼 발틱해와 흑해방면에서 해양으로 진출할 수 있는 출구를 상실한 러시아로서는 앞으로 자신의 국력이 회복될 경우 다시 대양을 향한 진출의 발판을 찾으려할 것이고, 이 경우 여태까지 등한시 해왔던 극동지역에 눈을 돌릴 가능성이 많다고 보인다. 과거에 국제정치, 경제의 중심이 유럽 방면에 있어서 극동지역을 등한시할 수 밖에 없었으나, 이제는 국제정치, 경제의 중심이 동아시아로 이동하고 있는데다 시베리아지역에 엄청난 양의 지하 및 에너지자원이 묻혀 있어 이를 개발하기 위해서도 러시아정부는 극동지역개발에 나설 것이다.

이러한 러시아의 극동진출과 해양세력으로 재복귀 노력은 19세기말 20세기초 당시 상황에서 해양세력인 영국과 일본의 공동 견제를 받았던 것처럼 21세기초에는 미국과 일본의 공동 견제를 받을 것으로 예상된다.

미국과 일본간의 동맹관계는 21세기 들어 더욱 강화되고 있으며 가까운 장래에 이러한 경향이 변화될 조짐은 보이지 않기 때문에 주요 국가들은 이러한 미·일동맹을 국제정치구도에서 하나의 상수로 간주하는 경향이 많아질 듯하다. 러시아의 경우도 최근까지 급격히 부상하는 대륙세력인 중국과 날로 가까워지는 해양세력간의 결합인 미·일동맹이라는 두 세력축 간에 어떠한 전략적 입장을 취해야 할지 상당히 번민하는 듯이 보여 왔다.

탈냉전 이후 러시아가 세계 유일 초강대국인 미국에 대응해 취할 수 있는 전략적 옵션은 개략적으로 세 가지가 있을 수 있다.[81]

맨 처음 선택지는 미국과 우호적인 관계를 유지하면서 함께 세계질서를 주도하는 양대 세력의 하나로 자리매김하는 것이다. 그러나 이 옵션이 가능하기 위해서는 미국이 러시아를 파트너로 인정해 주어야 하고 러시아도 미국과 역할 분담을 할 수 있는 국력을 가지고 있어야 한다. 그러나 러시아가 미국의 주니어 파트너가 되기에는 시간이 걸릴 것으로 관측된다. 게다가 미국은 세계 2위의 경제대국이자 해양세력인 일본을 파트너로 삼는 것이 유리하다는 전략적 판단을 이미 내린 것처럼 보이기 때문이다.

실제로 러시아 푸틴 대통령 초기까지는 이러한 희망을 가지고 미국에 상당히 우호적으로 접근하는 양상을 보였으며, 미국도 이에 호응하는 듯한 모습을 보여 이 선택지가 가능할 것처럼 보인 적도 있었다. 그러나 그 이후 미국이 러시아와 주변 CIS 국가들간의 연대를 가급적 이완시키려는 움직임을 보이고 있는 것 등을 러시아 여론 등이 인식하게 되면서, 그리고 미·일동맹이 점차 강고해지는 것을 보면서 러시아로서는 이 선택지가 더 이상 실현 가능하지 않다는 것을 깨닫게 된 것으로 보인다.

두 번째 옵션은 러시아가 CIS 국가들과 내부결속을 다져나가면서 국력을 신장시키는 방안이다. 이것은 외부의 어떤 다른 국가와 연대 없이 자신의 국력을 길러나가다가 어느 시점에서는 과거 러시아제국 전성기 또는 소련시대의 영광을 재현하겠다는 다소 민족주의적인 발상이다. 이 선택지를 택할 경우 러시아

---

81. 러시아가 취할 수 있는 전략적 옵션에 대해서는 Z. 브레진스키의 "The Grand Chessboard" pp. 96~122에도 상술되어 있으며, 브레진스키는 러시아가 유럽국가와 결합해 EU의 일원이 되는 옵션까지 4가지를 제시하고 있다.

는 앞으로 상당 기간 동안 대륙국가로서 성격을 유지하면서 중앙아시아 국가들과 우크라이나 벨로러시아 등과 관계를 강화해 나가서 종국적으로는 이들 국가들을 하나의 정치, 경제통합체로 다시 결합해내는 노력을 해나갈 것이다.

과거 공산주의 체제하의 계획경제에서는 실패했던 진정한 의미의 경제통합을 자본주의 시장경제를 통해 이룩해 나갈 수 있다는 믿음이 이 선택지를 선호하는 그룹에게는 존재하며, 그 통합과정에서 러시아가 중심 역할을 수행하는 것을 상정하고 있다. 그러나 러시아가 이러한 중심 역할을 수행하기에는 아직 국력이 미약하며 따라서 우크라이나와 우즈베키스탄과 같이 나름대로 규모가 있는 국가들은 미국이나 유럽의 선진국과 경제협력에 오히려 기대를 더 걸고 있는 것이 현실이다. 게다가 독립한 지 얼마 되지도 않아 다시 러시아의 영향권 속으로 편입되어 가는 것을 싫어하기 때문에 이 두 번째 옵션이 실현될 가능성도 적어 보였다.

그러나 최근 지속되는 고유가로 인하여 러시아의 국부가 증대하기 시작하자 푸틴대통령 시절을 통해 러시아제국의 옛 영화를 부활시키려는 러시아 민족주의가 팽배해지면서 러시아는 이 두 번째 옵션을 다시 심각하게 재고하고 있는 것처럼 보인다. 이런 맥락에서 러시아는 러시아의 영향권을 벗어나려는 우크라이나, 그루지아에 대해서는 외교적인 압박을 강화하는 한편 우즈베키스탄, 카자흐스탄 등 중앙아시아 국가들과 경제협력 제공을 발판으로 관계강화를 도모하고 있다.

세 번째 옵션으로는 미·일동맹이 강고해지면서 다시 대륙세력에서 해양세력으로 팽창해 나가려는 러시아가 불편을 느끼게 되면 '반 미·일동맹'을 형성할 가능성이 있다는 것이다. 그러면 러시아가 관심을 가질 '반 미·일동맹'의 상대 파트너는 어느 나라가 될 수 있을까? 현재로서는 실질적인 세계 1, 2위 경제대국간의 결합인 미·일동맹에 대항하기 위해서는 잠재적인 세계 경제 1, 2위 대국이 결합하는 것이 필요할 것이다. 그리고 해양세력 간의 결합인 미·일동맹에 대해 러시아와 같은 불편함을 느끼는 대륙세력이 '반 미·일동맹'에 가담할 가능성이 높다.

이런 관점에서 보면 '반 미·일동맹'은 러시아와 중국간에 형성될 가능성이 높아 보인다. 국경을 마주한 같은 대륙국가끼리는 통상 비우호적인 관계가 형성되는 경향이 있음을 고려할 때 러시아와 중국이 동맹을 결성한다는 것은 상식적인 판단에서 쉬운 일은 아니다. 그러나 한편으로는 소련과 중국은 냉전 초기 공산주의 이념으로 뭉쳐 미·일 진영에 대항해 동맹을 한 경험이 있고, 두 나라 모두 현재 부상하는 국가로서 미·일 양국이 자국의 발전에 장애가 된다고 판단한다면 공동으로 도전해야 할 필요성을 느낄 수도 있다.

러시아가 앞에서 언급한 세 가지 전략적 옵션 가운데 어느 옵션을 택할 것인가 하는 것은 앞으로 국제정세가 어느 방향으로 전개되어 나가는 데 대한 대응 차원에서 결정될 수 있으므로 시간을 가지고 지켜보아야 한다. 그러나 신생 러시아공화국 성립 이후 지난 십수 년간의 경과를 지켜보면서 러시아는 현재 세 가지 옵션을 모두 검토하고 있기는 하나 시간의 경과와 함께 점차 첫 번째 옵션에서 두세 번째 옵션으로 무게의 중심이 이동하고 있다는 사실을 여러 사안에서 관찰할 수 있다는 점은 유의해 볼 필요가 있다.

그리고 우리가 러시아의 지정학적, 지경제학적 관점에서 향후 전략적 가치 및 진로를 판단하는 데 있어 간과할 수 없는 것은 러시아가 가진 자원, 특히 에너지 자원의 중요성이다. 세계 최대 인구보유국인 중국과 인도가 급속한 공업화 과정에 진입하면서 엄청난 분량의 에너지를 소비하기 시작하자 앞으로 닥칠 에너지 난에 대한 우려가 전 세계에서 높아지고 있다. 이처럼 전반적인 에너지 부족 현상이 예견되고 있는 가운데 러시아에서는 이전에 개발의 경제성이 낮아 큰 주목을 받지 못하고 있던 시베리아 및 사할린 지역의 에너지자원에 대한 국제적 관심이 높아지고 있다. 게다가 여태까지 세계 에너지의 주공급원이었던 중동 지역의 정세가 불안정해지면서 세계 에너지 주소비처인 동북아 지역에서는 보다 가까운 곳에서 육상으로 수송이 가능한 에너지 공급원인 러시아의 시베리아 지역에 대한 관심이 당연히 고조될 수밖에 없다. 이러한 정세에 입각해 러시아 정부는 에너지를 앞으로 자국의 외교·안보전략과 연계해 전략 무기화한다는 입장을 감추지 않고 있다.

러시아의 푸틴대통령은 2003년 5월 '2020년까지의 에너지전략 보고서'를 발표하고 이 보고서에서 아직 미개발 상태인 동시베리아와 극동 지역에서 에너지자원을 개발하고 수송 간선망을 확충해서 여태까지 유럽에만 수출해 오던 러시아의 원유 및 천연가스를 동아시아 지역으로 수출을 늘려나가겠다는 청사진을 밝힌 바 있다. 그리고 러시아의 두뇌집단(싱크탱크)들은 에너지자원을 러시아의 '전략 수출무기화' 해야 한다는 주장을 펴고 있으며, 이에 호응해 러시아 정부는 상당히 민영화가 진전되었던 에너지 분야를 국영회사인 '가스프롬'을 중심으로 흡수, 합병을 전개해 다시 국영화체제로 되돌리기 위한 노력을 경주 중에 있다.

사실 동북아 지역에서는 자원소비의 블랙홀로 등장한 중국의 영향으로 앞으로 5~10년 내에 각국간의 에너지 쟁탈 경쟁이 심각하게 전개될 것으로 예상되고 있다. 중국은 2000년 당시 2005년경에는 매일 400만 배럴 정도의 원유를 수입할 것으로 예상되었으나, 공업화가 예상외로 급속히 진전되는 바람에 현재 매일 약 700만 배럴을 수입하고 있으며 2012년경에는 매일 1,400만 배럴을 수입해야 한다는 전망이 제시되고 있다.[82] 현재 전 세계 원유 일일 생산량이 9,000만 배럴이란 점을 고려하면, 중국의 원유소비량 증

82. Thomas Friedman, *World is Flat*, p. 411

가를 충족시키기 위해서는 사우디아라비아와 같은 생산량을 가진 산유국이 하나 더 있어야 한다는 말이나 이것은 불가능하기 때문에 엄청난 에너지 절약정책이 전 세계적으로 시행되든지 아니면 각국간의 에너지 확보 경쟁이 치열해질 수밖에 없다는 점은 자명한 사실이다.

이러한 사정을 감안하면 향후 10년 이내 원유가격이 배럴당 200달러 이상으로 치솟을 것이라는 전망이 지배적으로 되고 그렇게 되자 여태까지 개발경제성 문제로 인해 등한시되어 오던 시베리아 지역 원유의 개발 및 수송 프로젝트가 다시 각광을 받게 된 것이다. 특히 중국의 입장에서는 정세가 불안한 중동 지역의 공급원으로부터 원유를 수입하더라도 이 원유는 미국과 일본이라는 해양세력이 언제든지 차단할 수 있는 취약성을 가진 말라카 해협을 거쳐 중국으로 들어와야 하기 때문에 항상 전략적으로 불안정할 수밖에 없으므로 그 대안으로 러시아의 에너지원에 눈을 돌리는 것은 당연하다고 보아야 한다. 일본과 한국도 사정이 중국만큼 긴박하지는 않다 하더라도 경제성 있는 에너지 자원이 시베리아에서 개발된다면 이를 수입원 다변화차원에서라도 확보해야 하는 필요성은 재론할 여지가 없다.

이러한 정세를 파악한 러시아 정부는 에너지를 전략 무기화하는 데 전략 무기화에는 두 가지 방법론이 있다. 먼저 첫째 방법론은 에너지 자원 수출을 통해 획득한 외화를 자국의 경제발전을 위한 종잣돈으로 사용하는 것이다. 러시아는 현재 에너지 산업의 매출이 전체 산업생산의 75%를 차지하고 또한 수출의 50%, 국민총생산의 25%를 차지하는 단선화된 구조를 가진 취약한 경제이다.[83] 따라서 현재와 같이 고유가가 유지되면 외화가 늘어나 러시아 경제전반이 활기를 띠게 되는 것이다. 반면 에너지를 대부분 해외에서

---

83. 백주현, 『러시아가 뛴다』, p. 117

조달해야 하는 동북아 각국들의 입장에서는 고유가가 지속될수록 외화 유출이 많아져 자국의 경제발전 잠재력을 충분히 발휘할 수 없게 된다. 따라서 러시아로서는 에너지 수급을 조절해 고유가를 유지하는 것이 주변국을 견제한다는 의미에서도 자국의 전략적 이익에 부합된다.

이러한 관점에서 러시아는 이란의 핵개발 문제에 대해서도 국제사회의 요청에도 불구하고 다소 관망적인 태도를 보이고 있다고 보아야 한다. 두 번째 방법론은 러시아가 에너지 공급권 배분을 동북아 국가들에 대한 전략적 레버리지로 활용한다는 의식 아래 자국의 외교, 안보전략에 최대한 도움이 되는 방향으로 에너지 자원을 각 국가에 수출하는 것이다. 그렇다고 러시아가 이 전략적 레버리지를 마음대로 휘두를 수 없는 제약 요인도 있으므로 러시아가 이 전략적 레버리지를 활용하는데 있어 고려할 몇 가지 요소들이 무엇인지를 추론해 볼 필요가 있다.

첫째 러시아로서는 이 잠재적 자원과 자원시장들을 현실화시키기 위해서는 우선 자원탐사와 개발, 그리고 수송로 건설 등을 마쳐야 할 것이다. 그런데 러시아 과학아카데미가 이러한 에너지 개발 및 인프라 구축을 위해 소요되는 비용을 추산한 바에 따르면 2020년까지 약 1,300억 달러가 필요할 것으로 예상하고 있다. 석유개발에 송유관사업 160억달러 포함 약350억 달러 내외가 소요될 것(현재 연간 900만 톤 생산, 300만 톤 수출, 2020년에는 7,800만 톤 생산, 4,600만 톤 수출)으로 예상하고 가스개발에도 약300억 달러 소요될 것으로 추정되며 기타 전력개발사업에 650억 달러 이상이 소요될 것으로 전망했다.[84]

이렇게 막대한 자본투자가 요구되는 에너지 개발 및 인프라 구축사업에 미국, 일본을 비롯한 서방선진국의 자본을 끌어들이지 않고는 성공을 장담할 수

---

84. 백주현, 같은 책, pp. 100~101

없다. 이러한 측면에서 대륙세력인 러시아로서는 해양세력인 미국과 일본과 전략적 대립관계에 들어갈 가능성이 있다 하더라도 이들에 대해 에너지 자원을 전략 무기화하기는 쉽지 않을 것이다. 왜냐하면 자국의 에너지, 특히 극동, 시베리아 에너지 자원 개발을 위해서는 미국, 일본 양국에다 일정량의 에너지를 공급하는 조건으로 이들의 자본참여를 요청하지 않을 수 없을 것이다.

두 번째로 러시아로서는 자국의 에너지를 어느 특정 국가에 집중 배분하는 것보다는 여러 국가에 적절히 분배함으로써 자국의 타국에 대한 의존성은 낮추는 대신 타국의 자국에 대한 의존성은 어느 정도 높이려 할 것이다. 이렇게 함으로써 각국간의 경쟁을 강화시켜 자국의 위상을 더욱 높이고 가능하면 에너지를 전략무기로 삼아 동북아 지역에서 세력 균형자의 역할도 수행해 볼 수 있을 것이다. 따라서 러시아가 특정국가에 대해 에너지 자원을 전략적 목적에서 적대적으로 사용할 가능성은 적어 보인다. 물론 자국과 밀접한 이해관계를 가진 CIS 국가들에게는 예외적으로 엄격하게 나올 수는 있을 것이다.

세 번째로는 러시아는 동북아 각국들이 절실히 필요로 하는 에너지 및 기타 천연자원을 매개로 해 이 자원들의 수출을 통해 시베리아 지역 개발을 가속화시키는 한편, 동북아 국가들과도 전략적 관계를 더욱 깊이 맺음으로써 러시아가 동북아 지역, 더 나아가서는 태평양의 주요세력으로 각인될 수 있도록 전략적 레버리지를 활용하려 할 것이다. 따라서 러시아로서는 지역 국가들의 협조가 필요할 것이다.

그러므로 에너지가 러시아의 전략무기에는 틀림없으나 아직까지 에너지 문제로 인해 전체 전략구도 자체가 변경될 만큼 강력하거나 심각한 것은 아니며 단지 에너지 문제가 전체 전략구도의 변화를 촉진시키는 보조 요인 역할은 할 수 있을 것이다. 러시아가 선택할 수 있는 전략적 옵션은 전략구도의 기본을 결정하는 요인이 될 것이다. 러시아가 기존의 미국, 일본 해양세력간 결합으로 인해 느끼는 전략적 압박감과 같은 대륙 세력인 중국의 급속한 부상으로 인한 전략적 압박감 간에 어느 쪽을 더 크게 느끼느냐, 그리고 이 두 세력이 러시아에 대한 태도가 어떠할 것인가를 세밀하게 측량해 나가면서 에너지전략 무기를 이 기본전략구도의 이행을 촉진하거나 지연하는 보조요인으로 사용하려 할 것이다.

이러한 에너지 자원을 전략 레버리지로 사용하는 실례는 시베리아 가스수송로 건설계획의 변경과정에서 잘 찾아 볼 수 있다. 처음에는 시베리아 코빅타 가스전에서 생산되는 천연가스 수송라인을 중국 따이칭을 거쳐 우리나라 평택까지 연결하려는 기본구상을 가지고 있던 러시아 정부는 중국의 급속한 부상이 우려가 되고 또한 일본의 적극적인 에너지 외교의 영향으로 2004년경에는 이르쿠츠크에서 나홋카로 연결하는 송유관을 건설하면서 여기에 가스수송로도 통합하는 복합가스공급로(UGSS) 방식으로 계획이 변경되는 듯했다.

그러나 2005년 중반 이후에는 중국과 군사협력 관계가 긴밀해지는 것과 발맞추어 다시 이르쿠츠크-나홋카 직선 수송로에다 따이칭으로 내려가는 지선을 건설한다는 구상이 발표되는 등 러시아의 에너지 공급계획은 주변국가와의 전략적 구도에 대응해 적절히 수정되고 있다.

그리고 2005년 연말 러시아가 우크라이나에 대해 가스공급을 중단해 우크라이나의 국내정치에 압박을 가하려고 시도한 것도 에너지를 전략 무기화하는 대표적인 사례로 볼 수 있다. 표면적으로는 구소련 당시 제공했던 특혜 가격을 더 이상 인정하지 않고 시장 가격으로 가스를 공급하겠다는 러시아와 이를 수용치 않는 우크라이나의 갈등으로 가스공급이 중단된 것으로 알려졌다.

그러나 그 내막은 서구국가의 지지 속에서 부정선거 반대 국민항쟁을 이끌고 그 결과 재투표 실시를 쟁취해 마침내 당선된 현 유셴코 우크라이나 대통령에 대해 러시아가 무언의 압력을 행사한 것으로 보아야 한다. 이러한 러시아의 시도는 우크라이나를 통과하는 파이프라인을 통해 가스를 공급받는 서구국가들이 가스공급 중단에 대한 강력한 항의를 제기함으로써 종식되었다. 그러나 이 사례는 러시아가 앞으로 자국의 외교·안보 이익을 위해 에너지를 어떻게 사용할 것인가를 미리 보여준다는 점에서 시사점이 크며, 이런 관점에서 서구국가들은 러시아가 공급하는 천연가스에 대한 의존도가 가져올 취약성을 즉시 간파하고 이에 대한 대비책 마련에 돌입한 것도 우리에게 적지 않은 시사점을 던져준다.

결론적으로 말하자면 러시아는 대륙세력이지만 전통적 강국으로서 해양으로 진출로를 확보하려고 늘 추구하는 성향을 보여 왔음을 감안할 때 지금과 같이 대륙세력만으로 전락한 상황을 개선하려는 노력을 앞으로 할 것으로 보아야 한다. 마침 러시아의 경제가 고유가 등의 영향으로 회복되는 기미를 보이기 시작하면서 러시아는 더욱 의욕적으로 해양세력으로의 재복귀를 시도할 것으로 보인다. 이 같은 러시아의 구상은 이미 실행에 옮겨지고 있는데 2008년 7월 러시아 해군참모총장은 '해군의 날'을 맞이하여 야심찬 러시아 해군력 증강계획을 발표하였는데 이에 따르면 러시아는 앞으로 5년 내 5척의 신형 항공모함과 3척의 핵 잠수함을 취역시킨다는 것이다. 이 군함들은 북해와 북태평양 지역에 주로 배치될 것으로 알려져 있어 다시 러시아가 강고한 해양세력으로 복귀할 것을 예고하고 있다. 게다가 시베리아 지역 천연자원을 동북아 국가에 수출하고 이를 통해 획득한 외화를 극동 지역 개발에 투자해서 동북아 세력 나아가서는 태평양 세력으로 재도약하려는 것이 러시아의 중장기 목표가 될 것이다.

이런 러시아의 노력이 해양세력인 미국과 일본간의 동맹으로부터 어떠한 반응을 받을 것인가에 따라 러시아의 외교·안보전략의 방향이 영향을 받을 것이다. 이 과정에서 러시아는 자국의 에너지를 비롯한 천연자원을 전략무기화해 자국의 전략적 이익이 최대화되는 방향으로 활용하려 할 것이다.

# 04

21세기 주요 국제안보 현안을 밝힌다

# 1. 미·중 갈등 확대

21세기 국제정세의 변화, 특히 동북아정세의 변화의 핵심 요인은 거듭 말하지만 중국의 급격한 부상이다. 중국의 급격한 부상은 중국의 경제개발 우선전략에 입각해 구상된 '화평굴기'라는 외교·안보전략에도 불구하고 주변국들을 긴장시키고, 현재 패권국가인 미국의 경계심과 견제를 불러일으키게 되리라는 것은 쉽게 예견되는 일이다. 한편 중국이 세계의 생산공장 역할을 함으로써 중국에 대한 미국의 직접투자가 엄청나고 중국에서의 경공업제품의 공급이 중단되면 미국의 소비경제가 상당기간 타격을 받을 만큼 커서 미국이 중국과 정면대결을 피하려는 입장을 가질 수도 있다. 즉 미국과 중국 간에는 '역종속이론'이 작동할 가능성도 있다는 말이다.

이처럼 미국과 중국은 경제 분야에서 화해적인 기제가 작동할 가능성이 있음에도 불구하고 군사·전략적인 측면에서는 여전히 대결적인 기제가 작동할 가능성이 점차 커지고 있음도 부인할 수 없는 사실이다. 중국이 당분간 자국의 경제발전에 매진하기 위해 평화적인 국제환경이 필요한 터여서 미국에 대한 도전의식이 조금이라도 내비칠까봐 상당히 조심하는데도 양국 간의 대립구도는 밑그림을 그려가고 있는 것으로 보인다.

어떤 전문가들은 중국의 국력이 50년 내에 미국에 필적할 수 없다고 하거나 중국 사회 내부에 산재된 결함이 때문에 한번은 파탄을 겪을 것이므로 중국을 과대평가할 필요가 없다는 견해를 개진하기도 한다. 이런 견해를 대변하는 저술가로 『China Fantasy』의 저자인 제임스 만을 들 수 있다. 그러나 조셉 나이와 같은 학자는 1997년에 이미 '중국의 1인당 GNP가 30년 후에는 1만 달러가 될 것'이라고 내다보고, 그때가 되면 중국의 GNP 총량은 16조 달러가 되어 미국 GNP의 2배가 되리라고 예측했다.[85]

중국은 2008년 말 현재 GDP 측면에서 세계 4위의 대국이 되었으며, 무역규모는 세계 2위, 외환보유고는 세계 2008년 1위의 자리에 올라섰다. 그리고 구매력 가치로 평가해 보면 중국의 GNP 총량은 2008년 현재 약 8조 7,000억 달러로서 세계 1위인 미국의 GNP인 12조 7,000억 달러와는 차이가 있지만 EU 25개 회원국 전체 GNP와는 큰 차이가 없다. 따라서 총량적 국력면에서는 미국의 경쟁자로 벌써 올라서 있다고 볼 수 있다.[86]

이렇게 경제력이 급성장할 경우 중국은 2020경이면 미국에 상당히 위협적인 존재가 될 것이다. 물론 그때에도 중국의 GNP는 미국과 비교가 안 되고 경제력은 일본을 겨우 젖힐 정도라고 예측하지만 총체적 국력과 패권국에 대한 도전 잠재성은 단순히 경제지표로만 다 측정될 수 있는 것은 아니다. 오히려 중국은 공산주의 체제를 유지하는 한 과거 구소련이 그러했던 것처럼 국민소득에서 미국과 상당한 차이가 나더라도 국가자원을 집중적으로 동원할 수 있기 때문에 2020년경에는 구소련보다도 더 훨씬 위협적인 패권도전국이 될 수 있다.

다시 말해 국토와 인구, 그리고 국가의 패권도전 의지·능력·상대국의 인식 등이 복합적으로 고려되는 것이 패권도전국의 잠재력을 평가하는 요소

85. Joseph Nye, "China's Re-emergence and the Future of the Asia-Pacific", Survival vol. 39. no. 4 pp. 67
86. 2006년 CIA Factbook

라면 경제력에서 미국에 비해 다소 처지더라도 15~20년 후에는 초강대국의 지위를 충분히 넘볼 수 있을 것이다. 그리고 지금도 중국에서는 자국의 속담을 인용해 "한 산에는 두 마리의 호랑이가 같이 살 수 없다"는 인식이 점차 퍼져가고 있다.

미국에서도 이미 미·중 양국은 '제2의 냉전' 또는 'Cold Peace 기간' 에 들어섰다고 보는 시각이 많으며, 이 냉전을 피할 수 없는 이유는 서로를 불신한다는 점이다. 미국인은 중국인을 호전적이며 반민주적이라는 인식을 가지고 있고, 중국인은 미국인이 대만·티베트 문제 등을 조작해 중국을 분열시키려는 음모를 가지고 있다고 생각한다. 게다가 자국의 건국이념인 자유민주주의에 대한 집착이 강한 미국 지도부는 중국의 공산정권이 전복되지 않는 한 비민주적인 중국과 우호관계를 수립하는 것을 탐탁지 않게 여긴다. 중국 지도부 역시 중국의 긴 역사에서 체득한 권모술수를 기반으로 한 세력균형적인 세계관과 중화 민족주의에 대한 높은 자부심을 가지고 있으므로 미국의 일방주의에 순응하기는 힘들 것이다.

따라서 앞으로 다가올 안보위협에 대해서는 가급적 낙관적이기보다는 비관적으로 전망해서 대비하는 것이 안전할 것이므로 미국과 중국간의 대립구도가 점차 공고하게 될 것이라는 비관적 전제 아래 양국간 대결의 단층선이 형성될 분야와 요인을 차례대로 짚어볼 필요가 있다. 미국과 중국간의 대결의 단층선은 기본적으로 양국이 서로 패권을 공유하며 공존하기에는 두 국가의 규모에 비해 세계가 너무 좁으며 역사상으로도 두 국가가 패권국가로 함께 존재한 전례를 찾아볼 수도 없다는 데 있다.

미·중 양국은 국력이 전 지구적 지배권을 확립할 수 있는 잠재력을 가진 오직 두 나라라는 점에서 양국간의 대결의 단층선은 오래 가고 깊어질 숙명을 안고 있다. 게다가 이들 양국은 전략적 제휴나 동맹을 맺을 가능성도 거의 없는데다 유엔이나 여타 다자기구를 통해 공존 틀을 만들 의향도 별 없어 보여 문제가 더욱 심각해 보인다.

미국은 자신이 창설한 유엔마저도 자신의 일방주의적 의사결정에 장애가 된다는 관점에서 점차 무력화시키려는 의향을 내보이는 상황이니만큼 중국과 공존을 위한 새로운 국제체제의 창설을 염두에 둘 것 같지는 않다. 또한 중국의 경우에도 동아시아 지역에서부터 자신의 패권을 다져나가기 위해 아세안과 관계를 강화하는 한편, 앞으로는 미국을 배제한 채 2005년에 출범한 '동아시아 정상회의(EAS)'를 자국의 영향권 안으로 깊숙이 끌어들이려 할 것으로 보인다. 이러한 중국의 전략적 포석에 대응해 미국은 '동아시아 정상회의'가 중국을 맹주로 하는 반미 연합전선체가 되지 않도록 회의체가 출범하기 전부터 일본을 앞세워 호주, 뉴질랜드는 물론 인도까지도 참여하게 만들고 있다. 이처럼 중국과 미국간에는 다자체제를 통한 양국간의 공존 구도를 모색하기보다는 양국이 서로 자신의 주도권 영역을 한쪽은 확대하려 하고 한쪽은 이를 저지하는 양상을 보임으로써 오히려 다자체제를 둘러싸고 양국간의 갈등이 더욱 고조될 가능성이 많아 보인다.

게다가 문제를 더욱 심각하게 만드는 것은 미국과 중국 양국이 패권 경쟁이 시작되었음에도 불구하고 주변 주요국들이 이를 완화할 수 있는 방안을 마련하기보다는 오히려 일국의 세력권 자국을 편입시킴으로써 대결구도를 더욱 첨예하게 만드는 데 일조하고 있다는 점이다. 패권경쟁국간에는 경쟁의 속성상 양국이 스스로 공존의 구도를 만들어 나가기가 어렵다는 것은 자명한 사실이다.

따라서 주변 주요국들이 나서서 양국간 화해 기제가 작동되도록 무엇인가를 주선하거나 아니면 다자체제 안으로 양국을 같이 끌어들이려는 노력을 보여야만 대결의 단층선이 완화될 수 있다. 그러나 주요 주변국인 일본과 러시아는 균형자 또는 중재자적인 노력을 보이지 않고 오히려 대결구도 가한쪽 방향으로 쏠리도록 자신들의 무게를 각기 대결구도의 일방 국가에 다실어주는 경향을 보이고 있다는 데 문제의 심각성이 있다.

그 다음 문제가 되는 것은 앞에서도 살펴본 바 있듯이 중국의 좌절된 민족주의의 부흥 현상과 미국의 일방주의 강화 현상간의 충돌 가능성이다. 중국의 민족주의는 지난 거의 한 세기 반 이상 동안에 서방국가들에 의해 상당한 모멸감과 좌절감을 맛보아야만 했다.

19세기 중엽 아편전쟁에서 승리하고 의화단의 난을 진압한 서구열강세력들은 중국에 엄청난 전쟁배상금과 조차지를 요구하는 불평등조약을 강요했고, 청일전쟁에 패배한 이후에는 오랫동안 동양의 소국으로 여겼던 일본에게마저 막대한 전쟁배상금과 조차지를 내어주어야만 했다. 그리고 거듭된 외침과 내환으로 국권도 없이 표류하던 20세기 전반을 거쳐 공산주의 정부를 수립하고 난 이후에도 중국은 더욱 고립되는 형국에 처했다. 더욱이 같은 공산주의 진영의 종주국인 소련과의 갈등으로 인해 사면초가의 상황에까지 내몰려 20세기 동안 중국은 중화제국의 민족적 자존심을 내세울 여건이 전혀 되지 않았다.

이처럼 한 세기 반 이상 기간을 서구열강의 약탈전의 희생물로, 그 이후에는 세계의 변방으로 지내는 동안 한때는 최고의 민족 자존심을 가졌던 중화민족이 민족주의라는 개념 자체를 꽃피우기는커녕 사용해 볼 기회조차 갖지 못했다. 왜냐하면 민족은 오랜 기간 존재해 왔지만 민족주의라는 것은 근대국가의 등장과 더불어 근대국가의 체제를 공고히 하기 위한 정치적 이데올로기로 사용되었기 때문에 역사가 길지 못했던 것이다.[87]

---

87. 민족주의가 영속적인 것이냐 근대의 자의적 산물이냐에 대한 논쟁이 존재하나 대개는 후자에 비중을 많이 두고 있으며 이를 '근대주의적 접근법'이라고 부른다. 하영선 역, 『세계정치론』, pp. 456~466

또한 중국은 근대국가체제 수립에 실패한 뒤 현대사에 떠밀리듯 편입되었기 때문에 20세기 중국 스스로 현대국가체제를 잡아가고 있는 이 시점에서 그동안 좌절되었던 민족주의가 내부에서부터 분출되어 나올 가능성이 많다. 게다가 자국내 소수민족을 포함한 전체 중국인민을 한 집합체로 결속시키기 위해서는 내부로부터 분출하는 중화민족주의를 적절히 고양시킬 필요성도 있어서 앞으로 중국의 민족주의 분출은 더욱 거세어질 것으로 보는 것이 타당하다.

이 같은 중국의 민족주의 분출 현상은 유고내전 당시 미군의 베오그라드 시내를 향한 미사일 공격이 잘못되어 중국대사관을 타격한 사건이 발생했을 때 미국을 향해 강하게 나타났으며, 일본에 대해서는 역사왜곡 문제와 관련해서, 한국에 대해서는 월드컵 축구경기 등에서 반한감정으로 거침없이 나타났다. 이처럼 민족주의는 자국의 국력이 어느 정도 소생하면서 자신감이 생겨날 때 본격적으로 나타나기 시작해 처음에는 수세적 성격에서 출발하다가 시간이 지남에 따라 내부에서 생긴 자신감과 에너지를 밖으로 분출하려 할 때 이를 뒷받침하는 이데올로기로 변신하면서 더욱 공격적인 성격을 띠는 경향이 있다.

이같이 발흥하는 중국의 민족주의는 유일 초강대국인 미국의 일방주의적 조치들과 마찰이 발생하면 중국 정부도 통제하기 힘들 정도로 그 세력이 거세어질 가능성이 많으며, 이것은 미국과 중국간의 화해 기제가 제대로 작동하기 어렵게 만드는 심각한 요인이 될 것이다.

그 다음으로 미국과 중국간의 갈등을 불가피하게 만드는 요인은 제한된 에너지 및 천연자원을 둘러싸고 서로 선점 경쟁을 벌여야 하는 환경이다. 중국은 현재 급속한 경제성장기로 진입해 세계의 공장이자 동시에 세계의 자원을 막 빨아들이는 블랙홀의 역할도 하고 있다.

앞에서 본 것처럼 불과 5년 만에 2005년 석유수입량 예상치를 일일 400만 배럴에서 700만 배럴로 거의 두 배 가까이 경신해 버린 중국은 앞으로 2012년경이 되면 현재 미국의 수입량과 맞먹는 일일 1,300만 배럴 정도를 매일 수입해야 될 것이다. 미국도 1970년에 매일 130만 배럴 수입하던 것을 1986년에는 430만, 그리고 2000년에는 1,050만 배럴을 수입하는 등 가파르게 원유 수입량을 늘려오고 있다.[88] 그리하여 2020년경에는 양국의 수입량만 합쳐 약 4,000만 배럴이 될 것이고, 이는 전 세계 생산량이 획기적으로 늘어나지 않는 한 전 세계 생산량의 절반에 육박하는 수준이 될 것이며, 그로 인해 자연히 양국간의 자원쟁탈을 위한 경쟁과 갈등이 발생하지 않을 수 없을 것이다.

또한 중국과 미국간의 대결이 발생할 수 있는 심각한 단층선은 대만 문제이다. 대만의 지정학적 중요성은 앞서 고찰한 바와 같이 중국과 미국 양국 어느 측에서도 쉽게 양보할 수 없는 전략적 가치를 가지고 있다. 게다가 정치적으로 중국에게는 대만은 미수복의 영토로 분리·독립할 경우, 티베트를 비롯한 여타 소수민족의 분리·독립 요구를 쉽사리 막을 명분이 없다는 점 때문에 사활을 걸지 않을 수 없다. 미국으로서는 대만을 포기할 경우, 전략적 거점의 상실은 물론이고 아시아 각국뿐 아니라 전 세계 미국의 동맹, 우호국들이 미국의 신뢰성에 심각한 의문을 제기할 것이다. 그렇게 되면 미국과 중국간의 패권경쟁에서 중국으로 향한 흡인력이 급작스레 강해질 것이기 때문에 이를 좌시할 수 없다. 이런 상황 아래서 중국과 미국 양국이 원치 않더라도 대만 내부의 정치상황의 진전에 따라, 아니면 우발적인 중국-대만간의 충돌로 인해 심각한 분쟁이 발생할 가능성을 배제할 수 없다.

---

88. Robert Art, *A Grand Strategy for America*, pp. 59~62

그리고 마지막으로 미국과 중국 간에는 가치 충돌의 가능성이 남아 있다. 지금 중국이 개방경제체제를 취하고 국제적으로 화평굴기 정책을 취하고 있어 자본주의 시장경제체제 국가와 별 다른 마찰요인이 없어 보인다. 그러나 중국은 여전히 경제활동의 본질인 소유권 행사 측면, 특히 토지 및 거대기업의 소유권 문제에 있어서는 국유화가 지배적이며 정치체제도 공산당 일당 지배체제이다. 지금은 중국이 자신의 몸을 낮추고 경제개발에만 집중하고 있어 실체를 드러내지 않고 있으나 경제발전이 어느 수준에 도달하면 대외정책에서 자신의 실체를 보다 명확히 드러낼 가능성이 많다.

특히 중국의 고도성장정책을 계속 추구하는 동안 개발의 그림자에 덮인 사회의 불안정 요인, 즉 사회의 양극화, 노동분규, 공무원 부패 등이 표면화되어 국가 내부가 혼란스러울 경우 이를 타개하기 위한 방편으로 중국 지도부는 대외적으로 모험주의 정책을 취할 가능성을 배제할 수 없다.

이런 상황이 닥치면 중국은 시장경제질서에 대해 일정 부분 제약을 가하려 할 것이고, 민주주의와 인권에서도 유보적인 입장을 많이 보일 것이다. 그리고 대외적인 의사결정도 민주화된 방식이 아닌 지도부의 밀실결정에 의해 급작스런 정책을 들고 나올 가능성도 있다. 이러한 중국의 행태는 미국이 주장하고 지키려 하는 민주주의와 시장경제의 보편적 가치와 충돌하게 될 것이고, 이는 결국 양국간 갈등이 확대되는 데 기여할 것이다.

미국에서도 이러한 중국의 부상에 대응해 어떠한 전략을 취해야 할지 아직 내부 입장이 정리되지 않은 상황으로 보이는데, 여기에는 중국을 보는 두 가지 시각이 경합하고 있기 때문인 것 같다. 첫 번째 시각은 정치적으로는 국제주의, 온건파 세력의 관점과 경제적으로는 직접투자를 많이 한 초국가기업의 이해관계를 반영한 것으로 중국과 직접 대결을 회피하고 가급적 중국을 민주주의와 시장경제의 동반자로 삼자는 주장을 펼치고 있다.

이 주장은 중국을 봉쇄하려거나 적대시할 경우 중국을 오히려 더욱 경색 시켜서 자기예언 충족의 효과가 발생해 대결은 피할 수 없는 일이 될 것이라는 견해를 가지고 있다. 이러한 견해는 미국의 국무부, 월스트리트 자본가, 그리고 진보적 언론 등에 의해 지지를 받고 있다.

두 번째 시각은 중국은 앞에서 언급한 것처럼 미국과의 어쩔 수 없는 대립구도를 가져올 수밖에 없으므로 이에 대비해 지금부터 중국을 견제하는 외교·안보전략을 구사해 나가야 한다는 주장을 펼치고 있다. 이 같은 주장은 정치적으로는 현실주의, 고립주의와 강경파 세력들에 의해 제기되고 있으며, 경제적으로는 초국가기업이나 국제자본 세력들을 제외한 광범위한 계층으로부터 공감을 받고 있다. 특히 미국의 국방부, 일반 산업 및 노동세력, 그리고 보수적 언론과 두뇌집단으로부터 지지를 받고 있다.

이처럼 서로 다른 견해가 교차하면서 미국은 중국에 대해 다소 모호한 정책 또는 상반된 정책을 드러내기도 한다. 그 사례로 2005년 11월중 중국을 방문한 미 국무부 부장관 로버트 졸릭은 중국을 전략적 파트너로 삼기로 하고 양국간 고위급 전략대화를 갖기로 합의한 반면, 비슷한 시기 중국을 방문한 도널드 럼스펠드 국방장관은 중국의 군비확장에 강한 우려를 표명함과 동시에 국방부 백서에서 중국에 대한 봉쇄정책 필요성을 제시하고 있다. 그렇다면 미국과 중국간 관계에서 양국간 갈등은 어떠한 양상을 띠고 언제부터 나타날 것인가가 주목의 대상이 되고 있다. 미국과 중국간에는 아직 심각한 단계는 아니지만 갈등의 양상이 물밑으로 이미 전개되었다고 보는 것이 타당하다.

그 사례를 몇 가지 들자면, 우선 미국이 특별한 대상을 상정하지도 않고서도 미사일 방어(MD)계획을 꾸준히 추진하고 있는 것을 꼽을 수 있다. 소련이 몰락한 냉전시대 이후 이 계획을 추진하는 것은 중국을 의식하고 있다고 보여지며, 이에 대응해 중국은 미국의 미사일 방어체계를 피해나갈 수 있는 다탄두 재진입(MIRV) 미사일 발사체의 개발과 아울러 미국의 선제공격에 대비해 보유중인 핵무기 장착 대륙간탄도미사일의 숫자도 늘려 나가고 있다. 그리고 미국 역시 다탄두 재진입 미사일의 공격을 차단할 수 있는 미사일 요격망의 개발에 상당한 진전을 보이고 있다.[89]

즉 미국은 일본과의 양자동맹을 강화하고 대만에 대한 군사지원도 계속 중요시하고 있다. 그리고 무엇보다 중국의 전략적 경쟁자인 인도와 오랜 비우호적 관계를 청산하고 전략적 동반자 관계로 양국 관계를 격상시켰고, 대테러와 전쟁의 명분을 내세우기는 했지만 파키스탄과 동맹관계 수준으로 돈독한 유대관계를 맺었으며, 우즈베키스탄과 카자흐스탄 등에 군사기지를 확보했다. 특히 이런 관점에서 미·인도간에 2006년에 체결된 「원자력 협력 협정」을 눈여겨볼 필요가 있다. 이러한 일련의 사건을 중국의 관점에서 볼 때에 중국을 전방위에서 봉쇄해 들어온다는 인상을 주기에 충분하다. 더욱 미국이 미·일동맹의 적용 범위를 극동 지역을 넘어서 일본열도와 그 인근 지역이라고 확대 해석함으로써 앞으로 대만을 둘러싸고 벌어질 수도 있는 미·중간의 갈등을 염두에 두고 중국을 견제한 포석으로 해석되고 있다.

그리고 동아시아의 지역협력기구를 둘러싸고 미·중 양국간의 주도권 고수 및 탈취 경쟁이 치열하게 물밑으로 전개되고 있다. 제2차 세계대전 이후 미국의 패권이 세계적으로 확립되면서 동아시아에서 미국이 주도권을 계속 행사해 왔다. 한국과 일본과는 양자동맹관계에 있으니 말할 것도 없고 동남아의 ASEAN국가들도 집단으로서는 중립노선을 취하려 하나 그 구성원인 태국, 필리핀, 싱가포르 등은 개별적으로는 친미노선을 견지해 왔기에 동아

---

89. 미국은 최근 기술발전에 힘입어 항공기 탑재 레이저(ABL)과 다탄두 요격체제(MKV) 개발을 2009년경까지 완료한다는 목표 아래 추진중이다.

시아에서 미국의 영향력은 견고했다.

그러나 최근 중국이 ASEAN국가들을 대상으로 자유무역협정(FTA) 체결을 과감히 제안하고 안보논의 협의체인 '아시아 지역포럼(ARF)'에서 국방장관회의를 앞장서 제도화시키는 등 적극적인 외교공세를 전개하기 시작하면서 미국의 주도권을 잠식해 들어오고 있다. 또한 중국은 동남아 지역에서 상권을 장악하고 있는 화상들과 연계해 동아시아 중화경제권을 창설해 보려는 구상도 가지고 있어 동남아 국가들은 팽창하는 중국의 경제권으로 점차 끌려들어가는 양상을 보이고 있다. 게다가 2005년 최초로 개최된 동아시아 정상회의에 미국이 참여하지 못함으로써 미국은 자국이 제외된 채 중국이 주도하는 별도의 지역협력기구가 구성될 것이 아닌가 하는 경계의 눈초리를 늦추지 않고 있다.

그리고 2005년 중국의 국영석유회사(CNOOC)가 미국의 석유탐사, 개발회사인 유노컬(UNOCAL)을 매입하려 했으나 미국 내 의회를 중심으로 한 강경한 반대여론에 부딪혀 이 사업을 중단하고 만 것도 양국간 물밑 경쟁이 표면화된 경우라 할 수 있다. 앞으로 벌어질 에너지 자원 쟁탈을 앞두고 미국의 에너지기업을 중국에 넘긴다는 것은 미국 입장에서는 자국의 영토 내로 토로이의 목마를 들여놓은 것과 다름 아니라는 견제심리가 작동한 경우라 할 수 있으며, 이러한 갈등은 계속 확산될 것으로 전망된다.

이처럼 양국간에 견제 및 갈등이 현재로서는 물밑에서 진행 중이지만, 이것이 언제, 어떻게 수면 위로 부상해 국제 안보에 직접적인 불안요인이 될지는 현재로서 단정하기 어려우나 그럴 개연성은 충분히 있다고 보아야 한다.그리고 이러한 개연성이 현실화되면 양국이 각기 가지고 있는 막강한 영향력으로 국제사회 전체는 상당한 어려움에 봉착하게 될 것이다. 미·중 간의갈등과 경쟁은 과거 미·소간의 냉전대결과 같이 그 대결의 양태가 이데올로기를 중심으로 명확하게 진영이 구분되고 양 진영간의 대결이 치열하게전개되는 양상을 보이지는 않을 것이다.

그러나 오히려 대결전선이 명확하게 형성되지 않아 주변국가들과 국제사회는 양국간 경쟁과 갈등과 관련해 사안이나 분야별로 자국의 이익이라는 척도로 재단해 어떤 입장을 취할 것을 강요받게 될 것이나 이처럼 각 분야별, 사안별로 개별적 입장을 정하는 데는 실로 어려움이 많을 것이다.

우리의 경우에도 중국과의 경제 분야 협력 범위는 현재 미국과의 협력을 훨씬 능가하고 있고 앞으로 더 확대될 것이기 때문에 한·중 경제관계를 중시해야 할 것이다.

그러나 정치·군사 분야 협력에서는 미국과의 관계가 압도적으로 중시되어야 할 것이다. 그리고 일본의 역사왜곡 문제에 대해서는 우리는 중국과 묵시적인 공동보조를 취하고 있으나, 이 행보가 지속되면 일본을 더욱 미국 쪽으로 밀착시키는 동시에 우리는 중국 쪽으로 가까이 다가가는 형국으로 보이므로 장기적 국익에 부합되지 않을 수도 있다. 물론 일본이 스스로 주변국과의 마찰을 무릅쓰고 보수우경화의 길로 계속 나아갈 경우에는 우리의 선택은 더욱 어려워질 수밖에 없다.

그리고 지역협력기구에서 미·중간의 갈등, 특히 동아시아 정상회의와관련한 갈등에서도 우리가 취할 수 있는 입장은 상당히 미묘하다. 게다가 대만 문제와 같은 중차대한 안보 이슈에 대해서는 우리가 사전에 확정적 태도를 취하는 것보다 전략적 모호성을 일정 단계까지는 유지하는 것도 한 방법이다.

우리로서는 미·중간의 갈등이 본격화되지 않도록 외교적 노력을 해야 한다. 그럼에도 불구하고 미·중간의 갈등이 심각해질 경우 우리는 참으로 복잡하고 어려운 선택을 해야 될 것이다. 이에 대해서는 뒤에서 상술하기로 한다.

# 2. 반테러 전쟁-문명간 충돌

1996년 하버드대 교수 새뮤얼 헌팅턴이 「문명의 충돌」이라는 논문을 포린 에페어지에 게재했을 때 대다수 사람들은 냉전종식으로 인해 현대사에서 처음으로 찾아온 평화의 시대에 다시 거대한 문명간의 충돌을 예언한 이 논문에 대해 다소 당혹스런 반응을 보였었다. 문명간의 충돌이란 거대담론을 제시한 시각자체의 독창성은 인정하지만 국가간의 충돌도 극복하고 이념간의 충돌도 극복하고 난 인류의 낙관적인 시각에서는 생경하고 듣기 거북한 개념이었음에 틀림없다. 특히 그보다 조금 앞서 프랜시스 후쿠야마 교수가 그의 저서 『역사의 종언』에서 자유민주주의와 시장경제의 최종승리를 선언한 직후여서 지적 승리의 도취감에 젖어 있는 서구 지식인들에게 '문명의 충돌'이란 받아들이기 어려운 지적 도전이었다.

그러나 9·11이라는 전대미문의 테러사건이 발생하면서 새뮤얼 헌팅턴교수의 '문명간 충돌' 개념은 새로운 조명을 받기 시작하게 된다. 물론 헌팅턴교수는 말할 것도 없고 정부, 언론 등 공식기관들은 여러 가지 정치적 고려로 인해 9·11이 문명간 충돌로 비추어지는 것을 한사코 부정해 왔기에 9·11을 문명간 충돌로 바로 등식화하는 것은 다소 무리라고 할 수 있다. 그러나 9·11사건을 보다 깊숙이 들여다보면 이것은 단지 알 카에다란 극단적인 테러그룹이 자신들의 특정한 정치목적을 달성하기 위해 저지른 테러사건이라기보다는 미국으로 대표되는 서방문명에 대한 이슬람 극단주의자들의 분노의 발산이라는 것을 알 수 있다. 물론 이슬람권이라고 해서 이슬람교도 전체가 알 카에다 요원처럼 극렬주의자나 종교적 근본주의자들은 아니므로 이를 일반화하는 것에는 위험이 따르지만 반서방, 특히 반미 정서가 중동 지역에만 국한되는 것이 아니고 이슬람권 전체에서 널리 퍼져 있는 것은 부인할 수 없는 사실이다.

사실 9·11 테러사건이 발생했을 때만 해도 유럽의 많은 국가들은 이것이 미국의 패권정치에 대한 이슬람권의 분노의 폭발이지 유럽 국가와는 크게 상관없는 일로 치부해 왔다. 그래서 9·11 테러를 빌미로 미국이 아프가니스탄과 이라크에 대해 전쟁을 감행하자 영국을 제외한 대부분의 유럽 국가들은 반대의사를 표명했다.

그러나 그 이후 2004년 스페인에서 열차 폭탄테러가 발생하고 2005년 영국에서 지하철 폭탄 테러 사건이 일어난 후 프랑스 파리 근교에서 이슬람계 이주자들이 폭동을 일으키는 등 일련의 사태를 겪으면서 이슬람권의 분노의 표적이 미국뿐만 아니라 유럽을 겨냥하고 있다는 것을 깨닫게 된다. 즉 미국과 이슬람권의 문제가 아니라 이슬람 국가와 서구 국가간의 대립이라는 인식을 점차 갖게 된 것이다.

공산주의 초창기에도 그러했듯이 공산주의 이념에 경도된 혁명가들이나 유격대원들이 그들의 활동공간을 점차 넓혀 나가면서 운동역량을 강화시킬 수 있었던 것은 당시 자본주의 체제에 대한 불만을 가진 대중이 이들 혁명가들에게 암묵적 지지를 보내는 분위기가 존재했기 때문이다. 즉 중국 공산혁명의 영웅 모택동이 '인민이 물이라면 유격대원은 고기'라고 언급했듯이 소수의 혁명가들이라도 인민의 민심을 얻고 있으면 물을 누비는 고기처럼 물이 있는 곳은 어디든지 활동공간이 된다는 말이다.

지금 이슬람권내에서는 알 카에다 같은 극렬주의자들과 탈레반과 같은 근본주의자들이 일반 이슬람인들의 정서적 지지를 받을 수 있는 분위기가 조성되어 있다.[90] 따라서 현재로서는 문명간의 충돌이라고 말하기에는 과장된 측면이 있지만 이 같은 분위기가 확산되는 것을 차단하지 못하면 새뮤얼 헌팅턴 교수의 가설대로 될 가능성도 배제할 수 없다.

지금 이슬람권에서 반서방, 특히 반미감정이 팽배해지는 사유를 잘 분석해서 대처하지 않으면 서방세계에 대한 테러는 줄어들지 않을 것이며, 그에 대한 서방세계가 강경 대응을 한다면 결국 국제사회는 상당히 불안정해지는 시기로 들어갈 우려가 있다. 즉 21세기 전반부의 상당 기간 동안은 테러와의 전쟁이 국제안보의 최대 불안정 요인이 될 것이며 테러와의 전쟁을 통해 국가간의 관계가 규정되는 양상을 보일 것이다. 그렇다면 이러한 이슬람권이 테러를 배양하는 배양지가 된 원인을 좀 더 상세히 살펴볼 필요가 있다. 우선 이슬람의 반미정서의 가장 근저에는 이스라엘과 미국간 관계가 자리잡고 있다. 지난 60년간 이스라엘은 미국의 지원을 받으며 팔레스타인과 인근 아랍국을 계속 압박해 왔다. 이에 대해 아랍권의 좌절과 분노가 증대되는 가운데 점점 아랍권뿐만 아니라 이슬람권 전체로 확산되는 양상을 보이고 있다.

사실 제1차 세계대전 당시 유대인의 도움을 필요로 했던 영국은 발포어 선언을 통해 팔레스타인들이 점유한 지역에 이스라엘 국가 건설을 공언했다. 아울러 당시 독일 편을 들고 있던 오스만투르크 제국 내 아랍인들의 반

---

90. 토머스 프리드먼도 그의 저서 『세계는 평평하다 World is Flat』에서 알 카에다를 공산혁명주의자들과 비슷하다는 관점에서 이들을 'Islamo-Lenist'라고 칭했다. 같은 책 pp. 394~395

란을 유도하기 위해 맥마흔 선언을 통해 팔레스타인 지역에 아랍 독립국가 건설도 약속하는 이율배반적인 정책을 취하게 된다. 이런 자기모순적인 이중정책이 제2차 세계대전 후 팔레스타인 지역에 이스라엘의 건국을 가져오게 되고, 팔레스타인들은 인근 아랍국으로 유배당함으로써 오랜 이스라엘-팔레스타인 분쟁의 씨앗을 뿌리게 된다.

그 이후 이스라엘은 미국내 유태인들의 활약에 힘입어 미국으로부터 변함없는 지원을 받게 되고, 덕분에 인근 아랍 국가들과 수차례의 전쟁 가운데서도 계속 승리하면서 아랍권 전체의 자존심에 씻을 수 없는 상처를 남긴 것이다. 이스라엘로 인한 아랍권의 좌절감은 이를 지원하는 미국에 대한 분노로 표출되고 있으며 더 깊게는 이스라엘의 건국을 가능하게 한 서방국가들의 위선적인 외교정책에 대한 불신과 증오도 자리하고 있다. 이러한 아랍권의 증오와 분노는 이스라엘-팔레스타인 문제가 평화적으로 해결되지 않는 한 계속 줄어들지 않고 국제정세의 불안요인으로 남을 것이다.

두 번째 이슬람권 아랍국가 민중들은 세계화의 진전과 통신기술의 발달로 인해 서방의 가치와 문물이 자기네의 안방까지 무차별하게 밀려들어와서 자신들 고유의 종교적 가치와 문화를 온전히 지켜낼 수 없다는 위기감을 가지고 있다. 특히 이슬람교도들은 회교교리에 따라 경건하게 살 것을 요구받고 있는데, 서방문물은 너무나 세속적이고 성적 자극이 많은 내용들이어서 이를 그대로 방치할 경우 이슬람권 자체도 퇴폐화할 것이라는 우려를 갖고 있는 것이 사실이다. 그러다 보니 자연히 서방문물에 대한 거부감과 반감을 가지게 되었다.

그러므로 이슬람권내에서는 이러한 일반 대중의 막연한 우려와 불안심리를 이용해 아랍 국가 내에서 회교의 율법에 충실한 신정국가를 건설하는 동시 권력을 쟁취하려는 세력들이 대두하게 되는데, 이들이 바로 회교 근본주의자들이다. 이들은 자신들의 주장에 더욱 정치적 관심을 집중시키기 위해 서방문물에 대한 거부운동을 벌이거나 또는 직접적인 공격을 시도하기도 한다.

9·11사건의 테러범들이 서방문물의 총본산지인 뉴욕에서도 가장 상징적인 쌍둥이 무역빌딩을 타격목표로 삼았다는 것 자체가 서방문물에 대한 거부의사를 가장 상징적으로 보여주는 것이다. 그리고 이들 테러범들은 유럽의 마드리드와 런던에서도 연쇄적으로 테러를 일으켰으며, 이들이 중동 지역 아랍국가에서 파견된 테러범들이 아니라 서방 사회 안에서 자라고 고등교육을 받은 자들이라는 점을 주목할 필요가 있다. 즉 이 테러범들은 서구에서 자라고 교육받았기에 오히려 서방문물의 퇴폐적인 면을 더 잘 알고, 따라서 이에 대한 혐오감과 동시에 이슬람 가치를 지켜야 한다는 사명감이 더 강했는지도 모른다. 그런데 이들은 서구사회 내부에서 자체적으로 양성되는 테러리스트들이므로 이들을 예방하거나 막을 수 있는 방법이 없다는데 사태의 심각성이 있다.

세 번째로 이슬람권은 서방세계와 비교하면 할수록 자신들이 더욱 낙후되고 앞으로 경쟁에서도 우위에 설 수 없다는 사실을 깨닫게 되면서 좌절감이 커지게 되면서 서방세계에 대한 반발심리를 불러일으키는 측면이 있다. 즉 과거의 영광에 비해 너무나 초라한 현재의 위상을 인정하기가 어려운 나머지 오히려 서방세계를 부정하고 서방세계와의 관계마저 단절하고 자신만의 껍질 속으로 들어가려는 성향을 보이고 있다.

서방세계에 대한 테러전의 야전사령관 격인 오사마 빈 라덴도 외부로 유출된 녹화 테이프 속에서 "아랍국가의 GDP 전부를 다 합친 것이 스페인의 GDP보다 적다"는 사실을 지적했다고 한다.[91] 그의 이런 지적 속에는 한때 아랍 사라센 제국[92]의 식민지였던 스페인이 아랍국가 전체를 합친 것보다 낮다는 인식은 아랍인들이 그냥 받아들이기는 힘든 모욕이라는 느낌이 들어 있다. 이런 모욕감과 좌절감, 게다가 유럽으로 이주해 온 아랍계 후손들이 서구사회에서 느끼는 소외감 등이 결합되면서 이들이 서방세계를 증오하는 전사로 변해 나간다고 볼 수 있다. 이들은 물질적인 기준으로 인해 서구사회로부터 계속 멸시를 당할 수밖에 없으므로 물질적 기준을 초월하는 이슬람 근본주의 교리에 더욱 의지하게 되고 이 교리로 인해 서구사회에 대한 적대감을 키우고 있다.

네 번째 아랍 국가들의 대부분이 아직 제대로 된 민주주의를 뿌리내리지 못하고 있으며, 억압적인 국내정치에 대한 저항심리가 이러한 정권을 자국의 이익을 위해 묵인 또는 지원하고 있는 미국을 비롯한 서방국가들에게 그 과녁을 돌리는 것이다. 특히 사우디아라비아·쿠웨이트·요르단 등은 세습왕정을 유지하고 있고, 이라크나 시리아는 독재정권, 그리고 이집트는 권위주의 정권을 오랜 기간 유지해 오고 있어 국내 불만세력이 점증하고 있는 형편이다.

그리고 더욱 역설적인 것은 이란의 팔레비 왕정이 지나친 서구화를 시도하다 근본주의자 세력에게 혁명의 빌미를 제공해 준 것을 목격한 이들 비민주적 아랍 국가들은 자신들의 정권유지를 위해 서구화를 오히려 지연시키며 회교가 융성하도록 장려해 왔으나 이러한 정책을 통해 강력해진 근본주의 세력들은 이 비민주적 정권 타도를 주창하는 부메랑 세력으로 성장했던 것이다. 이제 세력이 비대해진 근본주의 집단은 어찌 되었건 신정국가 건설

---

91. Thomas Friedman, *World is Flat*, p. 401
92. 632년부터 1258년간에 존재했던 이슬람제국, 동쪽으로는 인도 인더스 강 유역에서 서쪽으로는 스페인까지 그 영역이 광대했다. 칼리프 제도를 거쳐 융성하기 시작해 시리아 지역의 움마이아드 왕조와 이라크 지역의 압바스 왕조를 거치다가 몽골의 침공으로 멸망했다. 당시 아랍은 동서양의 중심이었고 아랍문화가 세계로 전파되었다.

을 위해 현 정권의 타도를 목표로 국내외에 걸쳐 소요와 테러를 자행하기 시작하고 있다는 사실이 문제이다.

앞서 설명한 바와 같이 이슬람권의 반서방 정서의 뿌리는 상당히 깊고 오랜 기간 진행되어 온 것이며, 최근 들어 세계화로 인한 자극이 위기감을 더욱 촉발해 테러라는 행태로 외부로 표출된 것이다. 그러므로 테러전이 단순히 이라크에 대한 미국 부시행정부의 공격으로 인해 촉발된 것이며, 이라크에서 미군이 철수하면 테러가 종식되리라고 생각하는 것은 상당히 피상적인 관찰이다. 오히려 미군이 조기 철수해 이라크가 내전상태에 돌입하고 총선을 통해 다수파로서 세력을 공고히 한 시아파가 이란의 지원을 등에 업고 이란과 같은 또 하나의 신정국가를 수립하면 중동 지역에서 신정국가 도미노 현상이 생길 가능성이 많아 문명간의 갈등은 더욱 첨예해질 것이다.

그간 인류역사는 부족 또는 봉건영주간의 전쟁에서 시작, 국가간의 전쟁을 거쳐 이념대결 진영간의 전쟁까지 다 겪은 후 전쟁이 종식될 줄 알았으나 문명간의 대결이라는 새로운 도전에 또 다시 직면하게 되었다. 새뮤얼 헌팅턴 교수가 처음 논문을 발표했을 때도 '문명 충돌론'은 지나친 도식화에 너무 비관적이라는 비판을 받았지만 이제는 국제사회의 미래를 내다보는 중요한 준거틀이 되어버린 것이 현실이다.

앞으로 문명간의 대결이 현실화되기 시작하면 국제안보가 불안해질 뿐 아니라 국가간의 협력과 대립관계도 복잡하게 재편되어 나갈 것이다. 문명간의 대결이 기본적으로 서구문명과 이슬람 문명간의 대결구도이지만 그 구도 속에서 유교문화권 등 여타 문명권 내부로부터 응집력이 반사적으로 강화될 수도 있고 국가간 갈등요소가 문명간의 대결요소와 결합되면서 어떤 경우에는 더 강화될 수도, 다른 경우에는 완화될 수도 있는 등 여러 가지 복잡한 양상이 나타날 것이다. 즉 여태까지 분쟁이나 안보의 변수가 된 적이 없던 '문명'이 이제는 분쟁과 대결의 중요 단층선으로 대두하게 됨으로써 국제사회는 '문명'을 중심으로 협력과 갈등의 양상이 복잡하게 전개될 것이다. 그리고 이 문명을 매개로 한 대결이나 갈등은 우선 현재로서는 비대칭적인 테러전의 모습으로 나타나기 때문에 국제관계를 더욱 복잡하고 경색시킬 가능성이 많다.

여태까지 국제사회는 기본적으로 국가간의 대립이 갈등의 기본요인이었으며 냉전시대에 국가간 대립을 초월하는 이념의 대립, 즉 동·서방 양 진영 간의 대립이 존재했으나 이 냉전의 단층선도 공산진영이 소련을 중심으로 동구권 등에 지역적으로 결집되어 있어 비교적 명확하게 구분이 되는 셈이었다. 그러나 이 문명의 단층선은 이슬람 국가들이 중동 지역 이외에도 산개되어 있는 관계로 좀 더 복잡한 양상을 띠고 있다.

예를 들면 ASEAN 국가 내에도 인도네시아와 말레이시아가 회교국가이자 ASEAN 회원국으로서의 입장과 회교국가간 기구인 OIC의 회원국으로서의 입장을 가지고 있을 것이며, 이것이 때로는 상충되기도 할 것이다. 아프리카 연합(AU)내에도 이슬람 국가의 비중이 점차 확대되는 추세에 있어 같은 문제가 발생할 것이다.

여타 어느 종교도 종교를 중심으로 국가간 기구를 창설, 운영하는 경우가 없으나 이슬람교는 그 특유의 정·교일치적 성격으로 인해 종교를 매개로해 국가간의 유대를 유지하고 있는데, 이 기구의 현재 가입국수는 57개국이며 앞으로 각 국가 내부에서 이슬람 근본주의가 힘을 얻기 시작하면 국제사회에서 OIC의 영향력이 더욱 강대해질 수 있다.[93]

물론 OIC가 그 결속력이 강화된다 해도 냉전시대의 공산진영만큼 공고한

---

93. 이슬람 인구는 전 세계 180여개 국에 15억 명 정도로 추정되며, 인구 절반 이상이 무슬림인 나라는 58개국에 이른다. 이슬람(Islam)이란 '신의 뜻에 절대 복종한다' 는 의미다. 무슬림은 '복종하는 사람' 이란 뜻이다.

단결력으로 서방세계와 대결구도를 형성할 일은 없겠지만, 적어도 국제사회에서 가장 큰 이해집단으로 특정사안에 대한 공동입장을 취할 가능성은 있다. 특히 이슬람 국가의 일원이 여타국과 분쟁상태에 돌입할 경우, 대부분 이슬람 국가의 여론은 이슬람 국가를 지원하는 것이 일반적인 경향이다. 물론 국가이익이 문명권 공동이익보다는 더 강하게 작동하고 있지만, 정부차원이 아닌 일반 민심차원에서는 계산적인 국가이익보다는 이슬람 형제애가 더 강하게 발동되고 있는 것이다. 이슬람교들은 전 세계 어디에 있든지 매주 금요일 모스크에 모여 같은 방식으로 예배를 보기 때문에 여타 종교 신자들보다 훨씬 강한 유대감을 형성하고 있다.

예를 들면 전 세계 기독교인들은 아르메니아에서 기독교인들이 인근 무슬림들로부터 박해를 받고 있다는 사실은 잘 알지도 못하는 상태이므로 공동인식이나 행동을 취할 것으로 기대할 수는 없다. 그러나 무슬림의 경우에는 아프가니스탄과 이라크에서 무슬림들의 피해상황이 모로코나 필리핀에 있는 무슬림에게 공동의 피해의식을 유발하며 이 같은 무슬림 형제들의 고난을 덜어주기 위해 성전에 참여해 순교자가 되는 것이 영광이라는 생각이 공공연히 펴져 나가고 있다는데 문제의 심각성이 있다.

미국이 초창기에 그 설립을 도와준 '알 자지라' 방송이 최근에 위성방송을 시작하면서 전 세계 무슬림들이 동시에 시청함으로써 미국을 더욱 곤혹스럽게 하고 있다. '알 자지라' 방송 덕분에 미국과 서방세계는 전 세계에서 흩어져 있는 15억에 가까운 무슬림들이 적대세력화되어 가는 것을 지켜보아야 하며, 이들 중 과격분자들이 언제, 어느 곳에서 미국과 서방세계에 대한 공격을 가할지도 모르는 안보위협 속에 지내야 한다는 것이 현실이 되었다.

특히 이슬람세계의 열악한 사회교육 환경은 어린 학생들이 공교육시설에서 균형된 세계관을 배우면서 자라는 대신 '마다라사(Madrasahs)' 라고 하는 회교 종교학교에서 무상으로 교육을 받을 수 있게 하는데, 이 교육과정에서 회교근본주의자들이 대량으로 양성되고 있다는 것은 우려할 만한 사실이다. 이런 맥락에서 미국 럼스펠드 국방장관이 2003년 10월 작성한 내부 메모에서 "미국이 매일 잡거나 사살하는 테러리스트 숫자보다 마다라사에서 양성되는 예비 테러리스트들이 더 많지 않은가?"라고 한 것은 의미심장한 질문인 것이다.[94]

우리가 문명간의 충돌을 우려할 때 이 충돌은 다른 문명권에 속한 국가간의 충돌이라기보다는 다른 문명권에 속한 개인이나 집단이 상대 문명권의 개인이나 집단은 물론 비대칭적인 상대인 국가에게까지도 공격을 가하는 양상이 일반화된다는 점이다. 이런 상황에서는 동남아, 서남아 지역 이슬람 국가들이 세속주의 정권의 성격을 계속 유지하더라도 이들 국가내의 이슬람 극렬주의 집단이 활성화되면 역내 지역안정 위협요인이 될 수도 있다. 동남아 지역에서도 필리핀 내에 회교도 분리운동주의자들인 '모로 해방군'이, 인도네시아 내에서는 '자마 이슬라미야'란 극렬주의자들이 단체를 구성해 테러활동을 계속 일으키고 있어 역내 정세불안 요인으로 남아 있으며 향후 사태 발전에 따라 이들의 위협은 더욱 커질 수도 있다.

유럽에서는 지금도 이슬람 인구가 10%를 차지하고 있으며 이들의 인구 증가율은 높은 반면 유럽인들의 인구증가율은 감소하고 있다. 게다가 유럽인들이 기독교를 자신의 선조들이 가꾸었던 문명으로만 여기고 더 이상 살아 있는 종교로 믿지 않고 있는 실정이어서 유럽인들 내부에서도 이슬람으로 개종하는 인구가 늘어나고 있는 반면, 이슬람 내부에서는 근본주의 세력이 점차 힘을 얻어가고 있다는 사실을 대비해 볼 때 이러한 사회상의 변화는

---

94. Kishore Mahbubani, *Beyond the Age of Innocence*, p. 86

분명히 정세 불안요인으로 부상할 가능성이 많다.[95]

2005년 말 프랑스에서 발생한 무슬림들의 폭동사태는 2주일 이상 지속되었고 프랑스정부는 비상사태를 선포할 정도로 사태가 심각했다. 이 문제는 이민자들의 빈곤과 불평등에 대한 사회적 불만이 폭발한 사회학적 문제로 보는 시각이 있으며, 그 책임을 프랑스 사회에 대해 돌리는 경향이 있으나 프랑스가 인본주의적 휴머니즘과 사회적 관용(똘레랑스)으로 유명한 나라인 점을 감안하면 이 같은 분석은 과도한 단순화의 오류를 범하고 있는지도 모른다. 프랑스 파리에서 이 정도 규모의 무슬림 폭동사건이 발생했다는 것은 앞으로 유럽 여러 곳에서 벌어질 사태를 미리 보여준 예고편에 불과할 수도 있다.

이러한 상황인식을 바탕으로 프랑스의 르몽드(Le Monde)지도 '우리는 모두 미국인이다(Nous sommes tous des Americains')이라는 헤드라인을 뽑은 적이 있으며 NATO도 1949년 이래 처음으로 헌장5조에 의거하여 '회원국 일방에 대한 공격은 회원국 전체에 대한 공격으로 간주한다'라는 점을 재확인하였다.[96]

이처럼 전 세계에 퍼져 있고 유럽내에서도 내재하는 이 같은 문명간의 단층선은 세계화의 진전과 더불어 약화될 것이라는 기존의 예측을 뒤엎고 오히려 세계화로 인해 이슬람권에서는 이 단층선을 더 강고히 하는 경향이 있다는 사실은 주목할 필요가 있다.

그리고 이러한 문명간 단층선의 충돌이 국가간의 갈등으로 격상되기 전에 먼저 개인과 집단 및 국가간의 갈등이 혼재해 부딪히는 양상을 보이며,

---

95. 유럽에서 기독교 문명이 공동화되고 그 틈새를 이용해 이슬람 세력이 확장되는 경향에 대한 자세한 분석은 조지 웨이겔의 '큐브와 성당' 참조
96. Barack Obama, The Audacity of Hope' p. 292

이 과정에서 개인이나 집단은 테러라는 방식으로 예측 불가능하게 국가나 사회를 공격할 수 있다는 데 문제의 심각성이 있다. 그리고 상황을 더욱 복잡하게 하는 것은 뒤에서 다룰 내용인 '대량살상무기의 확산'으로 인해 이들 개인이나 테러집단이 이제는 예전의 국가만이 독점적으로 가질 수 있던 무력 수단을 손에 넣을 수 있고 이를 사용해 가공할 공격을 감행할 수 있다는 점이다.

빈자의 핵무기라고 하는 생화학 무기는 테러집단의 의지만 있으면 수중에 넣을 수 있는 가능성이 많기 때문에 항상 확산 위험성이 있고 따라서 심대한 안보 위협으로 남아 있을 것이다. 동경에서 옴 진리교 교도들이 치명적인 사린가스로 지하철을 공격한 전례도 있고, 9·11 이후 뉴욕 등 미국에 우편으로 배달되는 탄저균의 위협이 계속된 것처럼 무명의 개인들에 의한 생화학 공격의 가능성은 늘 존재하는 것이다.

생화학 무기에 의한 공격의 결과가 참혹하기 때문에 이를 아직 사용하지 않고 있는 테러집단들도 좀 더 극단적인 상황에 내몰리거나 보다 큰 충격을 상대에 가하기 위해서는 이 생화학 무기를 사용하려는 유혹을 받을 수 있다. 특히 생화학무기는 은닉성과 운반성이 뛰어나기 때문에 소수의 인원, 아니 극단적으로는 한 사람에 의해서도 쉽게 적발되지 않고 대도시 인구밀집 지역으로 운반되어 대규모 인명살상을 일으킬 수 있다는 점에서 그 어떤 무기보다도 인류사회에 치명적인 위협으로 부각되고 있다.

핵무기는 그 제조과정과 운반과정이 생화학무기보다는 훨씬 어렵지만 최근에는 핵무기 제조기술마저 일반화되어 버려 이제는 어떤 조직이든지 소규모 테러집단이라도 마음만 먹으면 핵물질과 핵기폭 장치를 손에 넣어 핵무기 보유를 선언할 수 있는 정도가 되었다. 플루토늄과 고농축 우라늄이라는 핵물질은 그 제조기술이 일반화되어 있다 하여도 이를 추출하기 위해서는 상당한 규모의 장비와 시설이 필요하기 때문에 테러집단이 직접 이를 가공할 수는 없다 하더라도 과거 소련 연방국가나 북한에서 제조된 핵물질이 이들의 수중으로 흘러들어갈 가능성을 배제할 수 없다.

게다가 현재 이슬람 근본주의 세력이 권력을 장악하고 있는 이란이 자체적인 핵무기 개발을 서두르고 있어 이에 성공할 경우 이란 보유 핵물질이 중동 지역으로 확산될 가능성도 있다.

과거 냉전시대에는 미·소 양국이 서로가 가진 엄청난 핵무기의 파괴력으로 인해 심리적으로 양국간에 '공포의 균형'이 성립되어 어느 쪽도 먼저 선제 도발공격을 감행하지 못하고 냉전만 계속했다. 이처럼 대량살상무기는 존재한다는 사실만으로도 국제정치의 질서를 바꿀 정도의 위력이 있었다. 그러나 이제 테러집단으로 대량살상무기가 확산되면 이것은 국제질서에 어떠한 영향을 미칠 것인지를 짚어보아야 한다.

먼저 테러집단이 대량살상무기를 보유하게 되면, 그 선제공격의 징후를 포착할 방법이 거의 없는데다 막상 공격이 가해져도 이에 대한 보복공격을 가할 상대를 바로 지목할 수 없어서 공격하는 쪽에서는 별 부담없이 공격을 가할 수 있다. 즉 냉전시대에는 공격을 가하면 상호확증파괴(MAD, Mutually Assured Destruction)가 가능했고, 전쟁이 시작되면 섬멸전(Annihilated War)이 되기 때문에 오히려 절제했으나 테러집단에게는 이러한 심리적 억제장치가 적용되지 않는다.

그러므로 테러집단이 대량살상무기를 보유하기만 한다면 이론적으로는 핵무기의 선제공격을 가할 수 있는 가능성을 늘 가지고 있다고 보아야 하며, 이에 대해 방어하는 쪽에서는 대응방안이 거의 없는 셈이다. 즉 이러한 상황이 도래하면 대량살상무기를 보유한 테러집단은 거의 모든 국제정치 분야에 있어 하나의 비토세력으로 등장할 수 있다.

다시 말하자면 자신들의 요구조건을 제시하고 이것이 수용되지 않을 경우 특정도시에 대해서 대량살상무기 공격을 할 것이라는 최후통첩을 발할 수 있게 되며 협박을 받은 쪽에서는 사전에 이를 예방하거나 사후에 응징할 만한 구체적 대응방안이 없으므로 거의 굴복할 수밖에 없는 끔찍한 시나리오가 성립 가능하다는 것이다. 여태까지 테러에 대한 비타협원칙이 국제사회에 통용되는 규범이었으나 그것은 테러집단이 비행기나 건물을 점거하고 100명 이내의 인명을 인질로 잡고 있을 때 통하는 규범이고 테러집단이 대량살상무기를 보유했을 경우에는 완전히 다른 이야기가 된다는 말이다.

이런 맥락에서 미국이 테러와의 전쟁을 시작하면서 '선제공격론(preemptive strike)'을 들고 나온 것이다. 즉 테러집단이 대량살상무기를 보유한 이후에 위협을 가하면 대응방법이 없으므로 이를 입수하기 이전에 그리고 공격을 당하기 이전에 그 가능성을 차단해야 자국의 안보가 보장받을 수 있다는 논리이다. 그리고 대량살상무기나 그 원료들이 국제적으로 통용되는 것을 차단하기 위해 56개국이 참여해 성립된 '확산방지구상'에 따라 핵물질, 미사일, 기타 생화학무기 원료 등이 유통되는 것을 보다 적극적으로 차단하기 위해 공해상에서 선박 등에 대한 검문검색을 강화하고 있다.

이런 모든 요소들을 감안할 때 테러와의 전쟁, 특히 문명간의 충돌을 염두에 둔 테러와의 전쟁은 국제사회가 협력해 폭넓고 심도 있는 방법으로 진행되어야 한다. 물론 테러와의 전쟁이 물리적인 무력행사만을 의미하는 것은 아니며, 앞서 고찰한 이슬람권의 분노와 좌절의 원인까지도 감안한 대응방안이 시도되어야 한다.

이런 관점에서 테러와의 전쟁은 미국이 이라크에 대해 벌인 전쟁만을 의미하는 것은 아니며, 앞으로 국제사회가 지속적으로 전개해 나가야 할 과제를 의미한다. 이 테러와의 전쟁에서 승리하기 위해서는 궁극적으로 이슬람 국가까지 참여해 테러분자들이 기생할 수 있는 불안정한 사회여건과 불만사항들을 해소해 나가야 한다. 테러는 국제사회에 있어 치사율이 높은 바이러스와 같은 존재이다. 이 바이러스의 창궐을 막기 위해서는 '선제공격'과 같은 외과적 수술 요법으로는 이를 근절할 수가 없다. 바이러스를 근절하기 위해서는 주변 환경을 청결이 하고 어둡고 음습한 곳에 햇볕이 들고 통풍이 잘 되도록 하는 방법이 더 효과적이다.

부시 행정부도 1기에는 네오콘들이 주도해 테러에 대한 전쟁 등 외과적인 방법을 동원했으나 2기에 들어서는 이 같은 외과적 방법론이 한계가 있음을 인식하게 된다. 그래서 부시 대통령은 집권2기 취임연설에서 "미국의 외교정책은 모든 국가와 문화권에서 민주주의 운동 및 제도의 증진을 모색하고 지원하는 것을 목표로 한다"고 선언했던 것이다.

이를 실현하기 위해 미국 국무부는 세계의 변화를 추구하는 대담한 외교를 추구하기 시작했고 라이스 국무장관은 2006년 1월 조지타운 대학에서 행한 연설에서 '변혁추구 외교(Transformational Diplomacy)'를 21세기 미국외교의 새로운 방향으로 제시하게 된다. 이 변혁추구 외교는 변화하는 국제환경에 대응해 미국의 외교자원을 재배치하고 운영방식을 변경해 중동이나 서남아 지역에서 미국의 이익이 잘 보호될 수 있도록 환경의 변화를 추구하는 것을 의미한다. 즉 이들 지역 국가내에서 민주주의가 발전할 수 있도록 정치적, 경제적 지원을 제공하고 미국의 이미지를 개선하기 위한 홍보활동을 강화하는 것을 변혁추구 외교의 주 내용으로 한다.[97]

테러와의 전쟁이 지속적으로 전개되고 그리하여 문명간의 충돌이 정말로 현실화될 것인지는 현재로서는 아무도 장담하지 못한다. 그러나 테러의 위

---

97. 미국 국무부 홈페이지 2006년 1월 18일자 Fact Sheet, "Transformational Diplomcy"

협은 상당 기간 존재할 것이고 안보란 것은 그 위협이 비록 사소한 것이라도 대비해야 하기 때문에 앞으로 각국은 비전통적 행위자에 의한 비대칭적 전쟁인 테러에 대비해 자국의 외교·안보전략을 과거와는 다른 방식으로 수정해야 한다. 우리나라도 이에 예외가 될 수 없으므로 군편제 등도 이에 상응해 변경해 나가야 할 것이다. 그리고 국가간의 관계도 테러와의 전쟁으로인해 상당히 변화를 겪을 것이다. 미국의 부시 대통령이 테러와의 전쟁을 선포하면서 "당신네들은 우리와 같이 있든지 아니면 테러분자들과 같이 있든지 둘 중 하나이다"라고 선언했듯이 테러와의 전쟁에서 중간지대나 회색지대가 있을 수 없다는 것이 미국의 시각이다. 이러한 미국의 시각과 선제공격론, 그리고 확산방지구상 등은 당분간 미국과 여타국간의 관계를 규율해 나가는 중요한 척도가 될 것이다.

테러와의 전쟁이 문명권간의 거대한 충돌을 야기하지는 않더라도 서방과 이슬람 문명권간에는 앞으로 계속되는 긴장과 갈등이 발생할 것이다. 따라서 양 문명권의 영향이 서로 가장 취약한 접경 부분에서는 체제변경 또는 체제전복 경쟁이 발생할 것이며, 그 영향력이 가장 집중적인 중심부분에 대해서는 서로 타격을 가하는 방식으로 전개되는 또 하나의 냉전이 시작되었다고도 볼 수 있다. 그러므로 테러와의 전쟁으로 인해 양 문명권간의 대립이 장기화될수록 현재로서는 결속력이 별로 강하지 못한 서방문명권을 결속시키는 효과를 발휘할 수도 있을 것이다.

# 3. 대량살상무기의 확산

대량살상무기라 함은 핵폭탄·화학무기·생물무기와 같이 한 번 사용함으로써 전투원·비전투원을 구분하지 않고 무차별하게 불특정 다수의 인명을 살상할 수 있는 무기를 말한다. 이런 대량살상무기의 등장은 그 무기의 특성으로 인해 현대전의 성격을 과거의 전쟁과 구분되게 만드는데, 과거에는 일반적으로 광대한 영토를 가지고 많은 병력과 화력을 가진 강대국이 전쟁에서 거의 예외 없이 승리를 했다. 그리고 살상비율이 그다지 높지 않은 재래식 무기를 통해 전투를 하므로 전쟁의 참화를 견딜 만하기 때문에 국가간에는 전쟁을 국가정책의 수단으로 종종 이용하려는 유혹을 받아 전쟁이 빈번히 일어났다.

그러나 대량살상무기가 등장하고 나서는 국가간에 전쟁을 외교정책의 연장선상에서 하나의 수단으로 간주하는 경향, 즉 외교가 실패하고 나면 전쟁을 늘 사용 가능한 옵션으로 여기고 외교협상에서도 전쟁 가능성을 시사하면서 협상을 하던 방식은 사라지게 되었다. 그 이유는 제2차 세계대전 종전을 위해 미국이 일본에 사용한 2발의 핵폭탄의 위력과 참상을 깨닫고 나서 세계는 핵폭탄이 얼마나 치명적인지, 그래서 다시는 사용되어서는 안 되겠다는 점을 뼈저리게 인식했기 때문이다.

그리하여 제2차 세계대전 후 미국 이외 핵무기 보유국가가 7~8개국 더 증가했고 냉전기간 중 공산, 서방 양진영간의 핵무기 보유량도 엄청나게 증가했지만 핵무기가 그 이후 한 번도 사용된 적이 없었다. 즉 핵무기는 많이 생산하면 할수록 더 사용하지 못한다는 역설적인 '핵무기의 딜레마'를 태생적으로 안고 있는데, 이는 핵무기 보유국가들 사이에 핵무기로 인한 '공포의 균형'이 성립되어 아무도 이를 먼저 사용할 수 없게 되었기 때문이다.

핵무기를 먼저 사용할 경우 상대방의 보복공격을 받아 서로가 전멸한다는 인식이 확고했으며 이로 인해 국가간에 '억제(deterrence)기제'가 작동한 결과이다. 그럼에도 불구하고 핵무기를 계속 생산 보유한 것은 상대방의 핵탄두 수가 늘어날 경우 상대방이 일부라도 승리할 수 있다는 오판할 가능성이 있으므로 상호간에 확실한 파괴를 보장(MAD, Mutually AssuruedDestruction)하는 수준으로 핵무기 수를 같이 늘려가야 한다는 심리적인 요인이 작용한 결과이다.

제2차 세계대전 중 미국이 먼저 개발한 핵무기는 1964년까지 4개국이 추가로 핵무기를 보유하게 되어 핵 보유국들은 세계 5대 강국으로서 지위를 확실히 자리매김하게 된다. 그리고 이들은 1975년에 성립된 '핵무기 비확산조약(NPT)'에서도 핵무기 원보유국으로 인정을 받게 되고, 이들 국가 이외에는 핵무기가 확산되지 않도록 하는 NPT체제를 만들어 자신들의 지위를 여타국과 완전히 차별화하는 데 성공했다.

그러나 NPT에 가입을 거부하고 있던 인도와 파키스탄이 1998년에 핵실험을 감행해 NPT체제에 큰 충격을 가하면서 핵무기 보유국 대열에 동참하게 된다. 그리고 핵실험의 구체적인 증표는 드러내지 않았지만 이스라엘과 남아공이 핵무기 개발에 성공한 것으로 간주되었고, 핵 보유국 대열에 동참했다가 이후 남아공은 핵무기를 자진 폐기하게 된다.

이처럼 지난 60년간 핵무기가 다소 확산은 되었지만 대량살상무기가 합리적인 사고를 하는 국가의 수중에 있을 때에는 통제가 잘 되어 이로 인해 오히려 분쟁이 발생하는 것을 예방한 효과가 있었다는 점에서 순기능적인 측면도 있었다. 핵무기는 사용되지 않을 때에만 그 효용을 갖는다는 관점에서 보면 지난 60년간 역설적으로 역할을 충실히 한 셈이다. 즉 핵무기 등 대량살상무기는 합리적인 사고를 하는 동시에 전쟁의 참화로부터 보호해야 할 이익이 많은 국가의 수중에 있을수록 안전했던 것이다. 즉 이들 국가들일수록 핵무기를 심리적, 전략적 차원에서 보유했지 이를 사용할 가능성은 처음부터 적었던 것이다.

그러나 최근 들어 북한이 핵무기 개발을 마쳤다고 주장하고 있고, 이란도 핵무기의 보유를 주권적 사항으로 간주하고 핵개발을 하고 있어 핵무기의 확산은 현재도 진행중인 것으로 보아야 한다. 현재 이들 2개 국가 이외에도 핵무기 개발에 착수하면 단기간내에 핵무기 보유가 가능한 수준의 기술력을 가진 '핵 임계국가(nuclear threshold country)가 약 20여개 국에 이르는 것으로 추정되고 있다.

과거에는 핵무기가 증가되었어도 이는 주로 미국, 소련 양국간 군비경쟁으로 인한 수직적 확산이었음에 반해 이제는 핵무기가 그 외 다른 나라의 수중으로 퍼져 나가는 수평적 확산이 이루어지고 있다는 말이다. 이 같은 수평적 확산이 이루어지는데 큰 영향을 미친 것은 구소련의 해체인데, 구소련은 해체 이전에 방대한 양의 핵무기와 더불어 10만 명의 핵기술 인력을 전영토에 배치해 두고 있었으나, 구소련의 붕괴로 핵무기 인프라가 고스란히 신생 독립한 다수의 공화국으로 확산되는 현상이 발생했다. 물론 그 이후 이들 신생독립국의 핵무기를 러시아로 이관하는 협정이 체결되어 핵무기는 확산이 덜 되었지만 핵 기술은 확산되어 앞으로도 핵 임계국가의 숫자가 늘어날 가능성은 얼마든지 있다. 게다가 더욱 문제가 되는 것은 구소련의 핵 인프라가 국가뿐만 아니라 테러집단이나 인종집단, 범죄조직 등에도 넘어갔거나 갈 가능성이 있다는 점이다. 이들 집단은 앞서 말한 바와 같이 비합리적인 사고를 하는데다가 상대편의 보복공격으로 인해 잃어야 할 이익이 많지 않은 집단이므로, 핵무기사용의 유혹을 느낄 수 있다는 점에서 사태는 훨씬 더 심각해질 것이다.

그리고 국가의 경우에는 핵무기를 선제 사용하려고 해도 국가간의 긴장이 고조되고 한 쪽이 먼저 군대를 동원하고 경계령을 내리고 하는 사전준비 과정을 하게 마련이므로 이런 과정에서 징후가 포착되어 위기를 회피하려는 노력이라도 시도해 볼 수 있지만, 테러나 범죄 집단이 사용할 경우에는 사전 이러한 징후도 포착할 수 없다는 데 사태의 심각성이 있다.

이러한 맥락에서 핵무기의 수평적 확산, 특히 예측 불가능한 소수집단에 의한 핵무기 등 대량살상무기의 보유라는 사실은 핵무기에 대한 기존의 이론은 물론 국제 안보환경 자체를 근본적으로 변화시키고 있다. 즉 더 이상 핵무기가 사용되지 않아야 더 효용을 가진다는 역설적 효용론이나 억제이론은 통하지 않게 되고 핵무기가 언제라도 사용 가능한 실제 무기가 되었다는 점이다. 그리고 5~7개국의 공시된 국가들에 의해 핵무기가 보유되고 있으면, 이들 국가간의 상호견제와 감시가 가능하며 대량살상무기의 확산도 NPT나 BWC, CTC와 같은 핵무기, 생물무기, 화학무기 비확산 담당체제를 통해서 규율이 가능했다.

그러나 수평적 확산이 이루어지면서 그것도 대량살상무기를 누가 보유하고 있는지도 모르는 상황이 발생하는 것은 국제안보 정세를 대단히 불투명하게 만들 뿐 아니라 혼란스럽게 만들게 되는 것이다. 즉 핵무기 등 대량살상무기는 그 치명적인 파괴력으로 인해 보유국가에게 일종의 비토권을 부여하게 마련인데 이는 이들 국가가 극구 반대하는 정책 및 안보상황은 아무리 다수의 다른 국가들이 원하더라도 만들 수 없음을 말하는 것이다.

왜냐하면 이들 국가들이 최후에는 핵무기를 사용한다는 옵션을 갖고 있기 때문에 자국에 사활적인 이해가 걸린 문제에서는 절대 양보를 하지 않을 것이기 때문이다. 그런데 이제는 국가가 아니고 어떤 집단이 대량살상무기로 인해 이러한 비토권을 갖게 되면 국제사회는 다시 '만인에 의한 만인의 투쟁'이 이루어지는 홉스식 사회로 되돌아가게 되는 것이다.

이러한 새로운 상황의 도래에 대해 미국이 먼저 제일 민감한 반응을 보이며 대응조치를 취했는데, 그 이유는 가장 먼저 피해를 볼 가능성이 많은 나라이기 때문이다. 미국은 이에 대해 먼저 선제 공격이론을 개발하는데 이는 테러집단 등이 대량살상무기를 가지고 공격을 준비하고 있어도 사전에 이를 알아낼 가능성이 없으므로 테러집단 등이 공격의사를 가지고 군사력을 구축하는 기미가 보이기만 하면 이를 먼저 찾아가서 타격을 가한다는 이론이다.

부시 대통령은 이처럼 변화한 안보환경에서 과거 냉전시대의 안보이론인 '억제이론'과 '봉쇄정책'이 제대로 적용되지 않을 것이라는 점을 지적했다. 즉 부시 대통령은 9·11 이후 여러 연설에서 "'억제(deterrence)'는 지켜야 할 국가나 보호해야 할 시민이 없는 그늘 속의 테러집단에게는 아무런 의미가 없으며 '비확산(non-proliferation)'도 대량살상무기를 은밀히 테러집단에게 넘기는 독재자들이 있으면 가능할 수가 없다는 점을 알아야 한다. 그러므로 우리는 테러가 우리에게 발생하고 난 후 이를 격퇴하는 능력만으로 우리 안전을 확보하지 못한다"고 설명했다.[98]

98. Ivo Daalder and James Steinberg, "The future of Preemption", American Interest 2005. Winter p. 33

이에 따라 미국은 '억제이론' 대신 '선제공격(preemptive strike)이론'을 '비확산이론' 대신 '반확산(counter proliferation)이론'을 주장하게 되며, '선제공격' 이론에 따라 미군의 편제를 신속대응능력을 강화시킨 방식으로 바꾸며 특히 다수의 스트라이커 여단을 운용하게 된다.

그리고 '반확산이론'에 따라 대량살상무기나 그 운반수단의 밀거래가 이루어지는 것을 차단하기 위해 해상 등에서 혐의가 있는 선박 등을 강제로 세워 검색할 수 있는 국제협력체제인 '확산방지구상'을 설립한다.[99] 그리고 미국이 유엔을 주도적으로 창설할 무렵과 그 이후 동·서 양 진영간의 냉전구도가 명백할 때는 '집단안보(collective security)이론'이 적용 가능했으나 지금과 같이 적의 실체가 불명확할 경우 집단안보이론을 적용해 모든 국가를 동일한 군사행동에 동원한다는 것이 불가능하거나 장시간이 소요되므로 긴급한 행동을 요할 때는 독자적으로 군사행동을 해야 한다는 '일방주의 이론'을 주장하게 된다.

또한 미국은 '확산방지구상'에 참여하는 국가들과는 효과적인 군사력을 동원해 잠재적인 적이 대량살상무기를 추구하거나 사용하는 것을 억제해야 하므로 정보공유, 감시, 차단, 국내법 집행능력 강화 등을 통해 억지능력을 향상시켜야 한다고 생각하고 있다. 따라서 미국의 미래 동맹은 냉전시대처럼 고정된 형태가 아니라 '확산방지구상'과 같은 동일한 정책목표를 공유할 수 있는 나라들과 '임의의 연합(Coalition of the Willing)'이나 '수시동맹(AdHoc Alliance)'을 구성하는 것과 같이 유연하게 작동될 것으로 예상된다.[100]

그리고 미국은 여태까지는 '사용되지 않아야 그 효용성을 발휘한다'는 핵무기의 역설'을 더 이상 지지하지 않고 전략적, 심리적 균형을 유지하기 위

---

99. 부시 대통령이 2003년 5월 31일 폴란드 크라코우 시에서 PSI 출범 필요성을 처음 발표했다.
100. The White House, *National Strategy to Combat WMD*(Dec, 2002)

해 보유만 해오던 핵무기를 전술적, 군사적 목적으로 실제 사용하기로 정책을 변경하게 된다. 즉 미군은 소위 불량국가(rogue state)나 악의 축(axis of evil) 국가 또는 테러집단 등이 대량살상무기를 지하기지 등에 은닉하고 저항을 계속할 때에는 지하기지 등을 파괴하는 능력을 가진 전술핵무기인 벙커버스터(bunker buster)를 사용하겠다는 의지를 밝혔다. 그리고 이러한 전술핵무기의 성능을 시험하고 개량하기 위해 핵실험을 할 수도 있다는 입장을 보이고 있어, 지난 30년 이상 핵무기 확산을 억제해 온 비확산체제를 미국이 스스로 뒤흔든 셈이 되어 NPT체제의 앞날도 불투명하게 만들고 있다.

미국이 이처럼 제일 민감한 대응을 보이고 있지만은 사실 대량살상무기의 확산은 미국만의 우려가 아니고 전 세계 인류에게 심각한 위협이 되고 있다. 사실 핵무기를 비롯한 대량살상무기는 그 피해의 참혹상으로 인해 없어져야 할 무기로 인식되어 왔고, 냉전종식으로 미국의 지원으로 구소련 내의 핵무기가 상당수 해체되는 과정을 거치는 등 20세기 말만 해도 대량살상무기는 없어지는 방향으로 나아가고 있었다.[101]

그러나 9·11 이후 불량국가에 의한 대량살상무기 확산 가능성으로 인해 그리고 핵무기 등 대량살상무기 개발 기술의 보편화 등으로 인해 대량살상무기의 수평적 확산 가능성은 훨씬 높아진 것은 사실이다. 게다가 이에 대응한 미국의 일방적 조치들은 핵무기의 비확산 체제 자체를 동요하게 만들고 있어 국제안보환경은 더욱 악화될 개연성이 많아 보인다.

이렇게 되면 국제안보환경은 다수의 주체들이 비토권을 가지는 현상이 발생하게 되고 극단적으로는 기존의 재래식 군사력은 별 의미가 없는 상황이 도래하게 된다.

---

101. 미국은 1995년 Nunn-Lugar 법을 제정해 러시아를 비롯한 구소련의 일원이었던 국가들이 보유 핵무기나 화학무기를 폐기할 경우 이에 대한 재정적 지원을 제공했다.

이러한 상황은 국제안보질서에만 영향을 미치는 것이 아니라 정치·경제 질서 전반에 파급효과를 미치므로 기존의 질서에 적응하고 있는 국가들에게는 불리하게 작용할 것이다. 그러므로 자유·개방적인 국제질서를 선호하는 국가들, 특히 우리나라와 같이 대외교역에 주로 의존해 경제를 운영하는 국가들은 대량살상무기 확산을 적극적으로 저지해 나가야 한다.

과거 냉전시대 비확산 체제에서도 그러했지만 앞으로 반확산 체제 아래에서도 중견국가들이 체제의 실효성을 확보하기 위해 보다 적극적인 역할을 해야 할 것으로 보인다. 핵을 보유한 대국이나 대량살상무기가 확산되어 나갈 대상인 소국 또는 테러집단 등은 이러한 안보환경의 변화로 국제사회에서 자신의 위상이 하락할 이유는 없다.

그러나 중견국가의 경우 위상의 하락뿐만 아니라 소국이나 테러집단의 비토권 행사에까지도 가장 취약하므로 힘을 합쳐서 반확산 체제가 잘 가동되도록 노력해야 한다. 물론 반확산 체제가 잘 작동하기 위해서는 미국의 일방주의적 정책들도 완화되어야 하고 지금의 NPT체제도 개선해야 하며 또한 미국이 주도적으로 취하고 있는 반확산 조치들이 현재로서는 유효한 정책들이므로 이를 지지하는 것도 필요하다. 그리고 장기적으로는 미국의 일방주의적 정책이 아니라 국제적 합의를 통해서 새로운 반확산 레짐을 만들어 나갈 수 있도록 중견국가들이 공동노력을 기울여야 할 것이다.

# 4. 에너지 자원 쟁탈전

에너지가 국제무대에서 주목받는 변수로 등장한 것은 1973년 1차 오일쇼크가 전 세계를 강타했을 때였다. 그 이전만 해도 석유는 같은 양의 생수 1병 값보다 훨씬 싼 가격에 공급되고 있었으므로 물보다 귀하다는 인식이 거의 없었으나 오일쇼크로 석유가격이 몇 배나 폭등하고 그 결과 자원빈국이면서 에너지 다소비국인 일본과 한국과 같은 나라들이 큰 타격을 받으면서 에너지가 국제정치의 중요한 변수이자 산유국에게는 전략무기가 될 수 있다는 인식이 새겨지게 되었다.

저명한 국제정치학자이며 현실주의자인 한스 모르겐소 교수는 "제1차 오일쇼크는 국제정치에서 군사적 권력이 천연자원을 기반으로 한 경제적 권력과 분리되는 인류역사상 미증유의 사건"이라고 규정했다.[102] 1, 2차 오일쇼크는 자원생산국인 중동이 정치적 자각을 하게 되고 서로 단결하면서 공급자간의 담합으로 인한 가격상승으로 발생한 반면, 앞으로 다가올 오일쇼크는 석유생산량에 비해 전 지구의 석유소비량이 급속히 증가함으로 인해 과잉수요에 의해 촉발되리라는 점에서 그 성격이 근본적으로 다를 것이다. 따라

---

102. 김석환, 「한국 외교 '상상력의 시대'」, 중앙일보 2006. 1. 14 칼럼

서 이제까지는 석유공급국들이 생산량을 조절하면 수요를 충족시키는 데 문제가 없었기 때문에 본격적인 위기가 도래하지 않았으나 앞으로는 지속적인 수요증가로 인해 만성적인 공급부족 현상이 발생해 각국간의 에너지 자원 쟁탈전이 심각해질 것이다. 에너지 자체가 각국의 산업과 경제를 가동시키는 원동력이기 때문에 이를 확보하지 못하면 각국의 경제가 마비되는 것은 자명한 일이므로 에너지 확보는 각국의 안보와 직결되는 사안이 된 것이다. 따라서 앞으로 에너지 자원 쟁탈전은 자칫하면 각국간의 총력전으로 전개될 가능성이 많고, 결국 에너지 확보 경쟁은 국제안보의 중대한 불안요인으로 작용할 것이다.

이러한 에너지 쟁탈전의 도래를 예고하는 결정적 요인은 중국, 인도, 브라질과 같은 신흥공업국의 등장이다. 이들 국가들은 새로이 건설되는 자국의 산업시설에 공급할 에너지가 필요할 뿐만 아니라 최근 경제성장으로 인해 자국 국민들의 소비수준이 향상되자 이들이 사용하는 난방 및 수송 목적의 에너지 수요가 급격히 증대하고 있다.

그래서 이들 국가들은 장래에 대비해 에너지 자원을 확보하는 데 혈안이 되어 있는 것이다. 중국은 불과 20여 년 전만 해도 석유수출국이었으나 그 이후 경제개방이 가속화되면서 석유 소비가 급속도로 증가해 이제는 미국에 이어 세계 2위의 석유수입국이 되었다. 그리고 2002년에 석유수입 의존도가 38%에 불과하던 것이 2020년경에는 77.6%로 대폭 확대될 것이라는 전망이 나오고 있다.[103] 중국이 에너지 자원 확보에 총력을 기울이고 있는 이유를 중국의 에너지 전문가는 "에너지 생산량의 증가속도가 경제성장률을 넘어서도록 하는 것이 가장 큰 과제이다. 지난 5년 사이 중국의 경제성장

103. 「에너지 대국 국제무대 흔든다」, 중앙일보 2006. 1. 11

률은 연 평균 9%였지만 에너지 소비증가율은 11%였다. 앞으로 15년 뒤에는 에너지 소비량이 지금의 2배로 늘어난다. 이대로 가다가는 에너지가 부족해 경제성장이 멈출지도 모른다"고 설명한다.[104] 이처럼 앞으로 닥쳐올 에너지 부족현상에 대해 강박관념을 가지고 있는 중국은 에너지 확보를 위해 주변 국과 다소의 마찰이 생겨도 개의치 않을 정도로 에너지 확보에 사활적 이익을 걸고 있는 것처럼 보인다.

그리고 미국의 에너지 과소비 풍조도 이러한 에너지 쟁탈전 도래에 한 몫을 하고 있다. 미국 인구는 전 세계인구의 4%에 불과한데도 전 세계 에너지 소비량의 4분의 1을 소비하고 있으며, 계속 소비가 늘어나고 있어 문제를 더욱 심각하게 만들고 있다. 이러한 과소비 풍조로 인해 미국의 수입석유 의존도는 1980년 37%에서 1991년 걸프전 당시 45%로 증가했으며, 2002년에는 55%로 상승했고, 2020년에는 그 의존도가 66%에 육박할 것으로 분석되고 있다. 1차 오일쇼크 이후 유럽 국가들의 중동 석유의존도는 20% 정도 감소한 것과 비교하면, 미국은 의존도가 오히려 높아지고 있다.[105]

이러한 과소비 현상을 빗대어 미국의 부시 대통령도 2006년 연두교서에서 "미국은 석유에 중독되어 있다"는 표현을 사용했으며, 이러한 에너지 과소비 현상을 시정한다는 목표가 2006년 연두교서의 주요내용으로 되어 언론의 헤드라인을 장식할 정도이다.

이처럼 에너지 소비가 증가하면서 에너지 자원 쟁탈전이 불가피할 것처럼 보이는데 에너지 자원 쟁탈전이 국제안보에 심각한 안보위협요인이 되는 것은 에너지 쟁탈전은 그야말로 제로섬게임의 성격을 가지기 때문이다.

---

104. 「세계는 자원전쟁중」, 중앙일보 2006. 1. 26
105. Micheal Klare, Resources War(New York, Metropolitan Books, 2001) pp. 1~5 이상현 편, 『신세계질서와 동북아 안보』, (서울, 세종연구소 2004) p.45 재인용

앞으로 30여년 이내에 획기적인 대체 에너지원이 개발되지 않는 한 에너지자원은 쟁탈전이 전개될 수밖에 없는 것이다. 마치 19세기말 제국주의가 팽창할 당시 열강들이 식민지 영토를 먼저 차지하려고 각축을 벌였던 것과 마찬가지로 앞으로는 에너지 자원개발권을 누가 먼저 선점하느냐를 둘러싸고 한 치의 양보도 없는 경쟁이 벌어질 것이다.

또한 에너지 자원 보유국들도 에너지 자원을 자국 외교를 위한 전략무기로 활용하는 자원민족주의를 펼치고 있어 상황을 더욱 어렵게 만들고 있다. 앞으로 전개될 에너지 자원 쟁탈전은 이 쟁탈전에서 패배할 경우에는 자국의 성장엔진을 멈추어야 하는 것 이외 달리 대안이 없으므로 그 경쟁은 그야말로 총성 없는 전쟁처럼 치열할 것이다.

미국은 미국의 중동 석유수입 의존도가 높아짐에 따라 만일의 경우 위험을 분산시키기 위해 페르시안 걸프지역 이외 지역으로 수입선을 다변화하기 위한 노력을 기울이고 있는데, 일명 체니 보고서로 불리는 2001년 5월 간행된 '국가 에너지 정책개발 보고서'에서 특히 카스피해 지역의 석유자원 확보의 필요성을 강조했다. 이에 따라 미국은 테러와의 전쟁을 빌미로 이 지역의 아제르바이잔, 그루지야, 카자흐스탄, 우즈베키스탄 등에 미군을 주둔시키고 군사원조와 훈련지원을 제공하며 유대를 강화하고 있다. 이 같은 미국의 움직임은 중앙아시아에서 힘의 역학구도에 큰 변화를 초래해 이 지역에 기득권을 가지고 있던 러시아와 중국의 반발을 초래하고 있다.

중국은 나름대로 이러한 상황이 도래하리라는 걸 미리 간파하고 지도부까지 나서서 에너지 확보를 위해 상상을 뛰어넘을 정도로 광범위하고 적극적인 노력을 전개 중이다. 중국 지도부는 중앙아시아는 물론, 남미·아프리카 등 새로운 자원시장이 있는 곳이면 어디든지 달려가 자원을 확보하기에 혈안이다. 그리고 사우디아라비아와 이란 등 기존의 산유국과도 장기 원유

도입 계약을 새로이 체결하고 있으며, 실무선이 아닌 후진타오 주석이나 원자바오 총리 등 국가정상급이 외교에 직접 나서고 있다.

2004년만 해도 후진타오 주석은 아프리카 산유국인 가봉과 알제리, 남미의 브라질, 그리고 우즈베키스탄과 카자흐스탄 등을 잇달아 방문해 자원 확보 외교를 펼쳤다. 그리고 2005년에는 러시아와 카자흐스탄을 다시 방문해 송유관 건설문제를 협의했으며, 베트남에서 유전 개발권을 확보하고 캐나다와 샌드오일 개발에 합의하는 등 전 세계 방방곡곡을 누빈다는 표현이 딱 들어맞을 정도로 열심히 움직였다.

그리고 2006년 초에 볼리비아 유전개발권을 확보하고 사우디아라비아와 에너지 공동개발 포괄협정을 체결하는 등 발 빠르게 움직이고 있다. 특히 사우디아라비아와 포괄 협정 체결은 주로 사우디아라비아에서 많은 양의 원유를 수입하는 미국 등 다른 국가들에게 경각심을 불러일으키기에 충분했다. 이러한 노력의 결과 중국은 석유수입국으로 전환한 1993년 이후 세계 19개국에서 34건의 해외자산을 매입했다.[106]

이러한 중국의 행보에 대해 미국과 일본의 견제도 만만치 않다. 원래 경제에서 자유 경쟁의 원칙을 지지하는 미국은 외국기업이 자국의 기업을 인수하더라도 전혀 상관을 하지 않는 입장을 보여 왔으나 2005년 중국의 국영 석유회사가 미국의 석유기업인 유노컬을 인수하려는 것을 장래 국가안보를 위협하는 거래의 시초가 될 수 있다는 관점에서 결국 저지했다.

일본은 나름대로 동중국해 가스전 개발, 시베리아 송유관 노선을 두고 중국과 치열한 경쟁을 벌이고 있다. 2004년 무렵 러시아는 시베리아 이르쿠츠크 유전에서 생산되는 원유의 주 수입시장을 일본으로 보고 시베리아 송유

---

106. 「세계는 자원전쟁중」, 중앙일보 2006. 1. 26

관 노선을 이르쿠츠크—극동의 나홋카 항으로 연결하려 했다.

이것은 당초 동 노선이 중국의 다칭으로 연결되어 중국에 원유를 공급하려는 계획에서 대폭 선회하는 것인데, 이는 일본이 집요한 에너지 외교를 정상급에서 펼친데다 송유관 건설에 소요되는 비용 중 약 70억 달러를 지원하겠다는 의사를 표시했기 때문이다. 이러한 러시아 측을 되돌리기 위해 중국은 집요한 외교적 노력을 전개한 결과 러시아는 다시 이 노선을 중국을 경유하는 것으로 변경 발표했다. 이러한 계획변동의 이면에는 단순한 경제적 이익문제를 넘어선 외교 전략적 계산이 작용한 것으로 보인다.[107]

처음에 러시아는 단순히 중국을 최대수요처로 생각하고 중국을 경유하는 노선을 고려했으나 중국의 국력신장에 따른 심리적 압박감과 실제로 송유관 건설을 위한 재원조달 문제 등에서 일본과 손을 잡는 것이 유리하다는 판단을 했을 수 있다. 그리고 송유관과 같이 건설하기로 한 천연가스관의 경우 일본이나 한국의 천연가스 수요량이 당분간 중국에 비해 훨씬 많을 것이므로 나홋카 쪽으로 송유관을 건설하는 것이 자국에 유리하다는 판단을 했을 것이다.

그러나 그 이후 해양세력인 미국과 일본간의 동맹관계가 기대 이상으로 긴밀해지자 러시아는 대륙세력간의 결속이 필요하다는 외교 전략적 판단을 다시 내렸을 수 있고, 이 같은 판단이 송유관 노선 조정에 다시 영향을 미쳤다고 볼 수 있다. 이는 송유관 노선변경과 비슷한 시기에 러시아와 중국이 사상 최초로 합동군사훈련을 하면서 상륙전 연습까지 한 것과 묘하게 시기적으로 일치한다는 점을 되새길 필요가 있다. 이 시베리아 송유관 노선 변

---

107. 러시아 동시베리아 송유관 건설을 둘러싼 중국과 일본간 경쟁과 러시아의 입장 번복 과정에 대한 상세한 진술은 이유신의 「동시베리아 송유관 노선 정책결정에 대한 비판적 고찰」, 국가전략(세종연구소) 2005년 11월 4호. pp. 100~123 참조

동과정에서 보듯이 중국과 일본간의 에너지 확보경쟁은 치열하게 전개되고 있으며, 러시아는 자국의 에너지를 자국의 전략적 이해관계에 부합되게 최대한 활용하려고 하는 점을 여실히 알 수 있다.

앞으로 중국과 더불어 에너지 소비대국으로 부상할 인도의 경우도 자원확보 경쟁에 뒤늦게나마 본격적으로 뛰어들어 에너지 쟁탈전을 더욱 뜨겁게 달구고 있다. 인도는 국영 석유천연가스공사(ONGC)가 나이지리아 유전개발에 2005년 12월 20억불을 제시해 낙찰이 유력시되었으나 막판에 중국의 참여로 밀린 경험을 갖고 있다. 즉 에너지 자원 확보를 위한 출혈경쟁을 할 경우 두 나라는 모두 손해라는 인식 아래 과당경쟁을 자제하기로 합의했으나, 앞서 말한 것처럼 에너지 쟁탈전의 제로섬게임 성격을 감안할 때 이 합의가 얼마나 지속될 수 있을지는 지켜봐야 할 것이다.

에너지 자원 쟁탈전을 더 심각하게 만드는 것은 자원 보유국의 자원 민족주의 경향과 자원의 전략무기화 개념이다. 이전에 자원은 단지 하나의 수출품이자 외화 가득원으로서만 가치를 가지고 있었으나, 이제는 에너지 자원을 자국의 국가권력의 통제 아래 두면서 가급적 자국의 외교 전략에 최대한 부합하는 방향으로 사용하려 하고 있다. 즉 에너지 자체가 외교 전략의 한 요소로 격상된 것이다.

그러므로 에너지로 인해 국가간 관계가 더 결속되기도 하고, 국가간 갈등이 더 첨예하게 되기도 할 것이다. 즉 여태까지 미국에게 제약 조건 없이 원유를 공급해 주던 사우디아라비아와 쿠웨이트마저도 이제는 에너지를 자국의 외교관계를 조절하는 레버리지로 사용하려고 하고 있다. 그 일례로 사우디아라비아 왕세자는 2004년 1월 부시 대통령의 크로포드 목장에 초대되어 환대를 받았으나, 석유가격 인상을 막기 위해 미국이 요청한 석유 증산 요청을 거부했다. 반면 2006년 1월 중국을 방문해 중국과는 장기 에너지 공급

협력 협정을 체결해 미국을 자극하게 된다.

핵무기 개발의혹을 받고 있는 이란도 앞으로 최소한 88년간 퍼올릴 수 있는 석유 매장량을 무기로 미국과 유럽을 이간하면서 자국에 가해지는 국제 제재 압력을 피해나가려 할 것이다. 그리고 하루 300만 배럴의 생산량을 가진 베네수엘라의 차베스 대통령은 자원민족주의를 강력히 주장하며 베네주엘라 석유회사를 국영형태로 변경했으며, 인근 남미의 우호국가들에게는 국제 시세 이하로 석유를 공급하기도 하는 등 상품으로서 석유가 아니라 외

※러시아 시베리아 송유관 예정 루트 후보

교전략 무기로서 석유의 효용성을 과시하고 있다. 이러한 베네수엘라의 국영화 조치는 볼리비아 등 여타 남미국들에게도 영향을 미쳐 에너지사업의 국영화 조치가 남미에서 연쇄적으로 일어나게 할 가능성이 있다.

러시아도 에너지 분야 사업을 민영화하자 이를 이용해 단숨에 재벌기업이 된 유코스사를 견제하기 위해 이 회사의 회장까지 구속하면서 유코스사가 보유한 유전 및 가스전 개발권을 가스프롬이라는 국영회사의 수중으로

일원화시키는 작업을 진행했다.

카자흐스탄 정부도 2005년 법을 개정해 모든 광구의 지분에 대한 양수, 양도가 이루어질 때는 정부가 우선 매입권을 행사할 수 있도록 했으며, 예멘정부도 외국회사가 개발권을 가지고 운영하던 마리브 유전의 생산권을 국영 석유업체 SEPOC에게로 환수했다.

이처럼 에너지 자원 보유국의 자원 민족주의와 자원소비국의 자원 쟁탈전이 함께 어우러지면서 세계 에너지 시장질서는 더욱 불확실해질 것이며, 이러한 과정에서 어느 특정 강국의 에너지 수급에 결정적인 애로가 발생하게 되면 이 나라는 필사적인 반응을 보일 것이고, 이는 결국 국제안보의 커다란 위협요인으로 등장할 것이다.

그리고 에너지 안보 위기를 더욱 심화시킬 우려가 있는 요인으로는 테러집단들이 석유관련 시설에다 테러 공격을 가할 수 있다는 사실을 들 수 있다. 이슬람 근본주의자들 및 알 카에다와 같은 테러조직들은 중동 지역의 친서방적인 산유국의 정유시설을 공격함으로써 해당국의 국내정세 불안을 유발할 뿐 아니라 서방세계에 대한 간접공격을 기할 수 있다는 일거양득을 노리고 있다.

사실 알 카에다는 그동안 "무슬림의 보물(석유)을 훔쳐가는 송유관과 정유시설을 공격하라"는 지령을 이미 내렸다고 한다. 그로 인해 2006년 2월 25일 알 카에다는 그 산하조직인 '아랍반도 조직' 명의로 된 웹사이트 성명을 통해 "오사마 빈 라덴 군대가 압카이크 원유정제 공장을 공격했다"고 밝혔다. 이어 "신의 뜻과 당신들을 즐겁게 할 일들을 보게 될 것"이라며 추가 공격을 예고했다.[108]

---

108. Paul Rahe, *River War*, James Muller ed., *Churchill as Peacemake*(Cambridge Uni. Press)

이처럼 테러집단들은 유전, 정유시설, 송유관 등 석유 관련 시설들을 테러목표로 삼고 있으나, 시설이 너무 거대하고 노출되어 있어 실질적으로 테러위협으로부터 방어하는 것은 거의 불가능에 가깝다. 반면에 이들 시설들이 일단 공격을 받으면 단기간 복구가 쉽지 않아 단 한번의 타격으로도 세계경제 전반에 큰 타격을 입힐 수 있다는 점이 더욱 우려스럽다.

이처럼 에너지는 기본적으로 수요와 공급이 불안정한 상태에 있는데다가 에너지 보유국들이 에너지를 전략무기화해 사용하려 함으로써 국가간의 에너지 확보경쟁이 더욱 치열하게 전개되도록 만들고 있다.

게다가 중동 지역의 정세가 불안해 언제라도 이 지역이 분쟁에 휩싸여 석유생산시설이 파괴되면 이를 복구하는 데 장기간이 소요될 것이므로 에너지 위기를 더욱 고조시킬 것이다. 그리고 테러집단들은 에너지 생산 및 운반시설을 타격할 경우 그 파급효과가 엄청나게 크다는 것을 알기 때문에 이를 공격할 가능성이 항상 존재하고 있다. 이런 모든 점을 고려해 볼 때 에너지를 둘러싼 각국간의 경쟁은 자칫하면 각국간의 대결로 치달을 수 있는 위험성을 항상 내포하고 있다고 보아야 한다.

# 05

한국외교의 선택, 갈 길은 바로 이 길이다

# 1. 기본적 접근방법

21세기는 20세기와 확연히 다른 분위기와 면모를 보여주고 있으며, 지금은 이러한 21세기의 새로운 질서를 모색하기 위한 과도기이다. 21세기가 시작되던 무렵, 인류는 상당히 낙관적인 전망을 하는 가운데 새 천년을 맞이했다. 그러나 불과 몇 년 사이 그러한 낙관론은 간데 없고 지금은 어디서든 낙관적이고 이상주의적으로 국제정세를 전망하는 소리를 들어볼 수 없게 되었다.

2001년 9·11 테러공격 이후와 그 이전을 비교해 보면 그 짧은 시간 안에 국제정세를 보는 시각과 전망이 얼마나 달라졌는지를 실감할 수 있다. 9·11 테러공격은 그동안 축적되어 왔던 갈등의 표출인 동시에 앞으로의 국제정세 변화를 예고해주는 표지가 될 것이다. 그래서 일각에서는 인류역사의큰 분기점을 Before Christ와 After Christ라고 구분하듯이 앞으로는 Before(9·11) Crisis와 After (9·11) Crisis로 구분해야 한다는 주장을 할 정도이다.

20세기가 미국이 체제 우월성을 바탕으로 주도권을 가지고 국제기구 등을 창설함으로써 구조적으로 국제질서를 지배해 왔던 팍스 아메리카나 시대였다면, 21세기에는 상당 기간 동안 미국이 초강대국으로 지배권을 행사하겠지만 미국의 국력이 여타국과 비교할 때 상대적으로 약화되는 힘의 재분배가 이루어지는 다극체제로 변환될 것이다. 따라서 21세기는 20세기와는 달리 정형화된 국제기구나 동맹을 통해서 국제질서가 규율되는 것이 아니라, 각국들이 당면한 시점에서 자국의 국가이익이 명하는 바에 따라 기존 우호관계를 변경하기도 하고 새로운 협력관계를 수립하기도 하는 상당히 신축적인 세력균형의 시대로 진입하게 될 것으로 전망된다. 더 이상 각국을 어느 한 진영으로 몰아넣는 이념의 대결도 없어지고 국제기구를 통해 세계정부를 수립할 수 있다는 이상주의적 세계관도 쇠퇴하면서, 각국은 특정 이념이나 세계관에 구속됨 없이 자국의 이익에 최대한 부합하는 방향으로 자국의 외교정책을 유연하게 조정해 나가는 것이 현명한 시대가 다가오고 있다.

그리고 20세기까지는 국가간의 관계에서 정치, 군사관계가 우선적으로 고려되고 지배적인 요인이 되었으나, 앞으로는 정치, 군사관계와 경제관계가 서로 분리되어 각기 다른 동력으로 움직일 가능성이 많기 때문에 국제관계는 더욱 복잡해질 것이다. 즉 과거에는 정치, 군사관계에서 적대적이거나 비우호적인 국가간에는 경제관계에서도 교류와 협력이 거의 이루어지지 않았으나, 이제는 이 두 분야간에 상관관계가 없이 별도의 관계를 형성해 나가는 것이 일반화될 것이다. 이러한 현상이 벌써 주요 강대국간에는 현실화되고 있는 것을 다음 표를 보면 잘 알 수 있는데, 주요국간에는 새로운 국제질서의 변화에 대응해 복잡한 합종연횡의 짝짓기가 시도되고 있는 것이다.

즉 다시 말하자면 지금은 국제질서를 형성해 오던 기반들이 변화하고 있는 혁명적인 과도기인 것이다. 과거에 고정적으로 보였던 것이 유동적으로 변하고 지속될 것만 같았던 것이 무너져 내리고, 없던 곳에서 새로운 것들이 솟아오름으로써 국제사회의 지형이 변모하고 있다. 이러한 상황에서 주요국들은 이미 발 빠르게 새로운 변화에 대한 대응에 나서고 있는데, 미국은 9·11 테러 공격 이후 참으로 많은 국내정책과 외교정책을 변경시켰으며 자국의 군대 및 행정부의 조직도 대대적으로 개편했다. 그리고 일본과 중

※주요국간 전략 관계도, 조선일보 2006. 3. 8

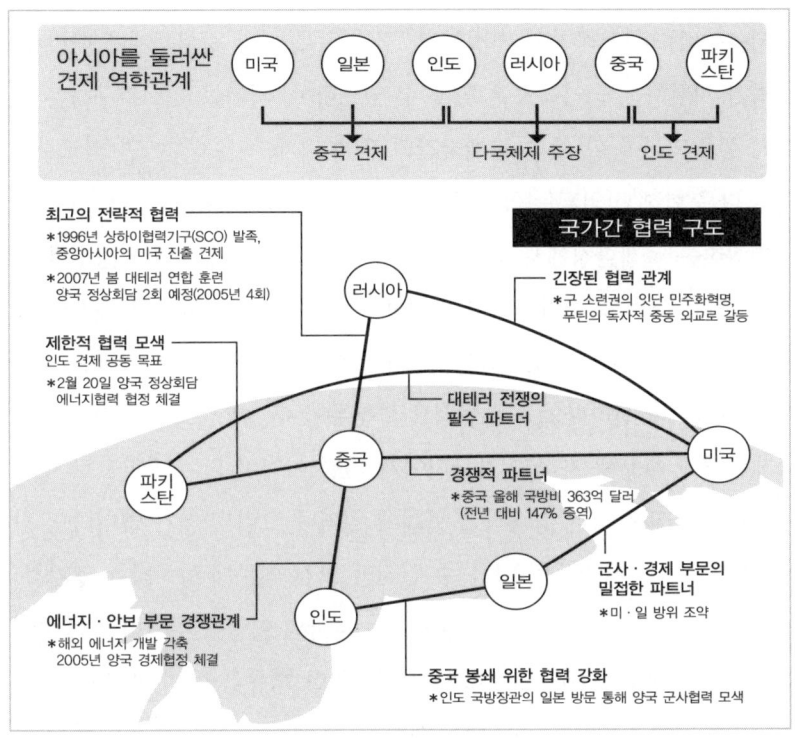

국, 러시아도 새로운 환경에 대응해 장기적인 정세전망을 내다보고 자국의 대외관계를 조정해 나가고 있는 것으로 보인다.

모든 것이 유동적인 이러한 과도기나 앞으로 닥쳐올 세력균형 체제 아래에서는 과거 중국의 춘추전국시대에 손자가 설파했듯이 상당히 유연한 외교·안보전략을 요구한다. 손자는 "가장 강한 전략이란 미리 정해진 형태가 없다"고 했다. "그것은 어디에서도 존재하지 않고 어디에도 존재하지 않는다는 사실 때문에 적이 이를 미리 알아내어 공격할 수 없다"는 말이다.[109] 그

---

109. 손자, *Art of Warfare*(New York, Modern Libary, 2000) p. 91

리고 국가이익이라는 것도 항상 고정적으로 정해져 있는 것은 아니다. 물론 앞서 고찰한 어느 국가의 지정학적, 경제적 특성 및 정치체제에 따라서 그 나라가 지향하는 국가목표는 있을 수 있으나 이 국가목표를 추구하는 과정에서 동원되어야 할 주변 관계국간의 관계 자체가 유동적이면 외교관계까지를 다 포함해 정의되는 국가이익 자체도 가변적일 수밖에 없다.

변화하는 국제환경에서 모든 국가의 행동준칙은 유연성과 기동성에 두어져야 한다. 그리고 도덕주의적 관점보다는 현실주의적이고 실용적인 관점을 항상 유지해야 국가의 실리를 보장할 수 있다. 국가들은 엄격한 의미에서 악하다거나 선하다고 이분법적으로 분류할 수 없다. 모든 국가는 당면한 국제환경에 대응해 자국과 자국민에게 가장 이익이 되는 방향으로 행동하게 되며, 이 과정에서 경쟁적인 관계에 있거나 그런 관계가 없더라도 간접적 피해를 입는 국가들이 있을 수 있지만 그것 때문에 악하다는 평가를 할 수는 없다. 국가간에는 이처럼 끊임없이 자국의 이익을 추구하는 과정에서 때로는 선한 행동을 하기도 하고 때로는 악한 행동을 할 수밖에 없는 것이다. 이런 맥락에서 어느 국가를 '선한 제국'으로 기대하거나 어떤 국가를 '악의 제국'으로 일방적으로 매도하는 것도 현실적인 접근법은 아니다.[110]

국제환경이 이처럼 근본적으로 변화하고 있을 뿐 아니라 동북아 질서 자체도 본격적인 재편과정에 들어간다고 보아야 하므로 분단국가로 위치하고 있는 우리에게는 국제관계, 동북아관계 그리고 남북한 관계를 한꺼번에 조망해 대응해야 하는 고난도 과제가 주어져 있는 것이다. 그러므로 우리는 더욱더 유연하고 기동성 있는 전략적 사고를 해나가야 하며, 이를 통해 국가이익을 수시로 점검하면서 외교·안보전략을 조정해 나가야 할 것이다.

---

110. Robert Kaplan, Warrior Politics, pp. 88~89 참조

또한 우리는 능동적으로 운명을 개척해 나가야 한다는 점이다. 19세기말 우리의 선조들이 국제정세의 변화를 미리 예리하게 읽지 못하고 개화와 수구파간의 시대에 뒤떨어진 논쟁 및 권력투쟁으로 국력을 소모하다가 나라를 잃어버리는 비운을 당한 역사에서 교훈을 얻어야 한다. 100년 만에 동북아에서 비슷한 양상의 격변기가 다시 도래했다는 지적들이 많음을 감안할 때, 우리는 격변하는 국제정세를 미리 예측하고 이에 능동적으로 대응하는지를, 그리고 그렇게 비판했던 무능한 개화기의 선조들 보다 더 현명하게 대처하고 있는지 심각하게 자문해 보아야 한다.

게임의 법칙에서 약자는 시세변화에 민감하고 상황판단이 빨라야 살아남을 수 있다. 그것은 동물의 세계에서부터 주식시장에 이르기까지 또는 학교의 교실에서부터 국제정치 무대에서까지 똑같이 적용되는 법칙이다. 그러므로 우리가 경제력으로는 세계 10위권을 넘나드는 중견국이지만, 주변 주요국들과 비교하면 상대적으로 열세라는 것을 인정하고 먼저 능동적으로 움직여 나가야만 나중에 국제정세 구도가 정착될 때 피동적으로 구속을 받는 상황을 피해 나갈 수 있다. 이런 의미에서 우리는 미국 레이건 대통령이 첫 번째 취임사에서 처칠을 인용한 말을 되새겨 보아야 한다.

"나는 우리가 무엇을 하든 우리들에게 다가올 운명이라는 것이 정해져 있다고 믿지 않는다. 그러나 우리가 아무것도 하지 않는다면 나는 우리 앞에 모습을 드러낼 그 운명을 믿지 않을 수 없다."

그리고 우리는 앞날을 개척하는 데 도덕주의적 접근법보다는 현실주의적 접근법을 취해야 한다. 국제정치에서는 "영원한 우방도 없으며 영원한 적도 없다"는 말은 동서고금 할 것 없이 되새겨야 할 금언이다. 국가이익이라는 것 자체도 상대적으로 변화하므로 국가의 장래를 설계할 때 지나치게 도덕적인 관점에서 접근하는 것은 현명하지 못하다. 도덕주의와 현실주의간의 대조적인 접근법에 대한 유명한 사례는 히틀러의 등장에 대한 유럽의 대응에서 찾아볼 수 있다.

제1차 세계대전 후 히틀러의 등장에 대해 영국 및 프랑스에서는 유화파와 강경파간의 노선대립이 심각했는데, 프랑스의 정치사상가 레이몽 아롱은 "좋은 정책은 그 의도의 순수성이 아니라 목표달성의 정도로 측정되어야 한다"고 하면서 유화정책을 비판했다. 제1차 세계대전 이후 챔벌린 영국수상으로 대표되는 대독일 유화정책이 실패로 끝나고 제2차 세계대전이 발발하고 말았다. 후일 라헤 교수는 "유화주의자들은 그들의 도덕적 감수성을 유지하는데 아주 비싼 대가를 치렀다. 그들은 현명한 사람이기보다는 올바른 사람이었다. 보다 규모가 작은 죄를 범하기를 거부함으로써 그들은 훨씬 더 큰 잘못을 저질렀다"고 평가했다.[111]

그리고 우리가 현실주의적 접근법을 취해야 하는 또 다른 이유는 앞으로 다가올 국제체제가 세력균형체제 형태가 될 가능성이 많기 때문이다. 앞으로 다가올 세력균형체제가 잘 작동하면 세력협조체제가 되어 전쟁이 발생하지 않을 수도 있지만 세력균형체제는 기본적으로 이것이 제대로 작동되지 못할 경우 전쟁을 오히려 확대해 불러일으킬 가능성이 많다. 즉 평소에는 세력균형이 잘 이루어지다가도 잘못 균형이 허물어지거나 돌발사건이 발생하면 어느 양국간의 갈등이 복잡한 동맹 및 전략적 협력관계로 엮어진 세력균형이라는 체제를 통해 증폭되어 여러 나라가 한꺼번에 전쟁상태에 돌입할 수 있기 때문이다. 이런 맥락에서 세력균형체제는 미국의 윌슨 대통령과 같은 이상주의자들에게는 비판의 대상이었을 뿐 아니라 세력균형을 이루기 위해서는 원칙과 가치에 상관없이 각국들이 이합집산과 뒷거래를

---

111. Paul Rahe, *River War, James Muller ed, , Churchill as Peacemake*(Cambridge Uni, Press)

해야 한다는 측면에서도 사악한 제도로 터부시되었던 것이다.

그러나 역사적 사례를 살펴보면 세력균형체제가 그래도 잘만 작동하면 상당 기간 국제평화를 보장해줄 수 있다는 것을 알 수 있다. 유럽의 19~20세기 세력균형 또는 협조체제는 19세기 후반 제국주의 경쟁이 격화되기 이전에는 100여 년을 주요국가간 전면전 없이 평화를 유지해 올 수 있었다. 그러므로 제도 자체가 선악을 본질적으로 내포하는 것은 아니며 이것이 어떻게 운용되느냐 하는 것이 중요한 문제이다. 그리고 이제 어차피 국제질서가 세력균형체제의 방향으로 전개되어 나간다면 그 자체의 장단점을 떠나 그 체제 안에서 국가이익과 안보를 최대한 보장해 나가는 것이 현명한 길이다.

그리고 인류는 지난 60여년 간 냉전구도라는 독특한 양극체제 하에서 살아왔기 때문에 주요국가간 분쟁이 전면전으로 비화되는 것을 목격하지 못해 전쟁이 거의 일어나지 않는 일인 것처럼 생각하기 쉬우나 앞으로는 전쟁이 언제든지 일어날 수 있는 일이라고 상정하고 대비를 해야 한다. 20세기 문명의 발달과 더불어 지성만능주의 풍조가 팽배하면서 프랜시스 후쿠야마의 '역사의 종언'과 같은 대담한 주장도 제기되었으나 지금은 이 같은 낙관적 전망이 퇴조하고 고대 역사가 투키디데스의 말처럼 "문명은 야만성을 억제하기는 하지만 그것을 절대로 제거할 수는 없다"[112]는 말에 더 주의를 기울여야 할 때이다. 레이몽 아롱이 지적했듯이 "인류는 늘 평화를 추구해 왔으나 인류의 역사는 전쟁의 역사로 점철되어 있다." 전쟁의 휴지기가 길면 길수록 다음 전쟁이 더 가까이 다가오고 있다고 보아야 할 것이다. 투쟁은 인간 본성의 한 부분이며 전쟁은 국가간의 관계에서 주기적으로 발생하는 것이 오히려 정상에 가깝다는 것을 잘 인식해야 할 것이다.

---

112. *Landmark Thucydides*, pp. 199, Robert Kaplan, Warrior Politics, p. 88 재인용

## 2. 우리의 국가이익

　전술한 기본적 접근방법을 전제로 하고 나서 우리의 미래 국가이익이 어디에 있고 어떠한 것인지를 살펴본 연후에야 우리의 미래 외교전략에 대한 고찰이 가능하기 때문에 우리의 미래 국가이익에 대해 간단히 짚어보기로 한다. 그러기 위해 먼저 국가이익의 개념부터 정리해 보기로 한다. 국가이익이란 개념은 근대국가가 성립된 이후 도출된 역사적 산물이며 시대의 변화에 따라 그 개념이 조금씩은 수정을 강요받고 있다.

　그러나 전통적인 현실주의 접근법에 따르면 국가이익이란 모르겐소 교수가 정의하듯이 '국가생존과 번영을 추구하기 위해 필요한 힘의 증대' 라고 볼 수 있다.[113] 그리고 이러한 국가이익은 한 국가의 최고정책결정과정을 통해 표현되는 국민의 정치적·경제적·문화적 욕구와 갈망으로 이해된다.[114] 물론 이러한 현실주의자들에 의한 협의의 국가이익 정의는 국가간에 힘을경쟁적으로 추구하게 함으로써 갈등을 조장한다는 비판이 있고 국가 이외여러 행위자가 등장하는 앞으로의 국제정치 현상을 다 설명할 수 없다

---

113. Hans Morgenthau, "TheNational Interest of theUS" , American Political Science ReviewDec, 1952. p. 73
114. 구영록, 『한국의 국가이익』(서울, 법문사 1995) p. 25

는 한계를 가지고 있다. 하지만 권력정치 경향이 더욱 증대할 것 같은 앞으로의 국제질서에 이러한 현실주의적인 정의는 계속 유효할 것이다.

그리고 국가이익이 기본적으로 변화하는 속성을 가지고 있고 앞으로 그 경향이 더욱 가속화될 것이지만 우리나라는 주변 4강국의 국익이 교차하는 가운데 분단된 반도국가라는 환경 여건에 제약을 받고 있으며, 이에 국가이익의 기본요소들이 도출되어 나올 수 있다.

**첫 번째는 우리나라는 주변 4강국에 의해 우리의 주권이 침해받는 일이 없도록 해야 할 것이다.** 두 번째로 우리는 우리의 의사에 반해서 주변 4강국의 갈등구조에 연루되는 일이 없도록 해야 할 것이다. 세 번째는 한반도에 평화통일이 이루어지도록 해야 할 것이다. 네 번째는 동북아 지역에 평화체제가 정착되도록 해야 할 것이다. 다섯 번째는 우리의 경제력이 더욱 신장될 수 있도록 국제경제체제를 개방체제로 유지해야 할 것이다. 여섯 번째는 테러와 대량살상무기 확산 등 국제 주요 안보현안이 우리의 안보에도 위협요인이 되지 않도록 해야 할 것이다. 일곱 번째는 에너지와 원자재의 공급 부족 현상으로 인한 타격을 받지 않도록 해야 할 것이다.

그러면 이제 각 항에 대해 좀 더 상술해 보기로 하자. 첫 번째 주변 4강국에 의해 우리의 주권이 침해받는 일이 없도록 해야 하는 문제이다. 20세기 들어와서 민족자결권이 거의 보편적 원칙으로 확립되었고 게다가 근대 제국주의 경쟁이 소멸되고 난 이후에는 딴 나라 영토를 침략해 지배하려는 국가도 별로 없기에 영토주권을 침해당할 일도 없어져서 주권침해가 쉽게 발생할 것 같지는 않다.

그러나 우리가 19세기 말처럼 국권과 국토를 송두리째 외국에 의해 빼앗기는 주권상실이 발생하지는 않더라도 국력이 약해 주변국의 무언의 압력에 동조해야 하는 상황이 발생하게 되면, 주권침해가 실질적으로 일어나고 있다고 보아야 한다.

이런 의미에서 지난 50년간 한·미양국간의 동맹관계가 후견-피후견인의 관계로 설정되어 우리가 일방적으로 미국의 원조와 보호를 받는 처지에있었기에 항상 미국의 무언의 압력을 받아온 것이 사실이다. 우리에게 공산진영의 위협이 엄연히 존재했을 때는 국가생존이 최우선의 국가이익이었기때문에 사소한 주권침해에 대해서는 모두가 관대하게 넘어가곤 했다. 그러나 이제 공산진영으로부터의 우리의 생존권이 위협받는 일은 없어진데다 국제정세가 새로운 세력균형을 향해 나아가고 있는 21세기 전반에 한·미관계는 보다 대등한 관계 위에서 새로이 설정되어야 할 것이다. 이제는 후견-피후견인 관계가 아니라 대등한 파트너로서 미래의 동북아 질서를 내다보고 양국이 공동으로 지켜나가야 할 가치를 중심으로 포괄적인 동맹관계를만들어 나가야 할 것이다.

중국의 경우, 현재는 우리와 대등한 협력 동반자 관계를 유지하고 있지만, 앞으로 국력이 신장할수록 양국간의 지리적 인접성, 문화적 유사성, 그리고 역사적 관계성 등으로 인해 직접 영향을 미칠 것이다. 미국이 한반도에 대해 느끼는 지정학적, 전략적 중요성과 중국이 한반도에 대해 느끼는 것과는 차원이 다르며, 중국은 자국에게 유리한 정세가 조성되도록 지속적인 노력을 경주할 것이다. 중국의 이러한 지정학적 이해관계는 우리의 현 국가이익과 장래 한민족의 전체이익과 부합하지 않을 수가 있으므로 주권에 대한 제약요인이 될 수 있다. 특히 최근 중국의 동북공정, 즉 고구려사 왜곡문제는 좁게 볼 때는 동북3성과 간도지방 등에서 조선족의 영향력이 증대하면서 앞으로 우리와 중국간에 갈등이 발생할 소지가 있음을 미리 간파하고 중국 측으로서는 선수를 친 차단전술을 구사하는 것으로 볼 수 있다. 이를 좀 더 확대해서 보자면 날로 신장하는 국력에 바탕을 둔 중화민족의 자신감이 분출되어 대외관계를 중화민족이 중심이 된 지배-피지배 관계로만 파악하는 전통적 세계관으로 복귀하는 조짐의 전조라고 할 수 있다.

그리고 중국이 우리 국익에 큰 영향을 미칠 수 있는 사유는 중국은 자국의 광대한 시장을 협상무기로 해 우리에게 경제적 보복조치라는 카드를 사용할 가능성도 있다는 점이다. 중국과 우리의 경제협력관계가 커질수록 우리는 중국이 최대수출국이 되지만 중국의 입장에서는 우리는 여러 공급자중 하나에 불과하므로 쉽게 중국시장에 대한 우리의 접근금지를 발동할 수 있다.

이러한 사례는 1998년 한·중간의 마늘협상 파동 및 2005년 김치 기생충 파동에서 실증적으로 증명되었는데, 중국이 자신의 과오가 있음에도 불구하고 우리에게 보복조치를 취해 우리는 결국 사태를 수습하는 방향으로 나가야만 했다. 그리고 2000년 이후 5년간 북한 김정일 위원장이 4차례나 중국을 방문하면서 중국을 개방 모델로 삼으려 하고 이에 발맞추어 중국이 북한에 대한 경제협력 조치를 강화해 나가는 사실도 앞으로 한반도 통일 과정에 중국의 영향력이 점차 강화되어 나갈 것이라는 것을 예견할 수 있다. 이러한 중국의 영향력이 한반도에서 점증할 경우 우리의 주권행사에 제약 요인으로 작용할 것이다.

러시아의 경우에는 아직은 우리의 주권제약 요인이 현실화되지 않고 있지만 앞으로 에너지 분야에서 우리가 취약한 관계에 놓일 개연성이 많다. 우리의 에너지 안보를 굳건히 하기 위해서는 러시아와의 에너지 분야 협력을 본격 추진해 나가야 할 것인데, 에너지 분야의 대러시아 의존도가 높아질수록 상대적으로 우리는 러시아의 영향력에 취약해질 수밖에 없을 것이다. 러시아가 2006년 1월 우크라이나에 대한 천연가스 공급을 잠시 중단한 사실에서 보듯이 러시아는 에너지를 자국의 외교를 위한 전략무기로 사용하고 있으므로 우리에게도 이 같은 방식을 사용할 수가 있다고 보아야 한다. 다행히 우크라이나의 경우에는 우크라이나를 거쳐 가스를 공급받는 최종 소비국인 서유럽 국가들이 집단항의를 하는 바람에 우크라이나에 대한 가스공급이 단시간내에 재개되었지만, 우리의 경우에는 우리가 최종 소비처가 될 것이므로 부담해야 할 리스크는 더욱 크다.

그리고 러시아와 우리는 한반도의 철도(KSR)를 시베리아 횡단철도(TSR)와 연결하는 구상을 검토하고 있는데, 이 사업도 현실화되고 나면 우리에게 기회를 제공하는 동시 도전도 동시에 부여하게 될 것이다. 즉 시베리아 횡단철도와 연결이 되면 한반도가 동북아 물류허브를 기능할 수 있다는 장점이 있는 반면 이 물류 연결경로가 러시아의 통제 아래 있기 때문에 러시아의 결정에 의해 언제든지 차단될 가능성도 있다는 점을 유의해야 할 것이다.

미국의 경제원조와 미국시장에 의존해 경제발전을 추구할 당시 한국경제에 미치는 미국의 영향력은 막강했으나 이제는 금융 분야를 제외하고는 그 영향력이 그리 크지 않게 되었다. 반면 지금은 우리의 제1수출 및 투자시장인 중국이 장래 우리 경제에 미치는 영향력은 점차 강해질 것이다. 또한 장차 러시아의 에너지에 대한 우리의 의존도가 높아질 것으로 전망된다. 게다가 중국과 러시아는 아직도 민주적이고 개방적인 의사결정을 하지 않는 정치체제를 가지고 있고, 앞으로도 경제관계를 외교 전략적으로 활용하려는 의도를 갖고 있으므로 이들 국가와의 관계에서 우리 주권행사에 대한 제약요인이 더 많이 발생할 가능성이 있다는 점을 유의해야 할 것이다.

**두 번째 지켜 나가야 할 점은 주변국의 갈등구조에 연루되는 일이 없도록 하는 데 있다.** 2장에서 살펴보았듯이 동북아는 국제질서 재편과정에 진입해 있으며, 이러한 권력관계 재조정 시기에는 관련국간에 긴장이 높아지게 마련이다. 기본적으로 동북아내 지역 국가들 간에 존재하는 전통적인 갈등요인에다가 새로운 권력관계를 반영하는 재조정으로 인해 분쟁발생 가능성이 높아 보인다. 이렇듯 분쟁발생 가능성이 높아지면 동북아 지역 국가의 일원인 우리의 분쟁 연루 가능성도 당연히 높아지게 된다. 이런 상황 속에서 주한·미군으로 인해서이든지 아니면 앞으로 형성될 또 다른 국제관계로 인해서이든지 우리가 우리의 의사와 관계없이 이들 주요 4국간의 갈등구조에 끌려들어가는 일은 결단코 회피해야 할 것이다.

물론 우리가 영세중립국의 지위를 각국으로부터 보장받고 이를 우리의 국가목표로 추구하지 않는 한 모든 갈등 사안에 대해서 중립적 위치를 지켜나가기는 힘들 것이다. 그러므로 갈등사안별로 우리의 국익에 따라 연대 여부를 판단할 수도 있으나, 가급적 무력충돌의 경우에는 엉겁결에 분쟁에 연루되는 일이 없도록 제도적 장치를 마련해야 할 것이다. 그러나 본격적인 무력분쟁이나 전쟁의 상황이 도래하지 않도록 우리는 평화촉진자로서 노력은 다하되 열강간 대립이 심각한 상황이 되었을 경우에는 우리가 순수하게 국외자로 남아 있기가 힘들 것으로 전망된다. 그러므로 이런 경우에는 우리의 총체적인 국익이 명하는 바에 따라 전략적 판단으로 행동에 임해야 할 것이다. 이를 위해서는 사전에 이러한 시나리오 발생 가능성을 염두에 두고 장기적으로 우리의 행보를 검토해서 준비해 놓아야 할 것이다.

**세 번째는 한반도에 평화통일이 이루어지도록 만들어나가야 한다.** 한반도는 지난 60년간 분단되어 있어 분단이 국제사회에서는 하나의 기정사실처럼 받아들이고 있지만, 우리 민족의 기나긴 역사를 통해서 볼 때 분단 60년은 아주 짧은 기간의 비정상적인 상황임에 틀림없다. 따라서 우리 민족내부에서 정상적인 상태로 돌아가려는 복원력, 즉 통일을 향한 움직임이 더욱 강화되는 것은 자연스런 일이다. 게다가 단순히 통일 지상주의와 같은 감성적 민족주의를 떠나서도 변화하는 국제정세, 특히 민족주의 파고가 높아지는 동북아 정세를 감안하면 남북한이 궁극적으로는 하나의 정치체로 연합해 우리 민족의 자체 비중을 키워서 생존력을 높여 나가야 한다. 그리고 남북한간의 관계 관리를 통해 점진적인 통일의 길을 밟아나간다면 남북한 양측의 경제에도 모두 도움이 되는 윈-윈 게임이 될 수도 있다.

이런 요인들을 종합적으로 고려하면 한반도에서 통일을 평화적, 단계적으로 이루어 나가는 것은 우리 국익의 핵심적 부분이며, 따라서 우리의 주변국들이 이를 지지할 수 있도록 설득하고 아니면 최소한 이를 저해하지는 않도록 역학관계를 조정해 나가는 것이 우리 외교에 주어진 막중한 과제이다. 한반도의 통일에 대해 주변국들은 모두 표면적으로는 이를 환영한다는 입장을 보이겠지만, 한반도가 어떤 방식으로 통일될 것인가, 주변국 중 어느 국가가 그 과정에서 주도적인 영향력을 행사할 것이냐, 어느 시점에 통일될 것인가 등 구체적인 사안에 들어가면 자국의 국익에 따라 각기 다른 계산을 하게 될 것이다.

그리고 지정학적 관점에서 보았을 때에도 한반도의 통일로 인해 발생하는 파장을 제1선에서 느껴야 하는 국가와 제2선에서 느끼는 국가간에도 입장과 관심의 차이가 당연히 있을 수밖에 없다. 그리고 국제사회에서는 기본적으로 어떠한 현존하는 관계가 변화했을 때 자국의 이익에 도움이 된다는 확신이 서지 않을 경우 대부분의 국가는 그 관계변화가 도덕적으로 정당한 것일지라도 관계변화를 선호하기보다는 현상유지를 선호하는 경향이 많다는 점을 염두에 두어야 한다.

**네 번째로는 동북아 지역에 평화체제가 정착되도록 해야 한다.** 동북아 지역에 민족주의 파고가 높아지고 주요국간의 갈등구조가 깊어지게 되면 우리가 불필요한 분쟁에 연루될 가능성이 많으므로 가급적 동북아에 평화체제가 구축될 수 있도록 노력해야 할 것이다. 특히 주변국에 비해서 상대적으로 국력이 약한 우리로서는 독자적으로 이들 국가들을 통제할 영향력이나 견제력이 약할 수밖에 없고 그렇다고 해서 냉전시대처럼 단선적인 양자 동맹에만 전적으로 의지할 수 없는 복잡한 안보정세 아래 처해 있으므로 우리는 다자적인 안보협력체 설립 등을 통해 동북아에서 평화체제가 구축될 수 있도록 유도해야 한다.

이런 의미에서 지금 북핵 문제 해결을 위해 출범된 6자회담에서 북핵 문제 해결의 실마리가 잡히면 6자회담이 동북아 안보협력과 평화체제 구축을 위한 논의의 장으로 변환될 수 있도록 유도해 나가야 한다. 이러한 평화협력체 설립 구상이라는 총론에 대해서 동북아 주요국들은 표면적으로는 긍정적 입장을 보일 것이나 이 협력체의 성격, 참가국 범위, 다루어야 할 의제 범위, 의사결정방식 등 각론에 들어가면 각국의 입장이 달라 합의를 도출하기가 쉽지 않을 것이다.

우리로서는 평화협력체가 우선 모든 참여국의 공통관심사인 환경안보·보건안보·에너지문제 등을 다루되, 그 의사결정이 구속적이지 않은 느슨한 형태의 토론장으로 운영되도록 해 일단은 출범을 용이하게 하는 것이 필요하다. 그 뒤에 각국간의 신뢰구축 정도를 보아가며 내부결속력을 높여가는 단계적 접근법을 취해야 할 것이나 동북아 평화협력체는 그 구성원간의 이질성과 경쟁관계로 인해 EU는 물론이고 ASEAN이나 심지어는 상해협력기구(SCO)와 유사한 수준으로 내부 결속력을 높여 나갈 수 있을 것이라는 기대를 현 단계에서는 하기 어려워 보인다. 그러나 동북아 지역 국가간에 이러한 평화협력 포럼이 존재하는 것 자체가 각국간의 신뢰형성에 도움이 되고 불필요한 긴장이나 갈등발생을 완화시킬 수 있다는 측면에서 우리로서는 이를 적극적으로 지지하는 세력들과 연대해 소극적인 세력들이 동참할 수 있도록 노력을 펼쳐야 할 것이다.

**다섯 번째는 우리의 경제력이 더욱 신장될 수 있도록 개방적 국제경제체제를 유지하는 일이다.** 지난 50년간 경제발전사가 증명해 주듯이 우리는 개방된 국제무역체제 아래에서 수출주도형 경제개발정책이 성공함으로써 한국전쟁 이후 최빈국의 상태에서 지금의 선진국 진입 문턱까지 이르는 엄청난 성공을 거두었다. 우리나라의 경제발전사는 국제사회에서 개방경제 체제하의 수출주도형 경제가 가지는 장점이 무엇인지를 확실하게 보여줄 수 있는 살아 있는 증표로 많이 주목받고 인용되고 있다.

그래서 중국을 비롯한 적지 않은 개도국들이 과거의 자급자족형 내수시장 위주 경제개발 정책을 버리고 우리의 경제개발사를 하나의 모델로 삼아 새로운 경제정책을 펼치고 있는 것이다. 우리나라가 처해 있는 여러 여건을 감안해 볼 때 이 같은 수출주도형 경제개발정책은 앞으로도 계속 견지해 나가야 할 정책이며, 이 정책이 우리에게 더 많은 풍요와 번영을 가져다주리라는 데는 별 의문의 여지가 없다. 그렇다면 우리에게는 국제경제 질서가 블록형 지역통합체제로 변화한다든지 주요국들이 경쟁적으로 중상주의 정책을 채택해 자국시장은 닫고 수출만 공격적으로 늘리는 방식으로 환경이 변화한다면 절대적으로 불리하다. WTO의 새로운 자유무역 질서인 도하개발 아젠다 협상이 지지부진해지면서 세계 많은 지역에서 국가간, 지역간 짝짓기를 통해 '자기네끼리의 교역'을 넓혀가는 블록화의 바람이 거세게 불고 있다.

우리로서는 가급적 세계화의 흐름을 타고 전 세계가 하나의 경제권으로 통합되어 나가면서 개방적 경제체제가 전 세계로 확산되는 것이 유리할 것이다. 20세기 개방적 교역체제가 전 세계의 절반인 서방세계에만 적용되고 있을 기간 동안에도 우리 경제가 이룬 업적을 생각해 보면 앞으로 러시아를 비롯한 구동구권 국가가 모두 개방경제체제를 지향하고 자급자족 경제체제를 유지하던 인도와 브라질 등이 개방형 경제체제 안으로 편입될 경우에는 우리 경제가 이룰 수 있는 성공의 영역은 그만큼 확대되는 것을 의미한다.

과거에 비해 세계 교역량의 볼륨은 우선 손쉽게 두 배 이상 성장할 것이며 전 세계 시장에 등장하는 중산층 소비자의 인구는 20세기에 비해 몇 배로 증가할지는 앞으로 중국, 인도, 브라질의 경제성장 추세에 달려 있으므로 그들의 소비욕구를 채우기 위한 수요도 엄청나게 증가할 것이다. 이처럼 세계화의 진전과 신흥공업국의 등장으로 적어도 두 배 이상 확대될 세계시장에 우리의 기업과 상품이 보다 많이 진출하기 위해서는 개방된 국제경제 체제를 유지하는 것이 필수적이다.

사실 개방된 경제체제는 어느 특정국가에만 유리한 것은 아니고 특정 분야에 경쟁력을 갖춘 모든 나라에게 유리하며 세계경제 자체를 성장시키는 원동력이다. 파이낸셜 타임스 조사에 따르면 "1950~98년간 국제경제체제가 점차 개방되어 가는 동안 전 세계의 상품 생산량은 6.5배 증가했는데 상품 교역량은 18배 증가했다. 그리고 이는 이 같은 역동적인 교역량의 증가가 인류역사상 가장 길고 지속적인 경제성장 기간을 이끌어 온 성장 엔진이었다."[115] 그리고 개방된 국제경제 체제를 통해 각국이 경제적으로 상호의존적이 되면 각국들은 전쟁이나 다른 형태의 갈등이 발생하면 잃어버려야 하는 경제적 이익을 계산하게 되고 그 결과 국가간 분쟁의 요인이 훨씬 줄어드는 경제 외적 효과도 있다. 그러므로 우리와 같이 주변 4강으로 둘러싸여 있고 동북아 평화체제의 수립에 관심이 있는 나라는 개방된 경제체제를 통해 이 주변 4강간 상호의존성을 심화시키는 것이 우리의 안보에도 도움이 될 것이라는 점을 명심해야 한다.

---

115. Robert Art, *A Grand Strategy for America*(Cornell University Press, 2003) p. 66 재인용

우리가 안보 측면에서는 우리 주변에 4대 강국이 포진하고 있는 것은 불리한 점이 있는 것은 틀림없는 사실이지만 경제 측면에서 생각해보면 이들 4개국과 개방된 경제교역 체제를 유지할 수 있다면, 우리는 엄청난 시장을 지척에 두고 있는 이점을 가지고 있다고 생각해 볼 수 있다. 이들 4개국과 자유무역협정을 체결할 수 있을 정도로 개방경제체제 속에서도 우리가 비교우위를 가질 수 있다는 확신만 가질 수 있다면 이들 4개국이 우리 인근에 있다는 것이 저주가 아니라 축복일 수가 있다. 그러므로 저주를 축복으로 바꾸는 것도 일정 부분 우리의 노력과 실력에 달려 있는 것이다. 우리가 주변 4강국에 둘러싸인 지정학적 불리함을 계속 운명적으로 탓하며 살 것이냐 아니면 이를 오히려 실력을 바탕으로 접근하기 쉬운 인접시장으로 만드느냐 하는 것은 선택의 문제일 수도 있다.

이러한 전략적 지형을 감안할 때 우리가 개방 교역체제를 위해 기울이고 있는 노력은 훨씬 미흡하다. 2006년 1월 현재 전 세계적으로 240여 개의 FTA 협상이 진행 중이며 현재 186개의 FTA가 발효중이다. 그러나 우리의 GDP의 70% 가까이를 해외수출입에 의존하는 우리나라가 지금까지 체결한 FTA는 2004년 칠레를 시작으로 싱가포르, 유럽자유무역연합(EFTA, 노르웨이 등 4개국)에 불과한 것을 보면, 우리가 국익이 어디에 있는지를 알면서도 국내 정치적 고려로 인해 행동을 취하지 못하고 있음을 여실히 증명해 주고 있다. 칠레와 FTA 체결시 우리 농민들의 격렬한 반대로 인해 우리 국회가 협정안을 비준하지 못하자 이미 비준을 한 칠레정부는 이 협정을 폐기시키려고 방침을 바꾸기까지 하는 등 많은 우여곡절 끝에 겨우 타결되었다.

이 협정 체결로 인해 우리의 농업에 대한 타격은 크지 않는 반면, 공산품의 칠레 수출은 훨씬 증가하고 있다는 사실은 우리가 보다 대국적인 시각을 가질 필요가 있음을 반증해 준다. 물론 앞으로 미국이나 호주·중국 같은 농업대국들과 FTA를 체결하면 그 영향은 크겠지만, 결국 나아가야 할 길은 산업구조를 고도화시키면서 세계화와 개방경제체제의 파고를 우리에게 유리한 방향으로 잘 타고 넘어야 한다. 지금까지 우리는 농업 등 취약부문 보호에만 너무 집착해 FTA 체결 상대를 전체 국익의 관점에서 유리한 국가를 선택했다기보다는 우리 산업에 피해를 최소화할 수 있는 상대를 실험적으로 선택했다고 보는 것이 옳다. 그러나 앞으로는 우리의 국익을 극대화할 수 있는 상대, 즉 현재 최대수입시장인 미국 또는 인도나 브라질같이 부상하는 거대 경제권과 FTA 체결을 시도하는 방향으로 나아가야 할 것이다.

한·미 FTA 협정은 양국 정부간에 협상이 타결되고 이제 양국 의회의 비준을 기다리고 있다. 한·미 FTA 협정체결에 대해 반대하는 의견도 적지 않지만 세계 최대의 경제대국인 미국과 자유무역협정을 맺는 것은 우리 경제의 체질강화를 촉진하여 새로운 도약의 기회를 제공해 줄 것이다. 물론 이 협정으로 인해 국내적으로 농업 등 피해를 받는 분야도 있겠지만 대부분의 다른 분야에서는 개방의 도전을 슬기롭게 넘길 경우 우리 경제 체질이 한 단계 강화되는 계기를 가져다 줄 것이다. 그리고 미국과의 자유무역협정 체결은 우리경쟁상대국 수출품에 대해 우리 상품이 더욱 경쟁력을 갖게 되는 것을 의미하여 수출이 증대되는 것은 물론 서비스·금융분야 등에서 우리 경제의 개혁·개방을 촉진할 것이다. 또한 FTA는 경제동맹이라 일컬을 만큼 양국간 관계를 긴밀히 해주므로 한·미 동맹관계 강화에도 기여할 것이고 세계 최대경제대국과 자유무역협정을 체결한 것은 우리 경제에 대한 자신감을 과시한다는측면에서의 상징성도 있다. 사실 우리는 과거 담배·과자·자동차등 미국의상품에 대해 시장개방을 할 때마다 수입품 홍수에 대한 우려를 해왔으나, 오히려 우리 제품의 품질이 더 고급화됨으로써 결국 미국제품을 밀어내고 우리 시장을 잘 지켜내는 저력을 보여 왔다는 점을 상기할 필요가 있다.

**여섯 번째는 테러나 대량살상무기 확산과 같은 국제안보 현안이 우리 안보에 위협이 되지 않도록 해야 한다.** 테러와 대량살상무기 확산 방지에는 미국이 제일 앞장서서 나서고 있지만은 이것은 비단 미국의 문제만 아니고 전 세계가 함께 고민하며 해결책을 모색해 내가야 할 과제이다. 미국은 2001년 테러 공격 이후 미국의 국방정책의 지침이 되는 '4개년 국방검토(QDR, Quadrennial Defense Review)' 2002년판 및 2006년판에서 공히 테러를 당분간 미국 안보의 최대위협으로 규정하고 있다.

그리고 미국이 가장 두려워하는 것은 테러집단에게 대량살상무기가 확산되어 미국 본토에서 테러집단에 의한 대량살상무기 공격이 발생하는 경우이다. 이 같은 상황이 발생하는 것을 미리 방지하기 위해 미국은 과거에 대량살상무기에 대해 중립적인 비확산정책(non-proliferation)을 취하던 입장에서 이제는 적극적인 반확산정책(counter-proliferation)으로 입장을 변경했다. 이에 따라 미국은 '반확산방지구상'을 발표하고 대량살상무기가 유통되는경로를 국제협조에 의해 미리 차단하려는 노력을 보이고 있다. 즉 미국이 PSI를 가장 중점적으로 시행하려는 대상은 대량살상무기의 불법 공급자에서 시작해 중간 경유지 그리고 최종 소비자인 테러 그룹에까지 이르는 유통경로이다. 이런 의미에서 미국이 가장 큰 관심을 가지고 있는 대상은 소위 불량국가(rogue state)이면서 대량살상무기를 보유하고 있는 나라, 즉 불법 공급자인데 이 범주에는 과거의 이라크·리비아, 그리고 현재는 시리아·이란·북한 등이 포함된다.

우리가 대량살상무기의 확산방지에 노력을 기울여야 하는 이유는 다음과 같이 몇 가지로 정리해 볼 수 있다. 우선 대량살상무기가 확산되면 앞장에서 살펴본 바와 같이 국제사회가 '만인의 만인에 대한 투쟁' 이라는 홉스적인 사회로 변모하게 되고 대량살상무기를 보유한 모든 집단은 국제현안에 대해 비토권을 가질 수 있게 되는 셈이다. 이럴 경우 우리의 국익에 부합한다고 판단되는 개방적 국제경제 체제를 추진하는 것도 이들 집단이 거부권을 행사할 수 있는 대상이 될 수 있으므로 우리 국익을 위해서도 대량살상무기 확산 방지에 우리는 동참을 해야 한다.

그리고 대량살상무기 확산이 우려되는 대상은 주로 이슬람 근본주의자집단이며 이들은 서방세계의 민주주의와 인권개념, 그리고 세계화와 자유시장 체제에 대해 거부감을 가지고 있으나 우리나라는 이러한 요소들을 현대 인류사회의 보편적 가치이자 현상으로서 우리의 국익에 부합한다고 보고 있으므로 이 두 시각이 상충하는 셈이다. 그러므로 이 상반된 시각을 가지고 있는 집단에게 대량살상무기가 확산될 경우 우리가 지향하는 세계관이 도전받을 수 있다는 점에서 이를 사전에 방지해야만 하는 것이다.

그리고 앞으로 우리가 미국과의 동맹관계를 계속 중시한다면 미국이 앞으로 적어도 20여년 간의 가장 심각한 안보위협으로 간주하고 있는 대량살상무기의 확산 가능성을 차단하는 데 협조해야 한다. 물론 여기서 북한이 현재로서는 미국의 반확산 정책의 주요 대상국으로 들어 있으나 북핵 문제가 해결되고 북한과 미국간 신뢰 관계가 조성되면 대량살상무기를 전부 폐기하겠다는 의사를 표명했으므로 이 분야에서 평화통일과 한미동맹 유지라는 두 명제간의 양립할 수 없는 대립이 오랫동안 지속될 것으로 보이지 않으므로 원칙론적인 접근방법이 필요할 것으로 보인다.

**일곱 번째는 에너지 및 자원 쟁탈전이 본격화할 것으로 전망되는 가운데 에너지 및 자원을 확보하지 못해 우리 경제가 타격받는 일이 없도록 해야 한다.**[116] 우리나라는 알다시피 자원빈국이며 산업구조 자체도 아직 에너지 과소비형 구조를 가지고 있다.

그리고 다음 표에서 보듯이 우리나라는 세계 주요 산업국 중에서 에너지

＊에너지 및 석유수입의존도, 1980~1999

| 국 가 | 1980 | | 1990 | | 1999 | |
|---|---|---|---|---|---|---|
| | GDP대비 TPES 비율 | GDP대비 석유수입 비율 | GDP대비 TPES 비율 | GDP대비 석유수입 비율 | GDP대비 TPES 비율 | GDP대비 석유수입 비율 |
| 유럽연합(EU) | 0.228 | 0.090 | 0.196 | 0.058 | 0.181 | 0.049 |
| 프랑스 | 0.211 | 0.097 | 0.199 | 0.059 | 0.194 | 0.053 |
| 독일 | 0.277 | 0.082 | 0.220 | 0.054 | 0.182 | 0.050 |
| 영국 | 0.260 | 0.002 | 0.211 | −0.011 | 0.189 | −0.046 |
| 일본 | 0.194 | 0.078 | 0.166 | 0.054 | 0.174 | 0.050 |
| 한국 | 0.221 | 0.182 | 0.214 | 0.151 | 0.255 | 0.187 |
| 멕시코 | 0.205 | −0.215 | 0.216 | −0.264 | 0.196 | −0.212 |
| 캐나다 | 0.412 | 0.021 | 0.339 | −0.029 | 0.314 | −0.055 |
| 미국 | 0.379 | 0.071 | 0.295 | 0.058 | 0.264 | 0.061 |

참고: 상기 표(상기 표 및 표 2, 3)의 대부분의 나라는 미국의 주요무역대상국가이며, 모두 에너지 사용비율이 큰 국가들임.
TPES(Total Primary energy Supply)는 각 에너지를 석유 1톤 단위로 환산하여 표시 GDP는 1990년도 미국 실구매환산달러 기준, 10억달러단위로 표시

효율성이 아주 낮은 국가로 분류되어 있다. 미국을 포함한 여러 나라들은 1970~99년간에 전체 GDP 성장을 위해 소요되는 석유의 비율이 점차 축소되고 있는 반면 우리나라만 그 비율이 확대되고 있어 우리 산업구조가 에너지 절약형으로 전환되지 못하고 있음을 보여주고 있으며 이는 우리가 그만큼 에너지 안보에 취약하다는 점을 말해주는 것이다.[117] 그리고 우리나라는 원유수입의 78%를 중동 지역으로부터 들여오고 있는데, 중동 지역의 정세가 날로 불안정해져갈 가능성이 많은 점에 비추어 볼 때 이 중동 지역 의존

---

116. 에너지 자주개발률은 에너지 국내생산량과 해외 개발량을 합한 후 이를 국내소비량을 나눈 것으로 에너지 자주개발률이 높을수록 에너지 안보가 안정적임을 의미한다. 프랑스는 93%, 스페인은 56%, 이탈리아는 51%, 일본이 10%의 비율을 보이고 있다. 에너지 경제연구원

117. Robert Art, A Grand Strategy for America , pp. 59~61

비율을 축소하지 않을 경우 우리의 에너지 안보는 늘 불안한 상황에 처해 있을 것이다. 미국의 경우 전체 원유수입의 22%를 중동 지역에서 들여오고 있음[118]에도 불구하고 장래 이 지역정세 불안요인을 감안해 이 비율을 줄일 것을 부시대통령은 2006년 연두교서에서 명백히 선언한 점을 우리는 유의해야 할 것이다. 그리고 부시 대통령은 이 연두교서에서 "미국이 석유에 중독되어 있다"고 선언하고 신에너지원 개발을 위한 'Advance Energy Initiative'를 제시한 점도 에너지 안보의 심각성을 반영하고 있다.[119]

게다가 우리 국민의 주거형태도 아파트와 같이 도시형 밀집거주 형태가 대부분이므로 혹한기인 겨울에 에너지 공급에 애로가 발생하면 우리 경제뿐만 아니라 국민생활에 엄청난 타격을 받을 것이다. 대체난방의 방법이 전혀 없는 고층 아파트와 같은 주거양식에 혹한기에 난방공급이 중단된다면 이것은 경제문제가 아니라 국민의 생명이 위협받는 안보 문제로 금방 그 성격이 변질될 것이다. 그러므로 우리나라는 어느 나라보다도 세계 도처에서 벌어지고 있는 에너지 쟁탈전의 동향에 민감해야 하며, 스스로 에너지 자원 확보를 위한 엄청난 노력을 기울여야 할 것이다. 그러나 우리의 실상은 전혀 그렇지 못하며 앞으로도 이러한 에너지 쟁탈전에 본격적으로 뛰어들어 이렇다 할 성과를 낼 만한 체제조차 갖추지 못하고 있어 에너지 안보가 심각한 위협을 받을 것으로 전망된다.

우리나라는 현재 에너지 자주개발률이 불과 4%로서 선진공업국 중에서는 가장 취약한 상황에 처해 있다. 한국 석유공사의 자료에 따르면, 2005년

---

118. 같은 책 p. 62
119. 부시대통령은 2025년까지 중동석유 구입물량의 75%를 여타 지역에서 조달하기로 발표하고 신에너지 개발을 위한 연구투자를 22% 증액하기로 했다.

한 해 동안 세계 각국의 에너지 관련 기업들은 카자흐스탄 등 카스피해 인근 국가를 비롯해 브라질, 나이지리아 등이 내놓은 1,773개의 광구를 두고 확보 경쟁을 벌였는데, 그 중 한국기업이 확보한 것은 예멘에서 고작 3개 광구가 전부라는 것이다. 그리고 미국·중국·EU·일본 등 주요 국가들이 에너지및 자원 선점을 위해 거대한 자본력을 동원하는 반면, 자원빈국인 우리나라는 해외에서 자원 확보를 위한 자본력 자체가 빈곤하기 그지없는 수준이다.우리 정부와 석유공사, 민간기업들이 2004년 해외 에너지 자원개발에 들인돈은 총 6억 7,000만 달러로 같은 기간 영국의 석유회사인 BP 한 회사가 투자한 금액은 154억 달러로서 우리나라 전체가 영국 한 회사의 투자금액의 20분의 1에도 못 미치고 있다는 말이다.[120]

이처럼 우리의 자본력이 빈약한 이유는 우리 기업들이 에너지 분야에 관심을 기울이고 실적을 올린 일이 별로 없다는 점을 반영하며 또한 정부차원에서도 정책적인 지원을 과감하게 해준 일이 없다는 데 기인한다. 자원확보 경쟁에서 우위를 점하고 있는 다른 나라들은 자국기업들을 소위 '메이저' 급으로 몸집을 키우기 위해 많은 노력을 기울여 왔다. 1990년대 말부터 활발한 해외 자원 개발에 나서 21세기 신흥 자원국으로 부상한 프랑스, 스페인, 이탈리아, 중국 등도 "자원개발에 뛰어들려면 일단 메이저가 되어야 한다"는 업계의 상식을 따라 자국기업들을 집중 지원해 몸집을 불려왔다.

이에 비해 우리나라 석유공사의 자원개발능력 및 자본력은 이러한 메이저에 비해 너무 열세이고 민간기업들도 일본이나 여타 서구 메이저들처럼 에너지와 자원 분야에서 큰 투자를 해본 일이 없어 아직 해외자원 개발이 초보 단계에 머물러 있다. 세계 7위의 석유 소비국인 우리나라에서 제일 큰 석

---

120.「세계는 자원전쟁중」, 중앙일보 2006. 1. 25

유개발회사인 석유공사가 확보한 매장량은 2004년 기준 3억 8,000만 배럴로 미국의 엑슨모빌 회사의 확보량 252억 배럴의 1.5%에 불과하다는 사실은 우리의 해외 자원개발 능력이 얼마나 취약한지를 여실히 보여주고 있다.

이렇게 취약한 우리의 에너지 자주개발률 및 해외자원 개발능력을 감안할 때 우리는 우리가 부족한 부분을 보충하는 노력을 스스로 강화해야 할 것은 두말할 나위도 없다. 그리고 또한 이러한 자조노력에 덧붙여 우리는 동북아 지역 내에서 에너지로 인한 국가간 갈등이 초래되지 않도록 노력할 필요가 있다. 동북아 지역에서 에너지 쟁탈전이 본격적으로 전개되면 우리가 가장 불리한 위치에 있을 뿐 아니라 이 쟁탈전의 여파로 발생하는 국제정세의 긴장은 우리의 평화통일 과정 및 경제번영에 장애가 되는 등 여러 측면에서 부정적 영향을 미칠 것이기 때문이다.

이를 위해 우리가 할 수 있는 일은 동북아 지역에 에너지 안보관련 다자협의체를 발족시키는 일이다. 물론 각국간 협력태세가 이루어지지 않아 에너지 문제만 처음부터 단독으로 다루기에는 부담스러울 경우 6자회담 이후 동 회담을 다자안보 협의체로 변경하고 이 협의체에서 에너지, 환경, 초국가적 질병 문제 등을 한꺼번에 다루어볼 수 있을 것이다. 그리고 그 이전이라도 주요국들과 에너지 관련 양자협의회를 개최해 각국과 에너지 개발 관련 정보를 교환하고 에너지 자원 공동개발 방안을 모색하는 한편, 특히 에너지 자원을 추가로 확보하기 위해 러시아와는 별도의 협력관계를 만들어나가야 할 것이다. 미국·일본과 같은 나라와는 공동개발을 통해 이들 국가들의 앞선 정보와 기술을 습득하고, 중국·러시아와는 공동개발을 통해 우리의 자본력과 기술을 활용하는 방안을 협의하면 좋을 것이다.

하여튼 우리로서는 동북아 지역에서 에너지를 매개로 한 협력체제가 구축되어서 에너지로 인한 경쟁 및 갈등구조가 생겨나지 않도록 해야 한다.

그리고 다자협의체를 통해 에너지 선점을 위한 가수요가 발생하지 않도록 서로 신뢰를 구축하고 에너지 공동비축시설과 공공수급조절 기금 등도 마련해 에너지 가격의 폭등을 예방하는 일도 시도해 볼 가치가 있다. 그리고 드세어지는 자원 민족주의와 맞서게 되어 어려운 일이겠지만 원유조달시장에 관행적으로 존재해 온 소위 '아시아 프리미엄'[121]을 없애도록 공동 노력해 볼 필요도 있을 것이다.

---

121. 90년대 이후 한·중·일을 포함한 아시아 소비국들은 북미나 유럽국가에 비해 배럴당 0.94달러의 더 비싼 도입단가를 지불하고 있는데, 이는 아시아 국가들의 중동지역 두바이유에 대한 수입의존도가 지나치게 높아서 발생하는 것이다.

# 3. 기존동맹관계 조정

　앞에서 살펴본 21세기 국제질서의 변화, 그리고 새로운 안보환경의 대두, 그리고 우리나라를 비롯한 주변국들이 지정학적인 여건과 이에서 파생되는 외교·안보전략 등은 앞으로 우리 외교에 주어진 환경 여건이자 도전이다. 그리고 우리나라가 지키고 확대해 나가야 할 일곱 가지의 국가이익은 우리 외교의 본질이자 과제이다. 이제 우리는 유동성의 파고가 날로 높아가는 국제환경이라는 씨줄과 지켜야 할 국가이익이라는 날줄을 서로 엮어가면서 21세기 우리나라가 나아가야 할 외교방향이라는 큰 옷감을 짜나가야 한다. 앞으로 우리의 외교진로라는 이러한 밑그림을 그려 나가는 데 과거에 얽매이는 사고보다는 보다 유연하고 창의적인 사고를 가질 필요가 있다.

　앞장에서 설명했듯이 우리가 익숙해져 있었던 냉전시대 양극구조는 국제관계사적인 측면에서 보면 굉장히 예외적으로 단선적이었고 따라서 상대적으로 안정적인 체제였다. 이제 앞으로 다가올 국제체제는 보다 구조가 복잡한 일초다극체제가 될 것이고, 국가간에는 세력균형 원리에 따른 합종연횡의 관계설정이 예상되는 상당히 유동적인 체제가 될 것으로 보인다.

　이러한 성격이 상반된 국제정치 체제가 교체되는 변환기에 주변강국에 둘러싸인 특수한 지정학적 여건을 가진 우리나라로서는 오히려 창의적인 자세에서 한 발 더 나아가 앞을 내다보는 외교적 상상력이 풍부한 사고를 할 필요가 있다. 그러나 국가장래의 방향을 결정짓는 외교정책을 입안할 때는 역사적 사례들로부터 교훈을 얻어서 항상 국제관계는 우리만 아니라 상대가 있다는 엄연한 사실을 염두에 두고 현실적으로 실현 가능한, 그리고 종국적으로 우리 국익에 보탬이 되는 정책을 찾아낼 수 있는 전략적 사고가 필요하다.

이러한 기본전제 아래 우리의 기존 동맹관계인 한미동맹의 현주소, 즉 그 성립 배경과 성격 등을 살펴보고 이 동맹관계를 앞으로 어떻게 유지 또는 조정해 나가는 것이 우리 국익에 바람직한 것인가를 검토해 볼 필요가 있다. 먼저 한미동맹의 성격은 군사동맹으로 동맹의 근간은 '한·미 상호방위조약'에 기초를 두고 있다. 한·미 상호방위조약은 1953년 한국전이 종료된 이후 한·미 양국간에 앞으로 양국 중 어느 일국에 대한 제3국의 침략이 있을 경우 이를 공동의 위협으로 간주하고 상호 군사력을 동원한 원조를 제공하는 것을 주 내용으로 하는 전형적인 군사동맹 조약이다.

이러한 군사동맹은 제2차 세계대전 이전까지 국제관계에서는 각국이 자국의 안전을 보장하는 유력한 수단으로 여겨 각국간에 많이 체결했으나, 특정국간의 군사동맹 체결은 주변국을 불안하게 만들고 따라서 주변국들도 이에 대응하는 군사동맹을 맺는 연쇄반응을 일으켜 결국에는 국제정세를 불안하게 하는 역효과도 가져오곤 했다.

그리고 양자동맹이 연결되면서 동맹그룹이 형성되고 적대그룹간의 대립으로 인해 어느 양국간의 분쟁이 그룹간의 분쟁으로 확산되어 결국 세계대전의 원인이 되었다는 인식이 확산되면서 유엔의 창설과 함께 집단안전보장이라는 새로운 개념을 도입하게 되었다. 1946년 유엔창설 이후 유엔헌장의 정신에 따라 각 회원국은 여타 회원국에 대해 먼저 무력공격을 감행할 수는 없지만 자국이 무력침공을 받았을 경우에는 유엔이 행동을 취하기 이전까지는 독자적으로 자위권을 발동할 수 있도록 되어 있다. 한·미 상호방위조약도 한국전의 경험을 바탕으로 한반도에 또 다른 전쟁이 발생할 경우 유엔군의 파병이 이루어지기 전에 미국이 한국을 지원해 참전할 수 있도록 하는 것이 주목적이었다. 즉 한·미 상호방위조약은 유엔을 주도적으로 창설한 미국의 입장에서는 자가당착적인 측면이 있지만은 공산세력의 팽창에 대응하는데 효과적이지 못한 유엔의 결점을 보완하기 위해 만들어낸 예외적이며 현실주의적인 대안이었다.

한미동맹은 동맹 중에서 가장 강력한 성격을 지닌 군사동맹으로서 전 세계에 미국과 현재 개별적 군사동맹을 체결하고 있는 나라는 캐나다, 호주, 일본, 한국 등 손에 꼽을 수 있는 정도이다. 물론 유럽 국가들과는 북대서양조약기구라는 집단안보체제를 가지고 있기 때문에 이들과는 준군사동맹의 상태에 있다고는 할 수 있지만, 개별적 군사동맹은 제3국의 침공이 있을 경우 자동개입 되도록 되어 있기 때문에 그만큼 양국간의 관계가 돈독함을 의미한다.

한미동맹은 50년 전 한·미 양국간의 격차가 모든 면에서 비교가 안 될정도로 컸기 때문에 사실상 미국이 우리에 대한 일방적 지원과 보호를 약속한 조약이라고 보아야 한다. 그리고 한미간에는 다른 어떤 분야에서도 서로협력파트너가 될 만한 수준이 아니었기에 군사 분야만 협력하는 단선적인 동맹이었다.

그리고 한·미 상호방위조약은 그 적용범위를 한반도와 태평양상 양국의 행정관할권이 미치는 영토라고 규정하고 있어 미국의 태평양상의 국익이 침해받을 경우 이에 대해서 우리도 지원 의무가 있는 것으로 해석되지만, 실질적으로는 한반도 유사시 미국이 우리에 대한 지원을 상정하고 있는 것으로 보아야 한다. 이는 이 조약의 성립배경이 미국의 세계전략과도 연관이 있지만 당시 한국의 이승만 대통령은 북진통일이 이루어지지 않는 한 휴전협정에도 참여하지 않는다는 강경론을 고수했기 때문에 이 같은 한국민의 불만과 안보 불안감을 무마하기 위한 측면이 강했다는 점에도 기인한다.

그러므로 한미동맹의 성격은 동등한 파트너간의 동맹이라기보다는 후견인-피후견인간의 동맹이라고 보아야 하고 한국은 미국의 세계전략의 구도하에 편입되는 대가로 공산주의, 특히 북한의 침공으로부터 우리의 안보를 보장받는 성격의 동맹이었던 것이다. 어쨌든 조약은 일단 체결되면 그 조문에 충실해야 하며, 이런 맥락에서 한미상호방위조약은 태평양 상에 미국의 행정 관할권이 미치는 영토에 대한 침략이 발생하면 우리도 지원 의무를 지는 것으로 간주해야 한다.

이 한미상호방위조약에 근거해 미군이 한반도에 주둔하게 됨으로써 강력한 억지력을 발휘해 지난 50여년간 한반도에서 전쟁이 재발하지 못하도록 했다. 또한 한미상호방위조약은 기본적으로 냉전시대 대공산권 봉쇄정책전략수행을 위해 동북아에서 아주 중요한 역할을 해왔으며, 특히 북한의 대남 침략의 재발을 막는 억지력을 효과적으로 발휘해 왔다. 그러한 억지력 덕분에 우리는 제한된 국가자원을 경제발전에 집중할 수 있었고 그 결과 한강의 기적이라는 경제성장을 이루어낼 수 있었다.

그리고 한미동맹은 한국전을 시발로 해 베트남전쟁, 걸프전, 아프간전 그리고 지금 진행중인 이라크전에 이르기까지 미국의 국익에 결정적으로 중요한 전쟁에 한·미 양국군이 어깨를 맞대고 참전해 오는 강력한 혈맹관계에 있다. 제2차 세계대전 후 미국이 중요하다고 여기는 이 같은 전쟁에 미국과 같이 계속 참전한 국가는 우리나라 이외에도 호주가 있지만 호주가 파병한 병력 수와 우리가 파병한 병력 수는 비교가 되지 않을 정도로 크다. 그야말로 우리로서도 미국의 국익에 적잖은 기여를 한 만큼 양국간 동맹은 세계에서도 가장 강력한 혈맹관계의 하나임을 입증한 셈이 된다.

한·미동맹이 지난 50년 이상을 존속해 오는 동안 동북아의 국제질서는 참으로 많은 변화를 겪었다. 우선 공산권이 붕괴되면서 냉전체제가 해체되었고, 중국이 죽의 장막의 국가에서 세계에서 가장 역동적인 신흥공업국으로 부상하고 있으며, 제2차 세계대전 패전국가로서 평화헌법에 기속되어 자위권만 보유하고 있던 일본이 점증하는 민족주의에 편승해 군사강국으로 복귀하려 하고 있다. 그리고 한국도 더 이상 한국전 종전당시의 한미간 역관계를 반영한 후견인–피후견인의 관계에 만족할 수 없을 정도로 국력이 성장해 이제는 보다 대등한 한미관계를 요구하는 수준이 되었다.

그리고 남북한간의 관계도 엄청나게 변화해 남북한간의 국력 격차가 비교할 수 없을 정도로 벌어지고 남한의 북한에 대한 경협제공 등으로 인해 남북한간의 적대의식이 많이 약화되는 과정에 있다. 이러한 모든 변화는 한미 상호방위조약이 처음 체결되던 당시에 상정한 모든 안보환경이 변화되었음을 의미해 무엇보다도 군사동맹의 경우 그 동맹의 가장 중요한 기반인 '공동의 적'에 대해 한·미간에 미묘한 시각 차이가 발생하는 것은 중대한 변화요인이다. 그러므로 한미동맹이 미래에도 계속 생명력을 가지지 위해서는 그 동맹의 성격이 시대의 변화에 따른 변신을 해나가야 하는 상황이 도래하게 된 것을 의미한다.

한국으로서는 냉전시대의 공산권이 형성한 북방 3각 동맹관계가 군사적 의미에서는 와해되어 버린 상태에서 북한의 군사력이 단독으로 남한에 가하는 안보위협을 한국 국민들이 그리 심각하게 받아들이지 않는 심리상태가 만들어지고 있는 것이다. 즉 이제 북한이 구소련이나 중국의 군사적 지원을 받을 수 없으므로 북한 자체만의 전력만으로는 한국에 심각한 안보위협을 가할 수 없다는 동북아 전략적 구도변화를 감안한 판단이 이러한 심리 상태의 배경이 되고 있다. 그리고 이러한 심리상태는 남한의 국력에 대한 자신감에서도 연유하는데 북한의 경제력이 한국에 비교할 수 없는 수준으로 낙후되면서 군대에 대한 보급이 부실하고 훈련에 충실을 기할 수 없기에 실질적인 전력자체도 약화되고 있다는 판단에도 기인한다.

게다가 남한에서 국민의 정부시절 햇볕정책을 시행한 이후 남북한간의 화해, 협력의 분위기가 많이 살아나고 있고 인적 교류도 많아져 남북한 국민간의 동질성이 회복되고 있는 과정에 있기 때문이기도 하다. 남한 국민들은 북한을 더 이상 타도해야 할 공산정권으로 보지 않고 점진적인 동화과정을 거쳐 궁극적으로 우리와 통일해야 할 대상으로 보고 있는 것도 이같이 관용적인 심리상태를 만들어내고 있다.

이와는 달리 미국의 관점에서는 북한이 핵무기를 비밀리에 제조하고 그이후 이를 확산할 가능성이 제일 많은 국가이므로 미국은 북한을 자국의 안보에 대한 직접적인 위협요인으로 간주하고 있다. 그리고 미국은 북한이 달러를 국가적 차원에서 불법 위조해 유통시키고 있다고 믿고 있으므로 북한을 자국의 경제안보를 교란시키는 적대적인 국가로 간주할 수밖에 없을 것이다. 그리고 기존 국제관습에 따르면 이 같은 대량 위폐의 제작 및 유통행위는 상대국가에 대한 적대적 행위로 간주되어 전쟁의 개전요인이 될 수도 있음을 감안하면 미국의 대북한 압박정책은 미국 측으로서는 이유가 있다고 할 수 있다.

게다가 북한은 80년대까지 자행한 여러 테러납치 행위로 인해 미국이 지정한 테러국가의 명단에 아직 등재되어 있으며, 테러와의 전쟁을 수행중인 미국의 입장에서는 여전히 적대적인 국가이다. 그리고 북한의 장기독재와 인권탄압 현상은 인권신장과 민주주의 확산을 신념으로 하는 부시행정부의 네오콘들의 시각에서는 용인하기 힘든 비도덕적인 정권인 것이다. 따라서 이 같은 시각들을 종합하면 북한에 대해서는 미국이 강경책을 고수하는 것은 당연하며 전쟁이나 무력을 동원한 체제전복은 아니더라도 압박정책을 통한 체제변화는 유도해야 한다는 입장을 미국은 가지고 있다.

이런 상황에서 한미동맹이 그 기반을 두고 있어야 할 '공동의 적' 개념, 특히 북한에 대해서는 양국간 시각 차이가 발생할 수밖에 없으며, 이것이 한미동맹에 대한 알력 요인으로 작용하고 있다. 이 같은 한미동맹의 알력요인을 해소하기 위해서는 단기적으로는 북핵 문제의 조기해결을 통해 북한과 미국간의 관계개선이 이루어져야 한다. 그리고 장기적으로는 한미 양국간 전략적 대화를 통해 앞으로 양국의 국익을 공통으로 위협하는 요인들은 무엇인지를 분석해내고 이 공통위협을 격퇴하기 위해 양국간 동맹관계를 지속하는 것이 양국 국익에 부합한다는 전략적 검토를 한 연후에 새로운 시대 상황에 맞게 변화시켜 나가는 작업을 할 필요가 있다. 즉 양국은 북한 핵문제가 현재로는 심각한 안보위협 요인임에 틀림없지만 북한도 자신이 원하는 이 조건이 충족되면 핵무기를 포기하려는 입장을 가지고 있으므로 북한 핵문제라는 단기적 장애요인에 너무 매몰되어서 양국간 동맹관계를 훼손하는 일을 피해야 하며, 오히려 한반도 통일 이후 동북아 안보구도를 염두에 두고 동맹관계를 재조정해나가는 지혜를 가져야 한다.

그러면 한미동맹 관계가 변화하는 환경 속에서 미래에도 계속 존속할 가치가 있는 것인가 하는 질문에 대한 답을 먼저 찾아보아야 한다. 우선 한국과 미국은 지난 50년 이상을 혈맹으로 지내오면서 양국간 쌓아 온 동맹의 인프라가 광범위하게 존재하고 있으며 이 광범위한 인프라를 쉽게 포기하기도 어려울 뿐만 아니라 이를 포기할 때 오는 기회비용이 엄청나므로 이 기회비용을 상쇄할 만한 다른 국가이익이 출현하지 않는 한 이 관계를 유지해 나가는 것이 유리하다는 것이 상식적인 결론이다.

지금 앞에서 살펴본 환경의 변화로 인해 한미동맹 관계에 알력요인이 발생하고 있더라도 이 관계 전체를 포기할 만한 유혹적인 다른 이익이나 대안을 가까운 장래에 양국이 각자 발견하기는 어려울 것으로 보인다.

그리고 한미 양국은 그간의 오래된 동맹관계에서 기인하기도 하겠지만 양국이 공통으로 지향하는 가치들을 다른 나라들과 비교해볼 때 상대적으로 많이 공유하고 있다. 민주주의와 자유경제에 대한 공통신념은 물론이고 한국은 미국과 같은 서양문명권의 국가는 아니지만 서양문명의 기반이라는 기독교 문화라는 측면에서도 한국과 미국이 오히려 요즈음의 유럽 국가보다는 더 공유할 점이 많은데, 이는 전 세계 기독교 선교사를 가장 많이 내보내는 국가가 한국과 미국이라는 점을 보면 알 수 있다.

그 외에 경제·사회 분야에서도 경제발전 과정에서 한국이 미국 선례를 많이 받아들이면서 양국의 경제·사회 시스템이 비슷하고 따라서 사람들의 행동양태도 비슷한 점이 많다는 것이다. 예를 들면 은행 서비스가 전산화되고 신속 서비스를 제공한다는 측면에서 한국과 미국은 비슷하나 유럽은 개인 맞춤형 은행 서비스를 제공하고 있어 아직 온라인화가 제대로 이루어지지 않고 있다. 이런 관점에서 보면 근대화 과정에서 일본은 유럽의 제도를 도입했기 때문에 미·일간보다는 한·미간에 공통점이 훨씬 많다는 점도 지적할 필요가 있다.

이런 실질적 제도의 유사성 이외 한미 양국은 시장경제, 개방된 교역체제, 민주주의, 인권, 환경보호 측면에서 미국과도 많은 가치를 공유하고 있다. 이 같은 가치공유 현상은 한국과 미국이 유엔에서 회의가 열릴 때 전 세계 각종 현안에 대해 투표하는 과정에서도 나타나는데, 양국은 최근 미국이 일방주의를 강화하기 이전에는 거의 많은 부분에서 투표결과가 비슷하게 나오는 경향이 있었다. 이같이 국제현안에 대해 같은 투표 패턴을 보이는 국가는 서로 공통으로 지킬 가치가 많다는 것이며 동맹국으로서 자격이 있다는 말이 된다.

그러면 변화하는 국제질서와 안보환경 하에서 양국간 동맹을 유지하는 것이 양국의 국익에, 특히 우리나라의 국익에 어떻게 부합하는지를 살펴볼 필요가 있다. 우선 일초다극의 세력균형체제로 변화해 나가는 국제질서 속에서 유엔과 같은 집단안전보장체제가 제 기능을 못하고 냉전체제와 같이 자동으로 어느 한쪽 진영에 편입되는 경우도 아닐 경우에는 자국의 안보를 보장받기 위해서는 동맹관계를 활용하는 것이 바람직할 것이다. 특히 동맹의 상대가 군사적으로 최강국의 위치에 있으면 동맹으로 인해 우리가 받을 수 있는 안전보장의 혜택은 더욱 커질 것이다.

그리고 주변국과의 관계에 있어서도 우리가 미국과의 동맹관계를 유지하고 있다는 것은 우리의 전략적 가치를 높이는 일이 된다. 게다가 미국의 경우는 지정학적 특성에서 파생되는 전략적 관점에서나 역사적 전례를 보더라도 동북아 지역 개별국가에 대한 영토 야욕이나 직접 개입의 의도가 없는 것으로 보여지기 때문에 우리의 동맹 상대로 적합하다고 볼 수 있다.

또한 미국의 지정·경제학적 특성을 보더라도 자급자족형이면서 대륙, 해양 양면 성격을 가진 국가이므로 반도국가로서 대외교역을 위해 해양 수송로의 개방과 안전이 국익에 중요한 우리나라의 지경제학적 성격과 서로 부합하는 측면이 많다. 더욱이 앞으로 국제안보에 심각한 위협요인으로 등장하고 있는 테러, 에너지 쟁탈전, 대량살상무기의 확산 등에 있어서도 우리나라는 미국과 이해관계를 공유하고 있는 측면이 주변 4강국과 비교해 제일 넓다고 볼 수 있다. 단지 국제안보 위협요인 중 미·중간의 갈등 가능성과관련해서는 한미동맹의 적용범위를 잘못 설정하는 경우 우리의 국익과 직접 상충하는 측면이 있으므로 이 부분에 대해서는 한미동맹의 재조정 과정에서 슬기로운 해법을 모색해 나가야 할 것이다.

한미동맹 관계를 재조정해 나가는 기준은 앞에서 언급한 과거 동맹의 성격을 시대의 변화에 맞게 미래 동맹의 성격으로 바꾸어 나가는 것이 되어야 할 것이다. 즉 단선적인 군사동맹을 포괄적이고 역동적인 미래 동맹으로 진화시켜 나가야 할 것이다. 즉 미래의 한미동맹은 우선 한국전 직후 한미상호방위조약에 체결될 당시의 엄청난 국력차이로 인한 후견-피후견인 관계를 벗어나고 있으므로 동맹 관계가 동동한 전략적 파트너간의 동맹으로 그 성격이 변화되어야 할 것이다.

그리고 과거 동맹의 기반이었던 '공동의 적'인 공산권이 붕괴되고 북한이 우리의 통일의 대상이 된 현실을 감안해 새로운 '공동안보 위협요인'을 확인해야 하는데, 이것들은 새로운 국제안보 위협요인 중 '미·중간의 갈등가능성'을 제외한 나머지 위협요인을 그 대상으로 하면 될 것이다. 미·중간의 갈등 가능성도 중요한 국제안보 위협요인이지만 이 문제와 관련해서는 우리의 국익이 미국의 국익과 부합되지 않을 수 있고 너무 중차대한 문제이므로 일단 현 상태에서 명시적인 논의는 접어두고 전략적 신축성을 유지해야 할 것이다. 그 밖에 미래에 한미 양국이 공동으로 수호해 나가야 할 보편적 가치인 민주주의, 시장경제 체제와 인권 등을 보호하는 것도 양국 동맹의 새로운 기반이 될 수 있다.

그리고 양국간 미래동맹은 과거처럼 대공산권 봉쇄라는 고정된 목표를 가지고 비탄력적으로 운영되어 오던 것에 비해 그 운영방식이 다소 달라져야 할 것이다. 왜냐하면 국제정세 자체가 유동적으로 변화하고 있으며 공동위협요인의 성격도 변화해 나갈 것이므로 동맹의 운영을 보다 유연하고 역동적으로 해 나가야 할 필요가 있다. 그래서 양국간 고위급 전략적 대화체제를 제도화해 변화하는 정세에 따른 공동방위태세를 계속 점검하고 수정해 나가는 작업을 해나가야 할 것으로 보인다. 이를 위해서는 일본의 국력이 팽창하던 80년대말 이래 일본이 미국에 대해 자주노선을 표방하면서 미·일 관계가 소원해지기 시작하다가 그 이후 여러 과정을 거쳐 이를 회복시키고 동맹관계를 새롭게 정립한 사례를 잘 참조해 볼 필요가 있을 것이다. 미·일 지도층들은 90년대 중반 당시 양국의 여론의 흐름에 거슬림에도 불구하고 양국 관계의 전략적 미래를 내다보고 여러 차원의 전략적 대화과정을 통해 미·일동맹의 적용범위를 일본 전수방위에서 극동 지역으로 그리고 '일본 인근지역의 유사사태 발생시' 등으로 점차 확대하는데 성공했다. 미·일 상호방위조약의 조문개정 없이 1996년 '미·일 안전보장 공동선언'과 1997년 '미·일 신안보 가이드라인' 등을 발표하면서 조약의 확대해석을 통해 그 성격을 변환시켜 온 것이다.

그리고 과거의 단선적인 군사동맹이던 한미동맹의 성격을 경제, 사회 분야까지 다 포함하는 포괄적인 동맹으로 그 성격을 변화시켜 나가야 할 것이다. 현재로서도 국제질서에서 단순히 군사력(Hard Power)만으로 국력이 평가되는 시기가 지나가고 있으며 앞으로 각국의 진정한 국력은 소위 연성국력(Soft Power)까지를 포함해서 평가될 것이다. 이런 관점에서 보면 우리나라는 정보통신과 문화, 신사고 등의 분야에서 점차 두각을 나타내면서 연성국력 면에서 주도적인 국가의 하나로 발돋움할 가능성을 보이고 있다.

그러므로 우리나라는 경제, 사회 양 분야를 다 포함하는 포괄적 동맹으로 한미동맹의 성격이 변할 경우, 과거처럼 피견-후피견인 관계에서 벗어나 훨씬 성숙한 파트너로서 미국에 도움이 되는 동맹국이 될 수 있을 것이다. 미국도 이러한 한국의 잠재력을 내다보고 동맹의 범위를 확대해 나갈 필요가 있는데, 그 범위를 확대하기 위한 구체방안으로는 경제 분야에서는 한·

미간의 자유무역협정을 체결하고 사회분야에서는 비자면제협정을 체결하는 것이다. 자유무역협정은 양국간 상품과 서비스의 흐름을 자유화하는 것이고 비자면제협정은 사람의 이동을 자유화하는 것인데, 이는 양국이 서로를 동등한 파트너로 인정한다는 것을 의미하게 되며, 이로써 양국 관계는 획기적으로 발전할 수 있게 될 것이다. 즉 여태까지 군사동맹이란 한 축에만 의존해 왔던 양국관계가 경제 분야 축, 사회 분야 축이 새로 생겨 삼각축 체제가 됨으로써 더욱 안정적으로 될 것이다.

한미동맹의 성격변화를 균형된 시각에서 전망해보기 위해서는 미국이 한미동맹에 대해 부여하는 전략적 가치를 따져보아야 한다. 과거 냉전시대에는 대공산권 봉쇄의 전진기지로서 한국의 전략적 가치가 적지 않았다. 한반도 인근에 일본이 미국과 동맹 관계에 있기는 했지만 일본 자위대는 평화헌법의 제약으로 인해 그 기능과 장비가 일본열도의 방위목적으로만 편성되어 있어 진정한 동맹국 역할을 수행할 수가 없었다.

그러므로 베트남전, 걸프전등에 미군과 함께 주요 전쟁에 참전하는 한국과의 동맹이 전략적으로 더 가치가 있었다. 그러나 일본이 점차 보통국가화되어 가면서 소위 평화헌법을 개정해서라도 자위대를 진정한 군대로 변모시키려 하고는 있으므로 미국의 관점에서 일본의 전략적 가치가 점차 올라가고 있다고 보아야 한다. 미국은 이미 이를 파악하고 미국의 해·공군 기지의 통합사용은 물론 육군 1군단의 사령부까지를 미 본토에서 일본내 자마기지로 이전하려는 계획을 가지고 일측과 협의중에 있다.

즉 일본을 동북아 지역의 전략적 거점으로 삼아 미국의 전력을 집중 배치하려 하고 있으므로 한국의 전략적 가치가 상대적으로 떨어지고 있다고 보아야 한다. 그러므로 미국의 시각에서 보면 인접한 한국과 일본 양쪽에 동동한 개념의 기지를 두 곳 운영하기보다는 미국의 새로운 군사전략(GPR)에 따라 일본을 전략투사기지(PPH)로 삼아 이곳에 전력을 집중하고 한국은 주요작전기지(MOB) 정도의 성격으로 운영하려 할 것이다. 즉 미국의 군사전략적 관점에서 한국과 일본간의 전략적 유용성이 차등화됨으로 인해 한미동맹과 미일동맹간의 지위 역전 현상이 발생하는 것이다.

이러한 동맹의 지위 역전 현상이 발생하면 현재는 주한미군 사령관이 4성장군으로서 3성장군인 주일미군 사령관을 통제하는 구도이나 앞으로 일본에 미국의 동북아 통합지휘사령부가 들어선다면 주한미군이 주일미군의 작전권 아래에 배속될 것이다. 그렇게 되면 한미동맹은 미일동맹의 하위구조가 되어 미일동맹이 대중국 견제를 주목적으로 강화될 경우 우리의 의사와 관계없이 주한미군의 역할 때문에 중국과의 대립관계에 들어갈 가능성이 있다는 점을 유의해야 한다.

그러므로 한미동맹을 지속할 필요성은 한미 양국 모두에게 있다고 보이나 한미동맹을 좀 더 필요로 하는 쪽은 한국이며, 미국으로서는 한미동맹의 전략적 가치가 미일동맹에 비해 점차 떨어진다고 판단할 수 있다. 이런 상황하에서 우리가 한미동맹을 미래동맹으로 발전시켜야 한다는 전략적 판단을 하고 있다면 미·중 갈등에 섣불리 연루될 위험성을 회피하면서 한미동맹에서 우리의 전략적 가치를 높이는 방안을 찾아내는 방향으로 미래 한미동맹의 성격을 변화시켜 나가야 할 것이다.

한미동맹의 미래 성격 및 모습에 대해서는 여러 가지 방안들이 모색되어질 수 있는데, 그 대표적인 것들로서, 첫째 '협력적 자주국방형', 둘째 지역안보 동맹형, 셋째 기능적 포괄동맹형, 넷째 역할분담형을 들 수 있다.

첫째 '협력적 자주국방형'은 동맹의 적용 대상을 주로 북한에 두고 있으며 한국군의 자주국방력을 강화시켜 북한으로부터 위협은 독자적으로 방어할 수 있도록 해 기존 동맹에서 '안보'의 대가로 교환했던 '자치'를 되찾아

오되 만일의 경우 미국의 안보우산을 활용하기 위해 미국과 협력적인 관계를 유지하는 것이다. 둘째 '지역안보 동맹형'은 한미동맹의 적용대상을 북한을 넘어 지역 내 안보위협으로 확대해서 주한미군과 한국군의 일부가 동북아내 정세안정을 위해 공동 투입되는 경우를 상정한다. 셋째 '기능적 포괄동맹형'은 한미동맹의 적용대상을 테러와 같은 범세계적 차원의 비전통적 안보위협으로 확장하고 이런 안보위협의 제거를 위해 양국이 군사적, 비군사적인 방법을 통해 협력하는 경우를 상정한다. 넷째 '역할분담형'은 한국군은 한반도 내 정세안정에 대한 책임을 지고 주한미군은 지역 및 범세계적 안보위협 요인에 대해 책임을 지되 양국군이 필요하다면 사전 협의를 통해 연합사 형태를 통해 합동작전을 수행하도록 하는 것이다.

이 중 현재로서는 '기능적 포괄동맹형'으로 나아가는 것이 적절해 보이나앞으로 상황전개에 따라 이 방안들을 다른 형식이나 아니면 각 형식을 복합적으로 혼용하는 방안도 검토될 수 있을 것이다.[122]

---

122. 이상현 편, 『한국의 국가전략 2020』(외교, 안보) p. 57~59

# 4. 새로운 전략관계 수립

21세기 동북아 질서는 세계외교사에 나오는 그 어느 지역, 어느 시대와 비교해 보아도 더 격변적으로 전개될 가능성이 많다. 기본적으로 세계경제 및 군사 측면에서 1, 2위를 차지하고 있던 미국과 일본이 기존질서 유지세력이라면 중국과 러시아는 이러한 기존세력에 불만을 가진 도전세력으로서 미·일 중심의 동북아 및 세계질서에 대한 변화를 시도하려 할 것이다. 그리고 이 두 도전세력의 현 발전속도로 볼 때 기존세력과의 국력 격차가 급속히 줄어들 가능성이 많은 것으로 보인다.

이는 패권변동 이론 중 오르간스키의 세력전이 이론에 따르면, 패권국과 패권도전국 간의 국력의 격차가 좁아들어 서로 비슷해졌을 때 역사적으로 전쟁발생 가능성이 제일 높았다는 것이다.[123] 즉 패권도전국은 인근 지역에서 지역패권을 수립하고 자신의 위상에 걸맞은 대우를 요구하고, 이런 행동은 패권국의 입장에서는 자신의 국익을 위협하는 것이므로 패권도전국의 힘이 자신과 대등해지거나 우월해지기 이전에 예방전쟁을 치르더라도 이 기세를 꺾으려 하기 때문에 전쟁발발의 가능성이 높아진다.

---

123. A.F.KOrganski, *World Politics* (New York, Alfred Knopf, 1958)

이 이론에 따르면 동북아에서는 앞으로 협력과 상생의 기운보다는 대결과 살생의 기운이 더 높아진다는 비관적 전망이 가능하다. 이러한 비관적 전망이 들어맞는다면 주변 4강국에 비해서 약소국의 지위를 가지고 있으며, 지정학적으로도 반도적 위치를 차지하고 있고, 또한 남북한간 통일을 이루어 나가야 하는 우리로서는 생존과 번영의 진로를 잡아 나가기가 참으로 어려운 일이 될 것이다.

특히 우리는 남한만으로도 세계 10위권의 경제력을 가진 중견국이지만 동북아 주변 4강에 비교하면 여전히 약소국의 위치에 있기 때문에 통일이 이루어지기 이전에는 주변 4강의 국익과 정면충돌해 통일에 저해되는 효과를 가져오는 어떠한 독자적인 외교정책을 펼칠 수도 없는 많은 제약요인을 가지고 있다. 이러한 우리의 독특한 입장을 감안할 때 우리는 세계외교사상 전례가 없는 중견국과 약소국의 이중성을 동시에 고려한 외교를 전개해야 하는 부담을 안고 있다고 할 수 있다.[124]

전통적으로 강대국은 힘의 원칙에 입각한 현실주의적 권력정치(PowerPolitics)를 추구하면 자국의 국익을 확대하는데 문제가 없으며, 반대로 아예 심각한 안보구도 속에 처해 있는 약소국은 강대국의 안보우산에 편승하는 '편승동맹정책'을 취하는 것 이외에는 대안이 없으므로 오히려 외교정책이 단순할 수 있다. 과거 냉전시대의 우리의 위치가 이에 해당했기 때문에 한미동맹이란 안보축에 일방적으로 의존해 왔고 그 타성이 아직도 우리 의식 속에는 남아 있는 것이다.

그리고 강대국이지만 해양세력인 일본으로서 지역패권을 추구하는 중국

---

124. 김기정, 「21세기 한국외교의 좌표 : 중약국의 선택」(국가전략 2005년 겨울호)에서 이러한 이중성을 가진 우리 외교를 중약국 외교로 이름짓고 중견국으로서 보편적 가치지향과 약소국으로서 안보보장을 동시에 추구해야 한다고 주장한다.

과 대륙세력인 러시아의 세력 확장을 전망해 볼 때 일본이 취할 수 있는 대안은 같은 해양세력인 미국과 결합해 안보 분야의 '책임 분담체제'로 나아가는 것 이외에는 달리 대안이 없어 보인다.[125]

그러나 우리는 그 간의 경제발전을 통해 국력이 세계 10위권에 근접했으며 앞으로 통일이 이루어질 경우 우리의 위상은 더욱 올라가 적어도 세계 7~8위권의 국력을 가진 나라가 될 것이다. 그러므로 '후견-피후견인 모델'과 '안보-자치교환모델'[126]이 그대로 적용되는 과거의 한미동맹을 유지하는 것은 시대적 요구에 부합하지 않은 것이기 때문에 한미동맹을 포괄적 미래동맹으로 변환시켜 가야 한다.

한미동맹을 포괄적 미래동맹으로 변화시켜 가더라도 복잡하게 전개되는 동북아 정세를 감안할 때 한미동맹 한 곳에만 우리 외교를 고정시켜 두는 것은 전략적 유연성을 제약하게 될 뿐 아니라 오히려 우리 안보를 불안하게 만들 수도 있다. 특히 우리의 한미동맹이 주변 강국의 관점에서 보았을 때 편승동맹정책으로 비춰지고 이들이 미국과 대립관계가 노골화된다면 이들 국가로부터 잠재적인 적대국 취급을 받을 수밖에 없을 것이다.

그렇다고 하여 주변 4강의 국력이 막강하기 때문에 우리가 독자적으로 우리 안보를 담보할 만큼 군사력을 유지하는 것은 현실적인 정책대안이 되기는 힘들다. 물론 군사주권을 우리가 가진다는 의미에서 자주국방을 추진해야 하나, 우리 힘만으로는 주변 4강의 공격이나 군사적 압력에 맞설 수 있는

---

125. 물론 일본도 90년대 초에는 미국과 중국 사이에 일본이 균형자 역할을 하는 등거리 외교전략을 검토한 적은 있으나 일본과 중국간의 체제 상이성과 중국의 잠재력을 감안할 때 미국과 동맹강화를 장기 전략으로 선택한다.

126. Stephen Walt, *The Origin of Alliance* (Cornell Uni. Press, 1987)에 의하면, 군사동맹을 체결하게 되면 체결당사국들은 안보를 위해 자치권의 제약이라는 희생을 감수해야 하는데, 양국의 관계가 후견-피후견인의 관계에 가까울수록 피후견인 국가의 자치권 제약이 커진다.

상황에 이르지는 못할 것이고, 또한 제한된 국가재원의 효율적 배분이라는 관점에서도 이를 위한 엄청난 국방비 투자를 부담해야 할 필요성이 있는가 하는 의문이 제기된다. 그리고 우리나라는 주변 4강의 각축이 본격적으로 전개되는 엄중한 안보구도 아래 있기 때문에 한반도의 중립지대화 또는 완충지역화 한다는 중립화 개념은 적당치 않은 것으로 보인다. 이 같은 중립화론은 이를 취하는 국가의 전략적 가치가 그리 현저하지 않으면서 그 나라가 주변국에 비해 상대적으로 대등한 자위력을 가지고 있을 경우에 성립이 가능하고 유효하게 유지될 수 있으나 우리의 경우는 이와 달라서 우리가 이를 추진하더라도 주변 4강으로부터 보장을 받아내기가 쉽지 않을 뿐더러 보장을 받아도 사태가 급변하면 이를 지켜내기가 쉽지 않을 것이다.

따라서 남은 대안은 우리는 중견국이지만 약소국이라는 이중적 지위에 있기 때문에 주변 4강 중 미국과 양자동맹 관계에 주로 의지해 안보를 보장받으면서 이로 인해 파생될 수 있는 부작용을 최소화하기 위해 여타국들과 새로운 전략관계를 수립해서 보완해 나가는 것이라 할 수 있다. 이 같은 복합적인 전략관계를 주변국들과 맺어 나가기 위해서 우리는 1870년대 비스마르크 재상 통치하의 프러시아가 기존의 주변강국들의 간섭을 피해가면서 독일 통일을 이루어 나가는 과정에서 복잡한 동맹관계를 구축해 나간 사실을 눈여겨보아야 한다. 비밀동맹을 포함한 비스마르크의 이러한 복잡한 동맹체계는 나중에 독일의 빌헬름 2세에게 인계된 후 잘못 다루어져 결국은 1차 세계대전을 불러오는 불행의 씨앗을 뿌렸다는 결과론적인 비판을 받기는 하지만 당시 성장하던 프러시아의 안보를 여러 방면에서 상당 기간 보장해 주는 효과를 발휘한 것은 사실이다.

우리와 이러한 새로운 전략관계를 수립할 대상은 우선 주변국인 중국, 일본, 러시아라고 할 수 있는데 이들과 어떠한 전략관계를 맺을 수 있는지 각기 검토해 보고자 한다. 먼저 중국은 우리 안보에 직접적인 영향을 미칠 뿐만 아니라 남북한 통일 과정에서도 어느 국가보다 큰 영향력을 발휘할 수 있으므로 우리가 일정 수준의 전략적 관계를 맺지 않으면 안 될 것이다. 미국과 기존의 동맹관계를 맺고 있는 우리가 중국과 아무런 전략적 관계를 맺지 않고 있으면 중국에게는 이러한 관계의 공백이 우리가 대미 편승기조를 확고히 한 것으로 비춰질 수 있기 때문에 유의해야 할 사항이다.

2003년 노무현 대통령이 중국을 방문했을 당시 한·중간에는 '전면적 협력동반자' 관계를 설정했다. 이러한 관계는 중국이 여타국과 맺고 있는 전략적 동반자 관계보다는 격이 낮고 건설적 동반자 관계보다는 격이 높은 것으로 평가된다. 이 전면적 협력동반자 관계는 군사적, 전략적인 측면보다는 사회, 경제적인 측면에서 양국 민간분야의 협력이 강화되는 것을 시사하고 있다. 물론 양국간 관계가 장기적으로 굳건해지기 위해서는 양국의 경제, 사회 분야에서의 상호의존성이 심화되는 것이 중요하다. 그러므로 중국과 경제, 사회 분야의 협력관계를 계속 심화시켜 나가야 할 것이다. 그러나 중국과의 관계를 중장기적으로 조정해 나가고 특히 우리의 안보와 순조로운 통일 과정을 담보받기 위해서는 중국과의 군사·전략적인 관계 설정이 불가결할 것으로 보인다.

먼저 중국의 입장에서는 미·일동맹이 중국에 대한 봉쇄와 견제를 위한 군사동맹이라는 인식을 앞으로 더욱 강하게 가지게 될 것이므로 한미동맹도 이와 같은 기능을 할 것이라는 경계의 눈초리를 항상 가지고 있을 수밖에 없을 것이다. 특히 주한미군의 기동군화가 본격화되고 혹시 한국이 미국의 미사일 방어체계(MD)에 편입이라도 되면 이것을 중국에 대한 비우호적 또는 적대적 행위로 간주하게 될 것이다. 당분간은 미군의 철수로 인한 불안정성을 회피하려 하기 때문에 중국은 주한미군의 존재 자체를 수용하고는 있으나 장기적으로는 한반도 내에 적대적일 가능성이 있는 외국군대가 주둔하는 것을 기꺼이 여길 리가 없다.

중국은 한반도 전체가 중국에 비우호적인 세력의 영향력 아래 들어가는 것을 막으려 할 것이고, 특히 북한에 적대적일 가능성이 있는 외국군대가 주둔하는 것 자체는 반대할 것이 명백하다. 그러므로 이러한 중국의 우려를 완화시키기 위해서는 미·중간에 우호적인 관계유지가 제일 중요하지만 이 것은 우리의 능력범위 밖의 일이므로 우리가 할 일은 한·중간에 전략적 협력관계를 구축하는 것이다.

즉 양국간의 관계를 전면적 협력동반자 관계에서 전략적 동반자 관계로 격상시켜서 양국간의 통상문제, 역사문제, 국경문제 등에서 불필요한 갈등이 발생하지 않도록 미연에 방지하고 국제적 이슈에서 양국이 협력, 공조할 수 있는 사안의 범위를 확대시켜 나가야 할 것이다. 양국은 동북아 지역에서 다자안보협력 체제가 구축되는데 공통의 이익을 발견할 수 있을 것이고, 중국의 국경 전반과 특히 중앙아시아 등에서 중국의 국익이 현상유지를 통해 보장받을 수 있도록 하는 데 이해를 같이 할 수 있을 것이다.

이런 맥락에서 2008년 5월 이명박 대통령이 중국 후진타오 주석과 정상회담을 가지면서 양국간의 관계를 '전략적 협력 동반자관계'로 격상시킨 것은 시의적절한 조치였다. 이를 통해 양국은 경제분야에서 서로를 필요할 뿐 아니라 정치, 군사, 사회, 과학 각 분야에서 양국이 서로를 필요로 하고 관계를 강화해 나갈 것이다. 그리고 동북아 정세를 비롯한 국제정세에 대해서도 전략적인 의견조율을 해나갈 것으로 보인다.

그리고 우리로서는 한반도 통일이 중국에 비우호적인 영향을 미치지 않을 것을 보장하는 대신에 통일에 대한 중국의 협조를 확보해야 할 것이다. 그리고 양국 군대간의 신뢰구축을 위한 조치들을 취해 나가면서 시기가 이르면 양국군간 합동 군사훈련을 실시하는 것도 고려해 볼 수 있을 것이다. 이러한 사안들을 양국이 함께 해결해 나갈 수만 있다면 양국은 전략적 동반자 관계로 나아갈 수 있는 것이다.

그리고 중국뿐만 아니라 러시아와도 전략적 관계개선을 하기 위해서는 양국이 주도적으로 이끌고 있는 상하이 협력기구(SCO)에 우리가 참여하는 방안을 검토해 볼 수도 있다. 상하이 협력기구는 중앙아시아 내 양국의 기득권을 보호하고 중앙아 국가들과 연대를 강화하기 위해서 설립된 기구이니만큼 우리가 여기에 가입하는 것은 오히려 바람직한 일이다. 단 이 기구가 미국에 대한 반패권 동맹이란 의도를 노골적으로 드러내지 않아야 하고 중국, 러시아 양국이 우리의 가입을 용인해야 하나 아직은 시기가 좀 이른 면이 없지 않지만 이에 대한 노력을 계속해 나갈 필요는 있다고 본다.

우리는 러시아와도 새로운 전략적 관계를 수립할 필요가 있다고 보인다. 러시아는 최근 들어 회복되기 시작한 경제력을 기반으로 러시아의 국제적 위상을 되찾아 나가는 것과 과거 자국의 영토였던 독립국가연합(CIS) 국가들과 결속력을 강화해 이들을 자국의 영향력 하에 두는 것을 최대 외교목표로 삼을 것으로 전망된다.

이럴 경우 러시아는 자국의 경제성장을 지속하기 위해 주변 주요국들과의 관계를 협조적으로 유지하려 할 것이며, CIS국가들과의 통합에 당분간은 몰두해야 하므로 주변지역으로 세력팽창을 도모할 여력이 없을 것이다. 특히 중·미·일 3국간의 세력대결이 점차 가파르게 전개될 동북아에서 러시아는 섣불리 세력대결에 참여할 필요가 없다고 판단해, 이들 3국간에 균형자의 역할을 맡기를 자임할 가능성이 많아 보인다. 이러한 러시아의 속내는 2003년 이래 러시아가 동시베리아 송유관 건설을 둘러싸고 일본과 중국의 입장 사이를 오가는 듯한 자세를 보인 데서도 알 수 있다. 물론 이 송유관 노선 결정에는 경제적인 요인도 작용했겠지만 러시아로서는 해양세력과 연계하느냐 아니면 대륙세력과 연계하느냐 하는 고려를 하면서 국제정세의 변화에 따라 자국의 전략적 이익에 가장 부합되는 방향으로 정책결정을 추진하다 보니 양국 입장 사이에 줄타기를 하는 것처럼 보인 것일 뿐이다.[127]

즉 러시아는 해양세력과 대륙세력간에 힘이 부족한 쪽에 자국의 체중을 실음으로써 세력균형이 이루어지도록 하는 전형적인 세력균형의 원칙에 충실하려 했던 것이다. 지금은 러시아가 중국과 연계해 강해지는 해양세력 동맹인 미·일 양국에 대항하려 하지만 국가 속성상 중국의 주도권 하에 들어가 대륙세력 동맹의 하부구조를 담당하기가 어려울 것이다. 그러므로 러시아는 중국과도 동맹관계로까지 발전하기보다는 서로의 이익이 합치하는 부분까지만 전략적 동반자 관계를 유지하려 할 것이므로, 결국 미·중·일 3국 간에 균형자 역할을 할 수 있는 위치에 있다고 말할 수 있다.

이처럼 러시아가 당분간 동북아에서 균형자 역할을 할 가능성이 많으므로 동북아에서 새로운 대결구도가 형성되는 것을 방지하는 것이 우리의 국익에 부합하는 만큼 우리는 균형자 역할을 하는 러시아와 이 점에서 공통이해 관계를 가진다고 볼 수 있다. 우리는 러시아와 고위급 전략적 대화관계를 구축해 동북아 정세에 대한 인식을 공유하면서 동북아 질서가 대륙세력과 해양세력간의 대결구도로 고착되는 것을 방지해 나가야 할 것이다. 러시아로서도 19세기 말 러일전쟁의 경험에서 체득했듯이 동북아 지역에서 가장 약한 지분을 갖고 있고 국력도 여타국에 비해 월등하지도 않은 상태에서 동

---

127. 러시아는 2000년 이래 앙가르가스크에서 출발하는 동시베리아 송유관이 중국 따이칭으로 향하느냐 일본 등 태평양 연안 국가를 겨냥한 나홋카로 향하느냐 하는 계획안을 두고 두 차례 이상 결정을 번복했다. 동건 관련 자세한 배경은 이유신, 「동시베리아 송유관 노선 정책결정에 대한 비판적 고찰」, 국가전략(세종연구소) 2005년 11권 4호.pp. 100~123 참조

북아 지역 현상변경을 시도하는 것이 자국에게 큰 손실로 돌아올 것이라는 점이 분명하기 때문에 특별히 모험적이거나 대결적인 정책을 추구하지 않을 것이다.

그러므로 한반도의 통일문제와 관련해서도 러시아는 평화적 방법으로 통일이 이루어질 경우 이에 대해 우호적인 입장을 가지고 있다고 보아야 하므로 우리와 이해관계가 일치하고 있다. 특히 러시아의 입장에서는 자국이 독자적으로 동북아에서 균형자 역할을 수행하기가 부담스럽다고 느낄 수 있으므로 통일된 한국이 신장된 국력을 바탕으로 러시아의 이러한 균형자 역할 수행에 동조해 주기를 원할 수 있다.

그리고 통일된 한반도가 유럽 대륙과 바로 연결되어 아시아와 유럽을 관통하는 진정한 유라시아 시대를 열기 위해서도 우리와 러시아의 협력관계는 필수적이다. 그리고 지금도 우리가 활용은 하고 있지만 러시아의 첨단 원천기술과 우리의 생산 및 상업화 기술을 연계할 때 양국 모두가 이익을 볼 수 있는 분야를 군사, 정보, 통신 등 여러 분야에서 찾을 수 있을 것이므로 양국간의 협력은 더 긴밀해져야 한다. 또한 우리로서는 성장하는 러시아의 내수시장에 기업이 더욱 진출해야 하며 러시아의 에너지 자원을 필히 확보해야 하므로 경제적인 관점에서도 러시아와의 관계를 전략적으로 강화해 나갈 필요가 있다.

이러한 새로운 전략관계 수립을 위해 우선 러시아와 고위급 전략 대화 채널을 구축하고 그 다음 양국간 군사협력과 경제협력의 범위를 점차 넓혀 나가야 한다. 군사 분야에서는 양국간 방산물자 구입 범위를 확대해 나가고 군사교류를 확대해 나가는 방법을 취할 수 있을 것이다. 그리하여 양국간 신뢰구축이 이루어진 다음에는 전략적 동반자 관계로 나아갈 수 있을 것이다. 전략적 동반자 관계가 원활하게 유지되면 현재의 양국간 기본협력협정을 우호친선협정 형식 등으로 한 단계 더 격상하는 것을 검토해 볼 수 있다. 경제 분야에서는 에너지 자원협력을 위한 양국간 협정을 체결하는 일이 우선되어야 할 것이고, 시베리아 횡단 물류수송을 위한 제반 협력사업을 강화해 나갈 필요가 있다.

그리고 우리는 일본과의 관계를 앞으로 어떻게 가져 갈 것이냐 하는 문제를 검토해 보아야 한다. 일본은 예부터 우리나라와는 '좁은 물을 마주한 사이(一衣帶水)'의 나라라고 해 한반도에서 발생하는 사태에 대해 깊은 관심을 가져왔다. 지금도 한반도에서 발생하는 변화에 제일 영향을 많이 받기 때문에 민감할 수밖에 없는 것이 일본이다. 이러므로 한반도와 일본과는 숙명적으로 어떠한 관계를 맺고 나갈 수밖에 없으며, 양국간에 아무런 관계가 존재하지 않는 것 자체가 비정상적인 상황이라 할 수 있다. 그리고 현재 동아시아에서는 일본과 한국이 자유민주주의와 시장경제라는 보편적 가치를 다른 어느 나라보다도 가장 많이 공유하고 있으므로 동아시아에서 새로운 질서를 만들어 나가는 데 서로 협력의 동반자가 될 수 있다.

단지 시야를 양국간의 과거사 문제나 독도 문제 등에 국한시키거나 아니면 동북아 안보구도에서 중·일 간의 지역패권에 대한 대결 가능성 등에만 염두에 두다 보면 일본과 우리 사이에 새로운 전략적 관계를 설정하는 것이 쉽지 않아 보인다. 그러므로 일본과는 동아시아 안보구도를 새로이 구축해 나간다는 큰 그림 속에서 양국간 협력의 범위와 수준을 높여 나갈 필요가 있다. 한국과 일본이 선도하는 동아시아의 새로운 안보구도는 이 지역에서 중국의 지역패권 확립을 우려하는 여러 국가들을 안심시킬 수 있으므로 결국은 동북아 지역 정세 안정에도 도움이 될 것이다.

한국과 일본은 경제, 사회 분야에서 상호의존성은 점차 심화되어 갈 것이나 이것이 양국 국민들 간의 진정한 이해와 친선을 도모하는 방향으로 발전될 수 있도록 정부 차원에서 세심한 배려를 해 나갈 필요가 있다. 과거 순전히 권력정치(power politics)적 사고가 지배할 때에는 인접한 국가간에는 평화보다는 분쟁이 더 빈발했지만, 자유민주주의 국가간에는 분쟁이 발생할 확률이 훨씬 줄어든다는 경험적 사실이 한·일 양국간에도 적용될 수 있도록 만들어 양국이 보편적 가치를 바탕으로 동아시아의 새로운 질서 구축에 앞장서 나갈 수 있도록 전략적 관계를 수립해야 한다. 우리로서는 일본이 너무 세계 전략적 차원에서 또는 너무 양자적 차원에서 동북아 문제를 접근하지 않고 새로운 동아시아에 대한 비전을 가지고 접근할 수 있도록 함께 비전을 만들어 나가고 공유해야 할 것이다.

한국과 일본간의 군사적 협력관계를 설정하거나 한미동맹이 미·일동맹과 연계되어 새로운 남방3각관계가 형성되는 것은 동북아 정세안정이나 한반도 평화통일 과정에도 도움이 되지 않을 것이므로 이 점에 대해서는 유의해 나갈 필요가 있다.

결국은 이러한 새로운 전략관계를 수립해나가는 것은 우리가 급변하는동북아 정세 속에서 우리의 안보를 주체적으로 확보해 나가는 과정에서 많은 고민과 검토 끝에 도출되어 나와야 할 것이다. 지금은 앞서 서술한 바와 같은 개략적인 밑그림을 가지고 변화하는 상황 속에서 관련 국가들과 지속적으로 대화하고 상대의 의중을 탐색하면서 이 같은 밑그림을 수정하고 색칠을 해나가야 할 것이다.

그러나 기본적으로 우리는 21세기 변화하는 동북아의 안보구도 속에서 한미동맹에 우리 안보의 닻을 굳건히 해두되 이 고정된 양자관계가 가져올 수 있는 부작용을 완화하기 위해 주변국들과 보다 신축적인 관계를 맺는 다변화 외교를 추구할 필요가 있다. 물론 이러한 다변화 외교에는 국력을 바탕으로 전략적 가치를 높이는 일이 선행되어야 한다.

19세기말 우리의 선조들도 열강의 틈바구니에서 균세론을 주창하며 이이제이(以夷制夷) 방식으로 열강들 모두의 힘을 이용해 우리의 독립을 지켜보려 했으나 우리의 힘이 부족하고 따라서 우리의 전략적 가치가 없었기 때문에 성공하지 못했다. 그리고 구한말 우리는 상대국의 전략적 의도를 제대로 읽지도 못한 채 상황에 따라 대응하기에 급급하다 보니 처음에는 중국, 다음에는 러시아, 그리고 일본, 마지막에는 미국에게 안보를 의탁해 보기 위해 간구했음에도 불구하고 아무 효과 없이 국권을 상실하고 말았다.

　　따라서 21세기에는 이 같은 우를 다시 범하지 말고 상대국들의 전략적 의도를 잘 파악한 다음 우리의 안보를 제일 효과적으로 보장할 수 있는 국가와 양자관계를 우선 돈독히 한 후 여타국과는 새로운 전략관계를 보완적으로 수립해 나가야 할 것이다.

　　그리고 이러한 새로운 전략관계를 수립해 나가는데 있어 우리가 염두에 두어야 할 것은 동북아 지역에 대결구도가 형성되지 않도록 아니면 이러한 대결구도 형성이 우리의 국익이 저해되지 않도록 여러 보완장치들을 우리가 마련해 나가야 한다는 점이다. 그래서 우리는 어느 정도 세력균형론에 입각해서 보조 균형추의 역할을 하여 동북아에서 패권경쟁이 급속히 불안정하게 분출되지 않도록 조절해 나가야 한다는 말이다. 결국 패권이론의 설명에 따르면, 미·중간의 패권경쟁이 동북아를 중심으로 먼저 일어날 가능성이 있다면, 세력전이과정이 일어나는 동안에 이를 가급적 완화하는 방향으로 우리와 주변국들이 공동 노력해야 할 것이다.

　　결국 패권이론하의 세력전이 현상도 세력균형론하의 힘의 재분포 현상과 유사한 상황을 의미하므로 세력전이 과정이 급속하게 발생하지 않도록 우리의 힘을 세력균형이 이루어지는 방향으로 실어야 할 것이다. 과거의 세력균형론이 순전히 군사동맹적 측면만 강조했다면 우리의 새로운 전략적 관

계는 경제, 사회, 외교, 군사 분야를 망라해 가장 적절한 수단들을 조합하는
방식으로 추진되어야 할 것이다.

# 5. 다자안보체제 구축

　　동북아는 물론 동아시아 지역에서도 다자안보협력 체제가 조만간 성립될 가능성은 희박해 보이는 것이 현실이다. 그럼에도 불구하고 우리는 동북아에서 중견국인 동시에 약소국이라는 이중성을 가진 나라로서 앞으로 닥쳐올 동북아의 험난한 파고를 넘기 위해서는 이 지역 내 강국들이 가급적 대결구도로 가기보다는 다자안보협의체 같은 것을 우선 구성해 대화를 통해 갈등을 해결해 나가는 것을 같이 배우도록 유도해야 한다.

　　우리는 역사의 전 과정을 통해 항상 주변국의 위치에 머물러 주변 강국의 분쟁에 휘말려 들어갔고, 그 결과 분쟁의 희생을 더욱 많이 겪어야 하는 뼈아픈 경험을 했다. 그러나 21세기 우리는 성장한 국력과 통일 이후 더욱 높아질 우리의 위상을 염두에 두고 이제는 더 이상 이러한 역사의 희생물이 되지 않도록 주체적인 노력을 기울여야 하고 이러한 노력의 일환으로 동북아 또는 동아시아에서 다자안보협력체를 설립하는 데 외교력을 모으는 일이 필요하다.

　　우리가 우리의 안보를 담보하기 위해서는 상대적 약소국의 시각에서 매사에 신중을 기하고 안전장치를 강구해야 하겠지만, 다자안보협력체의 문제에서는 중견국의 시각을 가지고 오히려 강대국간에는 상호 알력과 반목으로 아무도 추진할 수 없는 일을 주도적으로 추진해야 한다는 사명감과 자신감을 가지고 이 일을 해나갈 필요가 있다. 우리의 안보를 위한 보장장치를 살펴보면 우선 한미동맹을 가장 중요한 축으로 하고, 주변에 중국, 러시아 등과의 새로운 전략적 관계를 수립하는 것을 보조축으로 한다면 다자안보협력체는 이 축들을 모두 감쌀 수 있는 외부용기로 볼 수 있다. 물론 이 용기가 어떤 내외부 충격으로부터 우리를 보호할 수 있는 강고한 것이 아니더라도 존재한다는 것 자체가 동북아에서 민족주의 발흥과 같은 바람이 거세어지지 못하도록 막아주는 효과가 있을 것이다.

그러면 다자안보협력체 설립은 실제로 어떤 방식으로 추진해 나가야 할 것인가? 우선 기존의 다자안보 협의체를 활용해 이를 발전시켜나가는 방법과 새로운 다자안보협력체를 처음부터 만드는 방법이 있을 수 있을 것이다. 기존의 공식적인 다자안보 협의체로는 출범한 지 10여년이 경과한 '아시아지역포럼(ARF)'이 유일하나 이 협의체의 발전 속도가 늦어 유의미한 다자안보협력체로 진화해 나가는 데에는 상당한 시일이 소요될 전망이다.

그러나 이 협의체내에 국방장관회의가 설치되어 정례화되면 남북한은 물론 주변 4강의 외무 및 국방장관이 동시에 모일 수 기회를 제공해 주는 유일한 포럼이 될 것이므로 다자안보협력을 논할 수 있게 될 것이다. 우리는 아직도 ARF가 자신들의 주도권 밖으로 벗어나는 것을 두려워하는 아세안 국가들로 인해 그 발전 속도가 너무 느려지지 않도록 이들 국가들을 설득해나가면서 ARF 발전 가속화를 위한 창의적인 제안들을 내놓아야 한다.

그리고 북핵 문제 해결을 위한 6자회담이 성공적으로 진행될 경우, 이 6자회담의 틀과 모멘텀을 계속 살려 동북아 역내 국가들만을 위한 다자안보협력체를 새로이 만들어보는 방안도 모색해야 할 것이다. 사실 1815년부터 길게는 제1차 세계대전 발발 이전까지 지속되었다고도 볼 수 있는 '유럽의 협조체제(Concert of Europe)'도 나폴레옹 전쟁 이후 전후처리 문제를 협의하기 위해 소집된 회의체였으나, 이 당시 전후처리 과정에서 참여국간에 오랜 협의를 가지면서 전후 유럽의 운영에 대한 원칙 등에 공감대가 형성되었고 국가 및 참석대표 간에 서로 신뢰가 형성이 되어 나중에는 다자간안보협의 체로 기능하게 된 것을 잘 참고할 필요가 있다. 당시 유럽 협조체제는 오스트리아의 명재상 메테르니히에 의해 주도적으로 운영되었는데, 오스트리아는 다른 유럽강국에 비하면 상대적으로 약세였으나 메테르니히라는 인물이 이 회의체를 주도적으로 운영해나가면서 자국의 안전도 도모하고 유럽에서 전쟁 없는 시대가 오래 지속될 수 있도록 했다는 점은 우리에게 시사하는 바가 크다.

그 다음에 우리는 참여정부 이후 제기되고 있는 동북아 평화협력체를 새로이 출범시키는 방법도 검토해 보아야 한다. 동북아 평화협력체는 남북한 간에 평화체제가 정착되고 난 후 한반도를 평화의 발신지로 삼아 주변국들이 평화논의에 참여하도록 우리가 주도적으로 유도해 나가는 방식을 취해야 할 것이다. 동북아 지역에서는 참여국들이 서로 공동의 안보위협요인에 대해 공동행동을 취하는 다자안보협력체의 단계까지 발전해 나갈 가능성이 적기 때문에 그 대안으로 각국간의 갈등요인을 평화적 방법으로 해결하는 것을 주목적으로 하는 평화협력체를 설립 운영하는 것이 더 현실성이 있어 보인다. 그리고 이 평화협력체는 처음부터 군사안보(hard security)를 다루지 말고 갈등의 요인이 될 수 있는 다른 요인들, 즉 에너지 안보, 보건안보, 환경안보 등과 같은 연성안보(soft security) 문제들을 먼저 다루어 각국간 갈등 조정 능력과 습관을 길러 가도록 하는 것이 좋을 것이다. 그리고 각 참여국이 공통위협요인으로 느끼는 테러나 대량살상무기 확산 등에 대해서는 같이 협력해 대처하는 습관을 키워나가는 것도 신뢰구축에 도움이 될 것이다.

# 6. 보조 균형자 역할 수행

　노무현 대통령이 2005년 3월 공사 졸업식에서 우리의 동북아 균형자론 역할 수임 의사를 밝힌 이후[128] 우리가 균형자 역할을 수행할 수 있는 역량이 있는가, 그리고 균형자 역할을 하는 것이 우리 국익에 도움이 되는가에 대한 많은 논란이 뒤따랐다. 그리고 어떤 논의는 세력균형론 자체가 구시대적인 것이고 세력균형론에 입각한 동맹 결성은 오히려 양국간 분쟁을 다국간 전쟁으로 확대시키는 19~20세기의 어두운 기억이 있다는 점에서 이 세력균형론 자체를 부정하는 경우도 있었다.

　세력균형론의 역사적 경험에 입각한 도덕적 판단과는 별개로 앞으로 동북아에서 안보질서가 세력균형 이론에 부합하는 방식으로 전개될 것 가능성이 많다면, 우리는 세력균형 이론을 적용해 우리의 안보를 도모하는 방안을 모색해야 할 것이다.

　세력균형 이론의 고전적 정의에 따르면, 18~19세기 영국이 유럽대륙에서 벌어지는 분쟁에 대해서 일정한 거리를 유지하고 있다가 마지막 결정적

---

128. 노무현 대통령은 2005년 3월 8일 공군사관학교 졸업식 치사에서 "한국은 동북아시아지역의 세력균형자로서 이 지역의 평화를 굳건히 지켜나갈 것"이라고 선언했다. 동아일보 2005. 3. 9

인 순간에 자신을 특정동맹에 결합함으로써 유럽질서를 자신이 원하는 방향으로 형성해 나간 경우와 미국이 제1차 세계대전과 제2차 세계대전 발발 이전에 유럽에서 전쟁발발에 대해 관여하지 않고 있다가 참전함으로써 세계질서를 자국에 유리한 방향으로 이끌어나간 경우가 세력균형자(balancer)의 대표적인 사례이다.

이처럼 균형자가 되기 위해서는 지역 내 다른 국가보다 우월한 국력을 가지고 있어야 하며, 이들 국가들과 어느 정도 지리적, 심리적 이격 상태를 유지하고 있어야 한다. 즉, 어느 정도 지역내 국가들 간에 힘의 분포 및 역학관계가 형성되어 가는 것을 지켜본 후 자국이 힘의 균형을 취해 줄 대상이 어딘지를 찾아내야만 하기 때문이다. 그리고 이러한 대상을 확인한 다음에는 자국의 힘을 더함으로써 기존의 세력분포를 변화시킬 수 있는 능력을 가져야만 균형자로서 기능이 발휘되는 것이다. 이런 의미에서 우리는 동북아에서 고전적 의미의 세력균형자가 될 수는 없다. 왜냐하면 동북아 지역의 중심에서 너무 주변 4강의 이해가 집중되는 곳에 위치한 우리의 지정학적 조건이 우리가 지리적, 심리적 이격을 가지는 것을 허용하지 않기 때문이다.

다시 말하자면 우리는 동북아 지역에서 세력균형에 변화가 생길 때 이것이 어떤 방식으로 전개되어 나갈지 기다리며 지켜볼 여유가 없는데, 이는 이러한 변화가 우리에게 직접적으로 영향을 미치며 역사적으로 우리는 그런 변화의 희생자가 된 경우가 많았기 때문이다.

그리고 우리는 우리의 힘을 주변 4강간에 형성되는 동맹, 대결관계의 어느 한쪽에 실어줌으로써 그 역학관계를 변경시킬 만한 충분한 능력을 갖추기도 현실적으로 불가능하다. 그리고 유럽에서와 같이 세력균형의 참여자가 다수인 경우에는 다양한 선택지가 가능해 균형자 역할을 하기에도 용이하나 동북아 지역에는 자칫하면 너무 명백한 이분법적인 대결구도가 형성될 가능성이 많기 때문에 균형자 역할을 하기가 쉽지 않다.

특히 이분법적 구도 아래서 상대적 약소국의 입장인 우리가 어느 한쪽에 힘을 실을 경우 이는 회피해야 할 양대 세력간의 대결구도에 우리 스스로가 편입되고 만다는 말이나 마찬가지이기 때문에 가급적 이런 상황을 피해야 한다.

그럼에도 불구하고 우리는 동북아에서 대결구도가 형성되는 것을 방지하고 혹 패권경쟁이 벌어져 세력전이가 일어나는 것을 가급적 지연시키거나 방지하기 위해 필요할 경우에는 힘의 균형을 성립시키는 일에 무관심할 수 없다. 왜냐하면 세력전이로 인한 대결상황이 벌어지면 우리가 최대의 희생자가 될 가능성이 많기 때문이다.

그러나 앞에서 살펴본 바와 같이 우리가 진정한 의미에서의 균형자나 안정자가 되지는 못하므로 이러한 균형자나 안정자 역할을 하는 세력이 있을 경우에 이 세력과 연계해 보조적 균형자 역할을 수행할 수는 있다. 우리나라가 주변 4강국에 비해서는 상대적 약소국의 위치에 있기는 하나, 한반도 통일 이후 인구 7천만에 세계 7~8위의 경제력을 가진 만만찮은 국력을 가진 국가가 될 것이다. 이럴 경우 주변 4강국의 국력이 강하다 해도 우리나라가 어느 쪽으로 힘을 실어주느냐에 따라 동북아의 세력 재분포에 영향을 미칠 정도는 될 것이다. 그리고 한반도가 동북아 지역에서 가지는 전략적 중요성을 감안하면 어느 세력이든 한반도가 자신에 적대적인 세력의 영향권에 들어가는 것을 반대할 가능성이 많다.

그러므로 주변 4강국의 입장에서 보았을 경우에는 자국에 가장 전략적 부담이나 정치적 비용 지출을 적게 하면서 가장 유용한 동맹 파트너로 고를 수 있는 것이 우리나라일 수 있다. 국제나 국내정치 이론에서 등장하는 개념으로 '최소승자연합(minimum winning coalition)'이란 것이 있는데 이는 정치판에서 동맹관계를 모색할 때 적용되는 행동기준으로 강자의 입장에서는 정치적 전리품을 가장 적게 지불하면서도 연합했을 경우 승리를 보장할 수 있는 파트너를 물색하는 선택 행위를 의미한다.[129] 우리나라는 이 같은 '최소승자연합'에 주니어 파트너로 참여할 유리한 여건을 가지고 있는 것이다. 여러 강자들이 '최소승자연합'을 구성하려고 주니어 파트너를 물색할 때 여러 강자들이 동시에 선호하는 역할을 하는 주니어 파트너가 있다면 그 주니어 파트너는 보조적 균형자 역할을 할 수 있게 되는 것이다.

특히 이 주니어 파트너가 평소 주변의 강자들과 각기 돈독한 관계를 유지하는 '회전축 역할(pivotal role)'을 하고 있었다면, 이 주니어 파트너는 다른 행위자들보다 세력 기반이 약함에도 불구하고 승자연합에 참여하는 다른 행위자만큼이나 연합의 일원으로서 가치를 인정받게 된다. 그래서 세력균형 형성 측면에서도 그렇고 이후 승리가 확정되었을 경우 전리품도 다른 연합의 일원과 동등하게 요구할 수 있는 입지가 생기는 것이다.[130]

이 같은 회전축 역할을 하는 주니어 파트너가 되기 위해서는 국제정치 및 지역정치에 능동적으로 참여해야 하고 주변 국가들과 폭넓은 관계를 맺으면서 어떠한 관계조합에도 개방적인 자세를 가지고 있어야 한다. 이런 의미에서 우리는 앞서 살펴본 바와 같이 주변 4강국과 전략적 관계를 다변적으로 수립해 나가는 것이 필요할 것이다.

이러한 우리의 보조적 균형자로서 세력균형의 노력은 몇 가지 방식으로 나타날 수 있을 것이다. 우선 세계적 패권경쟁이 벌어지든 지역적 패권경쟁

129. William Riker, The Theory of Political Coaltion(New Haven: Yale Uni. Press. 1962) 김우상, 『신한국책략』(서울, 나남출판, 1998) pp. 43~47 재인용.
130. 김우상 교수는 Riker 교수의 'Pivotal Power' 개념을 번역해 '중추적 동반자'란 용어로 설명하며, 이는 회전축 역할을 하는 주니어 파트너와 유사한 개념이다. 같은 책. pp. 72~77

이 벌어지든 주변 4강 중 이 패권경쟁에 직접적으로 간여하지 않은 세력이 균형자 역할을 수행한다면 우리는 이 세력과 연계해 어느 편에 가담하지도 않고 중립을 지킴으로써 패권경쟁이 확산되는 차단막 역할을 할 수 있을 것이다. 아니면 패권경쟁이 발생하면서 세력이 약한 쪽으로 균형자가 움직이면 우리는 균형자와 연계관계로 인해 우리의 힘이 간접적으로 약한 세력 쪽으로 기울게 해 전체적인 힘의 균형이 이루어지게 하는 것이다. 세 번째는 대결의 구도가 심각하게 전개될 경우에는 균형자의 움직이는 방향과 상관없이 우리 자신의 국익이 명하는 바에 따라 독자적인 선택을 하는 것이다. 이럴 경우 우리는 보다 우세한 세력, 즉 분쟁발생시 승산이 더 높은 진영 쪽으로 가담함으로써 힘의 우위 차이가 확실하게 벌어지게 해 분쟁의 발생을 막거나 지연시키는 방법이 있다.

그런데 고전적 세력균형이론이 지나치게 권력정치에 입각한 '힘'과 '국력'을 세력균형을 구성하는 유일한 기본요소로 파악한다는 단점이 있는데, 사실 균형을 이루어 나가는 국력 중에는 앞으로는 경성국력 이외 연성국력 요소도 많이 포함될 수 있을 것이다. 그럴 경우 우리는 주변국보다 연성국력에서는 앞으로 상대적으로 우위에 있을 수 있으므로 이를 바탕으로 주도적으로 균형자 역할을 할 수 있다.

즉 한반도에서 평화가 정착되고 나면 우리가 그간의 평화 정착 경험을 바탕으로 주변강국들에게 평화의 메시지를 계속해서 전달해 나가면서 평화를 위해 협력을 하자는 설득을 계속해 나갈 수 있을 것이다. 우리가 구상중인 동북아 평화협력체를 추진하는 것도 우리의 이러한 연성국력에 바탕을 둔 균형자 역할 수행의 일환으로 볼 수 있다. 즉 경성국력이 아니라 연성국력이라는 관점에서 보았을 때 균형자 역할은 결국 평화촉진자(peace facilitator)의 역할을 하는 것이다.

이런 의미에서 우리의 한류가 동아시아 지역에 퍼져나가는 현상은 우리 안보를 위해서도 고무적인 것으로 볼 수 있다. 어느 정부도 자국의 국민이호감을 느끼는 국가와 전쟁을 감행하기는 쉽지 않기 때문에 한류(korean wave) 등을 통해 동아시아 국가 국민들이 한국을 평화의 나라, 우정의 나라로 인식하고 있을 경우 우리가 보조적 균형자 역할을 하기가 더욱 용이해질 것이다. 앞에서 살펴본 주요국과의 새로운 전략적 관계수립도 한편으로는 우리의 안보를 양자적으로 보장하는 행위이지만 넓은 의미에서는 주변국들과 폭넓은 관계를 맺음으로써 체제 내에 안정을 도모하는 균형자 역할을 수행하는 것으로 볼 수 있다.

# *
# 참고문헌

>>국문

김영식 역 _ 유럽외교사, 까치글방

김우상 저 _ 신 한국책략, 나남출판

구본학 공저 _ 세계 외교정책론, 을유문화사

구영록 저 _ 한국의 국가이익, 법문사

박광희 편 _ 21세기의 세계질서, 신아세아질서 연구회

박경서 저 _ 국제정치경제론, 법문사

박노자 · 허동현 공저_ 열강의 소용돌이에서 살아남기, 푸른역사

배기찬 저 _ 코리아 다시 생존의 기로에 서다, 위즈덤하우스

백주현 저 _ 러시아가 뛴다, 경진문화사

손상하 역 _ 21세기 중국의 전략, 유스북

이상옥 저 _ 전환기의 한국외교, 삶과 꿈

이상현 편 _ 신 세계질서와 동북아 안보, 세종연구소

이상현 편 _ 한국의 국가전략: 외교 · 안보, 세종연구소

이재규 역 _ 승자학, 생각의 나무

이태환 편 _ 한국의 국가전략: 동북아 안보협력, 세종연구소

오기평 편 _ 21세기 미국패권과 국제질서, 오름

외교부 편 _ 주요 안보이슈 관련 정책보고서, 안보정책과

윤덕민 저 _ 대북 핵협상의 전말, 해르

정성장 편 _ 한국의 국가전략: 대북.통일, 세종연구소

최태강 저 _ 러시아와 동북아, 오름

하영선 편 _ 세계정치론, 을유문화사

한겨레 연구소 _ 동북아정세와 민족통일의 진로, 백산서당

## 〉〉영문

Coral Bell, 'The Twilight of the Unipolar World' The American Interest, Winter 2005

David Northkopf, Running the World (Public Affairs, 2005.5)

Diane Kunz, Butter and Guns

Henry Kissinger, Diplomacy

Immanuel Wallerstein, The Decline of American Power (Norton & Company, 2003. 7)

Ivo Daalder et al, 'The Future of Preemption' The American Interest Winter 2005

Joseph Nye, The Paradox of American Power

John Ruggie, Winning the Peace

Kishore Mahbubani, Beyond the Age of Innocence

Lester Thurow, Head to Head

Paul Kennedy, Preparing for the Twenty First Century

Richard Haas, The Opportunity

Robert Gilpin, The Challenge of Global Capitalism

Robert Art, A Grand Strategy for America

Thomas Friedman, Longitude and Attitude

Thomas Friedman, World is Flat

Thomas Barnett, The Pentagon's New Map

Zbigniew Brezezinski, The Grand Chessboard

# 신세계질서와 한국

**초판 1쇄 발행** 2006년 8월 30일
**개정증보판 1쇄 발행** 2009년 5월 25일

**지은이** 이백순 **펴낸이** 김영곤 **펴낸곳** (주)북이십일 21세기북스
**영업 · 마케팅** 주명석, 최창규, 이경희, 이종률, 서재필
**출판등록** 2000년 5월 6일 제10-1965호
**주소** (우413-756) 경기도 파주시 교하읍 문발리 파주출판단지 518-3
**대표전화** 031-955-2100 **팩스** 031-955-2151 **이메일** book21@book21.co.kr
**홈페이지** www.book21.com **커뮤니티** cafe.naver.com/21cbook

값 20,000원
ISBN 978-89-509-1884-2 03340